财务分析(微课版)

盛术俊　葛子卿　章毓育　主编

清华大学出版社
北京

内 容 简 介

本书以职业素质的培养为核心,以学生长远发展为目标,从战略分析的视角,进行相关的财务分析。全书共分为四篇,十二章,具体内容包括财务分析概论、财务分析的程序、战略分析、资产负债表、利润表解读、现金流量表解读、企业盈利能力分析、企业发展能力分析、企业偿债能力分析、企业营运能力分析、综合财务分析、财务分析报告撰写。

本书定位精准,内容精练,并配有相关习题,既可作为高等院校会计专业、财务管理专业及相关专业的教材,也可作为从事财会及相关工作人员的参考书。

本书封面贴有清华大学出版社防伪标签,无标签者不得销售。
版权所有,侵权必究。举报: 010-62782989, beiqinquan@tup.tsinghua.edu.cn。

图书在版编目(CIP)数据

财务分析:微课版/盛术俊,葛子卿,章毓育主编. —北京:清华大学出版社,2020.8(2022.8重印)
ISBN 978-7-302-56203-0

Ⅰ. ①财… Ⅱ. ①盛… ②葛… ③章… Ⅲ. ①会计分析—教材 Ⅳ. ①F231.2

中国版本图书馆 CIP 数据核字(2020)第 143448 号

责任编辑:梁媛媛
封面设计:李 坤
责任校对:周剑云
责任印制:杨 艳

出版发行:清华大学出版社
网　　址: http://www.tup.com.cn, http://www.wqbook.com
地　　址: 北京清华大学学研大厦 A 座　　邮　编: 100084
社 总 机: 010-83470000　　邮　购: 010-62786544
投稿与读者服务: 010-62776969, c-service@tup.tsinghua.edu.cn
质量反馈: 010-62772015, zhiliang@tup.tsinghua.edu.cn
课件下载: http://www.tup.com.cn, 010-62791865

印 装 者: 北京鑫海金澳胶印有限公司
经　　销: 全国新华书店
开　　本: 185mm×260mm　　印　张: 18.5　　字　数: 450 千字
版　　次: 2020 年 10 月第 1 版　　印　次: 2022 年 8 月第 2 次印刷
定　　价: 58.00 元

产品编号: 072999-01

前言

财务分析是一门应用性很强的专业课，本教材从战略视角入手，以财务报告分析为主线，结合企业战略管理的内容，在日益复杂的全球化环境中为运用企业财务分析与战略管理，提供一个切实可行并且有严格理论支持的框架结构。

本教材强调财务分析理论，对会计方法与会计实务的结合有指导作用，对必要的会计报表理论内容进行了深入浅出、通俗易懂的阐释，力求以财务理论分析贯穿全书，使其与会计报表和计算机技术的应用等内容有机地融为一体，使学习者能够直观地感受到财务报表分析对实务的巨大影响力及指导作用。

本书首先介绍了财务分析中信息的种类与财务分析的宏观、微观程序，并通过企业战略分析、制定程序、竞争策略分析，研究财务分析的本质和相关的企业战略管理内容。通过进一步的资产负债表分析、利润表分析、现金流量表分析来研究企业财务效率。在财务报告分析的基础上，结合企业长远战略目标，做出财务综合评价与预测。

本教材配有大量的立体图表习题，图文并茂，直观易懂，宜教易学，适合普通高等教育、高等职业教育、会计培训等各层次教学的需要，同时也可作为对管理会计师和财务会计师培训的相关资料，教材在战略管理的背景下对关心和制定财务决策的企业经理也有所帮助。

本教材是多人的智慧集成，作者从事多年的教学工作，并具有丰富的实践经验。本书由上海师范大学天华学院盛术俊担任主编，负责大纲拟定、全书总纂；葛子卿、章毓育担任第二、第三主编。

在本教材的编写过程中，参考了一些国内相关著作、文献和部分国外书籍、资料，在此谨向所有作者表示真诚的谢意。

在编写的过程中可能会因作者能力有限，考虑不周而存在某些方面的不足，欢迎广大读者予以批评指正。本书出版过程中得到了清华大学出版社编辑的大力支持和指导，在此深表感谢。

编　者

目录

第一篇 财务分析基础

第一章 财务分析概论 1
第一节 财务分析的含义和目的 1
一、财务分析的产生与发展 1
二、财务分析的含义 3
三、财务分析的目的 3
第二节 财务分析的信息种类 5
一、财务报表分析的会计信息 5
二、财务报表分析的非会计信息 8
三、会计信息的操纵 11
本章小结 14
复习思考题 14

第二章 财务分析的程序 15
第一节 财务分析的宏观程序 15
一、宏观经济状况 15
二、宏观经济分析 16
三、行业状况 20
四、公司状况 22
第二节 财务分析的微观步骤 24
一、会计报表解读 24
二、企业的偿债能力分析 25
三、企业的营运能力分析 25
四、企业的盈利能力分析 25

五、企业的发展能力分析 26
六、企业的财务综合能力分析 26
第三节 财务报表分析的程序和方法 ... 26
一、财务报表分析的基本程序 26
二、财务报表分析的方法 28
本章小结 32
复习思考题 32

第三章 战略分析 33
第一节 战略分析的内涵与作用 33
一、战略管理会计的产生与发展 ... 33
二、战略管理会计之谜解释 34
三、利益相关者 35
第二节 战略制定程序 37
一、使命、目标和任务 37
二、多层级的战略规划过程 38
第三节 竞争策略分析 39
一、产品生命周期 39
二、SWOT 分析 42
三、蓝海战略理论 44
本章小结 46
复习思考题 46

第二篇 财务报表分析

第四章 资产负债表 47
第一节 资产负债表概述 47
一、资产负债表的含义及作用 48
二、资产负债表的局限性 48
三、资产负债表的结构 49
第二节 重要资产项目的内容及分析 ... 52

一、流动资产项目的内容及分析 ... 52
二、非流动资产项目的内容及分析 ... 57
第三节 重要负债项目的内容及分析 ... 63
一、流动负债项目的内容及分析 ... 63
二、非流动负债项目的内容及分析 ... 67
第四节 所有者权益项目的内容及分析 ... 69

一、实收资本(或股本) 69
　　二、资本公积 70
　　三、盈余公积 70
　　四、未分配利润 71
第五节　资产负债表趋势分析 71
　　一、比较资产负债表分析 71
　　二、定比趋势分析 75
第六节　资产负债表结构分析 77
本章小结 80
复习思考题 80

第五章　利润表解读 83

第一节　利润表概述 83
　　一、利润表的性质和作用 83
　　二、利润表的局限性 84
　　三、利润表的格式 85
第二节　利润表项目分析 87
　　一、营业收入 87
　　二、营业成本 89
　　三、销售费用 90
　　四、管理费用 91
　　五、财务费用 92
　　六、资产减值损失 93
　　七、投资收益 94
　　八、营业外收入 96
　　九、营业外支出 96
　　十、所得税费用 97
第三节　利润表趋势分析 98
　　一、比较利润表分析 98
　　二、定比趋势分析 100
第四节　利润表结构分析 101
　　一、不同盈利结构的利润表模型 ... 101

　　二、利润共同比利润表 101
第五节　利润质量分析 103
　　一、影响利润质量的因素 103
　　二、利润质量恶化的表现形式 105
　　三、上市公司利润质量分析应注意的
　　　　问题 108
本章小结 108
复习思考题 109

第六章　现金流量表解读 110

第一节　现金流量表概述 111
　　一、现金流量表的概念与作用 111
　　二、现金流量表的分类与结构 112
第二节　现金流量表项目分析 116
　　一、经营活动现金流量项目 116
　　二、投资活动产生的现金流量 122
　　三、筹资活动产生的现金流量 126
　　四、汇率变动对现金的影响分析 ... 129
　　五、现金流量表补充资料涉及的
　　　　项目 129
第三节　现金流量表趋势分析 130
第四节　现金流量表结构分析 132
　　一、现金流量表结构分析的意义 ... 132
　　二、现金流入结构的分析 132
　　三、现金流出结构的分析 133
　　四、现金流入流出比分析 135
第五节　现金流量表质量分析 136
　　一、现金流量表的缺陷 136
　　二、现金流量表质量分析时应注意的
　　　　问题 137
本章小结 138
复习思考题 139

第三篇　财务效率分析

第七章　企业盈利能力分析 141

第一节　企业盈利能力概述 141
　　一、盈利能力的含义 141
　　二、盈利能力的影响因素 142

　　三、进行盈利能力分析的意义 143
　　四、盈利能力分析指标 144
第二节　非上市公司盈利能力分析 144
　　一、与销售有关的盈利能力分析 ... 144

二、与资产有关的盈利能力分析..... 149
　　三、与资本有关的盈利能力分析..... 153
　　四、与现金净流量有关的盈利能力
　　　　分析 155
　　五、与社会贡献(宏观层面)有关的
　　　　盈利能力分析 156
　第三节　上市公司盈利能力分析 156
　　一、每股收益 157
　　二、每股净资产 158
　　三、每股股利 159
　　四、市盈率 160
　　五、股利支付率 161
　　六、市净率 161
　第四节　盈利质量分析 162
　　一、企业盈利质量的特征要素 162
　　二、企业盈利质量的分析 163
　本章小结 165
　复习思考题 166

第八章　企业发展能力分析 169

　第一节　企业发展能力概述 169
　　一、发展能力的含义 169
　　二、进行发展能力分析的意义 171
　　三、发展能力分析的常用方法 172
　第二节　企业发展能力指标分析 174
　　一、销售(营业)增长率和总资产周转
　　　　天数 174
　　二、资产增长率 176
　　三、利润增长率 179
　　四、资本积累率 182
　　五、资本保值增值率 183
　　六、股利增长率 184
　　七、技术投入比率 184
　第三节　企业发展可持续性分析 185
　　一、影响企业可持续发展能力的主要
　　　　因素 185
　　二、增长率与资金需求 187
　　三、可持续增长率 188
　本章小结 190

　复习思考题 191

第九章　企业偿债能力分析 194

　第一节　企业偿债能力概述 194
　　一、偿债能力的含义 194
　　二、偿债能力的影响 195
　　三、偿债能力分析的常用方法 196
　第二节　短期偿债能力分析 197
　　一、短期偿债能力的含义 197
　　二、短期偿债能力分析指标 198
　　三、影响企业短期偿债能力的其他
　　　　因素 207
　第三节　长期偿债能力分析 209
　　一、长期偿债能力 209
　　二、企业长期偿债能力分析的
　　　　指标 210
　　三、影响企业长期偿债能力的其他
　　　　因素 218
　　四、基于财务报告的偿债能力分析的
　　　　局限性 221
　本章小结 221
　复习思考题 222

第十章　企业营运能力分析 225

　第一节　企业营运能力概述 225
　　一、营运能力的含义 225
　　二、影响营运能力的因素 226
　　三、营运能力分析的意义 228
　　四、营运能力评价指标 229
　第二节　流动资产周转情况分析 231
　　一、应收账款周转情况分析 231
　　二、存货周转情况分析 234
　　三、营业周期 238
　　四、全部流动资产周转情况分析 239
　第三节　固定资产周转情况分析 241
　第四节　总资产周转情况分析 244
　　一、资产的配置分析 244
　　二、总资产周转情况分析 245
　本章小结 248
　复习思考题 249

第四篇 财务综合评价与预测

第十一章 综合财务分析 251

第一节 综合财务分析概述 251
一、综合财务分析的含义 252
二、综合财务分析的特点 252
三、综合财务分析的意义 253
四、综合财务分析的内容 254
五、引入西方财务综合分析方法的必要性 254

第二节 杜邦财务分析 255
一、杜邦财务分析概念 255
二、杜邦财务分析体系的内容 256

第三节 沃尔比重评分法分析 261
一、沃尔比重评分法概述 261
二、沃尔比重评分法在我国的应用 263

第四节 财务预警分析 268
一、财务预警分析的意义 268
二、财务预警分析方法 268
三、使用财务危机预警分析模型时的注意事项 270

本章小结 270
复习思考题 271

第十二章 财务分析报告撰写 273

第一节 财务分析报告概述 273
一、财务分析报告的定义 273
二、财务分析报告的分类 274

第二节 财务分析报告撰写方法 275
一、财务分析报告常用格式 275
二、财务分析报告的数据获取 276
三、财务分析报告的重点披露内容 276
四、财务分析报告的撰写注意事项 278

第三节 财务分析报告实例 279
一、财务分析报告的一个模板 279
二、财务分析报告实例——某集团公司的财务分析季度报告 282

本章小结 287
复习思考题 287

参考文献 288

第一篇 财务分析基础

第一章 财务分析概论

【学习目标】

1. 了解财务分析的发展历程。
2. 理解财务分析的目的及意义。
3. 掌握财务分析的信息来源。

资本市场作为企业融资和投资者投资的重要场所,对于企业筹资、社会资源配置,促进经济增长有着重要作用。作为投资者到资本市场投资的主要目的是实现资产的保值增值,而投资者作为投资的主要依据则是上市公司对外公布的财务报告。

第一节 财务分析的含义和目的

美国会计学者亚伯拉罕·比尔拉夫曾经说过:"财务报表犹如名贵香水,只能细细品鉴,而不能生吞活剥。"财务报表对于投资者而言是很有价值的,而它在向投资者提供"慧眼"的同时,还需要投资者用慧眼加以透视。富有理性而不是一味投机取巧的投资者总善于合乎逻辑、一层一层地"解剖"公司的财务报告,系统地、一步一步地"调整"原始形态的财务数据,将其转化为客观评价公司绩效和发展前景的有用数据,并最终利用这些数据进行买、卖或持有方面的决策。

一、财务分析的产生与发展

在会计信息披露的发展历史中,财务报告是逐渐演化而成的,其内容是沿着下面的路径发展和丰富的:账户余额表—资产负债表—收益表—财务状况变动表—现金流量表—财务报表附注—财务报表以外的财务信息和非财务信息。财务报告产生的具体原因,会计学界尚未取得共识,不过,大部分学者认为人类早期财务报告的产生是由于受托责任的出现。在原始社会,人们之间的经济关系极其简单,当时会计行为也只是涉及一些极简单的会计记录和计量;到了奴隶社会,私有制的产生使所有权和经营权分离,导致受托责任的出现,而国家的产生又导致了财政分配和管理的出现,这在客观上要求经营管理者定期向委托人报告财产管理情况,尽管这种报告非常粗略、原始,对于报告的编制也没有统一的制度、原则加以规范,但在当时生产力水平还不高的条件下,这种不规范、不统一、极简单的财务报告是应当时的需求而生,在一定程度上也满足了当时的需要。至于报告的真实性,委托人不需要专业机构来核实。

巴其阿勒时代的簿记方法,其账户余额试算表也仅仅是为了结清账户、检查记账错误等,而不对外披露。同一时期欧洲的一些庄园主为了确定管家是否有效地履行了"管家责任",特别邀请了具有专业知识的人来对管家提交的"受责与免责报告"进行审查,这一方面体现了财务报告的意义,另一方面促使财务报告雏形的出现。

17世纪以后,随着英国工业革命的开始、股份公司以及其他组织形式的发展和会计职业的出现,欧洲的社会制度和经济环境发生了巨大的变化,给财务报告增加了新的内容,使其变得日益复杂起来。在这一时期,会计信息的外部使用者开始关注资产的安全保障情况,政府依赖资产负债表实现其征税的目的,利益各方也依赖资产负债表解决可能发生的冲突。

在19世纪,会计披露实践是通过会计信息生产者向使用者提供资产负债表来实现的。生产者向使用者提供的会计信息除了资产负债表本身以外,还包括资产负债表附注,表内项目与表外附注一起组成了资产负债表不可或缺的整体。表外附注既可采用文字说明与数字描述,也可只采用文字说明,其叩以用来解释或补充说明表内确认的资料,以帮助报表使用者有效地理解及使用报表。报表的表内内容必须通过确认,表外附注则不需要通过确认。其他财务报告是对财务报表的必要补充,其所表述的内容属于披露,也不需要确认。英国19世纪的《公司法》,不仅要求股份公司"真实地表述资本、债权和财产"以及提供"清楚的盈亏",而且规定,如果股东认为有必要对股份公司所提供的财务报告进行审查,可以聘请专业人士审查,其费用由公司承担。至此,具有现代意义的财务报告制度就初步建立起来。

进入20世纪,会计披露实践的重心发生转移,由资产负债表转向利润表,这主要是美国的会计环境发生了变化。

从20世纪70年代起,世界性的通货膨胀和经济萧条带来的"信用危机",使人们对于资产负债表的认识也有所转变。随着现代化科学发展和对先进科技成果的吸收与应用,会计技术有了突破性发展。美国会计准则委员会于1963年发布了第3号意见书,要求提供资金表(后被称为财务状况变动表),财务报告出现了第三张对外报表。会计披露方式也由此进入资产负债表、利润表、财务状况变动表三表并重的阶段。1987年,美国将财务状况变动表替代为现金流量表,我国则在1998年开始使用现金流量表。20世纪30年代,西方资本主义国家发生了严重的经济危机,使财务信息使用者对信息披露提出了更高的要求,其不仅要求披露财务信息,还要求更多地披露非财务信息;不仅要求披露定量信息,还要求更多地披露定性信息;不仅要求披露确定信息,还要求更多地披露不确定信息;不仅要求披露历史信息,还要求更多地披露未来信息。之前,会计信息的披露主要依赖于财务报表。由于会计确认标准的限制,大量有用的信息被排除在财务报表之外。为了提高报表的易懂性和可用性,则增加了附注和附表等表外信息。表内确认和表外披露两种表述形式表现为财务报表和其他财务报告,二者构成了今天的财务报告。

二、财务分析的含义

财务分析又称财务报表分析,财务分析就是以财务报表和其他资料为依据和起点,采用一系列专门的分析技术和方法,系统分析和评价企业的财务状况、经营成果和现金流量状况的过程。其目的是评价过去的经营业绩,衡量现在的财务状况,预测未来的发展趋势。

财务分析既是财务预测的前提,也是过去经营活动的总结,具有承上启下的作用。

(一)评价财务状况及经营业绩的重要依据

通过财务分析,可以了解企业偿债能力、营运能力、盈利能力和现金流量状况,合理评价经营者的经营业绩,以奖优罚劣,促进管理水平的提高。

(二)实现理财目标的重要手段

企业理财的根本目标是实现企业价值最大化。通过财务分析,不断挖掘潜力,从各方面揭露矛盾、找出差距,充分认识未被利用的人力、物力资源,寻找利用不当的原因,促进企业经营活动按照企业价值最大化目标运行。

(三)实施正确投资决策的重要步骤

投资者通过财务分析,可了解企业获利能力、偿债能力,从而进一步预测投资后的收益水平和风险程度,以做出正确的投资决策。

三、财务分析的目的

编制财务报表的目的,就是向报表的使用者提供有关的财务信息,从而为其决策提供依据。虽然财务报表的信息着眼于报表使用者,但我们必须注意到财务报告可能存在的消极的一面,特别是虚假的财务报告,已经让投资者一再受到伤害。财务报告被看成反映公司商业活动的透镜,但它经常折射出模糊不清的图像。

财务报表是企业财务状况和经营成果的信息载体,但财务报表所列示的各类项目的金额,如果孤立地看,并无多大意义,必须与其他数据相比较,才能成为有用的信息。同时,财务报表是通过一系列的数据资料概括地反映企业的财务状况、经营成果和现金流量情况。对报表的使用者来说,这些数据是原始的、初步的,不能直接为决策服务。因此,作为一个报表的使用者应根据自己的需要,使用专门的方法,从中选择自己需要的信息,将其重新排列,并研究其相互关系,分析和纠正会计度量和报告中的缺陷,对于"好"与"不好"的会计概念和手法应该有较充分的思想准备,使之符合特定决策要求,从而为决策提供正确的依据。

会计报表的需求者和阅读者很多,由于不同的报表阅读者运用会计信息的利益取向有所不同,其阅读会计报表的目的也就各有侧重,从而其需要的会计信息自然也不尽相同。对此,我们有必要了解不同报表阅读者对会计报表阅读与分析的重点。

一般而言,与企业有经济利害关系的有关方面可分为:投资者、债权人、供应商、经营者、客户、政府部门、企业职工、竞争对手和社会公众等。这些方面构成了会计报表的不同阅读者。

(一)股东及潜在投资者

这里的投资者包含两层含义：一是现存的股东；二是潜在的、未来的投资者。投资者最关心的是其权益的风险，投资能否增值，投资报酬或投资回报能有多大，是否能够满足其期望的投资收益要求。这些决定投资者是否向企业投资是否还要追加投资是否需要收回或转让投资。因此，投资者阅读与分析报表的重点是企业的获利能力、投资回报率及企业经营的风险水平，以此做出自己的投资决策。

(二)企业内部经营者

经营者即企业的经营管理人员，他们受企业业主或股东的委托，对投入企业资本的保值和增值担负责任。经营者负责企业的日常经营活动，必须确保公司支付给股东与风险相适应的投资回报，及时偿还企业各种到期债务，使企业的各种经济资源得到充分有效的利用，为企业不断获得盈利。因此，经营者对企业财务状况的各个方面都要了然于胸。他们不仅关心企业的经营成果表现，更关心企业财务状况变化的原因和企业经营发展的趋势。

(三)债权人

债权人包括银行、非银行金融机构(如财务公司、保险公司等)、企业债券的购买者(供应商通常也会成为企业的债权人，但其与上述债权人有所不同，这里单独在下文讲述)等。按照一般分类，债权人可分为短期债权人和长期债权人。其中，短期债权人提供的债权期限在12个月以内，他们最关心的是企业偿还短期债务的能力。长期债权人向企业提供一年期以上的债权，他们最关心的则是企业连续支付利息和到期(若干年后)偿还债务本金的能力。因而，债权人并不如投资者那样十分关心企业的获利能力，但对企业的偿债能力却是时刻保持警惕。因此，他们首先关注企业有多少资产可以作为偿付债务的保证，特别是企业有多少可以立即变现的资产作为偿付债务的保证。

当然，获利能力高低有时会影响债权人的态度，因为企业效益高低是确保企业提高偿债能力的基础，即使企业一时财务状况不佳、偿付能力不强，但如果效益已经好转，也可以使债权人改变态度，决定对企业提供债务融资。

(四)供应商

与企业债权人向企业提供债务融资情况类似，供应商在向企业提供商品或劳务后也成为企业的债权人，因而他们必须判断企业能否支付所购商品或劳务的价款。从这一点来说，大多数商品或劳务供应商对企业的短期偿债能力十分关注。此外，有些供应商可能与企业存在着较为长久、稳固的经济联系，在这种情况下，他们又会对企业的长期偿债能力予以额外注意。一般情况下，供应商必然愿意优先给偿债能力强、资信程度高的企业提供商品或劳务。

(五)客户

客户指企业产品的购买者。在多数情况下，企业可能成为某个客户的重要商品或劳务供应商，此时，客户就会关心企业能否长期持续经营下去，能否与之建立并维持长期的业务关系，能否为其提供稳定的货源。因此，客户关心企业的长期前景及有助于对此作出估计的获利能力指标与财务杠杆指标。

(六)政府部门

政府部门的报表阅读者包括财政、税务、国有资产管理局和企业主管部门等。一般来讲，政府部门阅读会计报表大多是进行综合分析，特别是财政部门和企业主管部门必须进行综合阅读与分析，以了解企业发展状况；税务部门则侧重确定企业生产经营成果和税源；国有资产管理部门则侧重掌握、监控企业国有资产保值增值情况。

(七)企业职工

企业职工通常与企业存在长久、持续的关系，他们关心工作岗位的稳定性、工作环境的安全性以及获取报酬的前景。因而，他们对企业的获利能力和偿债能力都会予以关注。

(八)竞争对手

竞争对手希望获取关于企业财务状况的会计信息及其他信息，借以判断企业间的相对效率。同时，还可为企业未来可能出现的企业兼并提供信息。因此，竞争对手可能把企业作为接管目标，因而他们对企业财务状况的各个方面均感兴趣。

(九)社会公众

社会公众对特定企业的关心也是多方面的。一般而言，他们关心企业的就业政策、环境政策、产品政策等方面。对于这些方面，往往可以通过分析会计报表了解企业获利能力而获得明确的印象。

报表阅读者有很多，除上述阅读者外，与企业有生产、技术等协作关系，以及其他关系的利益集团，都是企业报表的阅读者。这些阅读者也都有其特定的报表阅读要求，但报表分析的主要目的在于了解一个企业的过去、评价现在、预测未来，为其决策提供依据。

第二节 财务分析的信息种类

财务报表分析的基本依据是企业提供的财务信息。企业的财务信息除了财务报表所揭示的会计信息以外，还包括用于揭示与财务报表直接或间接相关的一些非会计信息。

一、财务报表分析的会计信息

会计信息是企业会计系统编制并提供，是财务信息的基础，是主要的财务信息，分为外部报送信息和内部报送信息。

(一)外部报送信息

外部报送信息以财务报告为主。财务报告是指单位根据经过审核的会计账簿记录和有关资料，编制并对外提供的反映单位某一特定日期财务状况和某一会计期间经营成果、现金流量的书面文件，包括会计报表、会计报表附注和财务情况说明书。其中，会计报表是财务会计报告的重要组成部分，是对企业财务状况、经营成果和现金流量的结构性表述。财务报表至少应当包括以下组成部分：资产负债表、利润表、现金流量表、所有者权益变动表、报表附注、其他应当披露的相关信息和资料，如图1-1所示。

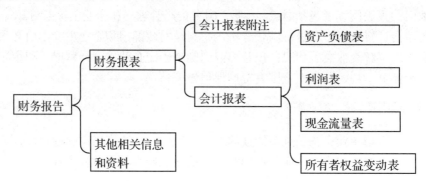

图1-1　对外报送财务报告

(1) 资产负债表，是反映企业在某一特定日期(年末、季末、月末)全部资产、负债和所有者权益情况的会计报表。资产负债表的资产项目，说明了企业所拥有的各种经济资源及其分布；负债项目，显示了企业所负担的债务的不同偿还期限，可据以了解企业面临的财务风险；所有者权益项目，说明了企业投资者对本企业资产所持有的权益份额，可据以了解企业财务实力。通过资产负债表，可了解企业未来财务状况，预测企业的发展前景。

(2) 利润表，是反映企业在一定期间的经营成果及分配情况的报表。利润表反映企业利润总额的形成步骤，揭示利润总额各构成要素之间的内在联系，可以使报表使用者评价企业盈利状况和工作成绩，分析预测企业今后的盈利能力。

(3) 现金流量表，反映的是会计期间内由经营活动、融资活动和投资活动所带来的现金流入及流出情况。现金流量表可提供公司的现金流量信息，从而对公司整体财务状况做出客观评价；能够说明公司一定期间内现金流入和流出的原因，全面说明公司的偿债能力和支付能力；能够分析公司未来获取现金的能力，并可预测公司未来财务状况的发展情况，提供不涉及现金的投资和筹资活动的信息。

(4) 所有者权益变动表，反映的是企业在一定期间由于各种原因导致股东权益各个项目的增减变化过程和结果，体现为资产负债表上所涉及股东权益账户的期初、期末的状况。所有者权益变动表能够反映企业低于财务风险的实力，为报表使用者提供企业盈利能力方面的信息；能够反映企业自有资本的质量，揭示所有者权益变动的原因，为正确评价企业的经营管理水平提供信息；能够反映企业的股利分配政策及现金支付能力，为投资者的投资决策提供全面的信息。

(5) 会计报表附注是会计报表中不可缺少的组成部分，在四张会计报表后面紧接着的部分就是会计报表附注，它作为表外信息越来越被报表使用者所关注，对报表使用者全面了解公司财务状况、经营成果和现金流量情况有着非常重要的帮助作用。投资者在解读上市公司报表时，既要对单张会计报表进行解读分析，又要将几张会计报表结合起来解读分析，同时必须结合会计报表附注的内容来解读、分析和评价。

由于资产负债表、利润表、现金流量表会在本书以后各章节进行单独介绍，因此，本节首先对会计报表附注进行相对详细的介绍。

1. 会计报表附注的作用

会计报表是按规定的内容进行编制的，具有一定的固定性和规定性，只能提供定量的会计信息，其反映的会计信息受到一定的限制，一些对企业有重要影响的项目不能在会计报表中列示。会计报表附注是为帮助财务报表使用者理解会计报表的内容而对会计报表的编制基础、编制依据、编制原则和编制方法及主要项目等所做的解释，因而有利于报表使用者对企业财务状况和经营成果的了解，其主要作用如下。

1) 提高报表内信息的可比性

财务报表是依据会计准则编制而成，由于会计准则在诸多方面规定了多种处理方法，并允许公司根据本行业特点及其所处的经济环境选择最恰当的能公允地反映财务状况和经营成果的会计原则、程序和方法，结果导致不同行业或同一行业各公司所提供的会计信息具有较大差异。另外，会计准则还规定公司应慎重选择其所采用的会计程序、方法与原则，不得随意变更，但这并不意味这些程序、方法与原则在确定后就绝对不能变更。只要新的经济环境表明，采用另一种会计原则、程序和方法，更能恰当地反映公司的财务状况和经营成果，那么改变原来的会计方法或程序就是合理的。然而，改变会计方法或程序必然会影响会计信息的可比性。因此，在财务报表中通过注释的方式，说明公司所采用的会计方法及其变更对公司经营成果的影响，有助于提高财务报表的可比性。

2) 增进报表内信息的可理解性

财务报表的使用者千差万别，他们出于不同目的，所关心的问题也是不相同的，因而，会计信息需求及侧重点会有所不同。而财务报表本身很难满足所有财务报表使用者的需求，对表内有关数据进行解释，将一个抽象的数据分解为若干个具体的项目，并说明各项目生成的会计方法，则有助于财务报表的使用者理解财务报表中的信息。

3) 突出财务报表信息的重要性

财务报表中所披露的会计信息数量多、内容丰富，财务报表的使用者可能会抓不住重点，对重要信息的了解会不够全面、详细。通过会计报表注释，可将财务报表中重要的数据进一步予以分解、说明，这样会有助于财务报表的使用者清楚哪些是应当引起注意的会计信息，对财务报表的使用者进行决策具有参考价值。

2. 会计报表附注重点项目分析

一般情况下，在对财务报表分析之前，应首先阅读和分析会计报表附注。在分析财务报表的过程中，需要经常地结合会计报表附注分析，寻找辨别财务报表真实程度的调查分析重点。会计报表附注涉及的内容较多，对会计报表附注进行分析，可以从关注企业背景及主营业务、关注会计处理方法对企业利润的影响、分析子公司及关联方交易对利润总额的影响程度、分析会计报表重要项目的明细资料、关注企业其他重要项目的说明等方面入手。下面对以下内容进行重点分析。

1) 会计政策、会计估计变更和会计差错更正的分析

企业所处的经营环境并不是一成不变的，经营环境的变化很可能导致企业会计核算中原有的某些会计政策不再符合现实的要求，原有的会计估计也不再适合当时的情况，在这种情况下企业应当寻找一种能够更加有效地反映自身财务状况和经营成果的会计政策或者做出

新的合理估计。如坏账损失中的账龄分析法，随着时间的推移，同一笔应收账款发生坏账的概率会增加，因此计提的坏账比例也应相应地上升。

2) 关联方交易的分析

分析关联方交易的目的。关联方交易广泛地存在于我国上市公司的生产经营中。关联方交易与会计报表粉饰实际上并不存在必然的联系，如果关联方交易确实以公允价格定价，则不会对交易双方产生异常影响。如果关联方交易采取协议定价的原则，定价的高低取决于公司的需要，则使利润在公司之间转移。这样关联方交易就成为上市公司进行利润操纵最常用也最为有效的手段。

3) 资产负债表日后事项的分析

资产负债表日后事项是指自年度资产负债表日至财务会计报告的批准报出日之间发生的需要调整或者说明的事项，包括调整事项和非调整事项。

资产负债表日后事项分析的核心内容是判断资产负债表日后事项是调整事项还是非调整事项。因为，调整事项还是非调整事项在会计处理上是完全不同的。对于调整事项，必须进行相关的账务处理，并调整资产负债表、利润表和利润分配表的有关项目。而对于非调整事项，因其对报表使用者有重大影响，需要在会计报表附注中进行披露。

因此，信息使用者为了更好地理解会计报表，必须认真阅读会计报表附注，如企业重大事项、主要的收入与利润来源、经营中的问题，以及重大关联方交易事项等。会计报表附注为报表分析提供了绝佳线索，或对分析线索提供有力的说明。附注越详细充分，越有助于分析者对企业经营成果、财务状况和现金流量做出准确判断。

此外，财务情况说明书也是财务会计报告的重要组成部分，是企业(公司)年度、半年度财务报告期内生产经营的基本情况、财务状况与经营成果的总结性书面文件。它为企业(公司)内部和外部了解、观察、衡量、考核、评价其报告期内的经营业绩和生产经营状况提供重要依据。

(二)内部报送信息

除了定期对企业外部公开报送的会计信息以外，会计系统还编制了一些仅用于内部管理使用的会计信息，如企业成本计算数据和流程、期间费用的构成，企业预算、企业投融资决策信息以及企业内部业绩评价方法和结构等。这些信息作为企业的商业秘密一般并未被公开披露，而且国家相关部门也不强制企业对外报送。这些信息对于财务分析十分有用，但是鉴于外部利益人不能公开取得，所以只能用于企业内部分析。

二、财务报表分析的非会计信息

除了财务报表揭示的会计信息外，财务报表分析还需借助其他信息。

(一)审计报告

与会计报表和报表附注相关联的是来自独立审计师的审计报告。审计报告是注册会计师根据审计准则的规定，在实施审计工作的基础上对被审计单位报表陈述信息的公正公允性发表意见，具有鉴证、保护和证明的作用。审计报告中的审计意见有四种：无保留意见、保留意见、否定意见和无法表示意见。

1. 无保留意见的审计报告

无保留意见的审计报告，是指注册会计师经过审计后，认为被审计单位的会计报告是按照使用的会计准则和相关会计制度编制的，在所有重大方面公允地反映了被审计单位的财务状况、经营成果和现金流量的变动情况。此类审计报告不附加说明段、强调事项段或任何修饰性用语，也被称为标准审计报告。

在无保留意见的审计报告中，还存在一种带强调事项段的无保留意见审计报告。审计报告的强调事项段是指注册会计师在审计意见段之后增加的对重大事项予以强调的段落，只为增加审计报告的信息含量，提高审计报告的有用性，不影响发表审计意见。

2. 保留意见的审计报告

保留意见的审计报告适用于被审计单位没有遵守国家发布的企业会计准则和相关会计制度的规定，或注册会计师的审计范围受到限制。只有当注册会计师认为会计报表就其整体而言是公允的，但还存在对会计报表产生重大影响的情形时，才能出具保留意见的审计报告。如果注册会计师认为所报告的情形对会计报表产生的影响极为严重，则应出具否定意见的审计报告或无法表示意见的审计报告。因此，保留意见的审计报告被视为注册会计师在不能出具无保留意见审计报告的情况下最不严厉的审计报告。

【例 1-1】 天津磁卡(600800)2001 年年度报告中，由注册会计师出具了有保留意见的审计报告。报告指出了天津磁卡在 2001 年有两笔占其年度主营业务利润过半数的、大宗的关联方之间的买卖。尽管该公司在年报的"重要事项"中也承认了这两笔交易是典型的关联交易，但由于占年度主营业务利润比例较高，而到 2002 年度公司又不再对该关联方存在控股权。那么，今后是否能如此顺当地将产品销出，注册会计师此时就通过审计报告中用有保留意见的说明段，提醒投资者，对这一情况需要引起格外注意。

3. 否定意见的审计报告

只有当注册会计师确信会计报表存在重大错报或歪曲，以致会计报表不符合国家发布的企业会计准则和相关会计制度的规定，未能从整体上公允反映被审计单位的财务状况、经营成果和现金流量时，注册会计师才出具否定意见的审计报告。注册会计师应当依据充分、适当的证据，进行恰当的职业判断，在确信会计报表不具有合法性与公允性时，才能出具否定意见的审计报告。据文献统计，注册会计师很少出具否定意见的审计报告。

4. 无法表示意见的审计报告

只有当审计范围受到限制可能产生的影响非常重大和广泛，不能获取充分、适当的审计证据，以至于无法确定会计报表的合法性与公允性时，注册会计师才可出具无法表示意见的审计报告。无法表示意见不同于否定意见，它仅仅适用于注册会计师不能获取充分、适当的审计证据的情形。如果注册会计师发表否定意见，必须获得充分、适当的审计证据。无论无法表示意见还是否定意见，都只有在非常严重的情况下采用。

【例 1-2】 焦作鑫安公司 2007 年度报告，被审计机构出具了无法表示意见的审计报告。具体所涉及的事项为：①2007 年 7 月 9 日，焦作鑫安原董事长因涉嫌合同诈骗罪，经司法机关批准，被郑州市公安局逮捕并立案侦查。②焦作鑫安因对外担保、逾期借款未偿还等而被法院查封、冻结了公司主要资产，包括银行存款、应收票据、房产、在建工程、土地使用权、设备、债权等；焦作鑫安未经公司董事会批准为关联企业河南信心药业有限公司担保2000万元，但难以判断焦作鑫安或有事项及关联交易等披露是否完整、准确；焦作鑫安对外投资持股48%的联营企业——河南永煤投资有限公司被郑州市公安局"6·5"专案组查封。③焦作鑫安已连续三个会计年度发生巨额亏损，主要财务指标显示其财务状况严重恶化，大量逾期债务无法偿还，且存在巨额对外担保；截至2008年1月22日，已全面停产两年半；焦作鑫安管理层对公司的持续经营能力无法做出评估。

一般情况下，无保留意见的审计报告表明公司报表的可靠性较高。否定意见的审计报告说明公司的报表无法被接受，其报表已失去其价值；无法表示意见的审计报告说明公司经营中已出现重大问题，报表基本不能用。这两种类型的审计报告比较少见。

审计报告要对企业的会计报表做出客观评价，根据不同的审计报告类型，可以在一定程度上看出会计报表是否真实地反映了企业的财务状况、经营成果和现金流量等，即会计报表的可行性。但"审计失败"的案例也屡见不鲜，因此说通过审计报告来识别会计报表的可行性也只能是"在一定程度上"，而不能完全依靠审计报告。从国内外审计实践来看，由于被审计单位管理当局存在通同舞弊的可能，即使注册会计师按照独立审计准则的要求执行审计业务，并尽到了应有的职业谨慎，出具的审计报告仍然可能是失实的。因此说审计报告是对会计报表的可行性提供合理保证而不是绝对保证。

会计信息使用者解读审计报告，应关注注册会计师对会计报表所出具的意见类型，而判断"审计报告"类型的关键是要注意审计报告中注册会计师特别说明的内容部分。最好是无保留意见的审计报告，保留意见、否定意见或者无法表示意见的审计报告提示报表使用者需要对企业进行仔细的价值评估。对于带说明段的无保留意见同样需要得到报表使用者的关注。在关注审计意见类型的同时，报表使用者还应当关注企业内部控制有效性报告与鉴定文件。另外，信息用户还需关注是谁对企业的会计报表出具的审计报告，会计师事务所的信誉度、执业人员水平等一些信息也可以在一定程度上暗示事务所出具的审计报告质量。

(二)公司董事会报告

公司董事会报告是上市公司定期披露报告中重要组成内容之一，会计信息使用者比较关注这个部分，是因为这个部分可能包含一些会计报表中没有包含的财务与非财务数据。比如，有利与不利的发展趋势，公司主要经营范围及经营成果，市场经营环境及宏观政策、法规的变化对公司流动性、资本、经营成果方面的影响，以及公司投资情况和募集资金使用情况等。

(三)国家有关经济政策和法律规范

这方面的信息主要包括产业政策、价格政策、信贷政策、分配政策、税务法规、财务法规、金融法规等。从企业的行业性质、组织形式等方面分析企业财务对政策法规的敏感程度，合理揭示经济政策调整及法律法规变化对企业财务状况与经营业绩的影响。

(四)市场信息

市场信息包括消费品市场、生产资料市场、资本市场、劳动力市场、技术市场等，其中任何一部分都与企业财务及经营相关。例如，商品供求与价格会影响企业的销售数量与收入；劳动力供求与价格会影响企业资本结构与资本成本，影响企业的人工费用，进而影响企业损益；技术市场的供求与价格则会影响无形资产规模、结构及相关的费用和收入。因此，在进行企业财务报表分析时，必须关注各种市场的供求与价格信息，以便能从市场环境的变化中揭示企业财务既定状况的成因及其变化趋势。

(五)公司治理信息

公司治理，是指所有者对管理者的一种监督与制衡机制。在公司中，董事会是常设的权力机构，主要决定公司的经营计划、管理机构、聘任经理等；监事会是常设的监督机构，主要是监督检查公司的财务状况和行使对董事会、总经理等高级管理人员的监督职能。因此，获取企业治理方面的信息是非常重要的，这将有助于报表使用者判断企业的前景状况，有助于判定历史信息预测未来的效力。

三、会计信息的操纵

会计信息被称为世界通用的商业语言。真实的会计信息要如实、客观地反映企业在过去一定时期内发生的经济业务以及企业的财务状况和经营成果，可以帮助投资者和贷款人进行合理决策，帮助政府部门进行宏观调控，帮助企业加强和改善经营管理、评估和预测未来的资金流动。然而，我国自改革开放特别是国有企业体制改革以来，会计信息失真已成为一个十分突出的问题。

会计信息失真的原因很多，上市公司内部治理结构和外部监督都是会计信息失真的源头，但从"琼民源""银广夏"等事件中我们看到会计制度本身也存在缺陷：公司内部治理结构不完善，产权不明晰和外部监督不力是导致会计信息失真现象泛滥的原因。另外，会计制度和方法存在缺陷是会计信息失真的重要原因。目前，会计信息的操纵主要有以下几种手段。

(一)虚构、掩饰经济交易操纵会计信息

1. 虚构经济交易操纵会计信息

众所周知，财务会计的主要功能是对企业已经发生的交易和事项进行确认、计量、记录和披露，并且在这个基础上对外界提供关于企业财务状况和经营成果的财务信息。显然，如果企业的管理当局想操纵会计信息，只有两种选择：一是信息的加工过程；二是影响信息的加工对象。与国外公司一般通过会计手段进行利润修饰、影响信息加工不同，我国的某些企业主要是通过构造各种实质上虚假的经济业务来进行会计信息操纵的。虚构经济交易事实便是一种典型的通过影响信息的加工对象来操纵会计信息的行为。具体说来，就是设计缺乏实质的交易，并让交易"真实"地发生，使用以编制财务报告所依据的经济交易是伪造的、虚假的，从而导致财务报告反映的数据和披露的内容与客观事实不符，甚至严重背离和被歪曲。这也是上市公司常用的操作手法之一。据调查，在被证监会处罚的58家上市公司中有17家存在虚构经济交易行为，占比为29%。上市公司用以虚构经济交易事实的主要手段有：①编造虚假原始凭证；②改组上市公司编造虚假模拟报告。

2. 掩饰经济交易事实操纵会计信息

上市公司信息披露是上市公司与投资者交流的主要渠道，但长期以来，一些企业和上市

公司，尤其是经营方面存在的上市公司，在编制财务报告时总是想方设法"偷工减料"，对一些重要项目不做披露，或者尽量遮掩，使报表使用者无法获得企业经营状况和财务状况的详尽信息。上市公司自由度过大，甚至避重就轻，对关键信息遮遮掩掩，从而使年报的质量难以得到保证。所谓以掩饰经济交易事实来操纵会计信息是指上市公司利用财务报表项目掩饰交易或事实真相，或者在报表附注中未能完全披露交易真相的一种欺诈方法。比较常见和典型的掩饰经济交易事实的手法如下：①财务报告披露不及时；②财务报告披露不充分。

(二)通过会计政策选择操纵会计信息

1. 通过提前确认收入操纵会计信息

按照企业会计制度的规定，销售收入确认的必要条件包括：企业以将商品所有权上的主要风险和报酬转移给购货方，不再对商品保留与所有权相联系的控制和管理权，相关经济利益能够流入企业，收入和成本能够可靠地计量。在现实经济活动中，由于会计期间假设的存在，公司披露的会计信息需要有合理的归属期，其中会涉及收入在哪个会计期间予以确认的问题。企业为了操纵会计信息的需要，往往对销售期间进行不恰当的分割，从而达到提前确认收入的目的。

一般来说，提前确认收入行为按其手法可分为以下四类：①销售完成之前、货物起运之前，就确认收入；②有附加条件的发运产品全额确认销售收入；③仍需提供未来服务时确认收入；④在资产控制存在重大不确定性的情况下确认收入。

2. 利用会计政策的变更操纵会计信息

会计政策变更，是指企业在会计核算时所遵循的具体原则及其所采纳的具体会计处理方法发生变化，往往具有强制性和重大性特点。一些上市公司按自己的需要变更会计政策，借用会计政策变更之名来达到操纵会计信息的目的。其常用手段主要有：变更会计方法。会计准则在具有统一性和规范性指导作用的同时还兼有一定的灵活性，给会计人员区别不同情况留有一定的活动空间和判断余地，然而多种会计处理方法并存也为企业进行会计信息操纵提供了可乘之机，使得企业会选择根据自身利益的需要选择会计方法。例如，企业可以根据需要，变更存货计价方法、变更坏账计提的方法、变更长期投资的核算方法。变更重要的经营政策。为了达到盈利目标，有些企业还可能放弃一贯采用的信用政策，突然放宽标准，延长信用期限，把风险极大的客户也作为赊销对象，把以后年度的销售提到当年，来创造没有现金的盈利。

3. 利用会计估计变更操纵会计信息

由于受企业经营活动中内在不确定因素的影响，某些会计报表项目不能精确计量，而只能加以估计。如果赖以估计的基础发生了变化，或者由于取得了新信息、积累更多的经验以及后来的发展变化，可能需要对会计估计进行修订，这就是会计估计变更。由于会计估计往往需要运用职业判断和经验，对会计估计进行修订，第三方很难说谁对谁错，所以，会计估计变更也很容易被用来进行会计信息操纵。

4. 通过滥用会计估计操纵会计信息

会计估计是一种计量，有很大的弹性空间。会计估计的滥用主要体现在对"八项计提"的计提比例把握上，企业往往依据自身需要任意确定计提比例，从而实现会计信息操纵。

【例 1-3】 四川长虹因其收入与利润的增长主要依靠出口，故自 2001 年以来，应收账款余额直线上升，截至 2002 年 6 月 30 日，四川长虹对其高达 37.8 亿元应收账款只计提了 207 万元的坏账准备，也就是说，对于长虹 2002 年上半年的 1.1 亿元净利润，如果上半年其货款有 4%形成坏账，则长虹上半年就变成亏损了。

(三)利用关联交易操纵会计信息

关联交易属于中性经济范畴，其具有两面性，一方面，有利于充分利用集团内部的市场资源，降低交易成本，提高集团公司的资本运营能力和上市公司的营运效率，实现规模经济、多元化经营、进入新的行业领域及获取专项资产等；另一方面，由于价格由双方协商确定，因此关联交易为规避税负、转移利润、形成市场垄断、分散或承担投资风险等提供了市场外衣下的合法途径，尤其是一些上市公司利用不正当关联交易操纵会计信息，严重损害了投资者和债权人的利益。

1. 利用无实质内容的关联交易操纵会计信息

所谓没有实质内容是指并没有发生真实的交易，且这种交易大部分是通过非现金方式进行的，是一种纯粹的报表交易。

【例 1-4】 1998 年 9—11 月，渝开发通过与关联方重庆市城乡建设发展公司之间不真实的房屋买卖行为，使 1998 年年报虚增主营业务收入 7987.78 万元，虚增主营业务利润 2157.06 万元。

2. 利用非公允关联销售操纵会计信息

关联销售是一种较容易有失公允的关联交易，因为判断关联销售是否公允的参照物是同类商品的市场价格，而市场价格常处于波动状态，参照物不稳定给判断带来了较大的难度。

【例 1-5】 重庆实业控股子公司南方水务有限公司供水业务的唯一购买方郴州市自来水公司是南方水务第二股东郴州山河集团实业有限公司的全资子公司，郴州山河集团和郴州市自来水公司的法定代表人周和平，同时也是南方水务董事兼总经理，根据《企业会计准则——关联方及其交易》的规定，南方水务销售自来水给郴州市自来水公司属于关联交易。2002 年南方水务成本利润率为 404.33%，郴州市自来水公司的成本利润率为 33.24%。南方水务与郴州市自来水公司之间的关联交易显失公允，根据财政部《关联方之间出售资产等有关会计处理问题暂行规定》，南方水务实际交易价格中超过应确认为收入的部分应该计入资本公积。

3. 利用受托经营操纵会计信息

受托经营资产既可以指将自己的资产委托给他人经营管理，也可以指接受委托经营管理他人资产。目前，上市公司发生的委托经营事项多属于后一种形式。利用受托经营来操纵会计信息主要是通过以下方式进行：①将不良资产委托给母公司经营。上市公司将不良资产委托母公司经营，定额收取回报，在避免不良资产亏损的同时，还能凭空获得一部分利润。②关联方以较低的托管费用委托上市公司经营资产。为了操纵会计信息，在年末签订托管经营协议，母公司将稳定、盈利能力高的资产以较低的费用委托上市公司经营，并在协议中将大部分营业收入留在上市公司，从而直接增加上市公司的利润。

(四)利用资本经营操纵会计信息

资本经营是一种全新的经营方式，涵盖了股权重组、债务重组、资产重组等基本思想，通过资产的整合，以实现提高资源配置效率的目标。然而，其效用的实现需要三个重要前提：一是产权清晰；二是现代企业制度基本建立；三是存在良性竞争机制。如果没有这三个前提条件，将很难实现有成效的资本经营，且资本经营还有可能被上市公司利用，成为操纵会计信息的工具。目前一些上市公司主要是采用利用股权重组，购买或出售下属企业，从而变更合并会计报表范围的方法，来实现会计信息的操纵。具体方法有：①兼并盈利公司使合并范围扩大，利用兼并企业的利润，提升上市公司业绩；②出售亏损子公司，不并入报表，缩小合并范围以减少亏损源；③转让与自己有大额交易的子公司，缩小合并范围，隐瞒关联交易，避免关联交易利润被抵销。

会计制度和会计准则上的缺陷，法规制度体系(主要是公司内外部治理结构和法律环境)的不完善，还有证券市场参与各方对法规制度执行不力(主要是注册会计师和政府监管)，为企业操纵会计信息提供了可能。因此，如何在有限的资源中寻找适合自己的信息，剔除不当信息是报表使用者应该通过本书学习和掌握的技巧。

本 章 小 结

本章从总体上介绍了财务报表分析的概念、意义和使用的信息资料。股东及潜在投资者、债权人、经营者、供应商、客户、政府机构和企业内部职工、竞争对手以及社会公众都能从财务报表分析中获得益处。

财务分析的信息主要来自企业的会计信息和非会计信息。恰当获取并正确地读取企业的各种信息是财务报表分析的基本前提。

复习思考题

1. 什么是财务报表分析？
2. 财务报表分析的目的是什么？
3. 财务报表分析信息来源有哪些？

(扫一扫，获取微课视频)

第二章 财务分析的程序

【学习目标】
1. 了解财务分析的宏观程序。
2. 理解财务分析的微观步骤。

宏观经济分析是对宏观经济形势的全面分析,是对金融环境和整体背景条件的分析。社会和经济活动周期性地出现繁荣景象和衰退,这主要是由社会和经济发展的内在规律决定的,有时也受到外部偶然因素的影响。当社会经济发展处于不同的阶段时,会引起货币、信贷、利率、价格等方面的变化。面对重要经济变量的变化和生产经营客观环境的变化,企业必须做出相应的调整和安排,否则将影响企业的生存和发展。因为每个投资者无法亲自到拟投资的企业去现场考察,即使能够到达公司现场,可能也无法全面了解公司的实际情况。因此,上市公司财务报告就成为投资者用于投资的唯一依据。那么,究竟如何来分析、读懂财务报告呢?这是摆在所有投资者面前的重要问题。在本章我们将向读者介绍财务分析的宏观与微观两方面的知识,使大家能够对财务分析有一个基本了解,为后面的各项分析打下基础。

第一节 财务分析的宏观程序

一、宏观经济状况

宏观经济分析方法以整个国民经济活动作为考察对象,研究各个有关的总量及其变动,特别是研究国民生产总值和国民收入的变动及其与社会就业、经济周期波动、通货膨胀、经济增长等之间的关系。因此,宏观经济分析又称总量分析或整体分析。

投资者为了对社会经济活动、行业发展、公司经营状况进行分析,必须注意收集整理各类信息。信息的主要来源有以下几个方面。

(一)政府部门

政府部门是国家宏观经济政策的制定者,是信息发布的主体,是我国证券市场有关信息的主要来源。信息包括政府部门与经济管理部门，省、市、自治区公布的各种经济政策、计划、统计资料和经济报告，各种统计年鉴；国家领导人和有关部门、省市领导报告或讲话中的统计数字和信息等。

(二)上市公司

上市公司有责任和义务向投资者提供本公司的信息，并应保证信息发布的真实、准确、完整及时地披露信息，不得有虚假记载、误导性陈述或者重大遗漏。上市公司应当披露的定期报告包括年度报告、中期报告和季度报告。凡是对投资者做出投资决策有重大影响的信息，均应当披露。年度报告中的财务会计报告应当经具有证券、期货相关业务资格的会计师事务所审计。

向投资者披露公司的财务数据、投资决策、盈利水平、分红派息等经营状况，以临时公告形式公布公司增资减资资产重组、收购兼并、关联交易等重大事项，是投资者判断上市证券是否具有投资价值的重要信息来源。

(三)信用评级机构

信用评级机构是金融市场上一个重要的服务性中介机构，是由专门的经济、法律、财务专家组成的、对证券发行人和证券信用进行等级评定的组织。评级机构组织专业力量收集、整理、分析并提供各种经济实体的财务及资信状况、储备企业或个人资信方面的信息，如欠有恶性债务的记录、破产诉讼的记录、不履行义务的记录、不能执行法院判决的记录等。这种信用评级行为逐渐促成了对经济实体及个人的信用约束与监督机制的形成。

(四)媒体

媒体主要是指各种报纸、杂志、书籍、其他公开出版物，以及电视广播、互联网等信息载体。媒体首先是信息发布的主要渠道，政府部门、证券交易所、上市公司等均通过媒体发布信息，媒体是连接信息发布者和需求者的桥梁，媒体同时也是信息发布的主体之一，各类媒体的专业人员通过实地采访或调研形成新闻报道，或是通过对各类信息的收集整理汇总分析，形成新闻分析，也是很有价值的信息。上市公司披露信息的平面媒体主要是中国证监会指定的一些专业报刊，如《中国证券报》《上海证券报》《证券时报》和《证券日报》等证券类报刊。

二、宏观经济分析

宏观经济分析的第一步是分析和判断投资的经济环境。宏观经济分析是判断证券市场发展趋势和投资价值的基础。宏观经济的发展趋势决定着证券市场的发展方向，宏观经济的增长率和质量决定着证券市场的投资价值。宏观经济是个体经济的总和。不同行业、不同部门和所有企业的绩效共同构成了社会经济发展的速度和质量，宏观经济学的发展是企业投资的价值所在。在综合分析中，投资者利用宏观经济分析来确定经济运行目前处于什么阶段，预测经济形势会发生什么变化，从而做出投资决策。

(一)经济发展与社会发展关系

宏观经济指标,包括国内生产总值、工业增加值等,这些都是衡量一国经济发展速度的主要经济指标。国内生产总值(GDP)指按市场价格计算的一个国家(或地区)所有常住单位在一定时期内生产活动的最终成果。工业增加值是指工业企业在报告期内以货币形式表现的工业生产活动的最终成果,是工业企业全部生产活动的总成果扣除了在生产过程中消耗或转移的物质产品和劳务价值后的余额,是工业企业生产过程中新增加的价值。

国外学者对经济发展与社会发展关系的研究十分重视。对两者关系的主要研究有两点。第一,经济发展与社会发展的关系是相互依存的。大多数经济学家持这种观点。Hagen 在他的书中说,经济发展改善了金融福利;Mazmadar 认为,经济增长和发展的影响是自上而下发生(Trickle Down Effects)的,从而实现社会发展。第二,社会发展决定经济增长。典型的代表有希克斯,他认为社会发展是头等大事,至少说,人力资源应该是加速经济发展的先决条件。

与国外相比,国内对经济发展和社会发展的研究起步较晚。近年来,我国经济发展与社会发展不同步,以致问题日益突出。国内学者也开始研究经济发展与社会发展的关系,特别是对中国经济社会协调发展的研究。中国社会科学院社会发展与社会指标组采用综合评分法对全国各地的社会发展水平进行科学评价,并对各地区的社会发展水平进行比较。认为社会发展与经济发展高度相关,并利用回归方程来衡量两者之间的协调程度。朱华构建了一个评价指标体系,为中国经济和社会的协调发展做出贡献,其在横向和纵向的维度上,对中国经济和社会发展的水平进行了协调程度的实际测量,提供有效措施来衡量中国经济和社会的协调发展。

(二)投资规模分析

投资规模综合分析是固定资产投资规模,从宏观经济角度来说,一般就是指全国或某一个地区、某一个部门固定资产投资的工作量。投资形成新的生产能力是扩大生产、促进经济发展不可或缺的手段,是推动技术进步的重要条件。但是,由于投资的建设周期比较长,在建设过程中要消耗大量的财力、物力和人力,因此投资规模必须遵循量力而行的原则,与当时的国情、国力所能承担程度相适应,进行严格控制,否则会给整个国民经济带来巨大影响。

固定资产投资也要从实际出发进行分析。一方面,有必要分析固定资产投资规模是否合适;另一方面,有必要分析固定资产投资结构是否合理。固定资产投资的规模和结构不仅与社会有关,经济运行的现状也会影响未来的经济增长和结构调整。而财务分析是对现在以及未来的投资收益的分析,所以对固定资产投资的分析是特别的。

(三)消费分析

在人类社会经济活动中,消费是一个不可或缺的环节。消费也是生产和劳动生产的要素之一。消费达到了生产的目的,从而给生产以内在的动力,创造新的生产需要和消费。需求是国内需求的重要组成部分,是经济增长的重要条件。

从全社会的角度来看,消费水平是否合理,合理的消费需求能否实现,消费需求是否与商品和服务相适应,关系到市场的稳定和发展。对消费者的分析,可从购买量与购买频率、购买时间与地点、购买动机、品牌转换情况与品牌忠诚度等方面做出相应的数据调查。

随着现代市场经济的发展,我们不仅需要了解消费者是如何获取产品与服务的,而且也需要了解消费者是如何消费产品,以及产品在用完之后是如何被处置的。

未来消费需求的分析可以基于消费者信心指数,这是一个反映消费者对当前经济和预期经济趋势的满意度的指标。当宏观经济健康、价格稳定时,消费者的消费意愿增加。消费者信心指数上升,通货膨胀加剧,宏观经济状况恶化,这也将损害消费者的信心,降低消费者的消费意愿。

(四)经济周期分析

社会经济活动的规律是经济学总量在波动变化中逐渐上升,这种周期性的变化被称为经济周期。而经济周期的变化,通过影响企业的生产和利润以及人们的收入水平来实现,对金融市场有着重要的影响。因此,对经济周期的预测不仅是政府央行企业部门的要求,也是所有投资者的要求。通过预测经济周期的变化,投资者可以更准确地把握经济周期的转折点。

研究经济周期有两个主要目的:宏观调控和资产配置。宏观调控的核心是分析经济形势,实施反周期操作。通过财政政策和货币政策,运用削峰填谷的操作抑制波动,促进经济平稳运行。反思大萧条催生了凯恩斯主义,而伯南克在研究大萧条时声称找到了避免大萧条的方法。自 2008 年之后,美联储为应对货币再通胀而实施量化宽松,开启了美国历史上持续时间最长的经济复苏。通过对经济增长和通货膨胀两个指标的分析,将经济周期分为四个阶段:衰退、复苏、过热和滞胀,进而推荐债券、股票、大宗商品、现金。美国、中国等的历史数据验证了投资时钟的有效性。

(五)财政收支和财政政策分析

财政是国家为实现其职能而形成的分配关系,是国家借助其政治权力对社会产品进行分配和再分配。财政收入是指国家通过财政参与和社会产品分配所取得的收入,是实现国家职能的财政保障。财政支出是指国家财政为适应经济建设和各项事业的需要而筹集的资金的分配和使用。国家通过财政收入和财政支出的组织分配,影响企业的收入和支出,家庭的收入、支出、收支平衡;通过调整财政收支总量和结构影响社会总需求和社会需求结构,并执行国家的产业政策和收入分配政策。

财政部官网(财库〔2018〕30 号)《关于修订印发政府综合财务报告编制操作指南的通知》,编制权责发生制的综合财务报告,有利于地方政府财务、债务和支付义务的公开透明。现将办法中的政府财政经济分析方法和指标列出。

分析政府财政经济状况时,可采取比率分析法、比较分析法、结构分析法和趋势分析法等方法。

分析政府财政经济状况时可采用以下分析指标,如表 2-1 所示。

表 2-1 分析指标

项目	定义	作用
资产负债率	负债总额/资产总额	反映政府偿付债务的能力
流动比率	流动资产/流动负债	反映政府利用流动资产偿还短期负债的能力
现金比率	货币资金/流动负债	反映政府利用货币资金偿还短期负债的能力
总负债规模同比变化	(负债总额年末数−负债总额年初数)/负债总额年初数	反映负债的增长速度,同比增速是否可控,可参考全国地方政府债务限额增幅
主要负债占比	(主要负债项目/负债总额)×100%	反映政府主要负债项目占总负债的比重

财政政策是国家一项重要的宏观经济政策。根据社会和经济发展的情况和宏观调控的需要,政府可以实施宽松的财政政策和紧缩的财政政策,并使用国家预算、税收、国债、财政补贴、转移支付、财政政策工具的管理系统,以达到刺激经济增长的政策目标或抑制经济过热。当政府想要缓解经济增长过快时,可以提高税率,扩大征税范围,增加税收,从而减少企业、居民的收入,减少其投资需求和消费需求;也可以减少财政支出,扩大财政基础或减少财政赤字,从而减少政府投资和政府采购。无论是减少社会总需求,减少政府补贴和债券发行,还是增加对过去债务的偿还或减少政府投资,简而言之,财政政策可以通过增加财政收入,减少政府支出,减少社会总需求,抑制经济增长。当政府想刺激经济增长,可以降低税率,扩大减税和免税的范围,减少财政赤字,增加发行政府债券,增加财政补贴通过政府的基础设施投资等能源运输,并增加对商品和服务的需求,从而刺激和推动企业投资,增加产出,扩大就业。

(六)货币指标和货币政策分析

货币指标是反映一定时期金融运行状况和货币资金供给状况的重要依据。货币指标可以分为两类:数量指标和价格指标。数量指标主要包括货币供应量、金融机构存贷款余额、外汇储备和金融资产总额,价格指标主要包括利率和汇率。

货币供应量(money supply, supply of money),又称货币存量、货币供应,指某一时点流通中的货币量。货币供应量是各国中央银行编制和公布的主要经济统计指标之一。现在中国的货币供应量统计是以天为基本单位,所谓的某年某月某日的货币量实际上是吞吐货币的银行每日营业结束之际那个时点上的数量。中央银行一般根据宏观监测和宏观调控的需要,根据流动性的大小将货币供应量划分为不同的层次。我国现行货币统计制度将货币供应量划分为三个层次。

(1) 流通中现金(M0),指单位库存现金和居民手持现金之和,其中"单位"指银行体系以外的企业、机关、团体、部队、学校等单位。

(2) 狭义货币供应量(M1),指 M0 加上单位在银行的可开支票进行支付的活期存款。

(3) 广义货币供应量(M2)，指 M1 加上单位在银行的定期存款和城乡居民个人在银行的各项储蓄存款以及证券公司的客户保证金。其中，中国人民银行从 2001 年 7 月起，将证券公司客户保证金计入广义货币供应量。

金融机构各项存款余额是金融机构的负债，是企业和居民相应的金融资产。企业存款余额的增减反映了企业资金的紧张程度，居民存款余额的增减反映了居民的购买力。金融机构各项贷款余额是金融机构的资产。贷款规模不仅反映了金融机构对社会经济活动的财政支持和社会资金的紧张程度，也反映了货币供应量的增减。金融资产总额包括流通中的现金存款、证券、保险等各类金融资产的总和。金融资产总额反映了一个国家货币化程度和金融深化程度，也是社会融资方式多样化和金融市场发展结果的象征。

货币政策也就是金融政策，是指中央银行为实现其特定的经济目标而采用的各种控制和调节货币供应量和信用量的方针、政策和措施的总称。

运用各种工具调节货币供应量来调节市场利率，通过市场利率的变化来影响民间的资本投资，通过影响总需求来影响宏观经济运行的各种方针措施。调节总需求的货币政策的四大工具为法定准备金率、公开市场业务、贴现政策和基准利率。

三、行业状况

(一)行业分类

为了规范上市公司行业分类，中国证监会于 2012 年修订并于 2013 年发布了《上市公司行业分类指引》。参照国家经济行业分类标准，以在国内证券交易所上市的上市公司为基本分类对象。上市公司的经济活动分为以下几个部门：①农、林、牧、渔；②矿业；③制造业；④电力、热力燃气、水生产供应、建筑；⑤批发零售、运输仓储、邮政服务；⑥住宿餐饮；⑦信息传输软件及信息技术服务业；⑧金融业；⑨房地产；⑩租赁及商务服务；⑪科研技术服务；⑫水环境及公共设施管理；⑬居民服务维修等其他服务业；⑭教育；⑮卫生及社会工作、⑯文化体育娱乐业；⑰综合。

(二)行业一般特征分析

1. 经济结构分析

依据空间结构，可将市场划分为完全竞争市场、不完全竞争市场、寡头垄断市场、完全垄断市场。

完全竞争市场，是指竞争不受任何阻碍和干扰的市场结构。在完全竞争市场，买卖人数众多，买者和卖者是价格的接受者，资源可自由流动，产品同质，买卖双方拥有完全的信息。完全竞争市场可以促进微观经济运行，保持高效率，提高生产效率，提高社会效益，提高资源配置效率，最大限度地满足消费者和消费者的需求。其缺点是，一个完全竞争的市场实际上是不存在的。在生活条件难以建立的前提下，完全竞争市场的效率也必须在严格的前提下发生。一个完全竞争的市场是必要的，有大量的小企业具备这种条件。适用于完全竞争市场也会造成资源的浪费。认为市场上存在完全的知识是不现实的。农产品市场通常类似于完全竞争的市场。例如，小麦是一种同质产品。如果天气晴朗，小麦产量就会增加，产量增加，需求不会相应增加，因此，小麦价格会因为供给的增加而下降；如果天气条件不好，小麦对小麦的需求增加了，小麦的价格则会随之上涨。

不完全竞争市场，是指这样一些市场，当完全竞争不能保持，因为至少有一个大到足以影响市场价格的买者(或卖者)，并因此面对向下倾斜的需求(或供给)曲线。由于企业家的数量仍然很大，产品之间的替代性很强，单个公司无法控制产品的价格。只有在价格水平大致相同的情况下，才能在一定范围内确定企业产品的价格。价格与利润之间的关系仍受市场供求关系的决定，但产品品牌特性的好坏也有一定的影响。例如，不同品牌的啤酒、服装、鞋类、家用电器和快餐都属于这一类。

寡头垄断，是指一个市场中每个公司的产品无独特性，并且竞争者的数量有限。它的特点是：①基本上是同质产品，如基本的化学制品或汽油。②相对少的销售者，如一些大的公司和许多小的跟随大公司的公司。③明显无弹性行业的需求曲线。这里，各个竞争公司仔细地相互监视市场价格。每个公司必须预料提高自己的价格超过市场价格不会引起在销量上大的损失，如果可能，竞争者会跟随价格上升。这些产业基本上是资本密集型、技术密集型或资源垄断型的。由于成本高、技术水平高、生产工艺复杂，大量的新企业被限制进入汽车制造、钢铁制造、石油开采、飞机制造等行业。

完全垄断，是指市场被某一厂商独家控制的状况，完全垄断必须符合三个条件：第一，市场上只有一家厂商生产和销售某种商品；第二，该厂商所销售的商品没有非常类似的替代品；第三，任何一家新厂商不可能进入这个市场中参与竞争。由于这些行业提供的产品是生产和生活不可缺少的，并且具有高度的垄断性，所以政府通常控制着价格的确定和提高。政府允许这些企业补足价格并获得一定的利润作为未来扩大再生产的基础，但限制其垄断价格，从而保证其他企业和居民的正常消费。

2. 经济周期、行业竞争与公允价值分析

吴群香和姚国莉以2008—2014年A股上市公司的数据为样本，研究分析不同行业的市场竞争程度及经济周期所处的不同阶段对公允价值相关性的影响。

在不完全市场中，信息不对称因素较多，投资者不会基于完全理性做出决策，尤其是在价格波动较为频繁的金融工具的会计处理上。如果商品处于完全竞争的市场中，其信息不对称程度相对较小。在这种情况下，公允价值计量不仅能够有效、准确地反映资产负债市场价值的变化，而且能够准确地反映企业具体的财务状况和潜在的财务风险。

吴群香和姚国莉做出两点假设，如表2-2所示，假设1：假设行业竞争激烈程度越高，那么该行业内的企业公允价值信息价值相关性就越高。假设2：如果经济处于持续衰退的市场环境中，则公允价值信息价值相关性就较弱。假设1中，样本根据市场竞争程度分为两组，即市场竞争程度高和市场竞争程度低。从分组后的公允价值变化来看，高竞争组比低竞争组显著程度由5%水平下的显著变为不显著。也就是说，行业竞争程度越高，行业内企业公允价值信息的价值相关性越高，因此建立假设1。

假设2中，基于经济周期，该样本被分为两组：衰退时期和复苏时期。分析结果表明，在经济复苏和衰退时期Adj-R^2值相差0.05，说明该模型是经济的，在复苏时期和衰退时期之间有很好的契合度。在经济衰退的周期中，DFVPS变量的系数显著低于1%的水平，也就是说，经济周期的恢复期并不显著，经济衰退期间与股票价格相关的公允价值会计信息性相对较大。假设2与验证结果相反，假设2则不为真。其主要原因是：在经济周期的衰退期，存在公允价值和周期效应是否应导致以公允价值计量的资产价值出现下跌趋势和下跌速度加

快,引起投资者害怕资产缩水和经济损失的心理恐慌。因此,公允价值信息越来越受到重视。在经济周期的恢复期,投资者相对理性,为了避免在投资决策时高估公允价值所计量资产的公允价值,对公允价值信息的依赖性相对较小。

表2-2 回归分析

项 目	总样本	假设1		假设2	
		低竞争	高竞争	衰退期	复苏期
BV	0.936***	1.182***	0.915***	1.673***	0.954***
	(15.46)	(5.51)			(11.33)
E	7.467***	3.796***	8.112***	1.998***	9.558***
	(25.72)	(5.64)	(25.58)	(4.59)	(17.88)
DFVPS	0.001**	−0.0005	0.001**	0.002***	0.001
	(1.76)	(−0.35)	(2.24)	(5.32)	(0.85)
Cont	8.028***	7.890***	8.137***	7.912***	6.943***
	(36.32)	(11.50)	(34.49)	(13.81)	(20.67)
Adj-R^2	0.53	0.46	0.57	0.49	0.54
F-Value	597.53	36.91	581.32	67.85	254.31
观测值	9451	1033	8560	4556	4753

注:*代表在10%水平下显著;**代表在5%水平下显著;***代表在1%水平下显著;括号内为T检验值。
资料来源:吴群香,姚国莉.关于行业竞争、经济周期与公允价值相关性的分析研究[J].财会学习,2016(6):19-21.

四、公司状况

1. 年销售额和市场占有率

年销售额是衡量公司在同行业中相对竞争地位的重要指标。一般来说,年销售额越大,公司的竞争地位越强,销售额在同行业中名列前茅,这些公司通常被称为龙头公司。龙头企业的销售往往占同类产品市场的很大份额,甚至长期占据主导地位,而小企业很可能在竞争中消亡。市场份额是公司产品销售占市场销售总额的比例。市场占有率越高,公司的竞争力越强。主管部门和新闻媒体通常每年都会对该公司的销售额进行排名,中国也有类似的排名,如全国工业企业500强、全国商业企业100强等,投资者可以通过对该公司排名的了解来确定该公司的主导地位。

2. 销售额的稳定性

能否保持销售和销售增长的稳定也是投资者分析其竞争力时需要考虑的一个重要条件。在其他条件相同的情况下,如果公司能够保持稳定的销售和销售增长,那么公司的盈利能力也会稳步增长,股利分配也会相应稳定,投资者面临的投资风险将大大降低。相反,如果年销售量上下波动,会给运营商盈利带来困难,那么就没有稳定的盈利和分红,投资者的风险也会相应增加。

3. 公司盈利能力的衡量

盈利能力是指企业盈利的能力。利润是企业内外各方关注的中心问题。利润是投资者获得投资收益的源泉，债权人获得本金和利息，是经营者经营业绩和管理效益的集中表现，也是员工集体福利设施不断完善的重要保证。因此，对企业盈利能力分析是非常重要的。其主要由公司的资本利润率、销售利润率、成本费用利润率来评价。

资本利润率，是指企业净利润(税后利润)与平均资本(资本性投入及其资本溢价)的比率，用以反映企业运用资本获得收益的能力。资本利润率越高，公司自身投资的经济效益越好，投资者的风险就越小，值得继续投资。对公司来说，这意味着股票升值。因此，它是投资者和潜在投资者做出投资决策的重要依据。

销售利润率，是指企业利润总额与销售净收入的比率。它反映了员工在公司销售收入中所占的份额，为社会劳动的新价值。其计算公式为

$$销售利润率 = 总利润 / 销售净收入 \times 100\%$$

比例越高，企业为社会创造的价值越大，贡献也越大。这也反映了在增加生产的同时，员工为公司创造了更多的利润，实现了生产和收入的增加。

成本费用利润率，是指企业总利润与总成本之比。它是反映企业生产经营中发生的各项费用与取得的收益之间关系的指标。其计算公式为

$$成本费用利润率 = 总利润 / 总成本 \times 100\%$$

比例越高，企业的收入就越高，这是一个直接反映收入和储蓄增加、生产和效率增加的指标。企业产销的增加和费用的节约可以提高这一比例。

4. 公司盈利能力的预测

反映公司过去几年利润的财务指标只能解释公司过去的经营业绩。其实投资者更关心的是公司未来的盈利能力和利润增长趋势，因为只有未来的利润增长才会带来股市的上涨和股息。市场上有很多方法可以预测公司未来的盈利能力，下面介绍两种简单的方法。

(1) 根据公司过去的每股收益，预测未来的每股收益，投资者可以按照时间序列对公司过去的每股平均收益进行排序，找到趋势线并延伸到未来，从而预测公司未来年份的每股平均收益。

(2) 将公司过去的主营业务收入与每股平均收益进行关联，并基于未来主营业务收入的期望值，预测公司未来一年的每股平均收益。

以上两种方法一般适用于短期预测，比如 2~3 年，公司主营业务收入、主营业务成本等各项费用相对稳定。

5. 公司管理层的素质和能力分析

所谓素质，是指一个人的品质、性格、学习能力、体质等特征的总和。现代企业中，管理者不仅具有负责规划、组织和控制的管理功能，在公司的生产经营活动中，也从不同的角度和方面负责或参与选择和使用各种非管理人员，所以管理者的素质是一个重要的因素，它决定了一个公司是否能成功。

公司的经营管理能力对公司的发展和成功起着决定性的作用。分析了公司的管理和管理能力，可以将董事会、总经理及其助理职能划分为决策层、管理层和操作层三个层次。决策层主要负责公司的业务方向，决定融资决策方法和其他重大方针富有进取精神、创新性，并

发挥决定性的作用。管理层主要负责实现决策层的意图，完成既定的目标和计划，协调各部门工作，进行日常综合管理。管理层要务实高效，各职能部门都要参与管理。在管理层的领导下，各部门各司其职，确保公司日常工作的顺利进行。

第二节　财务分析的微观步骤

从报表使用者方面来说，财务分析是由不同的使用者进行的，他们各自有不同的分析重点，但也有共同的要求。从企业方面来说，尽管不同企业的经营状况、经营规模、经营特点不同，但作为运用价值形式进行的财务分析，仍具有共性的分析内容。归纳起来，财务分析的内容主要包括以下几个方面：会计报表解读、偿债能力分析、营运能力分析、盈利能力分析、发展能力分析以及财务综合能力分析等。

一、会计报表解读

在第一章内容中，我们已经对会计报表进行了简要的介绍。那么，对会计报表的解读，则要通过以下几种方法进行。

(一)会计报表质量分析

企业披露的最主要的会计报表为资产负债表、利润表和现金流量表，涵盖六个会计要素和现金流量情况，所以会计报表质量分析就是对财务报表中的重要项目进行分析。其中，对资产负债表着重分析资产的流动性，对利润表着重分析收入与费用的配比及其真实性，对现金流量表着重分析企业现金流量的合理性与持久性，对所有者权益变动表着重分析股东权益的增减变动情况。通过了解会计报表中对重要项目粉饰甚至作假的手段，可以帮助报表使用者正确地识别重要项目的质量状况。

(二)趋势分析

趋势分析是通过观察连续数期的会计报表，比较各期的有关项目金额，分析某些指标的增减变动情况，在此基础上判断其发展趋势，从而对未来可能出现的结果做出预测的一种分析方法。运用趋势分析法，报表使用者可以了解有关项目变动的基本趋势，判断这种变动趋势有利与否，并对企业的未来发展做出预测。

趋势分析通常采用编制历年会计报表的方法，即将连续多年的报表，至少是最近3年，或者5年，甚至10年的会计报表并列在一起加以分析，以观察变化趋势。观察连续数期的会计报表，比单看一个报告期的会计报表，能了解到更多的信息和情况，并有利于分析变化趋势。

(三)结构分析

结构分析，是指在一张财务报表中，用表中各项目的数据与总体(或称报表合计数)相比较，得出该项目在总体中的位置、重要性与变化情况。

结构分析法的主要用法和步骤如下：

第一，确定相关财务报表中各项目占总额的比重或百分比，其计算公式为

某项目的比重=该项目金额/各项目总金额×100%

第二，通过各项目的比重，分析各项目在企业经营中的重要性。一般项目比重越大，说明其重要程度越高，对总体的影响越大。

第三，与水平分析法相结合，将分析期各项目的比重与前期同项目比重对比，研究各项目的比重变动情况，为进一步的"优化组合"提供思路。也可将本企业报告期项目比重与同类企业的可比项目比重进行对比，研究本企业与同类企业相比还存在哪些优势或差距，据以考察其在同行业中的工作水平和地位的高低。

二、企业的偿债能力分析

偿债能力是指借款人偿还债务的能力，可分为长期偿债能力和短期偿债能力。长期偿债能力是指企业保证及时偿付一年或超过一年的一个营业周期以上到期债务的可靠程度。其指标有固定支出保障倍数、利息保障倍数、全部资本化比率和负债等。短期偿债能力是指企业支付一年或者超过一年的一个营业周期内到期债务的能力。其指标有现金比率、营运资金、速动比率、流动比率等。

企业偿债能力，从静态角度来讲，就是用企业资产清偿企业债务的能力；从动态角度来讲，就是用企业资产和经营过程创造的收益偿还债务的能力。企业有无现金支付能力和偿债能力是企业能否健康发展的关键。企业偿债能力分析是企业财务分析的重要组成部分。

三、企业的营运能力分析

企业的营运能力是指通过企业生产经营资金周转速度的有关指标所反映出来的企业资金利用的效率，表明企业管理人员经营管理、运用资金的能力。企业生产经营资金周转的速度越快，表明企业资金利用的效果越好，效率越高，企业管理人员的经营能力越强。

企业营运能力的财务分析比率有：存货周转率、应收账款周转率、营业周期、流动资产周转率和总资产周转率等。这些比率揭示了企业资金运营周转的情况，反映了企业对经济资源管理、运用的效率高低。企业的资产周转越快，流动性越高，企业的偿债能力越强，资产获取利润的速度就越快。

对企业营运能力的分析有利于企业管理者改善经营管理，有助于投资者进行投资决策，有助于债权人进行信贷决策。对政府及有关管理部门而言，有助于判明企业经营是否稳定，财务状况是否良好，这将有利于宏观管理、控制和监管；对业务关联企业而言，有助于判明企业是否有足量合格的商品供应或足够的支付能力，亦即判明企业的供销能力及其信用状况是否可靠，以确定可否建立长期稳定的业务合作关系或者所能给予的信用政策的松紧度。总之，营运能力分析能够评价一个企业的经营业绩、管理水平，乃至预期它的发展前途。

四、企业的盈利能力分析

盈利能力分析是企业财务分析的重点，财务结构分析、偿债能力分析等，其根本目的是通过分析及时发现问题，改善企业财务结构，提高企业偿债能力、经营能力，最终提高企业的盈利能力，促进企业持续稳定发展。盈利能力通常是指企业在一定时期内赚取利润的能力。

利润是企业内外有关各方都关心的中心问题,是投资者取得投资收益、债权人收取本息的资金来源,是经营者经营业绩和管理效能的集中表现,也是职工集体福利设施不断完善的重要保障。因此,企业盈利能力分析十分重要。

反映公司盈利能力的指标有很多,通常使用的主要有销售净利率、销售毛利率、资产净利率、净资产收益率等。通过利用盈利能力的有关指标分析,来反映和衡量企业经营业绩,发现经营管理中存在的问题,进而采取措施解决问题,提高企业收益。

五、企业的发展能力分析

企业的发展能力,也称企业的成长性,是指企业通过自身的生产经营活动,不断扩大积累而形成的发展潜能。企业能否健康发展取决于多种因素,包括外部经营环境、企业内在素质及资源条件等。发展能力分析常用的指标有利润增长率、销售增长率、现金增长率、净资产增长率和股利增长率等。

进行企业发展能力分析时应注意以下两个问题。

(1) 要判断企业在销售方面是否具有良好的成长性,必须分析销售增长是否具有效益性,一个企业的销售增长率应高于其资产增长率,才能说明企业在销售方面具有良好的成长性。

(2) 要全面、正确分析和判断一个企业营业收入的增长趋势和水平,必须将企业不同时期的销售增长率加以比较和分析。

六、企业的财务综合能力分析

企业的财务综合分析,也称为全面的财务分析,是对公司一定期间资金运营及相应财务活动进行全方位、全过程的系统分析。这种分析通常体现在对公司年度报告的阅读分析上,利用年度财务报告所披露的公司各方面信息,综合分析投融资决策与资产资本运营行为,考察公司资金运用绩效及运用过程中所存在的问题。

通过对企业的综合能力分析,可从总体上评价企业的资金实力,分析各项财务活动的相互联系和协调情况,揭示企业财务活动方面的优势和薄弱环节,找出改进财务管理工作的主要矛盾。

第三节 财务报表分析的程序和方法

一、财务报表分析的基本程序

财务报表分析基本程序,是进行财务报表分析的基础,为开展财务报表分析工作提供了一般的规定和步骤。财务报表分析由以下五个阶段构成。

(一)确定分析的目标

明确分析目标是财务报表分析的灵魂。财务分析的内容包括分析偿债能力、运营能力、发展能力、盈利能力等。不同的财务报表分析目标决定了所需要的资料以及相应的分析方法选择的差异。

公司的债权人关注公司的偿债能力，通过流动性分析，可以了解公司清偿短期债务的能力；投资人更加关注公司的发展趋势，更侧重公司盈利能力及资本结构的分析；而公司经营者对公司经营活动的各个方面都必须了解。此外，作为经营者还必须了解本行业其他竞争者的经营情况，以便今后更好地为本公司销售产品定价。因此，不同的会计信息用户应根据自己的信息需求，对会计分析目标尽可能地细化、明确、清晰，以便保障分析质量。

(二)收集、整理和核实所需要的相关资料数据

收集、整理和核实相关资料数据是保障分析质量和分析工作顺利进行的基础性程序。一般来说，在分析的技术性工作开始之前就应占有主要资料，切忌资料不完全就着手技术性的分析。整理资料是根据分析的目的和分析人员的分工，将资料进行分类、分组，并做好登记和保管工作，以便使用和提高效率。

有什么样的财务报表分析目标，就需要有相应的财务数据资料。一旦确定了分析内容，就应尽快着手收集相关经济资料。一般而言，除需要企业财务报表以外，还需要收集国民经济宏观运行信息、行业发展信息、竞争对手或同行业的信息，以及企业其他信息等财务与非财务资料。

(三)分析财务报表

在占有充分的财务资料之后，即可运用特定分析方法来比较分析，以反映公司经营中存在的问题，分析问题产生的原因。财务分析的最终目的是进行财务决策，因而，只有分析问题产生的原因并及时将信息反馈给有关部门，才能做出决策或帮助有关部门进行决策。

首先，进行战略分析，即研究企业经营业务所处的行业，关注现在和将来行业大环境与经济发展的联系，或者针对企业的竞争对手制定战略层面的策略时所需要进行的分析和规划，在此基础上深入了解企业相关知识与管理质量，对企业运营的整体环境做出评估。

其次，运用专门的分析技术与方法对企业财务报表数据进行分析，加工会计信息，即判断企业的财务数据是否真实、完整地反映了财务状况、经营成果和现金流量等情况。

(四)财务报表分析综合评价

总结分析财务报表之后的结果，给出与设定目标相关的关于该企业的结论，也就是根据财务报表分析加工出的会计信息，结合对企业整体环境的评估信息，提炼出会计信息用户所需的相关信息，并对相关决策做出正确的判断。在这个阶段，企业不但要对现有的经营情况加以分析，还要对企业未来的发展趋势加以预测和评价。

(五)编写财务分析报告

财务分析报告是反映企业财务状况和财务成果意见的报告性书面文件。财务分析报告要对分析目的做出明确回答，评价要客观、全面、准确。对分析的主要内容、选用的分析方法、采用的分析步骤也要作简明扼要的叙述，以备审阅分析报告的人了解整个分析过程。此外，分析报告中还应包括分析人员针对分析过程中发现的矛盾和问题，提出的改进措施或建议。如果能对今后的发展提出预测性意见则具有更重大的意义。

二、财务报表分析的方法

财务报表分析的方法有很多种,主要包括比较分析法、比率分析法、因素分析法三种。

(一)比较分析法

比较分析法是财务报表分析的基本方法之一,是通过某项财务指标与性质相同的指标评价标准进行对比,揭示企业财务状况、经营情况和现金流量情况的一种分析方法,在财务报表分析中应用很广。

1. 比较分析法的分类

按比较对象的不同,可将比较分析法分为三种形式:①绝对数比较分析。通过编制比较财务报表,将比较各期的报表项目的数额予以并列,直接观察每一项目的增减变化情况。②绝对数增减变动分析。在比较财务报表绝对数的基础上增加绝对数"增减金额"一栏,计算比较对象各项目之间的增减变动差额。③百分比增减变动分析。在计算增减变动额的同时计算变动百分比,并列示于比较财务报表中,以消除项目绝对规模因素的影响,使报表使用者一目了然。

2. 比较标准

比较分析法的比较标准主要有以下三种形式:①实际指标同计划指标比较。可以解释计划与实际之间的差异,了解该项指标的计划或定额的完成情况。②本期指标与上期指标比较。可以确定前后不同时期有关指标的变动情况,了解企业生产经营活动的发展趋势和管理工作的改进情况。③本企业指标同国内外先进企业指标比较。可以找出与先进企业之间的差距,推动本企业改善经营管理。

3. 比较方法

比较分析法有两种具体方法:趋势分析法和结构分析法。

(1) 趋势分析法又称水平分析法,是将两期或连续数期财务报告中相同的指标进行对比,确定其增减变动的方向、数额和幅度,以说明企业财务状况和经营成果变动趋势的一种方法。趋势分析法的具体运用主要有以下三种方式。

① 重要财务指标的比较。它是将不同时期财务报告中的相同指标或比率进行比较,直接观察其增减变动情况及变动幅度,考察其发展趋势,预测其发展前景。对不同时期财务指标的比较,可以通过定基动态比率和环比动态比率进行分析。

② 会计报表的比较。会计报表的比较是将连续数期的会计报表的金额并列起来,比较其相同指标的增减变动金额和幅度,据以判断企业财务状况和经营成果发展变化的一种方法。

③ 会计报表项目构成的比较。这是在会计报表比较的基础上发展而来的。它是以会计报表中的某个总体指标作为100%,再计算出其各组成项目占该总体指标的百分比,来比较各个项目百分比的增减变动,以此判断有关财务活动的变化趋势。

(2) 结构分析法是在统计分组的基础上,计算各组成部分所占比重,进而分析某一总体现象的内部结构特征、总体的性质、总体内部结构依时间推移而表现出的变化规律性的统计方法。结构分析法的基本表现形式,就是计算结构指标。其计算公式为

$$结构指标(\%)=(总体中某一部分/总体总量)\times 100\%$$

结构指标就是总体各个部分占总体的比重,因此总体中各个部分的结构相对数之和,即等于100%。通过结构分析可以认识总体构成的特征,还可以揭示总体各个组成部分的变动趋势,研究总体结构变化过程,揭示现象总体由量变逐渐转化为质变的规律性。

4. 评价标准

在进行比较分析时,常用的指标评价标准有四类:①反映各类企业不同时期内都普遍适用的公认指标评价标准。例如,2:1的流动比率和1:1的速动比率是典型的公认标准,利用这些标准能揭示企业短期偿债能力及财务风险的一般状况。②反映某行业水平的行业指标评价标准。通过行业标准指标比较,有利于揭示本企业在同行业中所处的地位及存在的差距。③反映本企业目标水平的目标指标评价标准。④反映本企业历史水平的历史指标评价标准。在财务分析中,可以运用历史标准,将期末与期初对比,本期与历史同期对比,以及本期与历史最好水平对比,揭示企业财务状况、经营成果和现金流量的变化趋势及存在的差距。

使用比较分析法时,可根据分析的目的选择其中一种或多种比较标准进行分析,并应注意相互比较的指标之间的可比性。相互比较的指标,必须在指标内容与计算的基础、范围、方法、时间跨度等方面保持一致。使用比较分析法分析问题时,要将绝对数指标与相对数指标相结合、相互补充来说明问题。如对企业的盈利情况进行分析时,要将利润额类绝对数指标与利润率类相对数指标相结合来说明企业的盈利情况。

(二)比率分析法

比率分析法是将影响财务状况的两个相关因素联系起来,通过计算比率,反映它们之间的关系,以揭示并评价企业财务状况和经营成果的一种财务分析方法。根据分析的目的和要求的不同,比率分析主要有以下三种。

1. 构成比率

构成比率又称结构比率,是指将某项经济指标的组成部分与该经济指标的总体进行对比,计算出组成部分占总体的比重而形成的比率,反映部分与总体的关系。它反映某项经济指标的构成情况,揭示经济指标的结构规律。如将各项资产数额分别与资产总额相比较,可计算各项资产占总资产的比重,其反映了企业的资产结构,为进一步分析企业资产结构的合理性、优化企业的资产结构提供依据。其计算公式为

$$构成比率=某个组成部分数额/总体数额$$

利用构成比率,可以考察总体中某个部分的形成和安排是否合理,以便协调各项财务活动。

2. 效率比率

效率比率是某项经济活动中所费与所得的比率,反映投入与产出的关系。一般而言,涉及利润的有关比率指标基本上均为效率比率,如营业利润率、成本费用利润率等。因此,要明确效率比率不是衡量速度的快慢,而是评价投入与产出之间的关系。

利用效率比率指标,可以进行得失比较,考察经营成果,评价经济效益。

3. 相关比率

相关比率,是指根据经济指标之间存在相互依存、相互联系的关系,将两个性质不同但

又彼此相关的指标加以对比而计算出的比率。它有利于研究经济活动的客观联系，认识经济活动的规律性。如根据投入与产出之间的依存关系，将利润总额与成本费用总额相比较计算出成本费用利润率，用以揭示企业的盈利能力。

比率分析法的优点是计算简便、计算结果容易判断，而且可以使某些指标在不同规模的企业之间进行比较，甚至也能在一定程度上超越行业间的差别进行比较。采用这一方法时对比率指标的使用应注意以下几点。

(1) 对比项目的相关性。计算比率的子项和母项必须具有相关性，把不相关的项目进行对比是没有意义的。

(2) 对比口径的一致性。计算比率的子项和母项必须在计算时间、范围等方面保持口径一致。

(3) 衡量标准的科学性。运用比率分析，需要选用一定的标准与之对比，以便对企业的财务状况做出评价。通常而言，科学合理的对比标准有：预定目标、历史标准、行业标准和公认标准。

(三)因素分析法

因素分析法是依据分析指标与其影响因素之间的关系，按照一定的程序和方法，确定各因素对分析指标差异影响程度的一种技术方法。这种方法的基本思路是，当有若干因素对分析指标产生影响时，在假设其他因素不变的情况下，顺序确定每个因素单独变化对分析指标产生的影响。因素分析法根据其分析特点可分为连环替代法和差额分析法两种。其中连环替代法为其基本方法，差额分析法为简化方法。

1. 连环替代法

连环替代法是根据因素之间的内在依存关系，依次测定各因素变动对经济指标差异影响的一种分析方法。连环替代法的主要作用是分析计算综合经济指标变动的原因及其对各因素的影响程度。

【例2-1】 某企业20×9年3月某种材料费用的实际数是6 720元，而其计划数是5 400元。实际比计划增加1 320元。由于材料费用由产品产量、单位产品材料耗用量和材料单价三个因素的乘积构成。因此，可以把材料费用这一总指标分解为三个因素，然后逐个分析它们对材料费用总额的影响程度。现假设这三个因素的数值如表2-3所示。

表2-3 三个因素的数值情况

项 目	计划数	实际数	差 异
产品产量/件	120	140	20
材料单耗/(千克/件)	9	8	−1
材料单价/(元/千克)	5	6	1
材料费用/元	5400	6720	1320

根据表中资料，材料费用总额实际数较计划数增加1 320元，这是分析对象。运用连环替代法，可以计算各因素变动对材料费用总额的影响程度，具体如下：

计划指标：120×9×5=5 400(元)   ①

第一次替代：140×9×5=6 300(元)　　　　　　　　　　②
第二次替代：140×8×5=5 600(元)　　　　　　　　　　③
第三次替代：140×8×6=6 720(元)(实际指标)　　　　　④

因素分析：

②-①=6 300-5 400=900(元)　　　　　　产量增加的影响
③-②=5 600-6 300=-700(元)　　　　　 材料节约的影响
④-③=6 720-5 600=1 120(元)　　　　　价格提高的影响
900-700+1 120=1 320(元)　　　　　　　全部因素的影响

2．差额分析法

差额分析法，就是直接利用各因素的预算(计划)与实际的差异来按顺序计算，确定其变动对分析对象的影响程度。其是从连环替代法简化而成的一种分析方法的特殊形式，是利用各个因素的比较值与基准值之间的差额，计算各因素对分析指标的影响。通过分析财务报表中有关科目的绝对数值的大小，据此判断发行公司的财务状况和经营成果。

【例2-2】　仍以表2-3数据为例，采用差额分析法计算确定各因素变动对材料费用的影响。

① 由于产量增加对材料费用的影响：

(140-120)×9×5=900(元)

② 由于材料消耗节约对材料费用的影响：

140×(8-9)×5=-700(元)

③ 由于价格提高对材料费用的影响：

140×8×(6-5)=1 120(元)

全部因素的影响：900-700+1 120=1 320(元)

因素分析法的优点是既可以全面分析各要素对经济指标的影响，也可以单独分析某因素对经济指标的影响，在财务分析中应用颇为广泛。但在采用因素分析法时应注意以下几个问题。

(1) 注意因素分解的关联性。经济指标的构成因素，必须客观上与经济指标存在因果关系，能够反映该指标差异的内在原因，否则就失去了分析的意义。

(2) 因素替代的顺序性。替代各因素时，必须按照各个因素的依存关系，按一定顺序依次替代，不可随意颠倒，否则会得出不同的计算结果。

(3) 顺序替代的连环性。因素分析法在计算每一个因素的变动影响时，都是在前一次计算的基础上进行，并采用连环比较的方法确定因素变化影响结果。

(4) 计算结果的假定性。连环替代法计算的各因素变动的影响数，会因替代计算的顺序不同而有差别，即其计算结果只是在某种假定前提下的结果。为此，财务分析人员在具体运用此方法时，应注意力求使这种假定是合乎逻辑的假定，是具有实际经济意义的假定。这样，计算结果的假定性，就不会妨碍分析的有效性。

本 章 小 结

本章从总体上介绍了财务报表分析的宏观与微观程序。其中,宏观程序包括宏观经济状况分析、行业状况分析与公司状况分析。

财务报表的各项目质量分析、短期偿债能力分析、长期偿债能力分析、营运能力分析、盈利能力分析、发展能力分析等。

财务报表分析是以财务报表为主要依据,采用科学的评价标准和适当的分析方法,遵循规范的分析程序,通过对企业的财务状况、经营成果和现金流量等重要指标的比较分析,从而对企业的经营情况及其绩效作出判断、评价和预测。

财务分析使用的主要方法有比较分析法、比率分析法和因素分析法三种。

复习思考题

1. 试述会计报表分析的内容。
2. 不同的审计意见对财务报表分析有什么影响?
3. 试述财务报表分析的基本方法及各方法应注意的问题。
4. 简述财务报表分析的基本步骤。

(扫一扫,获取"财务分析框架.mp4"微课视频)

第三章 战 略 分 析

【学习目标】
1. 了解战略分析的内涵与作用。
2. 理解战略制定的目的及程序。
3. 掌握战略竞争策略分析。

企业战略指导着企业的一切活动，企业战略管理的重点是制定和实施企业战略，其关键是对企业的外部环境和内部条件进行分析，并在此基础上确定企业的战略目标和制定策略。1981 年，英国学者 Kenneth Simmonds 发表了一篇名为《战略管理会计》的文章。在文章中指出，管理会计现在大部分的时间和精力都是在收集和评估基于竞争的成本数量和价格数据，计算出公司和竞争对手的相对战略地位，从而制定公司的经营战略。文章将管理会计的活动称为战略管理会计，并认为它们将很快在实践中流行起来，然后围绕这个主题的研究文献被遵循。因此，它已成为管理会计领域公认的研究课题之一。

第一节 战略分析的内涵与作用

一、战略管理会计的产生与发展

战略管理会计的产生有其产生的背景。20 世纪 80 年代初，企业开始重视战略管理，迈克尔·波特的经典著作《竞争战略》和《竞争优势》为企业的发展提供了强有力的理论支持，但从另一个方面来看，正如 Johnson 和 Kaplan 在 1987 年的《相关性遗失：管理会计的兴衰》中所揭示的，传统的管理会计信息是由企业财务报告系统的程序和周期驱动的，现实中信息获得太迟而不能太具体，而且已经被扭曲了，与管理者的计划和控制决策是完全不相干的，此时它显然不能为企业的战略管理提供及时有用的信息。

战略管理会计产生在这样一个时代，并被寄予厚望，希望其能构筑起现代管理会计建设的大厦，所以原来的美国《管理会计》杂志更名为《战略财务》；英国特许管理会计师协会将包含战略会计的内容纳入了管理会计职业资格考试；中国也在注册会计师资格考试中加入了新的企业战略和风险管理。

近年来，随着科学技术的不断创新，制造业越来越多，企业的生产活动向机械化方向发展，生产方式由粗放型和集约型转变为技术集约型和资本集约型，逐步取代了人工工业过程。产品的成本结构也发生了变化。随着机械自动化的逐步发展和完善，在产品的操作过程中机械加工的比例增加，手工慢慢被机械加工所取代，使制造成本被总成本占据。由于当时产品的成本结构，传统的成本方法主要由直接人工材料构成，制造成本占比不大，因此，没有强调制造成本驱动因素的规则。会计核算方法难以真实反映成本信息，容易造成成本失真。因而，为了做好成本管理，提高成本核算的准确性，加强成本控制，企业可以采用作业成本法(Activity-Based Costing，ABC)作为成本分配的依据。

从这些角度来看，战略会计应该被实务界所追求。然而，大量的查验表明，战略会计的采用和实施低于预期，战略会计并没有得到实务界的追捧。最早的调查始于美国国家会计师协会和CAM-I资助的项目共同撰写的五篇文章。研究发现，虽然企业普遍采用先进的制造技术，但仍然使用传统的管理会计方法，管理会计技术也不先进。1991年，科恩和帕奎特的调查显示，只有少数美国制造业和服务业的公司实施了新的成本核算。大多数公司对传统的基于数量的成本系统的问题知之甚少，97%的公司仍然在使用这些系统。在标准成本法中，62%的企业仍然采用直接手工分配制造成本的方式，只有13%的企业基于内部管理的目的实施不同的成本体系。美国管理会计师协会(American Institute of Management Accountants)执行理事夏曼在2004年发表的一篇文章中说，根据咨询公司近年来进行的两项调查，在美国实施ABC的公司高达60%，但只有20%的公司坚持了下来。另一项由一个利益集团进行的调查显示，145名受访者中只有30人说他们在使用ABC。根据调查数据，60%的公司尝试过ABC，但没有坚持使用ABC。对传统成本法的重复使用只能证明作业成本法仍然存在一定的不适用性。

将传统的成本计算方法完全转变为作业成本法仍有待研究。是什么使ABC在许多公司中的应用无法成功？从现有作业成本法的研究来看，问题主要集中在应用环境、作业成本法本身的问题以及相关资源的缺乏。

二、战略管理会计之谜解释

1. 有效需求不足论

这一观点认为，战略会计神秘的根本原因在于从业人员的环境或能力，并没有产生足够的动机来推动他们实施这一先进的方法。具体原因有：第一，《萨班斯-奥克斯利法》实施后，企业被迫向资本市场提供季度利润报告，因此公司高管更加重视财务会计。会计部门的主要精力大部分放在财务会计上面，公司缺乏战略管理会计的积极性和实施压力。第二，由于作业成本法需要确认生产过程中发生的作业，并根据不同作业分配产生的成本，所以需要重置成本核算体系，核算过程比较复杂，应该使用计算机扫描仪。高新技术装备对企业硬件设备和管理水平要求较高，而我国大多数中小企业硬件设施投入不足，生产管理相对落后，管理工作不够程序化，财务人员和专业人员素质不高。结果，这些将使企业在短时间内造成困难。第三，在激烈的市场竞争中，企业必须改变生产方式，以多样化和高质量为核心竞争力。然而，我国产品的市场化程度不高，企业的生产方式也不是短期的。这可能是一个很大的突破，因此作业成本法所依赖的社会环境尚未形成，作业成本法在企业管理中的内在要求并不迫切。

2. 有效供给不足论

"有效供给不足论"认为,战略管理会计之谜的主要原因是其本身存在不足。作业成本法的实施是一项考虑企业长远发展的战略,它可能不会在短期内立即给企业带来更多的利益,不符合成本效益原则。系统设计、安装和实施在初始阶段是必需的;调试、培训等工作需要投入大量资金,同时也面临着终止原有系统的机会成本。如果没有相关部门的支持和足够的资金支持,高昂的初始成本会导致企业无法实施。此外,战略管理理论的发展与会计实践的需要脱节。一方面,战略会计中最成功的方法没有在实践中使用。例如,CFA 收集的信息有大量的估计和计算,很难作为决策的依据。另一方面,收集这些信息的成本也可能超过其价值。因此,至少应该实施战略管理会计方法的公司还没有看到任何实施的迹象。

企业不应盲目选择作业成本法,不要因为作业成本法是一种新兴的成本核算方法就采用;也不要因为学习新方法的困难而忽略其存在。企业应根据自己的生产经营特点和财务状况,进而采用作业成本法使企业受益。

三、利益相关者

(一)管理会计的介绍

在大多数企业中,财务职能一般分为三个主要方面。
(1) 进入企业的财务交易,并将这些交易的历史财务数据报告给股东和其他利益方。
(2) 以最合适的方式筹集资金用于发展和财务管理。
(3) 对公司的管理者在财务决策过程中提供支持,并作为一个管理团队的一员进行管理。

根据前面对管理会计作用的讨论,可以清楚地看到,战略方面最合适的领域是第三点。管理会计与财务管理的划分是一个巨大的变化。尽管战略管理会计并不注重历史事件的记录,也不注重对外公布的财务报表的报告,但这并不意味着战略管理会计与股东、其他重要利益相关者如债权人、客户、供应商、雇员、政府和公众等利益不紧密相连。

如图 3-1 所示,企业中的所有利益相关者都会对公司战略的选择和实施产生影响。有关这些相关者的影响是非常重要的,随着时间的推移将会有重大改变,或由于某些特定的时期,一个特定的战略问题将发挥主导作用,因此,企业战略的选择不仅是管理人员单一的下达指令,很可能这些不同优先级和相互冲突的利益相关者会将彼此冲突的分战略强加于企业。这些公共信息大多以摘要的形式汇总,以反映每个法律实体的状况。对于那些被广泛宣传和上市的大型多元化企业来说,这份一般性的报告无疑是无法满足众多利益相关者的信息需求的,他们可能更愿意获得关于公司某一方面的更详细的信息。

正如全球金融危机告诉我们的,21 世纪是一个"为利益相关者管理"的世纪。高管的任务是为利益相关者创造尽可能多的价值,而不是诉诸权衡取舍。伟大的公司之所以经久不衰,是因为它们设法让利益相关者的利益保持一致"(弗里曼,2015)。

"如果我们只专注于赚钱,我们可能会把所有的精力放在增加美国和其他发达国家的广告上,但这并不是我们唯一关心的事情。"(马克·扎克伯格,脸书首席执行官)

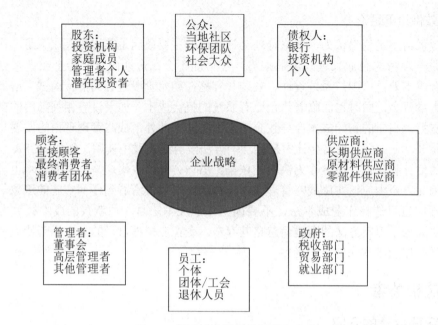

图 3-1　影响企业战略的利益相关者

资料来源：基斯沃德. 战略管理会计[M]. 北京：经济管理出版社，2018.

"如果你为客户做了正确的事情，在经济上对公司来说也是正确的。"前塞恩伯里首席执行官贾斯汀·金就托马斯·库克处理两名儿童一氧化碳中毒死亡事件发表评论。

公司做"很多事情除了利润动机之外还有其他原因。我们想让这个世界变得比我们发现它时更好"(蒂姆·库克，苹果公司首席执行官)。

(二)目标协调

如果一家公司在初始投资较少的情况下，股东可能希望经理们采取高风险、高增长的策略，因为这会使得股东们获得高额投资回报。如果战略失败，公司将破产，股东可以通过其投资组合中的其他投资项目的收益来弥补项目的损失。所以，股东可以通过分散投资来降低投资风险。但是，对于高管来说，如果这种高风险策略失败，他们将失去工作，并且很难通过工作的结合来降低风险。如果这种高风险的策略成功了，高管们所能获得的潜在额外收益将远低于股东们所能获得的额外收益，因此他们采用这种高增长策略的动机并不强烈。

在最简单的家族式企业中，所有者也是企业的最高管理者，不会有这样的利益冲突。但是对于大多数大中型企业来说，这种利益冲突早就存在了。因为公司的高层管理者和真正的业务或执行级别的管理者在他们的目标和任务上有另一个潜在的代沟。显然，在这样一个多层次的组织中，要在各个层次上保持一致的目标是非常困难的，这就要求战略会计管理系统的开发非常关注主要的战略问题，同时需要在所有相关管理级别进行仔细的选择。使各个层次的管理绩效指标与整个公司的战略保持一致，这也是一个好的管理会计制度的主要任务。管理会计和战略问题之间的相互作用如图 3-2 所示。

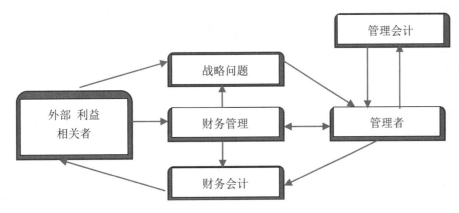

图 3-2　管理会计和战略问题之间的相互作用

资料来源：基斯沃德.战略管理会计[M]. 北京：经济管理出版社，2018.

利益相关者分析：①识别关键的利益相关者。②理解关键利益相关者。③开发高质量的沟通渠道。④保持高质量的关系。

根据投资模型(Rusbult, 1980)，承诺基于：①依赖程度：个人/组织的目标在关系中实现的程度。②选择的质量：对关系最佳选择的期望。③投资规模：关系所依附的资源的大小和重要性。如果关系终止，资源的价值就会下降。

第二节　战略制定程序

一、使命、目标和任务

每个组织都面临着各种各样的利益相关者，在各样的业务合作中，利益相关者的目标都是不同的，甚至是相互冲突的。使命陈述应表明公司是否能够提供一个各方都能接受的目标，对公司的价值观和商业信条发表声明是非常重要的。例如，一些投资基金只会投资于有"道德"的公司，所以很多行业和一些市场将被排除在潜在投资的名单之外，但他们可以从私人投资者那里吸引大量资金。私人投资者认为，他们的"道德"商业信条更具吸引力，一个更具体的例子是 body shop 公司。公司创始人安妮塔·罗迪克明确表示，公司所有产品都不会在动物身上进行测试，但仍有很多利益相关者，比如股东、客户、员工和环保人士，同意她的商业信条。因此，最初的使命陈述应该基于创建时期最重要的利益相关者的目的。

在另一种情况下，企业的存在没有真正的价值。此时，企业的存在已成为一个重要问题。许多管理者基于一个基本的、内在的假设做出战略决策：公司会永远存在下去。随着时间的推移，这往往导致企业进入无关紧要、没有竞争优势的领域，而不是考虑最初的使命。一些管理者会争辩说，他们必须采取一些行动，否则企业最终会崩溃。公司最初的使命可能很明确、很容易理解，但是其可能已完成或已被取代，所以随着环境的变化，最初的使命逐渐淡出。在这种情况下，公司的生命力是有限的。如果管理者想要扩展他们的社会角色，增加或重新审视他们的任务，首先应该咨询关键的利益相关者。这通常会产生一种矛盾，高管的利益与股东价值最大化发生不一致，高管想要拓展甚至巩固自己的职业前景，而股东需要公司为他们获得高额分红和利润回报。

在选择具有相似价值观和目标的关键利益相关者加强过程中需要注意以下因素。
- 质量
- 完整性
- 问责
- 同情
- 心智理论
- 线性/非线性
- 苏格拉底疑问
- 谈判
- 沟通
- 训练/指导/培训

二、多层级的战略规划过程

显然，任何组织都应该有一个总体的愿景和使命，或者两者兼而有之。基斯沃德认为，对于业务范围单一的小型公司，可以将这些声明进一步描述为一组适当的目标。量化的数字可以表明是否选择了最适当的行动计划并付诸实施。但是，即使对于定义非常准确的公司来说，这些包罗万象的目标也是不够的，因为公司并不总是一个统一的整体形式，为了实现公司目标，管理层需要在一系列的营销策略中运作。不同的人事政策、营销战略和创新的财务工具之间需要不同的战略决策。因此，选择合适的职能战略也是必要的，这就要求公司的整体目标分解为一系列相互一致的职能目标，以避免这些相互分割的职能战略之间的冲突。例如，当营销战略是为了追求高市场份额，这就要求在短期内销售快速增长，当整个市场也在快速增长时期时，问题就出现了，这个决定对公司的长期总体目标而言是有利的，但在短期内很可能会对其他职能部门造成影响。运营需要急剧扩大能力，意味着人员需要招聘，培训大量新员工，财务需要为营销和运营活动筹集资金等。此外，这种营销策略也可能与其他部门的长期目标相联系，比如运营希望成为行业中成本最低的制造商；人事想创造一个稳定、积极、高效的工作环境，财务希望能够长期获得资本提供者低成本的长期投资，这样一个相互依存的目标层次结构如图 3-3 所示，通过这些功能目标和策略，可以看出公司的总体目标和战略能否实现，还是合适的，反馈回路是必要的。必须对整个计划作必要的修改，这些后来的修订应在职能战略和目标方面加以改变。

公司总体战略计划承担的其他职能取决于公司战略部门目标之间的多样化程度。由于企业战略的事业部单元目标之间不必要的竞争往往不会产生任何效益，企业的决策层需要起到协同作用。为了避免这种情况，集中战略规划所能发挥的更积极的作用是确保把资源投入到最需要的地方，使企业尽可能地实现规模经济、消除重复投资。这可以很容易地通过将支持资源从特定的面向市场的业务单位转移到更集中的、以工作人员为基础的参谋型单位来实现。事业部的任务和目标变得模糊其至消失。因此，在一个多元化的组织中，每个机构都需要承担大量详细的战略规划职能，因为只有在机构层面上，管理层才能确定公司的目标，并选择战略以实现这些目标。

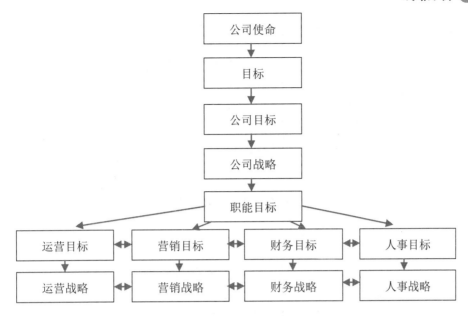

图 3-3　企业所需的职能目标和战略

资料来源：基斯沃德. 战略管理会计[M]. 北京：经济管理出版社，2018.

第三节　竞争策略分析

一、产品生命周期

产品生命周期(product life cycle)，又称商品生命周期，是指产品从投入市场到更新换代和退出市场所经历的全过程。产品开发过程遵循生命周期，这一理论已广泛流传，会对产品当前的销售速度产生影响。更重要的是，这将对未来的战略选择产生重大影响。近年来，关于产品生命周期的讨论越来越多。该理论将产品的经济周期划分为多个阶段，最常见的有 4 个阶段或 5 个阶段。

如图 3-4 所示，模型产品已经开发并投入市场，获得批准需要一段时间，所以初期销售增长缓慢。很明显，产品的推出期将会承担巨大的商业风险，因为产品很有可能失败。风险与收益呈正相关，这是一条基本的经济规律。如果风险增加，潜在收入将增加，作为风险增加的补偿。这条规则适用于任何级别的投资决策。在金融术语中，用来描述风险最恰当的词是收益的波动性，而投资者的保证收益通常是低风险的投资，如图 3-5 所示，即使是零风险投资，投资者仍然需要一个正向的收入水平。这种正向的收入水平是为了补偿投资者，因不把这笔资金存入银行而损失的利息收入，也是为了补偿投资者投资这个项目，导致资金被占用。

如果产品得到市场的接受，并达到一定规模的销售额，就进入了成长期。此时，客户已经对产品非常熟悉，大量的新客户开始购买，市场也逐渐扩大。产品量产后，生产成本相对降低，企业销售增长迅速，利润也迅速增加。当竞争对手看到有利可图时，他们就会进入市场参与竞争，使同类产品的供应量增加，价格下降，企业利润增长率逐渐放缓，最终达到生命周期利润的最高点。

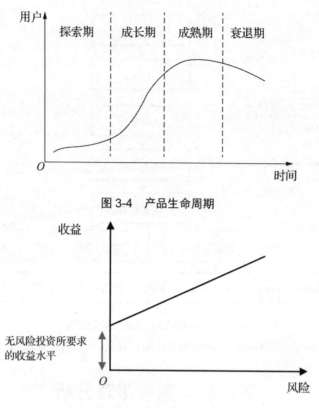

图 3-4 产品生命周期

图 3-5 风险与收益的关系

当许多新公司进入一个行业，它们将扩大整个行业的生产能力。如果这些公司希望销售继续快速增长，由此产生的生产能力可能会相当大，特别是如果已经存在的市场上的公司，也希望扩大其生产能力，以满足预期的未来增长。不幸的是，这种急剧扩张的生产能力通常只发生在市场增长速度开始放缓之前，销售增长将变得更加困难，许多参与的公司会发现他们的生产能力有大量的剩余。可能会有一段短暂而激烈的震荡期，其间一些竞争对手将离开这个行业，或者破产，这使得产能将变得更加合理。一旦销售需求与现有的生产能力相平衡，并建立一个更加稳定的状态，行业就进入了产品生命周期的成熟期。

最后产品需求开始衰退。随着科学技术的发展，新产品或新的代用品出现，将使顾客的消费习惯发生改变，转向其他产品，从而使原来产品的销售额和利润额迅速下降。于是，产品又进入了衰退期。

即使认识到产品生命周期的概念，也不可能准确地预测不同阶段的长度，有些产品似乎同时跨越了一个或多个阶段。一些批评人士认为，由于产品生命周期缺乏准确性，所以不能作为一个规划工具。一些批评者认为，产品生命周期只适用于某些产品，它并不适用于所有的产品，因为一些替代产品在本质上非常相似，会突然出现在市场上，混淆阶段之间的过渡。在某些情况下，行业应该根据满足客户需求来进行区分，而不是根据产品特性来进行区分，产品特性用处不大，但更容易识别。

产品生命周期的各个阶段会带来许多关于战略管理和会计投资的重要问题。高收益可作为一种高风险的补偿，这个理论已经出现，但是仍然有可能将风险分散到各个部分，并为风险的每个部分选择最合适的子策略，如产品生命周期开发过程的每个阶段其内在风险水平都是不同的。由于整体风险水平是由外部环境决定的,公司控制整个风险基本构成的能力很小。所以在分阶段,对风险的各个部分进行分析,结果会更加准确。开始发展的探索时期,产品是在最高水平的风险水平,而后的成长期,风险仍在高速增长时期,因为这个行业的最终大小仍未知,市场份额也无法确定,该公司可以获得的收益和后期维护是不确定的。但是随着市场的成熟和稳定,产品的风险会逐渐降低,关注产品在进入生命周期之前的成熟期。如果将该产品开发过程中的风险与公司各种战略选择的财务风险进行比较,公司就更容易选择适当的投资组合,也更容易确定公司不能接受的内容,如高风险或低风险策略。

如果将该产品开发中的风险与公司的财务风险进行比较,公司能够更容易地选择适当的投资组合,也更容易确定哪些战略是不可接受的,比如双高风险或双低风险的策略。如图3-6所示,它体现了以产品行业风险水平为纵轴、以财务风险水平为横轴的战略选择图。财务风险与产品行业风险的组合可以分为四种类型:高财务风险和高产品行业风险,低财务风险和低产品行业风险,高财务风险和低产品行业风险,低财务风险和高产品行业风险。实际上有两种组合不能实现,即高财务风险和高产品行业风险,以及低财务风险和低产品行业风险。

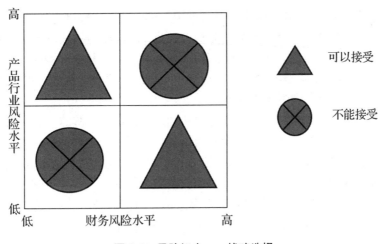

图 3-6 风险组合——战略选择

企业应根据产品发展的不同阶段所面临的不同风险,制定出与行业风险相对的财务风险策略。企业或产品在特定发展阶段制定的经营战略决定了企业风险的大小,而企业的资本结构决定了财务风险的大小。企业的总风险是由财务风险和产品行业风险共同决定的。

在分析财务风险与产品行业风险相结合的合理性和可行性之前,需要注意的是,相同的融资方式对于投资者和企业是不同的,企业筹集股权资金所面临的财务风险也是不同的。当使用股权筹集资金的方式,企业没有偿还股权投资的义务,股利分配政策可以根据企业的经营状况和现金流量来确定,因此可以适当考虑向股东分配股利与否。股权融资方式具有较大的灵活性,对公司风险较小,对投资者风险较大。当企业使用债券筹资方式,筹集到债务资金后,公司必须根据合同偿还债务。债务的本金和利息决定了债权筹资的方式缺少弹性,因此债务融资方式对企业风险较大,但对债权人风险较小。

第一种可行的风险配置方法是高财务风险与低产品行业风险相结合。这种搭配方法的总体风险中等。对于股票投资者来说,更高的产品行业风险也就意味着更高的预期收益。股权资本通常来自专业投资机构。他们专门从事高风险投资,通过一系列投资组合分散风险,因此总体上获得高回报,所以他们不介意个别项目的损失。这种资本结构的失败对债权人来说是可以接受的,只要债务不超过清算资产的价值,债权人将适当投资。因此,高负债风险与低产品行业风险的结合是一种同时满足股东与债权人的期望战略。从企业的角度来看,产品行业风险高的企业的现金流是不稳定的。鉴于股权融资的还款灵活性,企业更愿意使用股权资本。这种组合符合股东与债权人之间的现实匹配。

第二种是低财务风险和高产品行业风险的组合。这种搭配的总体风险是中等的。对于债权人而言,产品行业风险低的企业经营现金流收益稳定,企业无法偿债的风险较小。债权人愿意为此提供更多贷款。对于股权投资者来说,公司的产品行业风险较低,如果不使用财务杠杆来改善公司的财务风险,整体收益率会较低,但提高财务风险可以提高财务收益率。因此,股权投资者愿意投入资金来增加企业的负债权益,这种风险搭配是符合债权人要求和股东期望的现实匹配。

二、SWOT 分析

在战略规划报告中,SWOT 分析是一个众所周知的工具,它来自麦肯锡咨询公司。SWOT 分析是对企业优势、劣势、机会和威胁的分析。因此,SWOT 分析实际上是一种综合和概括企业内外部各方面情况的方法,进而分析组织的优势和劣势、机会和威胁。

SWOT 分析有四种不同类型的组合:优势—机会(SO)组合、劣势—机会(WO)组合、优势—威胁(ST)组合和劣势—威胁(WT)组合。

优势—机会(SO)战略是一种开发内部优势和利用外部机会的战略,是一种理想的战略模型。当公司具有特定的优势,外部环境为利用这种优势提供了良好的机会时,就可以采用这种策略。例如,良好的产品市场前景、供应商规模的扩大、竞争对手的财务危机等外部条件,加上企业市场份额增加的内在优势,都是企业收购竞争对手、扩大生产规模的有利条件。

劣势—机会(WO)策略是一种利用外部机会来弥补内部劣势,使企业能够改善自身优势并获得优势的策略。有外部的机会,但是因为企业有一些内部的弱点,阻碍了机会的利用,所以可以先采取措施来克服这些弱点。例如,如果企业的弱点是原材料供应不足、生产能力不足,从成本的角度来看,前者会导致工作不足,生产能力闲置,单位成本增加,而加班会导致一些额外的成本。产品市场前景的前提下,企业可以利用的机会,如供应商扩张、新技术设备降价、竞争对手和金融危机实现纵向整合战略,重构企业价值链,以保证原材料的供应,同时考虑购买生产线。克服了生产能力不足和设备老化的缺点,企业可以进一步利用各种外部机会,降低成本,获得成本优势,最终获得竞争优势。

优势—威胁(ST)战略是指利用自身的优势来避免或减轻外部威胁的影响。如果竞争对手采用新技术来大幅度降低成本,这会给企业带来很大的成本压力;同时,材料供应紧张,其价格可能上涨;消费者要求大幅度提高产品质量;企业必须支付高额的环境保护成本;这将导致企业成本的进一步恶化,使企业在竞争中处于非常不利的地位。然而,如果企业有足够的现金、熟练的工人和强大的产品开发能力,就可以利用这些优势来开发新的工艺和简化生产。该工艺提高了原材料的利用率,从而降低了材料的消耗和生产成本。此外,开发新技术产品也是企业的选择策略。新技术、新材料和新工艺的开发和应用是最具潜力的成本降低措施,同时提高产品质量,避免外部威胁。

劣势—威胁(WT)策略是一种防御技术,旨在减少企业内部的弱点,避免外部环境的威胁。当企业出现内外部问题时,往往面临生存危机,降低成本可能成为改变劣势的主要措施。当企业成本恶化时,原材料供应不足、生产能力不足、设备老化,无法实现规模经济,企业很难在成本上产生较大差异。此时,企业将被迫采取目标聚集战略或差异化战略来避免成本威胁。在改正缺点方面,也避免了成本带来的威胁。

案例:美团 SWOT 分析

美团的优势在于主导品牌享有盛誉。作为中国第一家团购网站,美团网目前拥有数百万注册用户,并保持着高速增长;其技术力量雄厚,美团网的技术团队是在众多热门网站建成后形成的,主管团队拥有丰富的运营经验,成功把握用户心理,立足本地日常生活管理;在物流方面,美团 100%掌控物流,这是团购网站的一大亮点。可以说,美团颠覆了以往的电子商务物流规则,主要以服务产品为主。在美团的团购中,大部分是温泉、足疗、瑜伽、餐饮等服务代金券,实物商品占少数。

美团的弱势在于宣传渠道相对狭窄。在美团网上,大部分广告都集中在搜索引擎优化上,剩下的渠道相对较少;团购行业门槛相对较低,美团难以形成行业壁垒;消费者在团购商品时,很大一部分是冲着商品本身,而不是团购网站;融资渠道相对狭窄,大部分经验是学习得来的,比如世界团购网站的老大 Groupon,现今也开始进入中国市场,竞争更加激烈;筹资管理不完善,回款处理流程比较烦琐,与拉手网相比,美团网的退货手续较为复杂。

伴随着网络化的深入人心,团购市场有着很大的机会,如图 3-7、图 3-8 所示。现在的团购在年轻人中是一个热潮,有着非常大的市场,良好的口碑,有助于更好地吸引客户来扩大网站,流量(客户浏览量)是一个网站的重要组成部分;当前团购市场潜力大,其中多有成熟宣传渠道的大企业,仍未参与团购市场,是其发掘重点对象;团购新产品符合人们的新生活需求;中国的投资机构对大集团蛋糕充满了兴趣。目前团购很流行,客户的资金也足够维持团购网站的基本运营。

然而,一些团购市场上的产品让人摸不着头脑,部分被曝光的团购也开始引起网民的警惕。产品以次充好,商品丢失,甚至团购集资,携款潜逃,对消费者权益造成了极大的损害;团购网的商业模式如出一辙,可替代性太强;团购发展快速政策赶不上产业需求,可能受到政策限制。

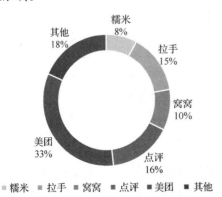

图 3-7　2013 年团购行业市场份额

图 3-8　2018 年上半年外卖行业市场份额

三、蓝海战略理论

近年来，为了成为企业实战中的一匹黑马，有学者提出应在此基础上构建蓝海战略管理会计模型。2010 年 12 月，《哈佛商业评论》(*Harvard Business Review*)将其列为影响中国企业的十大概念之一。其认为，这一理论的诞生重新开启了对市场竞争的理解，为企业界打开了一个新的机会窗口。蓝海战略在中国企业中享有盛誉。这让我们相信，蓝海战略理论的任何发展，都会对中国企业产生重要影响，值得关注。

W.钱·金和勒妮·莫博涅(2005)(见图 3-9)在《蓝海战略：超越产业竞争开创全新市场》一文中将企业目前使用的战略分为"红海战略"和"蓝海战略"。蓝海战略认为，整个市场可以分为两类：红海和蓝海。红海代表一个已经存在的产业，而蓝海则代表还没有出现。现有行业的竞争是充满血腥的，因此也被称为竞争战略。相反，在一个尚未出现的行业里，没有竞争就是一片平静的海洋。如何进入这片海域的理论是蓝海战略。蓝海战略理论的主要体系由两部分组成，一部分是战略布局图所代表的分析工具，另一部分是如何实施战略的六项原则。因此，它们与战略理论的联系也可以从这两个方面来分析。首先，研究战略布局与竞争战略理论之间的关系。战略布局是一个平面坐标图，横轴代表产业竞争和投资的要素，纵轴代表所有竞争要素上的买方。高分意味着公司会给买家较多，所以在这个因素上有更多的投资；高分也意味着高价。这种根据战略变量描述产业特征的方法属于竞争战略。战略理论也在多次实践中被证明了。

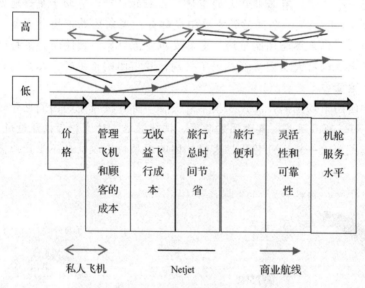

图 3-9 战略布局图

资料来源：Kim& Mauborgne (2005)。

其次，蓝海战略共提出六项原则。其中，四项战略制定原则包括：重建市场边界、注重全局而非数字、超越现有需求、遵循合理的战略顺序；两项战略执行原则包括：克服关键组织障碍、将战略执行建成战略的一部分。下面具体阐述前三项原则。

(一)蓝海战略原则 1：重建市场边界

从难以竞争到创造蓝海，六条路径被用来重建市场边界。

1. 行业：纵观所选择的行业市场

红海思维认为人云亦云是行业的分界线，做行业中最好的；蓝海观提出一家公司不仅要与自己的行业竞争对手竞争，还要与替代产品或服务行业的竞争对手竞争。

例如，2007 年苹果发布了第一台 iPhone 手机，宣告了智能手机时代的到来。苹果 iPhone 手机在 2007 年的市场份额还只有 0.3%，但 2008 年迅速增长到 1.1%。

2. 战略组：观察行业内不同战略组之间的市场

红海思维认为应承接一个被广泛接受的战略集团概念(如豪华车、经济型车、家庭车)，努力成为集团的顶尖分子。蓝海思维则表示，突破狭隘的观点，找出决定消费者选择的因素，如高端和低端消费品的选择。

例如，曲线美容俱乐部专门为女性服务，消除豪华设施和缩小社区安置。会员轮流使用一套乐器，每周三次，半小时，每月只需 30 美元。

3. 买方群体：重新定义行业的买方群体

红海思维只关注单个买家，而不是最终用户；蓝海观认为买家是由买家、用户和有影响力的人组成的买家链。

例如，诺和诺德是一家胰岛素制造商，它将胰岛素和笔结合起来，创造了一种患者携带方便的诺和诺德注射设备。

4. 产品或服务范围：通过互补的产品和服务看到市场

红海思维使用同样的方法划定产品服务的范围。蓝海观除了研究互补的产品或服务包含了未开发的需求之外，还使用一个简单的方法是分析客户在使用产品之前、期间和之后需要什么。

例如，北科公司发现，市政府关心的不是公交车本身的价格，而是维护成本。通过使用玻璃纤维车身，提高了汽车的价格，同时降低了维修成本，与市政府形成了双赢的局面。

5. 功能性情感导向：跨越销售者的产业功能与情感导向

红海思维：接受现有产业固化的功能性情感取向。

蓝海观：市场调研反馈往往是产业教育的结果。企业挑战现有的功能和情感定位，力图发现新的空间。如果在情感层面上竞争，企业能去掉哪些元素使自己发挥同样作用吗？

例如，对于男性来说，fast hair salon 取消了按摩、饮酒等情感元素，用"gas wash"代替"washing"，专注于理发，将理发时间缩短到 10 分钟，成本从 3 000 日元降到 1 000 日元。

6. 时间：参与形成外部趋势

红海思维只关注当前的竞争威胁。而蓝海观从业务角度，洞察技术和政策趋势如何改变客户获取的价值，以及它如何影响业务模型。

例如，苹果通过 iPod 和 iTunes 提供真正的音乐下载，改善了大量的音乐库、高质量的声音、单次下载，以及低收费。

(二)蓝海战略原则2：注重全局而非数字

一家公司永远不应该把自己的"眼睛"外包给别人。伟大的战略远见是走向基层和挑战竞争边界的结果。蓝海战略是指通过制定战略布局，将公司在市场上现有的战略定位形象化，从而打开组织中各个人员的创造力，将视线引向蓝海。

(三)蓝海战略原则3：超越现有需求

一般来说，公司试图保留和扩大现有客户，以增加自己的市场份额，往往导致更微妙的市场细分。然而，为了最大化蓝海的大小，公司需要做相反的事情，不仅要关注客户，还要关注非客户。不要盲目地通过个性化和细分市场来满足客户的差异，应该寻找买家的共同点，把非客户放在客户面前，把共同点放在不同点之前，把整合的细分市场放在多层次的细分市场之前。

本 章 小 结

本章从总体上介绍了战略分析的概念、意义和制定战略的策略步骤。通过产品生命周期、SWOT、蓝海战略的分析，让企业能够更加准确地明确自己的客户是谁、哪些事情能做、哪些事情不能做，因此，战略管理的核心也可说是防止"南辕北辙"的事情在企业发生。

复习思考题

1. 什么是战略分析？
2. 战略管理分析的目的是什么？
3. 战略管理分析的竞争策略有哪些？

(扫一扫，获取"财务分析中的战略分析.mp4"微课视频)

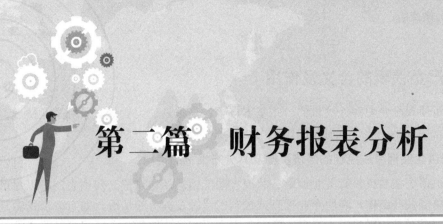

第二篇 财务报表分析

第四章 资产负债表

【学习目标】
1. 了解企业资产负债表的作用和格式。
2. 理解并掌握资产负债表重要项目的内容及其质量分析。
3. 理解并能运用资产负债表趋势分析。
4. 理解并能运用资产负债表结构分析。

资产负债表亦称财务状况表,表示企业在某一特定日期(通常为各会计期末)财务状况(资产、负债和所有者权益)的主要会计报表。资产负债表是企业对外提供的一张基本报表,是报表使用者借以了解企业情况、做出相应决策的重要工具,所以了解资产负债表是学习会计的入门必备知识。

第一节 资产负债表概述

关于资产负债表,有两个有趣的历史逸闻。美国著名会计学家张伯伦(Chamberlain,1974)曾经评价"世界上第一个亿万富翁"洛克菲勒在19世纪50年代开始经商时,"他精通于查看资产负债表,这给美国克利夫兰的商人留下了深刻的印象"。而作为反例,曾经有过百年辉煌历史的前英国老牌银行帝国巴林银行的董事长彼得·巴林则认为资产负债表没有什么用。他曾经在1994年3月有过这么一段不屑的断言:"若以为揭露更多资产负债表的数据,就能增加对一个集团的了解,那真是幼稚无知。"随后不久,巴林银行就因为内部控制不力,而且资产负债表对于衍生金融工具风险方面的信息没有得到应有的揭示而倒闭。很多人都承认,如果巴林银行新加坡分行能够将衍生金融交易过程中的风险敞口通过资产负债表较为充分地加以披露,从而引起总部和相关监管机构的重视,巴林银行也许就不会倒闭。透过这两则逸闻,资产负债表的重要地位和作用可见一斑。

资产负债表利用"资产=负债+所有者权益"这一会计基本等式,将合乎会计原则的资产、负债、股东权益项目分为"资产"和"负债及股东权益"两大区块,在经过分录、转账、分类账、试算、调整等会计程序后,以特定日期的静态企业情况为基准,浓缩成一张报表。

一、资产负债表的含义及作用

资产负债表是企业对外提供的一张基本报表,是报表使用者借以了解企业情况、做出相应决策的重要工具,资产负债表的作用主要体现在以下三个方面。

1. 提供企业拥有或控制的经济资源及其分布情况的信息

资产负债表主要提供有关企业财务状况方面的信息。通过资产负债表,可以提供某一日期资产的总额及其结构,表明企业拥有或控制的资源及其分布情况,即有多少资源是流动资产、有多少资源是长期投资、有多少资源是固定资产等。这样,会计报表使用者就可以一目了然地从资产负债表上了解到企业在某一特定时日所拥有的资产总量及其结构。

2. 反映企业资金来源和构成情况的信息

资产负债表的资产方反映了企业资金的占用情况,那么这些资金是从哪里来的?不外乎两个方面,一方面是债权人提供,另一方面是所有者投资及其积累。在资产负债表的右方提供了某一日期的负债总额及其结构,表明企业未来需要用多少资产或劳务清偿债务以及清偿时间,即流动负债有多少、长期负债有多少、长期负债中有多少需要用当期流动资金进行偿还等;同时反映了所有者拥有的权益,据以判断资本保值、增值的情况以及对负债的保障程度。

3. 通过对资产负债表的对比和分析,可以了解企业的财务实力、偿债能力和支付能力,也可以预测企业未来的盈利能力和财务状况的变动趋势

通过了解企业资产项目的构成,可以分析企业资产的流动性和财务弹性,进而判断企业的偿债能力和支付能力。通过对企业资产结构和权益结构(或称资本结构)的分析,可以了解企业筹集资金和使用资金的能力,即企业的财务实力。另外,资产是未来收益的源泉,也会在将来转化为费用,因而,通过了解企业资产项目的构成,还可以对企业未来的盈利能力做出初步判断。

二、资产负债表的局限性

1. 资产负债表是以原始成本为报告基础的,它不反映资产、负债和所有者权益的现行市场价值

资产负债表中的信息虽有客观、可核实的优点,然而,由于通货膨胀等因素影响,账面上的原始成本与编表日的现时价值已相去甚远。例如,10年前购入的房屋,价格已涨了好几倍,甚至几十倍,但报表上仍以10年前购入的成本扣除累计折旧后的净额陈报,难免不符合实际,削弱对报表使用者的作用。又如账面上已资不抵债的企业,在清算时,有可能不仅债权人能收回全部债权,而且所有者在分配剩余财产时还能有所收获,等等。

2. 某些资产和负债可能未被确认,从而导致资产负债表所提供的信息未必充分

货币计量是会计的一大特点,会计信息主要是能用货币表述的信息,因此,资产负债表难免遗漏许多无法用货币计量的重要经济资源和义务的信息。如企业的人力资源(包括人数、知识结构和工作态度)、固定资产在全行业的先进程度、企业所承担的社会责任(如退休金和职工家属的医疗费支出)等,诸如此类的信息对决策均具有影响力,然而因无法数量化,或至

少无法用货币计量，现行实务并不将其作为资产和负债纳入资产负债表中。

3. 资产负债表的信息包含了许多估计数，从而导致资产负债表所提供的信息缺乏真实性、可靠性

例如，坏账准备、固定资产累计折旧和无形资产摊销，分别基于对坏账百分比、固定资产使用年限和无形资产摊销期限等因素的估计。此外，诸如预提修理费用，或有负债等均需估计。估计的数据难免主观，从而影响信息的可靠性。

4. 理解资产负债表的含义必须依靠报表阅读者的判断

资产负债表有助于解释、评价和预测企业的长、短期偿债能力和经营绩效，然而此表本身并不直接披露这些信息，而要靠报表使用者自己加以判断。各企业所采用的会计政策可能完全不同，所产生的信息当然有所区别，简单地根据报表数据评价和预测偿债能力以及经营绩效，并据以评判优劣，难免有失偏颇。所以，要理解资产负债表的含义并做出正确的评价，并不能仅仅局限于资产负债表信息本身，还要借助其他相关信息。

三、资产负债表的结构

资产负债表一般有三种格式，即报告式、账户式和财务状况式。

(一)报告式

报告式资产负债表又称垂直式资产负债表。在报告式下，所有的资产项目按一定的顺序列示在报表的上面，负债及所有者权益列示在下面。在排列形式上报告式资产负债表又分为两种：一种是按"资产=负债+所有者权益"的原理排列；另一种是按"资产-负债=所有者权益"的原理排列，具体如表 4-1 所示。

表 4-1　资产负债表(报告式)的两种格式

资产=负债+所有者权益		资产-负债=所有者权益	
项　　目	金　　额	项　　目	金　　额
资产：		资产：	
流动资产	***	流动资产	***
非流动资产	***	非流动资产	***
资产合计	***	资产合计	***
负债：		减：负债：	
流动负债	***	流动负债	***
长期负债	***	长期负债	***
负债合计	***	负债合计	***
加：所有者权益：		所有者权益：	
实收资本	***	实收资本	***
资本公积	***	资本公积	***
盈余公积	***	盈余公积	***

续表

资产=负债+所有者权益		资产-负债=所有者权益	
项　目	金　额	项　目	金　额
未分配利润	***	未分配利润	***
所有者权益合计	***	所有者权益合计	***
权益合计	***		

报告式资产负债表的优点：便于编制比较资产负债表，即在一张表中，除列出本期的项目金额外，也可平行列示相邻的若干期资产负债表项目金额，还可留有较多空间易于用括号旁注方式，注明某些特殊项目。

缺点：资产与负债及所有者权益的平衡关系不如账户式资产负债表一目了然。

(二)账户式

根据我国《企业会计制度》的规定，企业的资产负债表采用账户式结构，由表头和基本内容两部分构成。

1. 表头

表头部分包括报表名称、编制单位、报表编号、编报日期和货币计量单位等内容。

2. 基本内容

这部分是资产负债表的核心所在，按照"T"形账户的形式设计，所依据的是"资产=负债+所有者权益"这个会计恒等式，左方为资产，右方为负债和所有者权益。所以资产负债表左方项目金额总计与右方项目金额总计必须相等，始终保持平衡。具体如表 4-2 所示[①]。

表 4-2　资产负债表(账户式)

编制单位：MDDQ　　　　　　　　2019 年 12 月 31 日　　　　　　　　　　单位：千元

项　目	年末余额	年初余额	项　目	年末余额	年初余额
流动资产：			流动负债：		
货币资金	3 196 327.02	2 890 287.96	短期借款	-	143 365.29
交易性金融资产	-	-	交易性金融负债	-	-
应收票据	2 310 211.77	4 843 952.67	应付票据	4 941 308.34	2 978 012.38
应收账款	21 078.35	270 755.24	应付账款	387 171.10	905 878.16
预付款项	737 563.18	359 600.40	预收款项	540 476.10	613 394.40
应收利息	-	-	应付职工薪酬	-	-
应收股利	-	-	应交税费	97 124.82	-6 767.27
其他应收款	1 426 987.76	1 392 177.85	应付利息	-	-
存货	854 437.03	791 911.64	应付股利	585.91	585.91

---

① 数据来自 MDDQ 集团 2019 年度财务报告。

续表

项目	年末余额	年初余额	项目	年末余额	年初余额
一年内到期非流动资产	-	-	其他应付款	4,168,495.24	6,784,041.41
其他流动资产	49,114.77	2,709.66	一年内到期的非流动负债	-	-
流动资产合计	8,595,719.88	10,551,395.42	其他流动负债	-	-
非流动资产：			流动负债合计：	10,135,161.51	11,418,510.28
可供出售的金融资产	-	-	非流动负债：		
持有至到期投资			长期借款		
长期应收款	-	-	应付债券	-	-
长期股权投资	6,788,323.47	5,881,365.21	长期应付款		
投资性房地产	1,205,996.27	908,823.42	预计负债		
固定资产	742,401.83	91,130.97	递延所得税负债	5,011.07	334.65
在建工程	5,025.02	386,530.74	其他非流动负债		
工程物资	-	-	非流动负债合计	5,011.07	334.65
固定资产清理	-	-	负债合计	10,140,172.58	11,418,844.93
生产性生物资产	-	-	股东权益：		
无形资产	147,206.74	169,468.06	股本	3,120,265.28	2,080,176.85
开发支出	-	-	资本公积	2,004,262.72	3,030,321.88
商誉			减：库存股		
长期待摊费用	56,810.80	23,959.13	专项储备	-	-
递延所得税资产	561.25	141.15	盈余公积	684,689.02	619,699.72
其他非流动资产	-	-	未分配利润	1,592,655.66	863,770.72
非流动资产合计	8,946,325.38	7,461,418.68	股东权益合计	7,401,872.68	6,593,969.17
资产总计	17,542,045.26	18,012,814.10	负债及股东权益总计	17,542,045.26	18,012,814.10

账户式资产负债表的优点：资产与负债及所有者权益的平衡关系非常明晰，既清晰地反映了企业资产的构成和来源，又充分反映了其转化为现金的能力，以及企业的偿债能力和财务弹性，并明确划分不同投资者的权益界限，适应了不同报表使用者对各种信息的需求。

缺点：不便于编制比较资产负债表。

(三)财务状况式

财务状况式资产负债表是在资产负债表中列出营运资本，然后加减其他项目，最后列示所有者权益的一种格式。具体如下：

流动资产-流动负债=营运资金
营运资金+非流动资产-非流动负债=所有者权益

财务状况式资产负债表特别列出营运资金，以强调其重要性，其格式如表4-3所示。

表 4-3 资产负债表(财务状况式)

项　　目	期末余额	期初余额
流动资产	***	***
减：流动负债	***	***
营运资金	***	***
加：非流动资产	***	***
减：非流动负债	***	***
所有者权益	***	***

财务状况式资产负债表不常用。

第二节　重要资产项目的内容及分析

在资产负债表中，左边列示的项目为资产。资产是指过去的交易或事项形成并由企业拥有或者控制的资源，该资源预期会给企业带来经济利益。企业的资产按其流动性，分为流动资产和非流动资产。《企业会计准则第 30 号——财务报表列报》关于资产负债表的规定中指出，"资产和负债应当分别流动资产和非流动资产、流动负债和非流动负债列示"。因此，在下面的内容中，我们主要从流动资产和非流动资产这两部分对一些重要资产项目进行分析。

一、流动资产项目的内容及分析

流动资产一般是指企业可以或准备在一年内或者超过一年的一个营业周期内转化为货币或被销售或被耗用的资产。在我国的资产负债表上，各流动资产变现能力的强弱依次为货币资金、交易性金融资产、应收票据、应收账款、预付账款、其他应收款、存货、应收补贴款、一年内到期的非流动资产和其他流动资产等。

(一)货币资金

货币资金是以货币形态表现的资金，包括库存现金、银行存款和其他货币资金三个总账账户的期末余额，具有专门用途的货币资金不包括在内。其中，其他货币资金包括外埠存款、银行汇票存款、银行本票存款、信用证保证金存款、信用卡存款、存出投资款等。

货币资金是企业中最活跃的资金，流动性强，是企业的重要支付手段和流通手段，因此是流动资产的审查重点。对公司货币资金质量的分析，主要应从以下三个方面进行。

(1) 为维持公司经营活动的正常运转，分析公司日常货币资金规模是否适当。过低的货币资金保有量将严重影响公司的正常经营活动，制约公司发展并进而影响公司的商业信誉；而过高的货币资金保有量则在浪费投资机会的同时，还会增加公司的筹资成本。因此，在考察企业的货币资金质量时要结合以下因素来确定货币资金规模应为多少才适宜。

① 企业的资产规模、业务收支规模。
② 企业所在行业的特点。

③ 企业对货币资金的运用能力。

(2) 分析公司在货币资金收支过程的内部控制制度的完善程度以及实际执行质量。公司货币资金收支过程中的内部控制制度，涉及公司货币资金收支的全过程，因此内部控制直接关系公司的货币资金运用质量。

(3) 分析公司货币资金构成质量。在公司的经济业务涉及多个币种条件下，由于不同货币币值有不同的未来走向，因此，对公司持有的各种货币进行汇率趋势分析，就可以确定公司持有的货币资金的未来质量。另外，货币资金的构成，比如日常库存现金、银行存款、大量变现能力强的票据等的构成比例、数额等都对货币资金的质量有较重要的影响。

【例 4-1】 虚列银行存款。以中捷股份为例，根据中国证监会的调查结果显示，中捷股份实际控制人蔡开坚指使他人采用各种欺骗手段，多次将中捷股份资金转出，由大股东中捷集团使用。同时，为隐藏中捷集团占用资金的事实，达到账目相符，中捷股份在 2006 年中报、2006 年年报、2007 年中报中分别虚增银行存款 7 400 万元、15 117.65 万元、29 810.94 万元。

(二) 交易性金融资产

交易性金融资产核算企业为交易目的所持有的债券投资、股票投资、基金投资等交易性金融资产的公允价值。企业持有的直接指定为以公允价值计量且其变动计入当期损益的金融资产也在本科目核算。分析交易性金融资产质量，主要从以下三个方面考虑。

(1) 关注交易性金融资产的划分是否合理。企业会计准则未界定交易性金融资产的持有时间，即只要符合为赚取差价为目的的投资，就可以作为交易性金融资产核算。因此，在实际处理中，存在着企业钻空的空间。比如，交易性金融资产以公允价值计量，并且其变动计入当期损益，可供出售金融资产同样以公允价值计量，但是其公允价值变动计入资本公积。因此，某些企业将可供出售金融资产、持有至到期投资等划分为交易性金融资产来改善其流动比率、调整本期利润。有研究表明：当上市公司持有的金融资产比例较高时，为降低公允价值变动对利润的影响程度，管理层会将较大比例的金融资产确认为可供出售金融资产；在持有期间，为了避免利润的下滑，管理层往往违背最初的持有意图，将可供出售的金融资产在短期内进行处置。

(2) 关注交易性金融资产的规模是否适度。如果企业在交易性金融资产上的投资过大，必然影响企业的正常生产经营，也有人为地将长期债权投资"挂账"之嫌。

(3) 在考虑该项资产报表数值的同时，还应该关注其在资本市场上可变现价值的变动情况。当资本市场在一段时期出现较大波动时，势必会导致相应金融资产公允价值的大幅度波动，使报表中的期末数据与未来实际可变现价值之间可能存在着差距。

【例 4-2】 2008 年 2 月 28 日，上柴股份发布 2008 年业绩报告。公司全年实现营业收入 35.44 亿元，同比增长 2.54%；净利润 2 728.47 万元，同比增长 53.11%。而其中，公司的投资收益高达 9 000 多万元。同时，在 2008 年跌跌不休的 A 股市场中，公司通过处理交易性资产获得了 708.56 万元的收益。而在 2007 年的大牛市中，公司在交易性金融资产一项的收益为 140.34 万元。

(三)应收票据

应收票据是指企业因销售商品、提供劳务而收到的商业汇票,包括商业承兑汇票和银行承兑汇票。就质量而言,由于应收票据具有可回收性强的特点,因而通常认为其质量较高;同时从风险角度来看,持有银行承兑汇票的质量高于持有商业承兑汇票的质量。

对应收票据的分析,除了关注票据的种类、期限以外,还应该关注以下两个因素。

(1) 关注那些虽然尚未到期但已经被企业贴现的商业承兑汇票的金额。应收票据的贴现,实质上是企业融通资金的一种形式。当票据到期,但付款人无力支付时,银行将有权向票据贴现企业追索已贴现的票据款。对贴现企业而言,这意味着货币资金向应收账款的转换,意味着该项资产质量的下降。

(2) 关注企业是否将部分应收账款转化为应收票据,而少提坏账准备。在接近会计期末时,企业可能让债务企业给自己开具商业承兑汇票,从而将应收账款转化为应收票据,按固定比例计提的坏账准备也随之减少,最终达到费用减少,利润增加的目的。

【例 4-3】 2005 年杭钢股份的应收票据由期初的 7.4 亿元上升到期末的近 14 亿元,上升了约 89%,其占据资产总额的比重也从 13.53%增长到 19.52%。该公司的应收票据无论是绝对值、相对值还是增长率,都对公司的会计报表产生重大的影响。然而,该公司在年报资产构成重大变化项目的披露中,对该情况未进行披露,仅披露了占资产总额 0.77%的应收账款的变动情况。

(四)应收账款

应收账款是企业因销售商品、产品或提供劳务等,应向购货单位或接受劳务单位收取的款项。对应收账款分析,加强企业应收账款管理,不仅可以加强资金的回笼,提高资金利用率,降低企业经营风险,而且还关系到企业的长远发展。这就要求加强对应收账款的管理,加速它的周转,使企业在市场竞争中能更好地发挥应收账款的商业信用作用。应收账款质量分析主要从以下三个方面考虑:

(1) 账龄分析。由于账龄的长短与发生坏账可能性的大小成正比,因此,通过对账龄的分析可以判断应收账款的质量高低。同时,通过账龄也可以了解到客户的信用状况,为以后的信用政策制定和修改提供依据。

(2) 对债务人的构成进行分析。

① 从债务人的区域构成来看。经济发展水平较高、法制建设条件比较好的地区,债务人具有较好的债务偿还心态和偿还能力,债券可收回性强。

② 从债权人与债务人的关联关系来看。债权人对非关联方债务人的债务求偿的主动性较强,回款的可能性大;由于关联方彼此之间在债权债务方面可能存在人为的操纵,债权人对关联方债务偿还状况应予以足够的重视。

③ 从债务人的稳定程度来分析。具有稳定往来关系的债务人的偿债能力一般较好把握,而临时性或不稳定的债务人的偿债能力一般较难把握。

(3) 坏账准备分析。在分析应收账款质量时要特别关注企业坏账准备计提的合理性,尤其是注意比较企业前后会计期间坏账准备的计提方法是否改变。企业随意变更坏账准备计提方法和计提比例,往往隐藏着一些不可告人的目的。利用坏账准备进行盈余管理是企业经常使用的调节利润的手段。

【例 4-4】 2008 年,伊利股份将其应收款项中单项金额不重大但按信用风险特征组合后该组合的风险较大的三年以上的应收账款由年初的 2 055 150.51 元下降为 473 447.77 元,且按全额计提了坏账准备,计提较为充分。这不得不让我们有这样一种猜测:*ST 伊利股份前两年一直处于亏损状态,如果其无法在规定时间内扭亏为盈,那么它将面临的结果是退市。而公司为了能在接下来的期限内扭亏为盈,采用本年度多提坏账准备,增加费用的方式,从而在以后年度相对减少坏账准备的费用,从而增加利润。

(五)预付账款

预付账款是企业按照合同规定预付的款项。包括预付给供货单位的购货款及企业进行在建工程预付的工程价款等。对预付账款的分析,主要关注以下两个方面。

(1) 预付账款的规模是否合适。一般预付账款不构成流动资产的主题部分,若企业预付账款较高,则预示着企业可能有非法转移资金、非法向有关单位提供贷款及抽逃资金等不法行为。

(2) 预付账款的账龄问题。通常预付账款的账龄在 1 年以内,实务中的预付账款一般在 3 个月以内,超过 1 年的预付账款在很大程度上可能存在异常,因为预付账款的性质就决定了其不会是长期的,那么发现存在超过 1 年的预付账款就应当警惕,因为这种情况的发生往往表示公司的资金以预付的名义而被占用转移,企业资产面临减损的风险。

【例 4-5】 哈高科在 2002 年的一季度季报中披露,公司 1—3 月净利润为-5 559.73 万元,中期继续预亏。哈高科称,发生较大亏损是由于继续计提了坏账准备。但具体了解其财务状况,真正的原因在于预付账款。公司将一笔实际为开发区基础设施公司所占用的巨款一直以"预付货款"方式进行账务处理,负债表现为"长期借款"。

(六)其他应收款

其他应收款,是指企业除应收账款、预付账款和应收票据以外的应收、暂付有关单位和个人的各种款项。包括企业内部有关部门、单位占用的备用金,应收的各种赔款、罚款等。对其他应收款的质量分析,主要关注以下两个方面。

(1) 关注其他应收款的数额是否过大,账龄是否过长。正常情况下,该资产项目在资产中的比重一般不会太多,而且账龄不会很长,每年的增减变动不会太大,如果其数额过高、时间过长,则属于不正常现象,容易产生一些不明原因的占用。为此,要借助会计报表附注仔细分析其具体构成项目的内容和发生时间,特别是其中金额较大、时间较长、来自关联方的应收款项。

(2) 关注是否由于关联方交易形成。如果该项资产大量长期存在,常常与关联公司、特别是母公司或其大股东非正常挪用或侵占资金有关。因此,要警惕企业利用该项目粉饰利润,转移销售收入偷逃税款等现象。

【例 4-6】 海南航空在 2000 年年底其他应收款增至 23 亿元,主要为应收关联公司款项和租赁飞机的押金和保证金。其中,大股东海航控股(集团)有限公司的欠款高达 9.76 亿元。高额欠款给公司带来的影响也是显而易见的:2001 年中期海南航空的财务费用为 1.95 亿元,比上年同期的 1.02 亿元增长了 90.81%。

(七)存货

存货,是指企业在日常活动中持有以备出售的产成品或商品、处在生产过程中的产品、在生产过程或提供劳务过程中耗用的材料、物料等。存货是资产中非常重要的一项内容,目前,利用存货进行舞弊的方式也非常多,主要有以下四种。

(1) 虚增虚减存货数量。如将合格产品报废以虚减存货,无依据预估入账以虚增存货,将存货转列往来以虚减存货,通过往来虚增销售、虚转成本以虚减存货,以非法购买的发票虚增存货,聘请中介评估虚增虚减存货等。

(2) 不按配比原则归集和分配成本费用。如将应列入销售费用、管理费用的开支列入制造费用以加大存货的价值,将应列入制造费用的开支列入销售费用、管理费用以虚减存货的价值,多转或少转已消耗的原材料或库存商品价值以调节存货的价值,多摊或少摊制造费用以调节存货的价值等。

(3) 非法销售。主要是高管人员或经管人员利用职务之便,将本单位的商品或材料私自销售,然后采取弄虚作假的办法,冲销商品或材料记录,将销售所得款项私设"小金库"或据为己有(贪污)。

(4) 通过操纵存货盘点掩盖存货舞弊。如果存货存在舞弊,在大多数情况下,其账面数与实存数是不一致的,为了应付审计或检查,企业往往通过操纵存货盘点以掩盖账实不符。如临时向同行借入商品以虚增存货价值,转移商品以虚减存货价值,伪造提货单以掩盖已被盗卖的商品,以货到票未到的商品抵作被挪用的商品等。

因此,分析存货质量,应着重从以下四个方面着手。

(1) 存货的规模及增减变动。存货的规模必须与企业的经营活动保持平衡。存货过少,会影响生产,导致企业坐失销售良机;存货规模过大,又会占用企业的资金,增加仓储成本等。因此,在分析时可以参考同行业的存货水平。另外,在一般情况下,企业的存货结构应保持相对稳定性。分析时,应特别注意对变动较大的项目进行重点分析。

(2) 存货的具体项目构成。由于资产负债表上的"存货"项目是一个集合数据,但这些具体项目又分别具有不同的用途和特性,因此,需要结合报表附注中披露的存货品种结构和余额具体分析存货项目的构成。结合市场销售情况以及公司主营业务,关注不同品种的产品的盈利能力、技术状态、市场发展前景以及产品的抗变能力等。

(3) 存货的计价方法。按照新企业所得税法的规定,企业使用或者销售的存货成本计价方法,可以在先进先出法、加权平均法、个别计价法中选用一种。

① 存货的计价方法对企业损益的影响。不同的存货计价方法会直接影响期末存货价值的确定和销售成本的计算,进而对企业的利润产生重要的影响。一般来说,在物价持续上涨的情况下,采用先进先出法会导致较高的期末存货、销售毛利、所得税和净收益额。在存货价格波动的情况下,存货计价方法选择将会带来企业销售毛利和净收益额的增减变化,直接影响财务报表数字的可观性,最后影响银行和其他投资者对该公司的业绩评价。另外,不同企业之间进行经营业绩的比较时,存货计价方法的不同也将影响业绩评价的可比性和正确性。

② 存货的计价方法对企业税收筹划的影响。不同的存货计价方法,对企业成本、利润或纳税的计算结果是不同的,因此,可以通过利用不同存货计价方法下产生的差异来达到合理节税目的。但是,存货的计价方法一经选定,不得随意变更,如果企业经常变更计价方法,

那就有调节利润之嫌。

(4) 存货跌价准备的计提是否合理。一方面,要特别注意企业是否存在利用存货项目进行潜在亏损挂账问题。一些企业将冷背呆滞商品、积压商品、残品等长期隐藏在存货项目中,其实质是企业的一种潜在亏损。另一方面,注意考察企业存货跌价准备计提对未来产生的财务影响。一些企业有可能借助于人为调整各年应该计提或转回的存货跌价准备的金额来调整报表项目,以达到粉饰报表的作用。

【例 4-7】 南洋实业 1997 年的财报中,将存货计价方法由原来的加权平均法改为先进先出法,在此背景下该公司毛利润由 1996 年的 17.6%上升为 1997 年的 18.9%,净利润也比 1996 年增加了 2474 万元。

二、非流动资产项目的内容及分析

(一)可供出售金融资产

可供出售金融资产通常是指企业初始确认时即被指定为可供出售的非衍生金融资产,以及没有划分为以公允价值计量且其变动计入当期损益的金融资产、持有至到期投资、贷款和应收款项的金融资产。比如,企业购入的在活跃市场上有报价的股票、债券和基金等。

对可供出售的金融资产的分析,主要关注以下三方面内容。

(1) 判断其分类是否恰当,是否符合有关金融资产的确认标准。《企业会计准则》中将企业的金融资产在初始计量时划分为四类(见表 4-4),并规定上述分类一经确定,不得随意变更。

然而在现实中,交易性金融资产和可供出售金融资产的划分,主要取决于管理层的持有意图。交易性金融资产和可供出售的金融资产均以公允价值进行后续计量,但不同的是,交易性金融资产按公允价值计量且其变动形成的利得或损失计入当期损益,影响利润表;而可供出售金融资产公允价值变动形成的利得或损失计入所有者权益,直到该金融资产终止确认时再转出,计入当期损益。由于信息不对称的存在,管理层在交易性金融资产和可供出售金融资产的划分中具有较大的选择空间。随着我国资本市场的升温,上市公司持有的这两类的金融资产呈现大幅增长,对企业利润的影响不可忽视。

【例 4-8】 雅戈尔、西水股份、华茂股份、上海物贸、S 吉生化、弘业股份、氯碱化工等 9 家公司 2007 年一半以上的净利润主要来自出售可供出售金融资产的收益,小部分来自公允价值变动收益,最低占到净利润的 53.97%,最高则达到 325.4%。

表 4-4 金融资产初始计量时划分的类别

类 别	内 容	目的、特点	使用账户	重分类
第一类	直接指定为以公允价值计量且其变动记入当期损益的金融资产	企业给予风险管理、战略投资需要所做的指定	"交易性金融资产"	不得重分类为其他三类
	交易性金融资产	为近期内出售而持有		

续表

类别	内容	目的、特点	使用账户	重分类
第二类	持有至到期投资	具有长期性质的债券投资	"持有至到期投资"	满足条件重分类为第四类，未规定重分类其他两类
第三类	贷款和应收款项	金融企业发放的贷款；一般企业的应收款项等债权	"贷款""应收账款""其他应收款"等	未规定重分类其他三类
第四类	可供出售金融资产	没有划分为以上三类的金融资产	"可供出售金融资产"	未规定重分类其他三类

(2) 可供出售金融资产的公允价值变动对企业业绩的影响。可供出售金融资产在初始确认时按公允价值计量，但其公允价值变动不是计入当期损益，而是计入所有者权益，这就为上市公司进行盈余管理提供了空间。可供出售金融资产的公允价值变动损益是影响股东财富账面价值的主要因素，且其收益成为上市公司大幅增加负债的依据，但在其发生损失时，部分上市公司不能相应地压缩负债，导致存在诱发财务危机的巨大风险。

相对而言，面临收益下滑的公司，更倾向于处置可供出售金融资产；而对于当年利润已经高于前一年利润的公司，管理层通常不会处置可供出售金融资产，而是将这部分利润继续储存在这个利润蓄水池中，以备以后年度使用。

【例 4-9】 有实证研究表明：2007 年，平均来看，上市公司可供出售的金融资产占两类金融资产的比例超过了 53%，中位数高达 87% 以上，说明在两类金融资产中，被公司管理层列为可供出售金融资产的比例很大。两类金融资产平均可以占到公司总资产的 2%，最高的比例可以高达 60% 以上。该年，持有可供出售金融资产的公司中，超过一半比例的公司在短期内处置了其可供出售的金融资产。样本中各公司的净利润扣除处置可供出售金融资产收益后，有 35% 以上的公司相比上年出现了盈余下滑，可见公司管理层确实有动机通过会计政策的选择来进行盈余管理，避免收益下滑。

(3) 减值准备确定可供出售金融资产发生减值的，按应减记的金额，借记"资产减值损失"科目，按应从所有者权益中转出原计入资本公积的累计损失金额，贷记"资本公积——其他资本公积"科目，按其差额，贷记本科目(公允价值变动)。

【例 4-10】 从中青旅 2008 年的年报中发现一个细节，公司表示截至去年年末可供出售金融资产公允价值低于账面投资成本 3710.42 万元，公司将其差额全部计提了可供出售金融资产减值准备 3710.42 万元。这部分可供出售的金融资产正是公司持有的伊泰 B 股[4.35 -1.25%](900948，收盘价 4.401 美元)，中青旅初始投入了 8436.84 万元，当初的成本价在 4 美元左右，截至 2008 年 12 月 31 日收盘，伊泰 B 股的价格为 2.465 美元，所以，公司也照此价格计提了减值准备。但一个不容否认的客观事实是，就在中青旅发布年报之前，伊泰 B 股的市场价格已经涨回到 4 美元以上。因此，有业内人士认为，这里的会计处置有些不妥，很明显，对于可供出售的金融资产而言，公司卖出套现的灵活性很大，既然股价已经涨回，与成本价相差不大，这 3710.42 万元的减值准备几乎是可以在 2009 年进行转回的，公司有故意做低 2008 年业绩之嫌。那么，就有理由相信，20.07% 的下降幅度并不是中青旅的"真实"业绩。

(二)持有至到期投资

持有至到期投资,是指到期日固定、回收金额固定或可确定,且企业有明确意图和能力持有至到期的非衍生金融资产。通常能够划分为持有至到期投资的金融资产,主要是债券性投资(如国债投资等)。而股权投资由于没有所谓的到期日,不属于持有到期投资。对持有至到期投资的质量分析应当注意以下几个方面:

(1) 分析债务人的偿债能力。虽然被投资企业截至分析前都已经按照条约履约,但是应当关注债务人未来的偿债能力,关注其现金流是否充分,是否存在违约风险。

(2) 对债权相关条款的履约行为进行分析。应当观察被投资企业是否存在到期不能付息的情况,如果是分期还本的债权,还应当注意是否企业到期不能支付本金;该项投资持有至到期后,是否被投资单位不能按时还本,存在违约行为。上述种种不能完全履行债权条约的行为都会使该资产科目的质量下降。

(3) 持有至到期投资的投资收益分析。企业购买国债或其他企业债权是持有至到期投资的主要内容,其投资收益为定期收取的利息,即在持有期间按照摊余成本和实际利率计算确认的利息收入,无论投资企业是否收到利息,都要按应收利息计入投资收益。应注意的是,由于投资收益的确定通常先于利息的收取,因此会导致出现投资收益与现金流入不一致的情况。

(三)长期股权投资

长期股权投资,是指通过投资取得被投资单位的股份。企业对其他单位的股权投资,通常是为长期持有,以及通过股权投资达到控制被投资单位,或对被投资单位施加重大影响,或为了与被投资单位建立密切关系,以分散经营风险。长期股权投资依据对被投资单位产生的影响,分为以下四种类型。

(1) 控制,是指有权决定一个企业的财务和经营政策,并能据以从该企业的经营活动中获取利益。

(2) 共同控制,是指按合同约定对某项经济活动所共有的控制。

(3) 重大影响,是指对一个企业的财务和经营政策有参与决策的权力,但并不决定这些政策。

(4) 无控制、无共同控制且无重大影响,且在活跃市场中没有报价,公允价值不能可靠计量的权益性投资。

因此,在对长期股权投资进行质量分析时,主要关注以下三个方面:

(1) 对于数额巨大的对外投资,要注意其保值情况。首先,要掌握被投资方的自然情况,并通过各种渠道了解被投资方本期生产经营状况,如果被投资方出现破产清算或者债务重组等情况,企业的长期投资就有可能已经发生损失。

(2) 长期股权投资中的投资收益因为采用不同的会计核算方法而质量不同。在成本法下,投资收益来自被投资单位的现金股利;而在权益法下,确认的投资收益一般大于收到的现金股利,造成最后一定的投资收益没有对应的现金流支撑。

(3) 关注长期股权投资的减值准备是否充分。有市价的长期股权投资的质量是否恶化,比较容易判断,而对于没有市价的长期股权投资,其价值是否减损,应当对被投资企业进行综合调查分析,例如观察被投资企业的生产经营是否发生变更,其现金流是否恶化等。

【例4-11】 某企业对一化工企业投资占被投资单位权益的35%，当年底，该化工企业获得税后利润400万元，所有者权益增加400万元，投资企业由于概念效益不错，对投资收益没有进行任何账务处理。该类企业就是为了少体现利润，在被投资单位所有者权益增加时不调整企业的长期投资和投资收益额。

(四)固定资产

固定资产是大多数行业最重要的资产，是产生收入和利润的机器。如果发生"质量问题"，会以增加固定资产减值准备来体现，冲减当期损益。但正常情况下，这里出现问题的不多，或是说，出现因为公司经营方针和市场环境恶化导致该资产自身发生损失的情况不多。对固定资产进行分析，主要从以下三个方面着手。

(1) 观察固定资产的结构是否合理。企业持有的固定资产并非完全为生产所需，还有相当数量的非生产用固定资产，以及生产中不需用的固定资产。据此可以评价企业固定资产的利用率以及生产用固定资产的比率，如果这两个比率较低，应当降低对固定资产总体质量的评价。

(2) 分析固定资产的折旧，看是否存在多提固定资产折旧挤占费用的现象。企业购入或自建的固定资产，要根据使用年限和预计残值计提折旧。计提折旧可以采用年限平均法、工作量法、年数总和法和双倍余额递减法，折旧方法一经选定，不得随意变更。折旧的提取要记入当期的期间费用，税前抵扣。有些企业利用这个规定，私自多提固定资产折旧，在税前抵扣，达到偷税的目的。因此，在进行此项分析时，要明确企业的折旧计提方法，并且与以前年度比较，看是否有变更、是否随意改变折旧的年限和折旧的方法、是否通过变更固定资产的折旧年限或折旧政策以改变每期摊销的折旧额，以影响利润。

(3) 注意企业租入的固定资产的财务处理方法。租入固定资产分为经营租赁和融资租赁，融资租赁需要计提折旧，而经营租赁不需要。要检查企业是否有对融资租赁不提折旧或对经营租赁提折旧的情况，以达到调整折旧额进而调整利润的目的。因此，报表使用者对于租入的固定资产要仔细分析：明确企业对租入固定资产的划分标准，企业租入固定资产金额占企业资产总额的比例，企业按照制度和准则规定的方法，确定融资租入固定资产的入账价值是否可行，等等。

【例4-12】 据2006年的研究表明，航空公司固定资产折旧普遍严重不足，按照公允折旧率调整或还原后，对账面税前利润的影响颇为严重。其中影响程度较小的上海航空(600591,SH)2004年账面税前利润降幅为34.09%，南方航空(600029,SH)和东方航空同年的降幅分别为76.49%和82.75%，而影响程度最大的海南航空调整后可发生超过2亿元的亏损。

(五)在建工程

在建工程本质上是正在形成中的固定资产，是企业固定资产的一种特殊表现形式。在建工程占用的资金属于长期资金，但是投入前属于流动资金。如果工程管理出现问题，会使大量的流动资金沉淀，甚至造成企业流动资金周转困难。在分析该项目时，应深入了解工程的工期长短，及时发现存在的问题。

此外，还要注意企业是否将在建工程长期挂账。长期挂账也可能是为了消化虚构交易的经营现金流，同时，也会是企业资金不足的预警。大部分企业在自行建造固定资产时，都会对外部分融入资金。而借款需按期计提利息，按会计制度规定，这部分借款利息在在建工程没有办理竣工手续前应予以资本化。如果企业在建工程完工了而不进行竣工决算，那么利息就可计入在建工程成本，从而使当期费用减少(财务费用减少)，另外又可以少提折旧，这样就可以从两个方面来虚增利润。

【例4-13】 1997年，重庆渝钛白股份有限公司的年度报告被审计师出具了中国证券市场上第一份否定意见的审计报告。在审计报告中，注册会计师声称该公司1997年度应计入财务费用的借款及应付债券利息为8064万元，公司将其资本化计入了钛白粉工程成本。该公司的钛白粉工程于1995年下半年开始试生产，1996年已经可以生产出合格产品，由于各种原因，这一工程曾一度停产，但1997年全年共生产钛白粉1680多吨，虽然与该工程设计生产能力15000吨还相差很远，但主要原因是缺乏流动资金，该工程应被认定为已经完工交付使用，利息费用不应该资本化，而应计入当期损益。

(六)无形资产

无形资产是指企业为生产商品、提供劳务、出租给他人，或为管理目的而持有的、没有实物形态的非货币性长期资产，主要包括专利权、非专利技术、商标权、著作权、土地使用权、特许权等。不论是自用还是出租的无形资产，其摊销额最终都要计入当期损益。然而有些企业为了实现目标利润，少计费用和支出，而少摊或者不摊无形资产。因此，在分析无形资产质量时，主要注意以下三个方面。

(1) 确定无形资产的原始价值和企业确定的摊销年限是否合理，特别要注意对比合同规定的收益年限与法律规定的有效期限。

(2) 因为无形资产是要以原值作为摊销基础，所以只要账面上有无形资产，就应该有无形资产摊销。另外，与股权投资差额的摊销类似，无形资产摊销也是平均摊销，在无形资产没有变动的情况下，每期发生的摊销额应该基本相等。

(3) 关注无形资产中的资产租赁和商标权交易。由于非整体上市，上市公司与其集团公司之间难免存在着无形资产租赁关系，因为各类资产租赁的市场价格难以确定，租赁成为上市公司与关联公司之间转移费用、利润非常方便的手段。此外，商标权交易也引起了广泛的关注，厦华电子、万家乐、粤宏远等多家上市公司的商标使用权转让金额都在亿元以上。其中，厦华电子、粤宏远的商标转让最后被"叫停"。

【例4-14】 在1018家上市公司中，有244家上市公司租赁关联方土地使用权，年租金从几十万到几千万元不等，其中宝钢股份年租金高达7400万元。

(七)商誉

商誉是指企业在购买另一个企业时，购买成本大于被购买企业可辨认净资产公允价值的差额。商誉是一项特殊的资产，只有在企业合并中才有可能产生并确认，代表了被购买企业的一种超额获利能力。企业合并中形成的商誉，在企业持续经营期间，不进行摊销。每年年末，企业应对商誉进行减值测试。

对该项目的分析，主要是结合企业会计政策的说明，仔细分析企业合并时的出价是否合理，对于被合并企业的可辨认净资产公允价值的确认是否恰当，以及商誉价值在未来的可持续性，判断商誉减值准备是否充分等，从而分析商誉价值的真实性。

(八)长期待摊费用

长期待摊费用账户用于核算企业已经支出,但摊销期限在 1 年以上(不含 1 年)的各项费用,包括固定资产修理支出、租入固定资产的改良支出以及摊销期限在 1 年以上的其他待摊费用。长期待摊费用是企业已经支出的各项费用,由于是费用,几乎没有交换和变现价值,额度越高,企业质量、变现能力越差。因此,在对该科目进行分析时,应注意以下两个方面:

(1) 注意企业是否存在根据自身需要将长期待摊费用当作利润调节器的情况。有的企业,平时不按照规定对长期待摊费用进行摊销,待期末视其利润和减亏指标完成情况,随意多摊、少摊或不摊,以此来调节利润,弄虚作假,虚盈实亏或变多亏为少亏,骗取荣誉和政绩。企业因此树立了"良好"形象,有利于争取国家项目、银行贷款、其他企业担保,有利于多吸引资金、壮大自身实力,"长期待摊费用"成了典型的盈亏调节器。

(2) 注意长期待摊费用与利润总额增长趋势是否相适应。一般情况下,长期待摊费用规模应当呈减少的趋势。如果企业长期待摊费用规模增加幅度较大,则应关注会计报表附注中关于长期待摊费用确认标准和摊销的会计政策,重点检查会计报表附注中的各类长期待摊费用项目的明细表,检查每个项目产生及摊销的合理性;同时应特别注意本年度增加较大和未予以正常摊销的项目。

【例 4-15】 某企业以前年度长期待摊费用 54 万元,至调查时分文未摊,但是,每年年末报表反映盈利,实际每年都亏损几十万元。长年累计,致使企业明盈实亏,无法正常运转。

(九)递延所得税资产

递延所得税资产,即递延到以后缴纳的税款,递延所得税是时间性差异对所得税的影响,是根据可抵扣暂时性差异及适用税率计算、影响(减少)未来期间应交所得税的金额。一方面,递延所得税资产会抵减企业当期的所得税费用,进而增加企业的净利润;另一方面,递延所得税资产又会增加企业未来的所得税费用,进而减少企业的净利润。

对递延所得税资产的分析,要注意:企业在可预见的未来是否有足够的应纳税所得额以抵扣可抵扣差异,否则应以可能取得用来抵扣可抵扣暂时性差异的应纳税所得额为限,确认相关的递延所得税资产。

【例 4-16】 天津市财政局检查组于 2009 年 9 月对某上市公司 2008 年度会计信息质量进行了检查,并适度延伸至以前年度。发现该公司 2007 年至 2008 年在无充分依据的情况下确认递延所得税资产 683 万元,使 2007 年每股收益提高 50.53%,2008 年每股收益提高 17.74%。截至 2007 年年末,该公司可用于以后年度纳税弥补的亏损额为 1463 万元,其 2008 年度利润总额 240 万元,其递延所得税计算依据为根据新准则计算的各种减值准备,确认依据为对未来盈利的预测。该公司在确认递延所得税资产时,没有确凿证据表明未来期间很可能获得足够的应纳税所得额,只是在接受检查时,临时由财务部门编制了 1 份简单的未来五年盈利预测表。

第三节　重要负债项目的内容及分析

负债是指企业过去的交易或事项形成的、预期会导致经济利益流出企业的现时义务。负债是企业获取资金的一种重要手段，企业举债可以获得杠杆利益，同时也要承担一定的财务风险。如果不能控制好风险，企业可能会陷入财务危机的境地。企业一般会倾向于少披露负债以粉饰财务报表。本节将从流动负债和长期负债两大方面对一些重要负债项目进行分析。

一、流动负债项目的内容及分析

流动负债是指将在1年(含1年)或者超过1年的一个营业周期内偿还的债务，包括短期借款、应付账款、应交税金和一年内到期的长期借款等。流动负债具有以下几个特点：①偿还期短；②举借目的是满足经营周转资金的需要；③负债的数额相对较小；④一般以企业的流动资金来偿付。

确认流动负债的目的，主要是将其与流动资产进行比较，反映企业的短期偿债能力。短期偿债能力是债权人非常关心的财务指标，在资产负债表上必须将流动负债与非流动负债分别列示。

(一)短期借款

短期借款，是指企业从银行或其他金融机构借入的偿还期在1年以内(含1年)的各种借款。一般，短期借款在负债中的比重较大，具有一定数量的短期借款，表明企业拥有较好的商业信用，获得了金融机构的有力支持。不过，短期借款的利息要作为费用抵减利润，因此企业必须适度举债，降低利息费用。对于短期借款的分析，主要考虑以下两个方面。

(1) 结合资产负债表中的其他项目进行分析，如长期借款、非流动负债等。目前，长短期借款大挪移成上市公司防通胀新招。企业通过在短期借款与长期借款之间进行大规模的挪移，来实现提高短期偿债能力指标的目的。

【例4-17】大唐发电2009年公布的三季报显示，三季度末，大唐发电短期借款178.78亿元，比年初的295.84亿元减少约39.57%；一年内到期的非流动负债30.71亿元，比年初的68.22亿元减少一半还多。与短期借款的减少相对应，大唐发电长期借款增加至728.29亿元，比年初的590.27亿元增长约23.38%。据公司介绍，三项目变化的主要原因是本期归还短期借款及一年内到期的借款，并大量借入长期借款以满足本公司及其子公司工程建设及日常经营的需求。在长短期借款大挪移之后，大唐发电的流动比率得以迅速改善，由年初的0.28增加至三季度末的0.51，提高了0.23。

(2) 关注短期借款的数量是否与流动资产的相关项目相适应。从财务角度观察，短期借款筹资快捷，弹性较大。短期借款的目的是维持企业正常的生产经营活动，因此，短期借款必须与当期流动资产，尤其是存货项目相适应。同时，还应关注短期借款的偿还时间，预测企业未来的现金流量，评价企业偿付短期借款的能力。

(二)应付票据

应付票据是指企业采用商业汇票结算方式延期付款购入货物应付的票据款,包括银行承兑汇票和商业承兑汇票。应付票据是企业一种到期必须偿付的"刚性"债务。企业的应付票据如果到期不能支付,不仅会影响企业的信誉和日后的筹资,而且还会遭到银行的处罚。因此,在进行报表分析时,应当认真分析企业的应付票据,了解应付票据的到期情况,以及企业未来的现金流量,以评价应付票据的偿还能力。

【例4-18】四川长虹使用巨额虚假商业承兑汇票虚增销售收入。在四川长虹1998年的财务报表中,显示其对重庆百货大楼1998年年末的应收票据为6.658亿元。而在当年重庆百货自己的财务报表中,应付票据仅为9494万元。两家上市公司的财务数据完全不相符。四川长虹的目的是通过虚构销售收入以实现增加企业当年利润的目的。

(三)应付账款

应付账款是指因购买材料、商品或接受劳务供应等而发生的债务。这是买卖双方在购销活动中由于取得物资与支付货款在时间上不一致而产生的负债。应付票据和应付账款构成了存货的主要财务来源,一般认为,应付票据和应付账款的规模是企业利用商业信用推动其经营活动的能力。它作为企业的一种短期资金来源,是企业最常见、最普通的流动负债,信用期一般在30~60天,而且通常不用支付利息。企业利用商业信用,大量赊购,推迟付款,有"借鸡生蛋"之利,但隐含的代价是增大了企业的信誉成本,如果不能按期偿还,可能导致企业信誉殆尽,以后无法再利用这种资金来源,影响企业未来的发展。目前,财务报表分析中,应付账款的主要有以下两类问题。

(1) 某些企业利用应付账款和其他相关科目做不实核算的处理,借以达到其逃避缴纳税款之目的。如通过以下两笔应付账款核销的处理:

①借:应付账款——甲公司　　　　　　20000
　　　　　　——乙公司　　　　　　　19000
　　贷:营业外收入——无法支付的账款　39000
②借:营业外支出——无法收回的账款　　18000
　　贷:应收账款——丙公司　　　　　　18000

虽然某些公司每个季度的税负基本相等,但在这表面正常的背后极有可能隐藏着内在的异常,因为企业的应交增值税额也有可能是人为操纵的结果,而并非企业真实的购销业务反映的结果,之所以让对方虚开金额是为了抵扣进项税额,以调节应交增值税额。而第二笔分录也可能是该公司给客户虚增的金额,以使对方调节应交增值税,这种情况发生在当月该企业没有开具多少销项发票而又想达到税负的情况下。可以初步断定,为了调节增值税款,这几家企业可能存在相互对开增值税专用发票的问题。

(2) 利用应付账款科目,进行关联方交易。有些上市公司为了解决资金周转困难或出于其他目的,往往会与其关联方之间进行大量非业务因素的资金往来,上市公司将产品销售给控股股东和非控股子公司,因无须作合并报表,因而不必以对外的销售作为最终的销售实现。对上市公司而言,销售收入会因此增加,同时应收账款和利润亦增加;对于控股股东和非控股子公司来说,则是应付账款和存货的增加。总体来说,并未对外实现销售,但上市公司自身已合法地实现了销售。

【例 4-19】 深国商公告，其控股子公司涉嫌财务造假，被证监会责令改正。晶岛项目是深国商目前的主要资产，由其控股子公司深圳融发投资公司负责运作。在项目完工之后，深国商少计应付账款 3 亿余元，同时少计开发成本 3 亿元，公司业绩也由此"转亏为盈"，三季报披露，该公司每股收益仅为 4 分，扣除 3 亿元应付账款后，不仅收益为负，资产也会大大缩水。按照 11 亿元的总资产来说，隐瞒的应付款项高达 30%。

(四)预收账款

预收账款科目核算企业按照合同规定或交易双方之约定，而向购买单位或接受劳务的单位在未发出商品或提供劳务时预收的款项。预收账款是一种特殊的债务，其在偿付时不是以现金支付，而要以实物(存货)支付，所以，预收账款的偿还一般不会对现金流量产生影响。对企业来说，预收账款是一种"良性"债务。因为预收账款作为企业的一项短期资金来源，在企业发送商品或提供劳务前，可以无偿使用；同时，也预示着企业的产品销售情况很好，供不应求。但除了某些特殊的行业或企业外，我们在进行报表分析时，应当对预收账款予以足够的重视，因为预收账款一般是按收入的一定比例预交的，通过预收账款的变化可以预测企业未来营业收入的变动。预收账款中常见的作假手法如下。

1. 利用预收账款，虚增商品销售收入

有些企业利用预收账款来调节商品销售收入，将尚未实现的销售收入提前作收入处理，虚增商品销售收入，调节利润；这些企业为平衡利润，在未发出商品时就虚作商品销售收入，虚增当期利润，在下一个会计期间再冲回原账务处理。如某企业商品销售采用预收账款形式，收到货款作"借：银行存款，贷：预收账款"的会计分录，待发出商品时确认收入，将预收账款转入产品销售收入，作"借：预收账款，贷：主营业务收入，贷：应交税金-应交增值税(销项税额)"的账务处理。

2. 利用预收账款，偷逃收入、税金

有些企业将预收账款长期挂账，不作销售处理。如某些企业收到客户交来货款时，作"借：银行存款，贷：预收账款"的会计处理，待客户取走商品时，企业继续将预收账款挂账，不转作收入，也不结转成本，以达到偷逃收入和税金的目的。

对预收账款的分析，我们可以结合预收账款与企业结转的销售额是否存在差异，判断其真实性。如果相差不大，再看其入账方式。如果以现金结算，要注意对应发票的开具，防止被他人利用和虚开。如果支付现金的单位是异地的，要注意检查企业是否存在个人银行卡，进而延伸检查企业是否有账外收入。

【例 4-20】 某税务检查组到一家生产电瓶车配件的甲公司例行检查，重点检查了预收账款项目，发现甲公司通过预收账款结转的销售收入约占全年收入的 70%，且每个月及时将上个月登载的预收账款转为销售收入，而且转账凭证后面的发票记账联和出库单等一应俱全，日期也基本吻合，看不出任何破绽。但通过了解发现，甲公司生产的配件除两个种类外，其他大多数种类并不紧俏，不应该出现大量预收账款的情况。通过对预收账款整个核算过程的仔细检查，发现了三个特点：一是通过预收账款核算的绝大多数都是外地客户；二是货款基本上从甲公司各驻外销售处的账户定期汇回(有 6 家销售处还用业务员的个人信用卡汇回

货款);三是发货日期基本集中在每月中旬。当看到甲公司通过预收账款核算销售收入后,检查组首先了解的是甲公司通过预收账款核算的前提是否存在。在了解到甲公司所销售的配件并不紧俏,不应该出现大量预付账款的情况后,又通过对预收账款整个核算过程的检查,发现了甲公司用个人信用卡汇回货款和每个月中旬集中开具发票及发货单的疑点,从而分析出甲公司很可能存在通过预收账款推迟销售收入实现的可能。

(五)应付职工薪酬

应付职工薪酬,是指企业为获得职工提供的服务而给予各种形式的报酬以及其他相关支出。按照"工资,奖金,津贴,补贴""职工福利""社会保险费""住房公积金""工会经费""职工教育经费""解除职工劳动关系补偿""非货币性福利""其他与获得职工提供的服务相关的支出"等应付职工薪酬项目进行明细核算。应付职工薪酬中常见的作假手法如下。

(1) 利用工资费用,调节产品成本。企业为了调节产品成本和当年利润,人为地多列或少列应计入产品成本的工资费用,随着产品的销售,必然会导致当年的利润减少,从而达到调节利润的目的。

(2) 冒领贪污。有些企业的会计人员利用会计部门内部管理不健全,虚列职工姓名,或者使原始凭证与记账凭证不一致,进行贪污。

(3) 支付利息,计入应付职工薪酬科目。有些企业支付职工购买本单位债券的利息支出计入应付职工薪酬,重复列支费用,虚减当期利润。按照规定,企业发行债券应支付的利息,每年都应通过计提的方式将应付债券利息计入财务费用,支付利息时应冲减应付债券。在计提利息时作"借记:财务费用——利息支出,贷记:应付债券——应计利息"的账务处理。但有的企业为了隐瞒利润,一方面在计提债券利息时列入财务费用,另一方面在支付本企业职工购买的债券利息时,通过"应付职工薪酬"重列费用,使已经支付给职工的利息,在"应付债券"贷方挂账。

【例4-21】 2009年年末,A股1855家上市公司平均每名职工能领到的薪酬总额为4.9万元,但职工薪酬最高的龙元建设人均工资却高达98万元。这家注册于浙江但办公地位于上海的民营施工企业——龙元建设,1328名职工人均达到98万元,较第二名大深圳能源还高出了13万元。而金融企业中,职工工资最高的浦发银行也只有36万元,不及前者的一半。在港澳台以外的31个省(自治区、直辖市)中,上市公司职工薪酬最高的是北京,最低的是福建,而在23个行业中,金融业职工薪酬最高,最低的是建筑建材。这着实让人起疑。

(六)应交税费

应交税费是指企业在生产经营过程中产生的应向国家缴纳的各种税费,主要包括增值税、消费税、营业税、城市维护建设税、教育费附加和所得税等。因为税收种类较多,分析时应当了解"应交税费"的具体内容,分析其形成原因,观察该项目是否已经包括了企业未来期间应交而未交的所有税费,是否存在实质上已经构成纳税义务,但是企业尚未入账的税费。例如,一些企业已经完成了销售行为,但是拖延开具增值税销售发票,致使增值税销项税额在当期的数额较少,对此,分析人员应当予以关注。

【例4-22】 2006年,厦门某电子公司违反国家税收法规,采用隐瞒收入不申报的手段,偷逃增值税 139 988.43 元，虚开 8 份增值税专用发票作为进项，全部向税务机关申报抵扣，骗取国家税款合计 74 713.9 元。

(七)预计负债

预计负债是因或有事项可能产生的负债。该科目核算包括对外提供担保、未决诉讼、产品质量保证、重组义务以及亏损性合同等产生的预计负债。对预计负债的分析主要从以下两个方面进行。

(1) 预计负债的充分性分析。根据或有事项准则的规定，与或有事项相关的义务同时符合以下三个条件的，企业应将其确认为负债：一是该义务是企业承担的现时义务；二是该义务的履行很可能导致经济利益流出企业，这里的"很可能"指发生的可能性为"大于50%，但小于或等于95%"；三是该义务的金额能够可靠地计量。显然，确认预计负债会弱化企业的偿债能力，增大企业的财务风险，同时还会影响当期损益。尽管明确了预计负债的确认条件，但在实际确认时不免会带有一定的灵活性，所以报表使用者应保持职业谨慎态度，关注企业是否存在故意隐瞒预计负债的情况，以及企业所确认的预计负债证据是否充分。不容回避的是，预计负债如果管理到位，也有可能不发生。因此，在对预计负债进行分析时，应当关注会计报表附注中各项预计负债形成的原因及金额，了解预计负债的内容和可能给企业带来的损益，强化管理和做好预防，防患于未然。

(2) 预计负债计量的和理性分析。确认预计负债往往需要主观估计，而这一估计值合理与否，直接影响相关各期的损益。因此，要注意企业是否存在着利用预计负债转回调整相关年度损益的现象。值得注意的是，企业在对预计负债进行计量时，需要谨慎从事，既不能忽略风险和不确定性对或有事项计量的影响，也要避免对风险和不确定性进行重复调整，从而在低估和高估预计负债金额之间寻找平衡点。

【例 4-23】 中科健截至 2001 年 6 月 30 日，12 个月内累计为他人贷款提供担保 24 笔，折合人民币 63 913 万元，占该公司 2000 年经审计的净资产的 300.35%。但该公司却没有对担保这一重大不确定性事项进行披露，一旦承担连带担保责任，损失巨大。

二、非流动负债项目的内容及分析

非流动负债是流动负债以外的负债，通常是指偿还期限在一年以上的债务。与流动负债相比，非流动负债具有偿还期限较长、金额较大、分期偿还的特点。非流动负债的优点主要有：第一，可以保持企业原有的股权结构不变和股票价格稳定；第二，不影响原有股东对企业的控制权；第三，举借可以增加股东的收益；第四，非流动负债支付的利息具有抵税功能。因此，对非流动负债的重要项目进行分析具有重要意义。

(一)长期借款

长期借款是企业从银行或其他金融机构借入的期限在 1 年以上的款项，具有筹资迅速、借款弹性大、成本低、易于企业保守财务秘密等优点，但同时也存在筹资风险大、使用限制多、筹资数量有限等限制。对长期借款进行分析主要关注以下两个方面。

(1) 对企业长期借款的数额，增减变动及其对企业财务状况的影响给予足够的重视。另外，可结合企业的信用情况对长期借款规模的合理性进行分析。

(2) 关注长期借款利息的处理。按照权责发生制，企业应分期确认长期借款的利息。企业取得的长期借款，通常是到期一次支付利息的，因而应付未付的借款利息与本金一样，属于非流动负债，应贷记"长期借款"科目。确认的利息费用则应根据借款的用途等情况，确定应予费用化还是资本化，分别借记"财务费用"或"在建工程"等科目。在进行报表分析时，要注意企业是否利用借款费用资本化和费用化进行利润调节。

(二) 应付债券

应付债券是指企业为筹集资金而对外发行的期限在一年以上的长期借款性质的书面证明，约定在一定期限内还本付息的一种书面承诺。其特点是期限长、数额大、到期无条件支付本息。相对于长期借款而言，长期债券的风险和压力较大，因为债券的发行是面向全社会的，到期无法归还本息的社会影响面较大。对应付债券的分析基本同长期借款，主要分析应付债券增减变动的数额、原因以及对企业财务状况的影响。通过应付债券进行造假主要有以下三个方面。

(1) 未经批准，擅自发行。有些企业发行债券没有合法的程序，通过伪造一些资料(或数据)来骗取审批手续。如某企业为了获准发行债券，遂将上报的资产负债表中的净资产人为地调至限额，骗取发行资格。

(2) 变相提高债券利率。根据有关规定，发行债券的票面利率不得高于银行同期居民储蓄定期存款的利率的 1.4 倍。有些企业为了给内部职工以优惠或为了尽快发行债券，就采用折价发行债券的方式发售，从而变相提高债券利率。

(3) 混淆资本性支出与收益性支出的界限。根据国家有关规定，企业发行债券筹集资金如果是用于购建固定资产，则应付债券上的应计利息以及溢价和折价的摊销，以及支付债券代理发行手续费及印刷费，在资产尚未交付使用前计入在建工程的成本；在资产交付使用后计入财务费用。有些企业为了完成目标利润，在资产交付使用后依然将债券计入财务费用。有些企业为了完成目标利润，在资产交付使用后依然将债券利息及折价摊销额计入"在建工程"，从而达到少计费用，多计利润的目的。

【例 4-24】审阅某企业"应付债券"明细账，发现有上年初平价发行的公司债券 200 万元的账面记录。经了解是为了扩大生产规模新建厂房工程筹资目的而发行的债券。厂工程已在数月前开工，目前正在建设中。检查"应付债券——应计利息"明细账，贷方已计提债券利息 240 000 元，核对计提数额无误，但检查"在建工程"明细账却未见列入的债券利息。经深入查证，其债券利息已全部计入"财务费用"账户。

混淆费用列支渠道是某些企业调节利润、偷逃企业所得税所使用的惯用伎俩。某种费用凡同时涉及产品成本、资产成本、期间费用等多种列支渠道，不可不认真检查核实其列支渠道的合规性，切不可粗心大意。

(三) 长期应付款

长期应付款，是指企业除长期借款和应付债券以外的各种长期应付款项。包括采用补充贸易方式下引进国外设备价款应付的租赁费、融资租入固定资产的租赁费等。

(1) 补偿贸易是从国外引起设备，再用设备所生产出来的产品归还设备价款，这样销售了产品也偿还了债务。可以看出该债务的偿还属于非货币性的，所以应当关注企业设备安装是否到位,生产能否如期进行,产品的成本能否得到有效的控制等。

(2) 与长期借款和应付债券相比,融资租赁和分期付款方式在获得固定资产的同时接到一笔资金,然后分期偿还资金及其利息,有利于减轻一次性还本付息的负担,但同时也意味着在未来一定期间内企业每年都会发生一笔固定的现金流出。因此,在进行报表分析时,应注意企业的租赁是否符合融资租赁的确认条件、对融资租赁固定资产的折旧计提了折旧,以及折旧计提是否合理。同时,关注融资租赁的固定资产是否已经按照企业最初的意愿形成生产能力,其资产收益率能否超过融资租赁的内含利率,否则将影响长期应付款的偿还。

除此之外,还需要关注以下三个方面。

① 观察企业是否存在虚列"长期应付款"账户的行为。不根据合同或协议,或者根据无相关的合同或协议,虚列长期应付款账户,之后,套现资金,据为己有或挪作他用。

② 是否存在期满后继续付款的行为。有些企业在融资租赁付款期满后继续付款,将多余的款项从对方提出,存入部门"小金库"或私分。

③ 混淆融资租赁和经营租赁。根据财务会计制度规定,企业经营租赁的固定资产并不计入固定资产账户,只需在备查簿中登记,待付出租赁费时,再计入相关费用。有些企业为了调节利润,少计费用,将经营租赁挤入融资租赁,挂"长期应付款",推迟支付租赁费以达到调节企业当期利润的目的。

【例4-25】 如某一生化厂,融资租入一台大型设备,租赁费50万元,租赁期为5年。审计人员在审计过程中发现该厂"长期应付款"明细账中有两笔50万元,并且付款日期很接近。经进一步审查合同以及采用其他审计手法,审计人员查明,该企业有关人员为了套取本企业资金,而采用重复付款的方式来达到贪污的目的。

第四节　所有者权益项目的内容及分析

所有者权益是企业投资者对企业净资产(企业的全部资产减去全部负债后的余额)的所有权,包括企业所有者投入资本以及企业存续过程中形成的资本公积、盈余公积和未分配利润等。所有者权益项目在资产负债表、损益表上分别得到反映,并具有一定的勾稽关系,对资产负债表和损益表都具有较大的影响,而且也是投资者比较关注的项目。

一、实收资本(或股本)

实收资本账户反映企业实际收到的投资者投入的资本,包括国家投入的资本、法人投入的资本、个人投入的资本和外商投入的资本四个方面。由于企业的组织形式不同,因此所有者投入资金的核算方法也有差异。除了股份有限公司对股东股资资本应设置"股本"账户外,其他企业对所有者投入的资本集中在"实收资本"账户中核算。

对实收资本项目的分析,主要从以下四个方面入手。

(1) 考察企业的实收资本(股本)的真实性。有些企业弄虚作假,没有相应的原始单据搞虚假投资;有的投资者伪造、涂改、变造投资的依据。如投资者投入的货币资金没有存入或汇入指定的银行、伪造进账单,投资者投入的房产没有产权证明和过户手续等。

(2) 查看实收资本(或股本)的规模。实收资本揭示了一个企业生产经营的物质基础。资本总额越大,企业的物质基础就越雄厚,经济实力就越强。同时,资本总额也是一定经营领域的准入"门槛"。

(3) 检查实收资本(或股本)的内在结构是否合理,如无形资产在实收资本中所占的比重是否过高。根据现行法律规定,企业无形资产(不包括土地使用权)的出资额一般不能超过注册资本的20%;在特殊情况下,例如含有高新技术,最高不得超过30%,但有些企业经常凭验资机构出具的虚假证明,骗取注册登记,以致影响了企业的正常运转。

(4) 考察实收资本(或股本)的增减变动情况。除非企业出现增资、减资等情况,实收资本(股本)在企业正常经营期间一般不会发生变动。实收资本(股本)的变动将会影响企业投资者对企业的所有权和控制权,而且对企业的偿债能力、获利能力等都会产生影响。

二、资本公积

资本公积是企业收到的投资者的超出其在企业注册资本所占份额,以及直接计入所有者权益的利得和损失等。

资本公积包括资本溢价(股本溢价)和直接计入所有者权益的利得和损失等。资本溢价是企业收到投资者的超出其在企业注册资本(或股本)中所占份额的投资。形成资本溢价(或股本溢价)的原因有:溢价发行股票、投资者超额缴入资本等。直接计入所有者权益的利得和损失是指不应计入当期损益、会导致所有者权益发生变动、与所有者投入资本或向所有者分配利润无关的利得或损失。

解读资本公积项目应注意以下两个问题。

(1) 明确资本公积的范围。目前,利用资本公积账户进行作假的常用手段有:①将资本溢价或股本溢价作为当期收益或计入实收资本,损害了其他投资者的利益。②将法定财产重估增值,接受捐赠的资产等记入"营业外收入""其他业务收入"等账户。③企业为了逃避所得税,将本应该计入当期损益的项目计入资本公积。④截留接受捐赠的资产作为小金库,用于不合理的开支,或计入应付职工薪酬,用于发放职工福利。因此,明确资本公积与实收资本、留存收益以及其他科目之间的区别将有助于资本公积项目的分析。

(2) 明确资本公积项目来源的可靠性以及具体分析资本公积的内在结构。由于资本公积是所有者权益的有机组成部分,而且它通常会直接导致企业净资产的增加,因此,应特别注意企业是否存在通过资本公积项目来改善财务状况的情况。如果本期该项目的数额增长过大,就应进一步了解资本公积的构成。

三、盈余公积

盈余公积反映企业按国家规定从税后利润中提取的公积金,包括法定盈余公积,任意盈余公积和公益金。从 2006 年 1 月 1 日起,按照《公司法》组建的企业根据《公司法》不再提取公益金。按规定盈余公积可以转增资本,可以弥补亏损,特殊情况下还可以用于分配股利。盈余公积的数量越多,反映企业资本积累能力、亏损弥补能力和股利分配能力以及应对风险的能力越强。目前利用盈余公积进行作假的手段主要有以下三种。

(1) 有些企业为了逃避所得税,将本应该计入当期损益的项目计入盈余公积,常见的做法有将无法支付的应付账款计入盈余公积;将资产盘盈、罚没收入等计入盈余公积。

(2) 提取的顺序和基数不正确。按现行制度规定，盈余公积应在税后利润弥补以前年度亏损，扣除没收财产的损失、支付滞纳金和罚款后的余额提取。

(3) 列支的渠道不正确，有些企业直接从成本费用中提取。

因此，对盈余公积的分析应关注其增减变化的合理性、合法性以及其结构是否合理。

四、未分配利润

未分配利润，是指企业实现的净利润中用于以后年度向投资者分配的利润。未分配利润的数额越多，说明企业当年和以后年度的积累能力、股利分派能力以及应对风险的能力就越强。由于未分配利润相对于盈余公积而言，属于未确定用途的留存收益，所以企业在使用未分配利润上有较大的自主权，且无须支付利息，受国家法律法规的限制较少。分析未分配利润应注意它既可能是正数（未分配的利润），也可能是负数（为弥补的亏损），应将该项目的期末与期初相对比，以观察其变动的曲线和发展趋势。

第五节　资产负债表趋势分析

在企业财务分析中，有一个重要的分析方法，就是趋势分析法。即将两期或连续数期财务报告中某一指标进行对比，确定其增减变动的方向、数额和幅度，以该指标的变动趋势。趋势分析法中的指标，有同比分析、环比分析和定比分析等。其中，同比分析一般是用当期数据和去年同期数据相比较进行分析的一种方法，其特点是可以对增长率进行比较而排除季节性因素的影响。环比分析是以某一期的数据和上期的数据进行比较，计算趋势百分比，以观察每年的增减变化情况。定比分析是以某一期的数据和固定期数据进行比较，计算趋势百分比。

资产负债表的趋势分析就是采用比较的方法，分析的对象是企业连续若干年的财务状况信息，并观察其变动趋势，趋势分析的方法比较灵活，可以是对比较资产负债表的分析，也可以是相对数的比较，还可以是财务比率的比较；可以作定比分析，也可以作环比分析，从中观察企业资产、负债和所有者权益的变动趋势。

对资产负债表趋势分析表的评价主要从以下四个方面进行。

第一，根据企业总资产或总权益的变动情况与变动趋势，评价企业规模变动状况，判断企业发展周期及发展潜力。

第二，根据企业各类资产的变动情况及变动趋势，结合企业所处行业的特点，评价各类资产变动趋势的合理性。

第三，根据企业负债与所有者权益的变动情况及变动趋势，观察企业资金来源变动情况及趋势，评价企业财务运行质量和风险情况。

第四，根据各类资产变动趋势和各类权益变动趋势，分析评价企业资产与权益相互适应类型及变动特点。

一、比较资产负债表分析

本文以 MDDQ 公司 2008 年、2009 年及 2010 年 12 月 31 日的资产负债表数据为例，具体阐述资产负债表的趋势分析。

年报的同比分析就是用报告期数据与上期或以往几个年报数据进行对比,可以告诉投资者在过去一年或几年中,上市公司的业绩是增长还是滑坡。但是,同比分析不能揭示公司在每个年度的业绩增长变动情况,因此,在同比分析的基础上加入环比分析,这一点对投资决策更富有指导意义。为了清晰起见,在比较利润表中除了同比分析以外,我们同时采用环比分析,进一步看到每年的增减变动幅度。具体如表 4-5 所示。

表 4-5 MDDQ 公司比较资产负债表

编制单位:MDDQ　　　　　　　　2010 年 12 月 31 日　　　　　　　　单位:千元

	2008 年	2009 年	环比增长	2010 年	环比增长
流动资产:					
货币资金	1 226 887.78	2 890 287.96	135.58%	3 196 327.02	10.59%
交易性金融资产			-	-	-
应收票据	1 445 314.50	4 843 952.67	235.15%	2 310 211.77	-52.31%
应收账款	-	12 516.61	-	21 078.35	68.40%
内部往来	484 889.90	-6 139 683.56	-1366.20%	-	-100.00%
预付账款	16 666.64	359 600.40	2057.61%	737 563.18	105.11%
应收利息		-		-	
应收股利	79 456.50	-	-100.00%	-	
其他应收款	5 456.75	23 958.83	339.07%	1 426 987.76	5856.00%
存货	-	791 911.64	-	854 437.03	7.90%
一年内到期非流动资产		-		-	
其他流动资产		2 709.67		49 114.77	1712.57%
流动资产合计	3 258 672.06	2 785 254.22	-14.53%	8 595 719.88	208.62%
非流动资产:					
可供出售的金融资产	-	-	-	-	-
持有至到期投资					
长期应收款	-	-		-	
长期股权投资	3 832 339.37	5 881 365.21	53.47%	6 788 323.47	15.42%
投资性房地产	953 076.78	908 823.42	-4.64%	1 205 996.27	32.70%
固定资产	103 107.74	91 130.97	-11.62%	742 401.83	714.65%
在建工程	187 696.40	386 530.74	105.93%	5 025.02	-98.70%
工程物资	-	-	-	-	-
固定资产清理					
生产性生物资产					
无形资产	171 406.82	169 468.06	-1.13%	147 206.74	-13.14%
开发支出	-	-		-	
商誉	-	-		-	-

续表

	2008 年	2009 年	环比增长	2010 年	环比增长
长期待摊费用	24 071.14	23 959.13	-0.47%	56 810.80	137.12%
递延所得税资产	42.72	141.15	230.39%	561.25	297.63%
其他非流动资产	-	-	-	-	-
非流动资产合计	5 271 740.98	7 461 418.68	41.54%	8 946 325.38	19.90%
资产总计	8 530 413.04	10 246 672.90	20.12%	17 542 045.26	71.20%
流动负债:					
短期借款	1 664 990.00	143 365.29	-91.39%	-	-100.00%
交易性金融负债	22 126.20	-	-100.00%	-	-
应付票据	3 598 493.75	2 978 012.38	-17.24%	4 941 308.34	65.93%
应付账款	7 458.40	510 417.09	6743.52%	387 171.10	-24.15%
预收款项	-	274.75	-	540 476.10	196615.60%
应付职工薪酬	-	-	-	-	-
应交税费	8 607.15	-6 767.27	-178.62%	97 124.82	-1535.21%
应付利息					
应付股利	585.91	585.91	0.00%	585.91	0.00%
其他应付款	8 978.21	26 480.92	194.95%	4 168 495.24	15641.50%
一年内到期的非流动负债	-	-	-	-	-
其他流动负债	-	-	-	-	-
流动负债合计	5 311 239.62	3 652 369.07	-31.23%	10 135 161.51	177.50%
非流动负债:					
长期借款	-	-	-	-	-
应付债券	-	-	-	-	-
长期应付款	-	-	-	-	-
专项应付款	-	-	-	-	-
预计负债	-	-	-	-	-
递延所得税负债	-	334.66	-	5 011.07	1397.36%
其他非流动负债	-	-	-	-	-
非流动负债合计	-	334.66	-	5 011.07	1397.36%
负债合计	5 311 239.62	3 652 703.73	-31.23%	10 140 172.58	177.61%
股东权益:					
股本	1 891 069.93	2 080 176.85	10.00%	3 120 265.28	50.00%
资本公积	305 419.04	3 030 321.88	892.18%	2 004 262.72	-33.86%
减: 库存股	-	-	-	-	-
专项储备	-	-	-	-	-
盈余公积	550 374.80	619 699.72	12.60%	684 689.02	10.49%

续表

	2008 年	2009 年	环比增长	2010 年	环比增长
未分配利润	472 309.65	863 770.72	**82.88%**	1 592 655.66	**84.38%**
股东权益合计	3 219 173.42	6 593 969.17	**104.83%**	7 401 872.68	**12.25%**
负债及股东权益总计	8 530 413.04	10 246 672.90	**20.12%**	17 542 045.26	**71.20%**

通过对 MDDQ 公司近三年的数据进行趋势分析，可以初步得到以下几个结论。

(1) 公司在 2009 年得到长足的发展，总资产和所有者权益都得到了 100%以上的增长，可见 2009 年 MDDQ 的发展势头迅猛。主要原因在于：2009 年，在国际金融危机与全球性经济依然动荡的背景下，公司坚持深化营销体系变革，以国家经济复苏和一系列内需推动政策为契机，推动产品技术升级、结构优化调整与品牌力提升，收购了无锡小天鹅股份有限公司，进行了定向增发，并且整合出售了一些子公司，实现了公司经营业绩的稳步快速增长。2010 年相对于 2009 年各个项目的变动都是朝着良好的方向发展，说明公司在整合后维持了快速增长的态势。

(2) 2010 年，货币资金的增幅为 10.59%。货币资金的增加，同时流动负债减少，企业的偿债能力有了显著提高。

(3) 应收票据在 2009 年有较大幅度的提升，但是在 2010 年却骤然减少了 52.31%。原因在于，银行承兑汇票年末账面余额(3,871,019.54)比年初账面余额(5,448,452.41)减少了近 15.8 亿元。

(4) 2010 年，应收账款环比增长 68.40%。结合附注，可以看到，MDDQ 公司 1 年以内(含 1 年)的应收账款(4,660,436.07)占所有应收账款的比重由 2009 年的 94.59%上升为 2010 年的 99.41%，可见应收账款的质量较高。

(5) 2010 年，预付账款环比增长 105.11%。该企业的预付账款逐年增长，但其应收款项却没有与预付账款得到同步的增长。不禁让人怀疑，该公司只进行采购却没有进行产品或服务的销售吗？是否存在关联方交易？

(6) 其他流动资产今年来出现较大变动，在 2010 年的增幅达到 1712.58%，主要系待摊费用中一年内摊销的模具增加所致。该项目的数额较小，其变化并无大异常。

(7) 2010 年的流动资产合计总体增加了 208.62%。主要来自本年度的货币资金和内部往来项目数额的变化。内部往来由 2009 年的-613968.36 万元变为 2010 年的 0 元，为企业的流动资金增加做出了巨大贡献。同时，我们可以看到，该公司流动资金的增加并非来自主营业务销售的提升，而是来自其内部往来款项，因此从某种程度上来说，本年度增加部分的流动资产质量并不高。

(8) 固定资产在 2009 年小幅减少之后，在 2010 年迅猛增长了 714.65%，同时，在建工程减少了 98.70%。固定资产年末大幅增加，主要为该公司总部大楼转固所致。该公司秉承规模优先的战略，在进一步巩固基础产品规模的基础上来提升企业的盈利能力。

(9) 2010 年，长期待摊费用期末余额较年初余额增加 137.12%，主要系模具增加引致所致。可见，公司不断进行生产用具的更新。

(10) 该公司在 2010 年的短期借款数额为 0，MDDQ 没有通过银行借款来获取生产运营资金，可见公司的资金实力强大。同时，也反映出企业并无偿债压力。另外，也可看到，企业还未充分利用其财务杠杆。

(11) 应付票据的增加和应付账款的减少,主要由于采购规模增长及较多采用票据结算增加所致。同时,该公司的应交税费较上一年度降低了1535.21%,主要是增值税进项税增加所致。目前,应付款项的增长和应收款项的增长并不协调,企业有出项却无进项,是否存在着关联方交易?值得推敲。

(12) 2010年,该公司的股本增加了50.00%,资本公积减少了33.86%,主要系公司通过提取10%的法定公积金和资本公积转增股本。自此,公司增加了股本规模,有利于进一步扩大其在家电市场上的行业影响。

(13) 未分配利润较上年增长了84.38%。该公司的利润逐年稳步增加,可见利润质量较高,且公司相对比较稳定。

二、定比趋势分析

通过比较资产负债表,我们可以初步了解该企业连续期间的财务状况,但是趋势分析时动态分析,应当观察企业相关财务指标在一定时间内的变动趋势、变动方向和变动速度。而这些内容难以通过比较资产负债表观察出来,为此需要设计定比趋势资产负债表进行分析。具体方法是选择分析期的第一期为基期,为了便于观察,将该期的所有指标设定为一个指数(可以是100,也可以是1),此后每期都与基期的指标相比,得出相对于基期的指数,从而判断变动趋势和变动速度。下面,我们将MDDQ公司2008年数据设定为基期,该年度所有财务数据均为指数100,从而得到下列定比趋势资产负债表(见表4-6)。

表4-6 MDDQ公司定比资产负债表

(2008—2010年)

年度 项目	2008年	2009年	2010年
流动资产:			
货币资金	100.00	235.58	260.52
交易性金融资产	-	-	-
应收票据	100.00	335.15	159.84
应收账款	-	-	-
内部往来	100.00	-1,266.20	0.00
预付账款	100.00	2,157.61	4,425.39
应收利息	-	-	-
应收股利	100.00	0.00	0.00
其他应收款	100.00	439.07	26,150.88
存货	-	-	-
一年内到期非流动资产	-	-	-
其他流动资产	-	-	-
流动资产合计	100.00	85.47	263.78

续表

年度\项目	2008 年	2009 年	2010 年
非流动资产：			
可供出售的金融资产	-	-	-
持有至到期投资	-	-	-
长期应收款	-	-	-
长期股权投资	100.00	153.47	177.13
投资性房地产	100.00	95.36	126.54
固定资产	100.00	88.38	720.03
在建工程	100.00	205.93	2.68
工程物资	-	-	-
固定资产清理			
生产性生物资产			
无形资产	100.00	98.87	85.88
开发支出			
商誉	-	-	-
长期待摊费用	100.00	99.53	236.01
递延所得税资产	100.00	330.39	1,313.71
其他非流动资产	-	-	-
非流动资产合计	100.00	141.54	169.70
资产总计	100.00	120.12	205.64
流动负债：			
短期借款	100.00	8.61	0.00
交易性金融负债	100.00	0.00	0.00
应付票据	100.00	82.76	137.32
应付账款	100.00	6,843.52	5,191.07
预收款项	-	-	-
应付职工薪酬			--
应交税费	100.00	-78.62	1,128.42
应付利息			
应付股利	100.00	100.00	100.00
其他应付款	100.00	294.95	46,429.02
一年内到期的非流动负债	-	-	-
其他流动负债			
流动负债合计	100.00	68.77	190.82
非流动负债：			
长期借款	-	-	-

续表

年度 项目	2008 年	2009 年	2010 年
应付债券	-	-	-
长期应付款	-	-	-
专项应付款	-	-	-
预计负债	-	-	-
递延所得税负债	-	-	-
其他非流动负债	-	-	-
非流动负债合计	-	-	-
负债合计	100.00	68.77	190.92
股东权益：			
股本	100.00	110.00	165.00
资本公积	100.00	992.18	656.23
减：库存股	-	-	-
专项储备	-	-	-
盈余公积	100.00	112.60	124.40
未分配利润	100.00	182.88	337.21
股东权益合计	100.00	204.83	229.93
负债及股东权益总计	100.00	120.12	205.64

通过定比分析，我们可以得出以下结论。

(1) 公司近三年内实现快速发展，各项指标基本都有较大提升，尤其是 2009 年，公司发展跨上了一个新台阶。

(2) 近三年，变化比较大的项目主要集中于应收应付款项、预收预付款项、固定资产等。可见公司不断发展其主营业务，加大投资规模，发展规模经济，提升行业地位。

(3) 公司总资产的增长速度超越了负债的增长幅度，可见，公司自有资金的实力不断增强，偿债能力不断提升。

第六节　资产负债表结构分析

资产负债表不仅总括反映了企业在某一特定时期的资产、负债和股东权益状况，而且是企业会计报表体系中最主要的会计报表。通过对资产负债表的结构构成分析，可为不同报表使用人提供新的思路和方法，并为投资决策者提供更可靠的数据依据。

资产负债表结构就是指资产负债表中各内容要素金额之间的相互关系。资产负债表结构分析就是对这种关系进行分析，从而对企业整体财务状况作出判断。对资产负债表进行结构分析，可以从以下四个方面入手。

(1) 可以核对企业资产、负债、所有者权益的总额。由于资产负债表是以"资产=负债+

所有者权益"的公式编制而成,因此根据资产总计数即可推知负债和所有者权益总计数,企业的资产合计数大致可以反映出企业经营规模的大小。另外,如果知道企业所在行业的平均资产的情况,还可以推知该企业在同行业中所处的地位。

(2) 可以核查流动资产、非流动资产、负债、所有者权益等大项目的合计数。通过这些合计数可以看出有关项目在资产总额与负债和所有者权益总额中所占的比重,从而可以一定程度地了解企业资产的流动性、负债的流动性以及企业负债经营的程度等。

(3) 可以进一步观察各项资产、负债、所有者权益分别在资产总额、负债与所有者权益总额中所占的比重。根据有关的各项比重,可以列出百分比资产负债表,从而可以了解企业资金的分布状况,了解企业资金来源的渠道。这样有助于进一步分析和发现问题,进一步改善企业的资金结构。

(4) 如果有该企业近几年的资产负债表,则可以计算各资产、负债、所有者权益项目的金额变动及金额变动百分比。通过各个资产、负债、所有者权益项目的金额变动,可以反映出企业在近几年内财务状况变动的情况,从而有助于预测企业未来财务状况变化的趋势;而通过各个资产、负债、所有者权益项目的金额变动百分比,则可以反映出各项目对企业财务状况变化影响的大小以及各项目自身变化的幅度,同样有助于预测企业未来财务状况变化的趋势。

总之,通过资产负债表的总体分析,可以大致了解企业所拥有的资产状况、企业所负担的债务、所有者权益等财务状况。而如果需要进一步了解企业偿还短期债务的能力和财务弹性,了解企业的资本结构和长期偿债能力等详细情况,则需要使用趋势分析法、比率分析法等作具体分析。

本书以 MDDQ 公司 2008 年度、2009 年度及 2010 年的资产负债表的有关资料为例,主要通过 2009 年及 2010 年两年资产负债表的比较,同时参考以前年度(2008 年)的资产负债表情况,具体阐述 MDDQ 公司 2010 年的资产负债表结构状况,具体如表 4-7 所示。

表 4-7 MDDQ 公司共同比资产负债表

(2008—2010 年度) 单位:%

项目	结构			项目	结构		
	2008 年	2009 年	2010 年		2008 年	2009 年	2010 年
流动资产:				流动负债:			
货币资金	14.38	28.21	18.22	短期借款	19.52	1.40	0.00
交易性金融资产	-	-	-	交易性金融负债	0.26	-	-
应收票据	16.94	47.27	13.17	应付票据	42.18	29.06	28.17
应收账款	-	0.12	0.12	应付账款	0.09	4.98	2.21
内部往来	5.68	-59.92	-	预收款项	-	0.00	3.08
预付账款	0.20	3.51	4.20	应付职工薪酬	-	-	-
应收利息	-	-	-	应交税费	0.10	-0.07	0.55
应收股利	0.93	--	-	应付利息	-	-	-
其他应收款	0.06	0.23	8.13	应付股利	0.01	0.01	0.00

续表

项 目	结 构			项 目	结 构		
	2008年	2009年	2010年		2008年	2009年	2010年
存货	-	7.73	4.87	其他应付款	0.11	0.26	23.76
一年内到期非流动资产	-	-	-	一年内到期的非流动负债	-	-	-
其他流动资产	-	0.03	0.28	其他流动负债	-	-	-
流动资产合计	38.20	27.18	49.00	流动负债合计:	62.26	35.64	57.78
非流动资产:	-	-	-	非流动负债:			
可供出售的金融资产	-	-	-	长期借款	-	-	-
持有至到期投资	-	-	-	应付债券			
长期应收款				长期应付款			
长期股权投资	44.93	57.40	38.70	专项应付款			
投资性房地产	11.17	8.87	6.87	预计负债			
固定资产	1.21	0.89	4.23	递延所得税负债		0.00	0.03
在建工程	2.20	3.77	0.03	其他非流动负债			
工程物资	-	-	-	非流动负债合计	-	0.00	0.03
固定资产清理	-	-	-	负债合计	62.26	35.65	57.80
生产性生物资产				股东权益:			
无形资产	2.01	1.65	0.84	股本	22.17	20.30	17.79
开发支出	-	-	-	资本公积	3.58	29.57	11.43
商誉	-	-	-	减: 库存股	-	-	-
长期待摊费用	0.28	0.23	0.32	专项储备			
递延所得税资产	0.00	0.00	0.00	盈余公积	6.45	6.05	3.90
其他非流动资产	-	-	-	未分配利润	5.54	8.43	9.08
非流动资产合计	61.80	72.82	51.00	股东权益合计	37.74	64.35	42.20
资产总计	100.00	100.00	100.00	负债及股东权益总计	100.00	100.00	100.00

通过上表, 我们分析可得到以下结论。

(1) 近年来, 货币资金在资产中的比重变化较大, 2010年为18.22%。与2009年相比, 该比重有将近10%的降幅。但是结合趋势分析我们看到, 该公司的货币资金还是处于一个逐步增长的阶段。可见, 公司的自有资金越来越充裕, 应对风险的能力不断提升。

(2) 应收票据比重由2009年的47.27%下降为2010年的13.17%。相对于应收账款而言, 应收票据的可回收性高, 出现坏账的可能性较低。因此, 在应收账款的比重基本没有变化的情况下, 该公司应收票据的比重大幅下降在一定程度上也反映了企业可能在信用政策上的调整、应收款项质量的降低或者销售状况的恶化。

(3) 近三年来，长期股权投资均保持在较高的比重水平，2010 年虽然有所降低，为 38.7%，但依然在资产中占据了过大的比重。结合趋势分析，我们可以看到，企业在长期股权上的投资数额也达到 678 832.35 万元。一般来说，长期股权投资在资产中的比重过高，使该企业面临较高的风险，因此，如何对这部分投资进行有效管理是企业必须加以重视的问题。

(4) 2010 年，该公司不存在短期借款，可见其自我融资能力较强。应付票据在 2010 年的比重为 28.17%，约占流动负债的一半。值得注意的是，在该公司的应收账款没有增加，应收票据有大幅度降低的情况下，应付票据的比重依然维持在一个较稳定的水平上，我们不禁怀疑，该企业是否存在不公允的关联方交易。

(5) 其他应付款的比重由 2009 年的 0.26%急剧上升为 2010 年的 23.76%。达到流动负债的 1/2。虽然根据附注，2010 年，其他应付款年末余额中无应付持有本公司 5%(含 5%)以上表决权股份的股东款项。年末余额中也无一年以上的大额应付款项。但是通过 2010 年的年报与 2009 年年报对比，我们看到，该公司对此项内容进行了追溯调整，调整后的 2009 年该项目比重为 37.66%。我们不禁怀疑，该公司是否通过采用追溯调整的方法来掩盖其中的如非法占用资金等问题。

本 章 小 结

本章在介绍了资产负债表的性质与作用、结构与内容的基础上，也介绍了资产负债表的局限性。在此基础上，依次对资产、负债和所有者权益中的各个主要项目及其常见的作假或粉饰手段做详细的讲解，并且采用了案例分析的方法，介绍了资产负债表中的分析要点。

资产负债表的分析分为趋势分析和结构分析。通过趋势分析，了解各项资产的变动情况与变动趋势；通过结构分析，了解资产负债表中各内容要素金额之间的相互关系，从而对企业整体财务状况作出判断。

复习思考题

一、简答题

1. 资产负债表的内容包括哪些?如何对其进行总括分析?
2. 货币资金特点是什么?对其进行财务分析时，应从哪几个方面进行?
3. 企业经营者在分析应收账款时会考虑哪些因素?
4. 利用资产负债表对企业财务状况进行分析有何局限性?

二、分析题

某股份公司是一家上市公司，其年报有关资料如下。

(1) 相关业务数据

资产负债表

金额单位：万元

资　产	期　初	期　末	负债及所有者权益	期　初	期　末
流动资产：			流动负债：		
货币资金	8679	20994	短期借款	13766	37225
交易性金融资产		973	应付账款	2578	5238
应收账款	9419	13596	应付职工薪酬	478	508
其他应收款	3489	7215	应交税费	51	461
减：坏账准备	35	2081	其他应付款	2878	7654
应收款项净额	12873	18730			
存货	13052	16007	流动负债小计	19751	51086
减：存货跌价准备		229	非流动负债：		
存货净额	13052	15778	长期借款	640	320
其他流动资产	2828	3277	非流动负债小计	640	320
流动资产合计	37432	59752	负债合计	20391	51406
非流动资产：					
长期股权投资	13957	15197	股东权益：		
固定资产：			股本	16535	24803
固定资产原值	40202	68185	资本公积	25752	17484
减：累计折旧	20169	25246	盈余公积	6017	7888
固定资产净值	20033	42939	未分配利润	13395	19225
在建工程	9978	1534	股东权益合计	61699	69400
固定资产合计	30011	44473			
无形资产	690	1384			
非流动资产合计	44658	61054			
合计	82090	1208060	合计	82090	120806

应收账款账龄表

金额单位：万元，%

账　龄	期初数	比　例	期末数	比　例
1年以内	8617	91.49	10699	78.69
1～2年	376	3.99	2147	15.79
2～3年	180	1.91	325	2.39
3年以上	246	2.61	425	3.13
合计	9419	100.00	13596	100.00

其他应收账款账龄表   金额单位：万元，%

账　龄	期初数	比　例	期末数	比　例
1年以内	2715	77.81	5052	70.02
1~2年	516	14.79	1706	23.64
2~3年	248	7.11	416	5.77
3年以上	10	0.29	41	0.57
合计	3489	100.00	7215	100.00

(2) 有关会计政策

- 坏账准备原按应收账款余额的5‰计提，改按应收款项(包括应收账款和其他应收款)余额的10%计提；
- 期末交易性金融资产原按成本计价，现改按公允价值计价；资产负债表日公允价值973万元，而原账面成本价值为1000万元；
- 期末存货原按成本计价，现改按成本与可变现净值孰低法计价；
- 期末长期股权投资原不计提减值准备，现改为计提减值准备。

要求：

根据以上资料对该公司的财务状况进行分析并做出评价。

(扫一扫，获取"阅读财务报表——资产负债表.mp4"微课视频)

第五章 利润表解读

【学习目标】
1. 了解企业利润表的作用和性质。
2. 了解利润表的编制方法和利润表的格式。
3. 理解并掌握利润表重要项目的内容及其质量分析。
4. 理解并能运用利润表趋势分析。
5. 理解并能运用利润表结构分析。

企业经营的目的就是"赚钱",而赚钱的多少早已习惯性地用那个被称为"利润"的东西来体现。利润是企业经营业绩的核心体现,也是投资者关注的焦点。在风云变幻的资本市场大潮中,利润似乎主宰着公司的沉浮乃至"生杀大权"。正因为关系到企业的兴衰荣辱,利润计量和披露也成为会计工作的重中之重,也因此才有众多的上市公司围绕"会计利润"上演着一出出令人瞠目结舌的闹剧和悲剧。毫无疑问,如何全面、公允地报告和披露企业真实的业绩和获利能力,以维护资本市场的稳定秩序和健康发展,一直是会计界孜孜以求的目标。根据传统的会计实务,企业经营绩效或经营成果是通过盈亏来表示的,这就注定利润表已经是而且仍旧是一个极其重要且基本的财务报表。实证资料表明,利润指标尽管备受质疑,但依然是最受投资者关注而且应用最广泛(也许是不自觉的)的绩效评价标准,由此衍生的各项指标如每股收益、市盈率、投资报酬率、净资产收益率正"人气十足"地充斥于各大公司的研究报告、全国财经新闻和证券报道之中。

第一节 利润表概述

一、利润表的性质和作用

利润表也被称为收益表,是总括地反映企业一定期间内经营成果的实现情况的报表。与资产负债表不同,利润表是一种动态的时期报表。在利润表上,要反映企业在一个会计期间所有的收入和所有的费用,并求出报告期的利润额。通过利润表,可以了解企业利润(或亏损)的形成情况,分析、考核企业的经营目标及利润计划的执行结构,分析企业利润增减变动的原因；通过利润表提供的不同时期的比较数字(本月数、本年累计数、上年数)，可以评价企业的经营成果和投资效率，分析企业的获利能力以及未来一定时期内的盈利趋势。

利润表的作用表现为以下四个方面。

(1) 评价和预测企业的经营成果和获利能力，为投资决策提供依据。经营成果是一个绝对值指标，可以反映企业财富增长的规模。获利能力是一个相对值指标，指企业运用一定经济资源获取经营成果的能力，经济资源可以是资产总额、净资产，可以是资产的耗费，还可以是投入的人力。因而衡量获利能力的指标包括资产收益率、净资产(税后)收益率、成本收益率以及人均实现收益等指标。经营成果的信息直接由利润表反映，而获利能力的信息除利润表外，还要借助于其他会计报表和注释附表才能得到。

根据利润表所提供的经营成果信息，股东和管理部门可评价和预测企业的获利能力，对是否投资或追加投资、投向何处、投资多少等做出决策。

(2) 评价和预测企业的偿债能力，为筹资决策提供依据。偿债能力是指企业以资产清偿债务的能力。企业的偿债能力不仅取决于资产的流动性和资产结构，也取决于获利能力。获利能力不强甚至亏损的企业，通常其偿债能力不会很强。

债权人通过分析和比较利润表的有关信息，可以评价和预测企业的偿债能力，尤其是长期偿债能力，对是否继续向企业提供信贷做出决策。

财务部门通过分析和比较利润表的有关信息和偿债能力，可以对筹资的方案资本结构，以及财务杠杆的运用做出决策。

(3) 企业管理人员可根据利润表披露的经营成果作出经营决策。企业管理人员比较和分析利润表中各种构成因素，可知悉各项收入、成本费用与收益之间的消长趋势，发现各方面工作中存在的问题，做出合理的经营决策。

(4) 评价和考核管理人员的绩效。董事会和股东从利润表所反映的收入、成本费用与收益的信息可以评价管理层的业绩，为考核和奖励管理人员做出合理的决策。

利润表的主要内容是一定时期(月、季、年)的收入、成本、费用和损失，以及由此计算得出的企业利润(或亏损)情况。利润分配的内容要另行编制利润分配表。

二、利润表的局限性

利润表的局限性主要表现在以下三个方面。

(1) 不包括未实现利润和已实现未摊销费用。未实现利润、已支付未摊销和数额尚未确定的费用常常是报表使用者极为关心的内容。

(2) 销售成本未反映现时实际价值。销售成本按照账面价值计算，会受到资产计价及会计政策、会计估计的影响，不能反映现时实际价值。

(3) 利润可以人为"操纵"。人们可以通过提前"实现"收入、改变费用与收入的配比来"创造""平滑"利润，甚至虚构收入、费用来调节利润。同时可能发生高利润的"贫困"企业。按照权责发生制而非收付实现制来确认收入不仅便于"操纵"利润，还可能发生实现了高额利润但却资金短缺的"贫困"企业。

三、利润表的格式

利润表的表首,应标明企业和该表的名称。表的名称下面标明编制的期间。由于利润表反映企业某一时期的经营成果,因而其时间只能标明为"某年某月",或"某年某月某日"至"某年某月某日",或"某年某月某日结束的会计年度"。

为了提供与报表使用者的经营决策相关的信息,收入和费用在利润表中有不同的列示方法,因而利润表的主体部分可以分为单步式和多步式两种格式。

(一)单步式利润表

利润表的编制依据是收入、费用与利润三者之间的相互关系,即"收入-费用=利润"。单步式是将收入全部列示在上方,费用全部列示在下方,然后将收入类合计减去成本费用类合计,计算出本期净利润(或亏损)。

单步式利润表的基本特点:集中列示收入要素项目、费用要素项目,根据收入总额与费用总额直接计算列示利润总额。这种格式比较简单,便于编制,对于营业收入和一切费用支出一视同仁,不分彼此先后,不像多步式利润表中必须区分费用和支出与收入配比的先后层次。但是缺少利润构成情况的详细资料,不利于企业不同时期利润表与行业之间利润表的纵向和横向的比较、分析。其基本格式如表 5-1 所示。

表 5-1 利润表(单步式)

编制单位:****　　　　　　****年**月　　　　　　单位:元

项　目	本年实际	上年实际
一、收入	***	***
主营业务收入	***	***
其他业务收入	***	***
公允价值变动	***	***
投资收益	***	***
营业外收入	***	***
二、费用	***	***
营业成本	***	***
营业税金及附加	***	***
销售费用	***	***
管理费用	***	***
财务费用	***	***
资产减值损失	***	***
营业外支出	***	***
所得税费用	***	***
费用合计	***	***
净利润	***	***

(二)多步式利润表

多步式利润表是通过对当期的收入、费用、支出项目按性质加以归类,按利润形成的主要环节列示一些中间性利润指标,分步计算当期净损益。多步式利润表是常用的格式,将企业日常经营活动过程中发生的收入和费用项目与在该过程中发生的收入与费用分开。划分这一界限的标准,主要是看一个项目是否关系到评价企业未来产生现金和现金等价物的能力,或者说,依据一个项目的预测价值。适当划分企业的收入和费用项目,并以不同的方式在利润表上将收入与费用项目组合起来,还可以提供各种各样的有关企业经营成果的指标。

多步式利润表的优点:便于对企业生产经营情况进行分析,有利于不同企业之间进行比较,更重要的是利用多步式利润表有利于预测企业今后的盈利能力。我国会计制度规定利润表编制应当采用多步式。

在多步式利润表上,净利润是分若干个步骤计算出来的,一般可以分为以下三步。

第一步,计算营业利润。

营业利润=营业收入-营业成本-营业税金及附加-销售费用-管理费用-财务费用-资产减值损失+公允价值变动+投资收益

第二步,计算利润总额。

利润总额=营业利润+营业外收入-营业外支出

第三步,计算净利润。

净利润=利润总额-所得税费用

股票公开上市的公司还要在净利润下列示普通股每股收益的数据,以便报表使用者评价企业的获利能力。

上海汽车多步式利润表基本格式如表 5-2 所示。

表 5-2 利润表(多步式)

编制单位:MDDQ　　　　　　2010 年 12 月 31 日　　　　　　　　　单位:千元

项　目	本年发生额	上年发生额
一、营业收入	10 765 861.01	2 720 194.20
减:营业成本	10 132 465.66	2 379 373.57
营业税金及附加	31 382.55	24 944.76
销售费用		
管理费用	449 519.20	238 482.79
财务费用	-79 411.23	11 483.48
资产减值损失	247.25	393.71
加:公允价值变动损益		
投资收益	860 922.39	594 181.47
其中:对联营公司和合营公司的投资收益	-4 209.14	-2 685.06
二、营业利润	1 092 579.97	659 697.36
加:营业外收入	15 058.13	7 393.84
减:营业外支出	9 694.10	9 182.90

续表

项　目	本年发生额	上年发生额
其中：非流动资产处置损失		
三、利润总额	1 097 944.00	657 908.30
减：所得税费用	96 052.07	8 015.32
四、净利润	1 001 891.93	649 892.98
五、其他综合收益	14 029.27	1 003.95
六、综合收益总额	1 015 921.20	650 896.93

第二节　利润表项目分析

企业利润质量可以从两方面进行分析：第一，从利润结果来看，因为权责发生制的关系，所以企业利润与现金流量并不同步，而没有现金支撑的利润质量较差；第二，从利润形成的过程来看，企业利润的来源有多种，包括主营业务、其他业务、投资收益、营业外收支和资产价值变动损益等，不同来源的利润在未来的可持续性不同，只有企业利润主要来自那些持续性较强的经济业务时，利润的质量才比较高。下面对利润表每个项目进行具体的质量分析。

一、营业收入

营业收入是指企业在从事销售商品，提供劳务和让渡资产使用权等日常经营业务过程中所形成的经济利益的总流入。分为主营业务收入和其他业务收入。

主营业务收入在会计核算中经营发生，一般占企业营业收入的比重较大，对企业的经济效益产生较大的影响。其他业务收入主要包括固定资产出租取得的收入、技术转让取得的收入、销售材料取得的收入、包装物出租取得的收入等。其他业务收入在会计核算中一般不经常发生兼营业务交易，占企业营业收入的比重较小。收入业务核算复杂，企业为了达到某种目的，常在财务会计处理上采用各种作假的手段。

营业收入是企业创造利润的核心，如果企业的利润总额绝大部分来源为营业收入，则企业的利润质量较高。在分析营业收入时，首先要了解企业通过营业务收入进行作假的手段，其主要有以下几类。

(1) 发票管理不严格。主要表现在开销售发票，开"阴阳票"，代他人开票等，这样便给偷税、漏税、贪污盗窃、私设"小金库"留有了余地。

(2) 产品销售收入入账时间不正确。有的企业常常违反入账时间，人为地改变入账时间，改变当期计税基数。随意地调查当期的利润，影响了利润的真实。

(3) 产品销售收入的入账金额不实。某些企业销售商品时以"应收账款""银行存款"直接冲减"库存商品""产成品"，从而随意变动记账的销售额，造成当期损益不实。

(4) 故意隐匿收入。企业为了逃税，在发出商品，收到货款，但发票尚未给购货方的情况下，将发票联单独存放，作为应付款下账。

(5) 白条出库，作销售入账。企业应在发出商品、提供劳务，同时收讫货款或取得索取货款的凭证时，确认产品销售收入的实现。有的企业为了虚增利润，依据白条出库来确认销售收入的实现。

(6) 虚设客户，调整利税。有的企业为了调增利润，便采取假设客户，编造产品销售收入的做法。

另外，还有一些手段，如隐藏固定资产出租收入；销售退回的产品只冲减成本不冲减收入；销售边角料收入私存"小金库"；工业性劳务收入直接冲减劳务成本；产品以旧换新将差价列作销售收入，只计算主要产品的销售收入，不计算副产品、联产品、自制半成品的销售收入等。因此，在对营业收入进行分析时，要注意以下几个问题。

(一)营业收入的确认是否符合条件

确认销售商品收入，一般应具备以下五个条件。
(1) 企业已将商品所有权上的主要风险和报酬转移给买方。
(2) 企业既没有保留通常与所有权相联系的继续管理权，也没有对已售出的商品实施控制。
(3) 收入的金额能够可靠地计量。
(4) 与交易相关的经济利益能够流入企业。
(5) 相关的成本能够可靠地计量。

目前我国企业普遍采用的收入确认时点为开具销售发票时，而有些企业为了在当期增加利润，确认收入时实际上并不满足以上五个条件，比如企业刚刚签订销售合同，并未发出商品，就开出销售发票，确认收入。

【例5-1】 广东一公司2001年度的主营业务收入中有1349万元(其相应的主营利润为185万元)是在2001年12月31日之前开具销售发票，而产品出库手续是于2002年1月10日办理的，产品销售实现在2001年，产品实际出库却在2002年，时间差虽然只有10天，却跨越两个会计年度，无须解释就知道其中奥秘。

(二)营业收入的品种构成及变动情况

在从事多种经营的条件下，企业不同品种商品或劳务的收入构成对信息使用者有十分重要的意义：占总收入比重大的商品或劳务是企业过去业绩的主要增长点。如果企业的利润主要来源于主营业务收入，那就说明企业的经营成果是稳定的；如果企业的利润主要来自非营业收入，哪怕当年利润再高，企业的经营都可能是不稳定的，也可能是不好的。

分析营业收入的品种构成一般是计算各经营品种的收入占全部营业收入的比重，再通过比较比重的变化发现企业经营品种结构的变化幅度。可以观察企业的产品和服务是否与市场的需求一致，企业产品品种的变化也反映了企业发展战略的变化。

(三)营业收入的区域构成

对收入的区域构成进行分析，有助于预计企业未来期间的收入状况。分析如下。
(1) 观察企业主要的收入是来源于国外还是国内。
(2) 国内销售的部分主要集中在哪个区域。
(3) 对企业尚未占领的区域是否有相应的推进计划。

(4) 企业产品的配置是否适应了消费者的偏好差异。

(四) 营业收入中来自关联方的比重

在对资产负债表分析时，我们也提到，关联方交易的交易价格很可能是非公允的，是为了实现企业所在集团的整体利益。因此这种收入并不一定真实，报表使用者应当关注以关联方交易为主体形成的营业收入在交易价格、交易实现时间等方面的非市场化因素。

(五) 行政手段造成的收入占企业收入的比重

很多地方政府利用手中的行政权力干涉企业经营，最为明显的手段就是歧视外地企业，限制外地产品流入本地，从而为本地企业减少竞争和增加收益，这种手段增加的收入与企业自身的竞争力无关，质量不高，应当在财务分析中予以剔除。

二、营业成本

营业成本是指企业所销售商品或者提供劳务的成本，包括主营业务成本和其他业务成本。营业成本应当与所销售商品或者所提供劳务而取得的收入进行配比。营业成本作为一项税前抵扣，对企业来说具有极大的进行利润调节甚至采取非法行为的诱惑力。常见的利用营业成本进行作假的方式如下。

第一，随意改变结转产品销售成本的方法。

根据财务会计制度的规定，企业在某一个会计年度内，一般只能确定一种计价方法。方法一经确定，不能随意变更。如确实需要改变计价方法的，必须在会计报表附注中进行披露。有些企业出于调节当年损益的需要，在年度中间随意改变既定的计价方法。例如，某企业发出商品一直采用先进先出法，但在11月时，材料市场价格上涨，该企业为了压低年末利润，遂改用后进先出法核算出库产品的实际成本，并且在年末的会计报表附注中也未披露。

第二，随意调节成本差异率。

有些采用计划成本核算的企业，在结转产品成本差异时，通过调高或压低成本差异率的方式，多计算或少计算结转的产品成本差异，以达到虚减或虚增利润的目的。例如，某企业为了压低利润，有意提高产品成本差异率，多转产品销售成本，以达到虚减利润的目的。

第三，不按比例结转成本。

根据财务会计制度的规定，企业采用分期收款销售方式销售产品，按合同约定日期确认销售收入，在每期实现销售的同时，应按产品全部销售成本与全部销售收入的比率，计算出本期应结转的销售成本。有些企业为了调节当年损益，在分期收款销售的产品实现收入时，人为地确定结转产品销售成本的比率，多转或少转销售成本，以虚增或虚减利润。

第四，少结转在产品完工程度，增加营业成本。

企业每月发生的生产成本要在产成品和在产品之间进行分配，有些企业为了增加销售成本、偷逃税款，故意调低在产品的完工程度，这样就可以增加产成品的成本，也就增加了销售成本，降低了应税所得，偷逃企业所得税。

因此，在对营业成本进行分析时，应注意以上情况是否存在，企业是否认为调节结转销售产品的数量，从而达到少转成本、调节利润的目的。

必须指出，企业营业成本水平的高低，既有企业不可控的因素(如受市场因素的影响而引起的价格波动),也有企业可以控制的因素(如在一定的市场价格水平条件下,企业可以通过选择供货渠道、采购批量等方式控制成本水平),还有企业通过成本会计系统的会计核算对企业制造成本的处理。因此,对营业成本降低和提高的质量评价,应结合多种因素进行。

【例 5-2】 某企业年初销售一批产品价款 500 万元,成本 400 万元,在一年内分四次收款,每次收款比率为 25%,按季度收款,在 4 月本应收取款项 125 万元,结转成本 100 万元,但该企业为了体现上半年的利润,采用人为少转成本的方法,结转成本 80 万元,来达到虚增利润的目的。

三、销售费用

销售费用是指企业在销售产品、自制半成品和工业性劳务等过程中发生的各项费用,包括由企业负担的包装费、运输费、装卸费、展览费、广告费、租赁费(不包括融资租赁费);以及为销售本企业产品而专设的销售机构的费用,包括职工工资、福利费、差旅费、办公费、折旧费、修理费、物料消耗和其他经费。销售费用属于期间费用,在发生的当期就计入当期的损益。

对于销售费用的质量分析,主要注意以下两个方面。

(一)查看销售费用的划归是否正确合理

设有独立销售机构(如门市部、经理部)的工业企业,其独立销售机构所发生的一切费用均列入销售费用。未设立独立销售机构且销售费用很小的工业企业,按规定,可将销售费用并入管理费用。商业企业在商品销售过程中所发生的各项费用属于商品流通费,一般不计入商品的销售成本,而是通过商品的售价来直接补偿。在安全投资的经济分析中,销售费用是计算经济效益的基础数据。

(二)应当注意其支出数额与本期收入之间是否匹配

从销售费用的作用上看,一味地降低企业销售费用、减少相关开支,从长远来看不一定有利,所以在对销售费用的分析上,不应简单看其数额的增减。例如,企业在新地域和新产品上投入较多的销售费用,在新地域设立销售机构和销售人员的支出,这些新的支出不一定能够在本期增加销售收入,但也许能给企业未来的发展带去新的活力。因此,对销售费用进行分析时应当慎重,应结合今后销售收入增长的可能性。

【例 5-3】 2008 年,伊利股份的营业收入同比增加了 11.87%,销售费用同比增加了 41.45%。公司的营销费用增幅巨大,一方面由于"三聚氰胺事件"以后,企业为了重新树立消费者对国内乳制品的消费信心,加大了广告费用投入以及进行巨额促销;另一方面,伊利在 2008 年加强了奥运营销,提升伊利品牌形象、体现伊利责任,最终经过努力成为北京奥运会赞助商。2008 年,伊利的销售费用比重较大,减少了当年的利润,但从此后的影响来看,2008 年巨额的广告投入也给伊利带去了强大的广告效应,树立了良好的品牌形象,为伊利后续的发展打下了较好的基础。

四、管理费用

管理费用是指企业的行政管理部门为管理和组织经营而发生的各项费用，包括管理人员工资和福利费、公司一级折旧费、修理费、技术转让费、无形资产和递延资产摊销费及其他管理费用(办公费、差旅费、劳保费、土地使用税等)。

与销售费用相比，企业利用管理费用进行利润操纵的空间大得多。比如多列业务招待费，不进行纳税调整。根据规定，业务招待费计入管理费用，但是税法规定，企业发生的业务招待费只能按照营业收入的一定比例为限额在税前扣除，超出部分要进行纳税调整，不得抵扣所得税。但是有些企业存在侥幸心理，多发生的业务招待费也不进行纳税调整，更有甚者，虚增业务招待费，在税前抵扣。

为此，对管理费用分析时应注意以下三个方面。

(一)管理费用与主营业务收入的配比

通过与同行业的比较，以及本企业历史水平的分析，考察管理费用与主营业务收入的配比是否合理。一般认为，费用越低、收益越高，事实并非一直如此。正如以上对销售费用的分析一样，管理费用的支出情况还要结合以前各期支出水平、企业当前的经营状况以及企业未来的发展方向进行合理性分析。

(二)管理费用与财务预算比较

从成本特性角度来看，企业的管理费用基本属于固定性费用，在企业业务量一定、收入量一定的情况下，有效地控制、压缩那些固定性行政管理费用，将会给企业带来更多的收益。管理费用既是一种与企业的成本不直接相关的间接费用，在一定程度上而言，也代表了企业生产一线与管理二线的比重，其数额的大小代表了该企业的经营管理理念和水平。管理费用具有种类繁杂、数额较大、管理不便的特点。对此，可将其与财务预算的数额比较，分析管理费用的合理性。

(三)查看是否存在任意扩大开支范围，提高费用标准的现象

按照财务会计制度的规定，各项开支均有标准，但在实际工作中，却存在许多乱花、乱摊、乱计费用的问题。有些企业为了自身的经济利益，违反财务会计制度的规定，任意扩大开支范围和提高开支标准，从而提高企业费用水平，减少当期利润。例如，某企业领导人将其家属的"游山玩水"费用列为本单位职工的差旅费报销，使该企业虚增管理费用、虚减利润。另外需要注意的是，企业是否存在将管理费用转作待摊处理的现象。有些企业为了实现既定利润目标，就采用将本期发生的期间费用总额中，转出一部分数额列作待摊费用的作假手法来达到目的。

【例5-4】 某企业年计划利润300万元，1—11月已实现利润270万元，尚需实现30万元的利润才可达到计划，但该企业根据实际情况预计12月至多能实现利润20万元。为了完成300万元的利润目标，该企业财务人员从管理费用中转出10万元记入"待摊费用"账户，并结转下年度挂账，从而使当期利润达到既定目标。

五、财务费用

财务费用是指企业为筹集生产经营所需资金等而发生的费用,包括企业生产经营期间发生的利息支出(减利息收入)、汇兑净损失(有的企业如商品流通企业、保险企业进行单独核算,不包括在财务费用)、金融机构手续费,以及筹资发生的其他财务费用(如债券印刷费、国外借款担保费等)。对财务费用的分析主要从以下几个方面进行。

(一)利息支出的审查

(1) 是否存在混淆资本性支出与收益性支出界限的现象。企业当年列支的利息支出是否确实属于当年损益应负担的利息支出,有无将应由上年度或基建项目承担的利息支出列入当年损益。

(2) 利息支出列支范围是否合规,注意审查各种不同性质的利息支出的处理是否正确。一般而言,企业流动负债的应计利息支出计入财务费用;企业长期负债的应计利息支出,筹建期间的计入开办费,生产经营期间的计入财务费用,清算期间的计入清算损益;与购建固定资产或无形资产有关的在其竣工之前的,计入购建资产价值;企业的罚款违约金列入营业外支出。

(3) 审查存款利息收入是否抵减了利息支出,计算是否正确,特别应注意升降幅度较大的月份,分析其原因。有些企业在实务操作中,违反财务会计制度的规定,将利息收入转作"小金库",不冲销财务费用,而虚增期末利润。如某企业出纳人员将每期的利息收入不作账务处理,不在"银行存款"与"财务费用"账簿上进行反映,而是提取后存入部门"小金库",留待日后部门搞职工福利之用。

(二)汇兑损失的审查

(1) 审查企业列支的汇兑损益是否确已发生,即计算汇兑损益的外币债权、债务是否确实收回或偿还,调剂出售的外汇是否确已实现。

(2) 审查汇兑损益计算的正确性,计算方法的前后一致性。

(3) 审查有无将不同数量的外币之间的记账本位币差额当成汇兑损益的现象。

(4) 审查企业经营初期发生的汇兑损益,尤其是外汇调剂、汇兑损失应查明发生的具体时间,有无为了延续减免税期,而人为地将筹建期间发生的汇兑损失计入生产经营期间汇兑损失的行为。

(三)各种手续费的审查

主要审查各种手续费的真实性、合法性、合理性及计算正确与否;有无将应列入其他费用项目的或者应在前期、下期列支的手续费计入当期财务费用。

总之,财务费用由企业筹资活动而发生,因此在进行财务费用分析时,应当将财务费用的增减变动和企业的筹资活动联系起来,分析财务费用的增减变动的合理性和有效性,发现其中存在的问题,查明原因,采取对策,以期控制和降低费用,提高企业利润水平。

【例5-5】 某企业1999年1月1日向银行借款用于自营营业大厅,期限3年,该营业厅于2000年1月1日竣工并交付使用。但企业在2000年2月的账务处理中,依然作:"借:在建工程,贷:长期借款"的会计分录,少计财务费用,以达到虚增利润的目的。

六、资产减值损失

资产减值损失是指企业根据《资产减值准则》等计提各项资产减值准备时,所形成的或有损失。根据会计准则的规定,企业应当在会计期末对各项资产进行全面检查,并根据谨慎性原则的要求,合理地预计各项资产可能发生的损失,对可能发生的各项资产减值损失计提相应的减值准备。计提资产减值准备,一方面减少了资产的价值,另一方面也形成了一项费用,减少企业的利润。

资产减值准备的计提对提高会计信息质量起着十分重要的作用。会计制度将四项资产减值准备扩大到八项准备,其目的是能进一步使企业真实反映其资产状况,但是同时也使会计实务工作者利用资产减值准备自由操纵企业利润成为可能。企业利用资产减值准备操纵利润的表现形式主要有以下三种:

第一,少提资产减值准备,增加企业利润。

【例5-6】 TCL通信于2003年3月发布了一则《关于对公司2000年度会计报表所反映问题整改报告》的公告,显示了TCL通信2000年虚增利润4952万元的情况。其中包括少计坏账准备4392万元,少计存货跌价准备2813万元,少计长期投资减值准备685万元。TCL对此事件仅解释为会计处理不当、会计估计不当,以及会计信息传递不及时、不真实等原因造成的。而有关专业人员却有不同看法,1999年TCL通信亏损17984万元,如果2000年继续亏损,则将被ST;企业管理当局正是为了不被ST,才少提当年应提的资产减值准备4392万元,这违背了会计谨慎性原则,也反映了上市公司难以摆脱年末粉饰报表的情结。

第二,多提资产减值准备,减少企业利润。

【例5-7】 ST鲁银在2002年度报告中显示每股收益-1.07,亏损额高达2.65亿元。实际上鲁银投资2002年度实现的主营业务收入和主营业务利润分别比2002年增长了24%和40%,但由于在期末对应收账款、委托贷款、对外投资等资产计提了高达1亿元资产减值准备,使得公司管理费用剧增,才是导致公司巨额亏损的主要原因。公司这所以这么做是基于2002年扭亏无望,干脆再多提减值准备,为来年扭亏做准备。这种现象的发生在很大程度上是因为企业滥用谨慎性原则,设置秘密准备造成的。

第三,转回资产减值准备,增加利润,粉饰业绩。

【例5-8】 ST幸福是一个连续亏损三年面临退市风险的上市公司,2002年4月30日起被暂停上市,2002年半年年报宣布扭亏为盈,实现利润162.62万元,从而恢复上市,而之后的三季度却显示公司亏损1369.85万元。ST幸福的业绩在短短时间内何以产生如此大的变化,经分析,该公司是在2001年扭亏无望的情况,干脆多提减值准备1812万元,然后在2002年半年报中冲回减值准备,才使公司扭亏为盈,得以重新恢复上市资格。

对资产减值损失的分析应从以下四个方面入手。

(1) 结合会计报表附注,了解资产减值损失的具体构成情况,即企业当年主要是哪些项目发生了减值。

(2) 结合资产负债表中有关资产项目，考察有关资产减值的幅度，从而对合理预测企业未来财务状况提供帮助。

资产负债表中有关资产项目(如存货、固定资产、无形资产等)是按该项目的账面余额扣除资产减值准备后的净额列示的，因此，可以将有关资产项目的减值损失与减值前的资产账面余额相比较，判断有关资产项目减值的幅度。这对预测企业未来资产减值情况，进而预测未来的财务状况业绩是有一定益处的。

(3) 将当期各项资产减值情况与企业以往情况、市场情况及行业水平配比，以评价过去、现在，分析其变动趋势，预测未来。

(4) 查看企业是否存在滥用资产减值准备转回的情况。

以下资产计提减值准备后，如果以后期间公允价值上升，则计提的减值可以转回：存货、采用公允价值模式计量的投资性房地产、消耗性生物资产、建造合同形成的资产、递延所得税资产、融资租赁中出租人未担保余值、金融资产等。

以下资产在以后期间不可转回：对子公司、联营企业和合营企业的长期股权投资、采用成本模式进行后续计量的投资性房地产、固定资产、生产性生物资产、无形资产(包括资本化的开发支出)、油气资产(探明石油、天然气、矿区权益和井及相关设施)和商誉等。

七、投资收益

投资收益是对外投资所取得的利润、股利和债券利息等收入减去投资损失后的净收益。投资收益包括对外投资所分得的股利投资收益和收到的债券利息，以及投资到期收回的或到期前转让债权取得款项高于账面价值的差额等。投资活动也可能遭受损失，如投资到期收回的或到期前转让所得款项低于账面价值的差额，即为投资损失。投资收益减去投资损失则为投资净收益。随着企业握有的管理和运用资金权力的日益增大，资本市场的逐步完善，投资活动中获取收益或承担亏损，虽不是企业通过自身的生产或劳务供应活动所得，却是企业营业利润的重要组成部分，并且其比重发展呈现越来越大的趋势。因此，对投资收益这一项目的重视程度也必须加以提高。投资收益的分析主要从以下三个方面进行。

(一)投资收益的确认和计量过程分析

企业的投资收益是企业投资活动带来的收益，从投资收益的确认和计量过程来看，债权投资收益将对应企业的货币资金、交易性金融资产、持有至到期投资等项目；股权投资收益将对应企业的货币资金、交易性金融资产、持有至到期投资等项目。在投资收益对应企业的货币资金、交易性金融资产的条件下，投资收益的确认不会导致企业现金流转的困难；在投资收益对应企业的长期投资而企业还要将此部分投资收益用于利润分配的条件下，这种利润分配将导致企业现金流转的困难。也就是说，对应长期投资增加的投资收益，其质量较差。

(二)投资收益的构成分析

投资收益明细表如表5-3所示。

表 5-3 投资收益明细表

项 目	上年数	本年数	差异数
一、投资收入			
1. 债券投资收益	***	***	***
2. 其他股权投资收益(成本法)	***	***	***
3. 在按权益法核算的被投资公司的净损益中所占的份额	***	***	***
4. 股权投资转让损益	***	***	***
投资收入合计	***	***	***
二、投资损失			
1. 债券投资损失	***	***	***
2. 股票投资损失	***	***	***
3. 其他投资损失	***	***	***
投资损失合计	***	***	***
投资净收入	***	***	***

从投资明细表可以看到企业对外进行股票、债券等各种投资所取得的利润、利息、股利等投资收入减去投资损失后的余额,可以了解企业投资效益的状况,企业可总结经验,争取能取得更多投资收益。

(三)投资收益比重分析

对多数企业来说,对外投资的主要目的是获取利润。投资收益增加,自然也增加了企业利润和利润分配能力。但是,如果这部分收益占收入总额比重过大的话,说明企业的盈利结构是不稳定的,风险较大。

一个公司的营业利润应该远远高于其他利润。除了专业投资公司以外,一般企业对外投资的主要不是取得投资收益,而是为了控制被投资公司,以取得销售、供应等方面的协同效应。如果企业对外投资是为了赚取投资收益,依靠非经营收益来维持较高的利润是不正常的,也是没有发展前景的。如果一个公司的投资收益占了大部分,则可能意味着公司在自己的经营领域里处于下滑趋势,市场份额减少,只好在其他地方寻求收入以维持收益,这无疑是危险的。

【例 5-9】 某以生产汽车为主业的上市公司公布的 2000 年度报表显示,公司营业利润为-163 036 126.58 元,而投资收益为 413 889 971.19 元,占利润总额的 165.82%。由于巨额投资收益的存在使得利润总额显示为盈利,掩盖了经营业务亏损的情况。一个以生产、销售汽车及汽车配件、汽车维修为主业的工业企业,竟然依靠投资收益盈利,其收益质量无疑是很低的。而根据该公司 2000 年公司年度报告披露,该公司的投资收益中还有一大部分是通过转让资产取得的,这样的偶然事项不可能年年发生,不能作为公司盈利的手段长期存在。因此,该公司获得的收益不能代表企业的盈利能力。

八、营业外收入

营业外收入是指企业发生的与其生产经营无直接关系的各项收入,其核算内容主要包括非流动资产处置利得、非货币性资产交换利得、债务重组利得、政府补助、盘盈利得、捐赠利得、罚没利得、教育附加费返还款和确实无法支付而按规定报批后转作营业外收入的应付款项(相当于债务重组利得)。

营业外收入是一项利得,虽不具有经常性的特点,但不需要企业付出代价,实际上是一种纯收入,常常成为利润的"调节器",对企业业绩的影响也不可小视。虽然营业外收入与企业生产经营活动没有直接关系,但与税收有着密不可分的内在联系。目前,企业隐瞒偷逃营业外收入的手段主要有以下四种。

第一,处理固定资产按净营业外收入申报进行偷税。

第二,资产抵押直接冲减负债,以抵债盈余作营业外收入挂往来账进行偷税。

第三,包装物逾期押金、残次品、罚没收入长期悬挂账外账进行逃税。

第四,转移罚没收入,不作利润处理。企业在经济交往中,收取的赔款、罚金、滞纳金等各种罚没收入均应记入"营业外收入"账户,有的企业为了将罚没收入挪作他用,便虚挂往来账户。

对营业外收入,主要审查应属营业外收入的项目,有无不及时转账,长期挂在"其他应付款""应付账款"账户的情况;有无将营业外收入直接转入企业税后利润,甚至做账外处理或直接抵付非法支出的情况。由于营业外收入基本为非持续性利润,属偶然利润,此项利润没有保障,不能期望它经常或定期地发生,偶然交易利润比例较高的企业,其收益质量低,不代表企业的盈利能力。

【例 5-10】京东方 A 在 2009 年发布修正公告称,公司最新 2009 年净利润预计为 0.2 亿~1.2 亿元,基本每股收益为 0.0032~0.0194 元。而在 2009 年三季报中,京东方 A 预计 2009 年全年净利润约亏损 10 亿元,基本每股收益-0.16 元。对于业绩巨变的原因,公司表示,主要是公司坚持技术创新,采取了优化产品结构、降成本、降费用等一系列经营改善措施。而分析人士指出,公司罗列的众多扭亏原因中,最关键的实际是各种政府贷款贴息和科研补贴,以及对增发股份的财务处理。因此,公司该年业绩扭亏的因素并不能长久维持,未来的业绩增长还是要看其最新产品的研发和销售情况。

九、营业外支出

营业外支出,是指企业发生的与企业日常生产经营活动无直接关系的各项支出。包括非流动资产处置损失、非货币性资产交换损失、债务重组损失、公益性捐赠支出、非常损失、盘亏损失等。营业外支出是偶发性的支出,不具有经常性的特点,一般情况下发生的金额较小,对企业利润的影响也较弱,如果某个期间企业该项损失的金额较大,就得关注发生的原因,因为其对企业业绩的影响也不容小觑。可利用营业外支出科目进行的作假手法如下:

第一,没收财产损失计入当年损益。

根据企业财务制度规定,企业被没收的财物损失,支付的各种罚没资金,应在税后利润中进行分配。有的企业为了少交所得税,将被没收的财物损失直接计入了营业外支出,从而减少当年应交的所得税。

第二，转移正常停工损失，计入营业外支出。

按规定，由于自然灾害造成的非常损失及非正常停工损失，应计入营业外支出。但有的企业为了控制利润水平，延期交纳所得税，便将正常的停工损失也计入营业外支出。

第三，超额记录公益性捐赠支出。

根据规定，企业发生的公益性捐赠支出，在年度利润总额12%以内的部分，准予在计算应纳税所得额时扣除。但是企业为了少缴税，会在公益性捐赠支出上花心思，通过超额记录捐赠支出以达到逃税的目的。

第四，提前报废固定资产，调整当年利润。

据企业财务制度规定，固定资产盘亏、报废、毁损和出售的净损失，均应列作营业外支出。有些企业为了调整当年利润和少交所得税，将部分固定资产提前报废处理。

在对营业外支出项目进行分析时，可从以下两个方面着手。

(一)结合考察企业的盈利能力对营业外支出项目的异常进行分析

与营业活动的收入和费用不同，营业外收入和营业外支出不存在对应或配比关系，某种事项的发生可能有收入而不需要为此付出什么，同样，有些事项的发生仅仅有"付出"而不会得到什么"回报"。因此，这类事项如果出现异常，则需要财务报告使用者作一些特殊处理，比如考察企业的盈利能力。

(二)结合公司大事对营业外支出中的大额支出项目进行分析

基于营业外支出偶发性和在未来没有持续性的特性，一些重大的营业外支出项目会在公司的公告中予以披露，因此，结合公司大事来分析该项目支出的合理性也是一种方法。

【例5-11】 深圳A股上市公司农产品(000061)发布公告，公司为深圳市民润农产品配送连锁商业有限公司提供贷款担保，但民润公司却未能如期履行还款义务，导致农产品被扣划1.36亿元，预计此事件对上市公司2010年度损益的影响约为-7107万元。预计负债损失成为农产品亏损的一个重要影响因素。

十、所得税费用

所得税费用，是指企业为取得会计税前利润应交纳的所得税。由于会计和税法之间的分离，会计上核算的所得税费用与按照税法计算应缴纳的所得税并不相同，它并非简单地根据利润总额的数字乘以相应的所得税率计算而出，在很多情况下，利润总额并不等于应纳税所得额，造成两者差异的根本原因在于存在许多纳税调整因素。因此，所得税费用包括两个部分：一部分是当期应当缴纳的部分，即按照税法计算的应交所得税；另一部分是在当期发生但是在以后期间缴纳的部分，即递延所得税。即，所得税费用=当期应交所得税+递延所得税负债-递延所得税资产。

所得税费用的分析主要也是从当期所得税和递延所得税两个方面进行。

(一)当期所得税

当期所得税存在问题的可能性不大。因为企业在当期所得税方面的节约，属于企业税收筹划的范畴，与企业常规的费用控制具有明显的不同。因此，企业对当期所得税不存在常规意义上的降低或控制问题。

(二)递延所得税

分析所得税费用，应结合资产负债表的递延所得税资产、递延所得税负债和应交税费项目来分析本项目的质量。应关注企业对于资产负债的计税基础确定是否公允，同时应注意如果存在非同一条件下的合并，则递延所得税应调整商誉，以及对于可供出售金融资产公允价值变动导致的递延所得税应计入所有者权益，对于这两项资产负债账面价值与计税基础导致的递延所得税不能计入所得税。同时，还需关注企业确认的递延所得税资产是否以未来期间可能取得的用来抵扣可抵扣暂时性差异的应纳税所得额为限，超出的部分因在后期不能转回，所以在本期不能确认为递延所得税资产。

【例 5-12】 ST 平能公司与平煤集团进行了资产置换。在置换前，公司截至 2006 年年末累计亏损 1 363 754 813.04 元，在资产置换后，以目前公司盈利能力来计算，公司有能力在 5 年内弥补以前年度的亏损。2007 年 8 月 9 日，经该地方税务局批复同意允许 ST 平能公司在税法允许的年限内对 2002 年至 2006 年的亏损额用以后不超过 5 年的应纳税所得额弥补亏损，累计可弥补亏损额 1 318 050 919.89 元。因此，本期根据内蒙古自治区赤峰市元宝山区地方税务局确认的可弥补亏损额，分别追溯调整增加 2006 年期末的公司递延所得税资产以及调整增加 2006 年期末未分配利润 434 956 803.56 元，会计报表相关项目期初数已按调整后金额列示。

第三节 利润表趋势分析

利润表的趋势分析主要采用同比分析和环比分析相结合的比较利润表分析和定比利润表分析。

一、比较利润表分析

比较利润表分析是将连续若干期间的利润表数额或内部结构比率进行列示，用以考察企业经营成果的变动趋势。分析者通过观察和比较相同项目增减变动的金额及幅度，把握企业收入、费用等会计项目的变动趋势。

年报的同比分析就是用报告期数据与上期或以往几个年报数据进行对比。它可以告诉投资者在过去一年或几年中，上市公司的业绩是增长还是滑坡。但是，年报的同比分析不能揭示公司在每个年度的业绩增长变动情况，而这一点对投资决策更富有指导意义。因此，为了清晰起见，在比较利润表中除了同比分析以外，我们同时采用环比分析，进一步观察每年的增减变动幅度。

下面以 MDDQ 公司为例，选取其 2008 年度至 2010 年度的利润表进行分析，通过整理，计算得到以表 5-4 的比较利润表。

表 5-4　MDDQ 公司比较利润表

(2008—2010 年度)

项　目	2008 年	2009 年	环比增长	2010 年	环比增长
一、营业收入	323 660.28	2 720 194.20	**740.45%**	10 765 861.01	**295.78%**
减：营业成本	63 407.02	2 379 373.57	**3652.54%**	10 132 465.66	**325.85%**
营业税金及附加	18 160.61	24 944.76	**37.36%**	31 382.55	**25.81%**
销售费用					
管理费用	365 099.52	238 482.79	**−34.68%**	449 519.20	**88.49%**
财务费用	−59 491.19	11 483.48	**119.30%**	−79 411.23	**−791.53%**
资产减值损失	−688.79	393.71	**157.16%**	247.25	**−37.20%**
加：公允价值变动损益	−22 126.20		**100.00%**		
投资收益	808 067.77	594 181.47	**−26.47%**	860 922.39	**44.89%**
其中：对联营公司和合营公司的投资收益	−560.59	−2 685.06	**−378.97%**	−4 209.14	**−56.76%**
二、营业利润	723 114.69	659 697.36	**−8.77%**	1 092 579.97	**65.62%**
加：营业外收入	4 904.76	7 393.84	**50.75%**	15 058.13	**103.66%**
减：营业外支出	33 306.97	9 182.90	**−72.43%**	9 694.10	**5.57%**
其中：非流动资产处置损失					
三、利润总额	694 712.48	657 908.30	**−5.30%**	1 097 944.00	**66.88%**
减：所得税费用	1 463.29	8 015.32	**447.76%**	96 052.07	**1098.36%**
四、净利润	693 249.18	649 892.98	**−6.25%**	1 001 891.93	**54.16%**
五、其他综合收益		1 003.95		14 029.27	**1297.41%**
六、综合收益总额	693 249.18①	650 896.93	**−6.11%**	1 015 921.20	**56.08%**

从表 5-4 可以看出如下问题。

(1) MDDQ 的营业收入在 2009 年和 2010 年得到大幅增长。2010 年环比增长达到 295.78%，主要系本年销售规模扩大所致。

(2) 营业收入增长的同时，营业成本的增长幅度更快于营业收入，且在 2009 年，营业成本的环比增长达到 3652.54%，这直接导致了 2009 年净利润水平的下降。2010 年，营业成本的环比增长仍然达到了 325.85%，主要原因在于原料成本上升。同时公司实施规模优先，提升市场占比的经营策略使营业收入的增长速度没有赶上营业成本的增幅。

(3) 管理费用在 2009 年经历了环比减少之后，2010 年环比增长 88.49%。主要因规模增长及研发投入有所增加。公司总部大楼的建成，收购无锡小天鹅之后，企业规模进一步扩大，因此相关的管理费用增加。同时，为了在竞争极其激烈的家电行业中异军突起，必须不断研发新产品，加大研发投入。从该项目，我们看到企业扩张和重视创新。

(4) 财务费用在本期为负数，环比降低 791.53%，可见该公司在该年度获得了大额的利

---

① 由于此处利润表单位统一为"千元"，因此，对 2008 年利润表数据进行处理时进行了四舍五入。

息收入。货币资金在本期得到较大增加,而企业的短期借款和长期借款数额均为零,企业的自有资金质量良好,因此,2010年,企业的财务费用为负数。但同时,也看到企业还可以充分利用财务杠杆进行融资。

(5) 资产减值损失在2010年环比降低了37.20%,结合资产负债表,我们可以看到,资产减值损失较上年大幅减少,主要是应收账款余额下降,计提的坏账准备也相应减少所致。

(6) MDDQ的对外投资收益并不理想,2009年减少了26.47%,2010年有所缓解,环比增长44.89%。从总量上来说,只是涨回到了2008年的水平,且投资收益的增长速度跟不上营业收入的速度。

(7) 营业外收入在2009年和2010年都有所增长,且增幅较大,这对公司最后的利润做出了一定贡献,但也应该注意到靠营业外收入的增加来提升净利润值不是长远之计。

(8) 所得税费用的增长幅度比较大,企业可以考虑是否存在税收筹划的空间。

(9) 2009年,企业的净利润相比较2008年有小幅下降,2010年的环比增长为54.16%。净利润的增幅虽然不大,但这是MDDQ公司产业规模、行业地位与竞争实力全面提升的体现。

二、定比趋势分析

在比较利润表的基础上,我们可以进一步通过定比趋势分析了解企业连续期间的经营成果,同时可以观察企业收入、费用指标在一定时间内的变动趋势、变动方向和变动速度。编制定比利润表的具体方法和定比资产负债表的方法相同,此处不再赘述。下面,以MDDQ公司2008年的数据设为基期,该年度所有财务数据均为指数100,从而得到下列定比趋势利润表(见表5-5)。

表5-5 MDDQ公司定比利润表
(2008—2010年度)

项目	2008	2009	2010
一、营业收入	100	840.45	3326.28
减:营业成本	100	3752.54	15980.04
营业税金及附加	100	137.36	172.81
销售费用			
管理费用	100	65.32	123.12
财务费用	100	-19.30	-133.48
资产减值损失	100	-57.16	-35.90
加:公允价值变动损益	100	0.00	0.00
投资收益	100	73.53	106.54
其中:对联营公司和合营公司的投资收益	100	478.97	750.84
二、营业利润	100	91.23	151.09
加:营业外收入	100	150.75	307.01
减:营业外支出	100	27.57	29.11
其中:非流动资产处置损失			

续表

项　　目	2008	2009	2010
三、利润总额	100	94.70	158.04
减：所得税费用	100	547.76	6564.12
四、净利润	100	93.75	144.52
五、其他综合收益			
六、综合收益总额	100	93.89	146.54

从表 5-5 可以看出如下问题。

(1) 从总体来看，公司在 2009 年基本还是处于一个比较低潮的时期，除了营业收入增幅比较明显以外，其他的费用和支出也较大，以至于 2009 年的利润总额和净利润都没有达到 2008 年的水平。2010 年，企业基本处于稳步发展的状态。在 2009 年的水平上各项收入都有一定增加，且净利润水平是 2008 年的 144.52%。

(2) 2008 年全球金融危机，在金融危机之后，MDDQ 的主营业务得到了较好的恢复。2009 年和 2010 年的营业收入比基期 2008 年分别增长了 840.45% 和 3326.28%。可见，该公司具有良好的危机处理能力，能够充分利用国家行业政策，发挥自身优势，从危机中脱颖而出，保证公司的发展。

(3) 近三年公司的投资收益基本持平，可见，企业的对外投资并不十分理想。

(4) 2010 年，企业相较于 2008 年的营业利润增长了 58%，净利润也增长了 44.52%。可见，企业自 2008 年金融危机之后恢复良好。

第四节　利润表结构分析

利润表结构分析实质上是要求报表分析者关注利润的结构分析，以及收入、费用、成本的结构分析。简单地说，利润有来自企业对外销售商品或提供劳务取得的收入，有对外投资所取得的投资收益，有来自非日常经营活动的利得或损失，等等，不同来源的收益会影响到企业盈利质量分析。同时，我们还要关注收入、成本、费用结构分析，因为其关系到盈利能力分析。

一、不同盈利结构的利润表模型

什么是盈利结构？从企业盈利的来源划分，主要是指企业盈利的构成。在影响利润质量的因素利润的构成中，我们已经提过，利润由三个主要部分组成：营业利润、投资收益和营业外收支净额。

二、利润共同比利润表

通过前面部分的趋势分析，可以判断单一项目在连续期间的变化，但是这种分析还是有一定的局限性，其一是上述难以判断分析的重点项目，其二是不能从整体角度来分析利润表，人为地割裂了各个项目之间的关系，因此还应当进行利润表结构分析，主要的方法仍然是构建共同比报表,将利润表中的每个项目与一个共同项目(一般是主营业务收入)相比,计算比率,依次分析企业利润的产生过程和结构,进而还可以通过每年的共同比报表中的比率数据,形成比较共同比利润表,从而分析利润表结构随时间的变动情况及变动原因。

下面我们以 MDDQ 公司为例,选取其 2008 年度至 2010 年度的利润表进行分析,通过整理,计算得到以表 5-6 的共同比利润表。

表 5-6 MDDQ 公司共同比利润表

(2008—2010 年度)   单位:%

项　　目	2008 年	2009 年	2010 年
一、营业收入	100.00	100.00	100.00
减:营业成本	19.59	87.47	94.12
营业税金及附加	5.61	0.92	0.29
销售费用	0.00	0.00	0.00
管理费用	112.80	8.77	4.18
财务费用	-18.38	0.42	-0.74
资产减值损失	-0.21	0.01	0.00
加:公允价值变动损益	-6.84	0.00	0.00
投资收益	249.67	21.84	8.00
其中:对联营公司和合营公司的投资收益	-0.17	-0.10	-0.04
二、营业利润	223.42	24.25	10.15
加:营业外收入	1.52	0.27	0.14
减:营业外支出	10.29	0.34	0.09
其中:非流动资产处置损失	0.00	0.00	0.00
三、利润总额	214.64	24.19	10.20
减:所得税费用	0.45	0.29	0.89
四、净利润	214.19	23.89	9.31
五、其他综合收益	0.00	0.04	0.13
六、综合收益总额	214.19	23.93	9.44

通过对表 5-6 的分析,我们可以得到如下结论。

(1) 近两年,营业成本不断提高,说明公司的主营业务能够给其带来的利润空间越来越小。

(2) 通过利润表的趋势分析,我们看到,2010 年,管理费用的绝对值有所提升,但是该数额仅占营业收入的 4.18%,且与前两年相比降低的幅度大,说明企业在进行扩张的同时,管理水平也在不断提高。

(3) 2010 年,投资收益占营业收入的比重仅为 8%,且逐年下降,可见,投资收益对该公司的利润贡献率越来越低。

(4) 企业的营业利润和利润总额比重都有大幅降低,2010 年均占营业收入的 10%左右。可见,近年来,家电行业竞争日益激烈的环境,使该行业的利润空间越来越小,企业如何提升自己的实力,提高利润质量是其目前急需解决的问题。

第五节　利润质量分析

作为反映企业经营成果的指标，会计利润在一定程度上体现了企业的盈利能力，同时也是目前我国对企业经营者进行业绩考评的重要依据。但由于会计分期假设和权责发生制的使用决定了某一期间的利润并不一定意味着具有可持续性、利润带来的资源具有确定的可支配性。此外，企业经营者出于自身利益的考虑，往往会运用各种手段调节利润、粉饰利润表，从而导致会计信息失真并误导投资者、债权人及其他利益相关者。因此，人们在关注企业盈利能力的同时，更应该重视对企业利润质量的分析。

一、影响利润质量的因素

利润质量，是指企业利润的形成过程以及利润结果的合规性、效益性及公允性。高质量的企业利润，应当表现为资产运转状况良好，企业所开展的业务具有较好的市场发展前景，企业有良好的购买能力、偿债能力、交纳税金及支付股利的能力。高质量的企业利润能够为企业未来的发展奠定良好的资产基础。反之，低质量的企业利润，则表现为资产运转不畅，企业支付能力、偿债能力减弱，甚至影响企业的生存能力。

影响上市公司利润质量的因素错综复杂。仅从公司财务管理和会计核算的角度来看，影响上市公司利润质量的因素主要有会计政策、财务状况、利润构成、利润的稳定性、现金流量、信用政策及存货管理水平等。

(一)会计政策

目前来看，上市公司影响利润质量所利用的会计政策主要有以下五种。

第一，虚拟资产的处理。上市公司可以以权责发生制、配比原则等合法借口，通过不及时确认、少摊销或不摊销已经发生的费用和损失，虚增利润，反之则可虚减利润。

第二，"利润储存器"的设置。上市公司可以不切实际地估计退货、票据贴现损失等"或有事项"形成准备，以便在业绩不佳时用来补充利润。有些上市公司会利用兼并机会大量预提经营费用，虚列巨额准备金来保护公司未来盈利。

第三，资本性支出和收益性支出的混淆。人为地混淆资本性支出和收益性支出，对研究开发支出、大额广告费等则根据意愿想资本化多少就资本化多少。

第四，不良资产的长期挂账。对高龄应收账款、存货跌价和积压损失、投资减值损失等不良资产不作消化处理，长期挂账，会造成虚盈实亏。

第五，会计政策的变更。如通过对长期投资核算成本法和权益法、固定资产折旧的直线法和非直线法的转换，都可以在一定程度上调节利润。

(二)财务状况

影响上市公司利润质量的财务状况的指标主要体现在以下三个方面。

(1) 资金营运能力的强弱。如固定资产周转速度，应收账款、存货等流动资产周转速度的快慢反映出不同的上市公司使用同样数量的资金创造盈利的能力不一样。如果一个公司资金周转速度快，其利润质量更高，盈利能力的发展后劲更大，甚至可以说，资金营运能力在某种程度上体现了一个公司的财务管理水平和公司应付重大不确定事项和危机的能力。

(2) 偿债能力的强弱。如流动比率、速动比率、资产负债率等指标的高低。一般而言，偿债能力强的公司利润质量好。

(3) 资产质量水平高低。所谓资产质量实际上就是资产的盈利能力。利润数量相同，资产质量水平高的上市公司，利润质量肯定要高。

(三) 利润构成

利润由三个主要部分组成：营业利润、投资收益和营业外收支净额。在利润的总体构成内容中，营业利润特别是主营业务利润及其所占比重大小是决定企业利润是否稳定可靠的基础。营业利润是公司营业活动中所实现的利润，是企业营业收入与营业成本、营业费用、管理费用、财务费用的配比结果，是企业净利润的主要源泉，产生于日常经营，具有长久性和可重复性，体现了企业的总体经营管理水平和效果。同时，营业利润也是企业生存发展的基础，它的多少代表了企业相对稳定的盈利能力和企业竞争能力的强弱程度，因此，该指标是衡量利润质量高低的重要参考标准，可以使会计信息使用者更准确地把握公司利润质量，通过连续地考察此项指标，可以判断公司未来发展前景。营业利润占利润总额比重越高，公司利润的持续性就越强，利润质量就越高；反之，利润质量就越低。投资净利润既可能是持续性利润也可能是非持续性利润。如果投资受益连续几个会计期间低于同期银行存款利率，则需要进一步分析对外投资的目的及其合理性。

(四) 利润的稳定性

利润的稳定性是指公司连续几个会计年度利润水平变动的波幅及趋势的平稳性，取决于公司业务结构、商品结构等稳定性。从企业长期发展的角度来看，保持稳定的利润水平和平稳的增长速度，并且经济利益真正流入企业是判断利润质量高低的标准。公司的管理者可以通过各种手段达到操纵一时利润的目的，但却很难在几个会计年度维持较高的利润水平，也很难在经营活动中产生较大的现金净流入量。我们可以用两项指标进行判断。

1. 利润期限比率

利润期限比率=本年度利润额÷相关分析期年度平均利润额

这项指标揭示本年度利润水平波动幅度，一般情况下若波动幅度较大，说明利润稳定性较差，利润质量可能较低，应当引起关注。此外，用这项指标还可以评价与判断企业利润的稳定性和未来的发展趋势。

2. 现金流入量结构比率

现金流入量结构比率=经营活动产生的现金流入量÷现金流入总量

现金流入总量包括经营活动产生的现金流入量、投资活动产生的现金流入量以及筹资活动产生的现金流入量。经营活动的现金流量与企业经营活动所产生的利润有一定的对应关系，并能为企业的扩张提供现金流量的支持。

盈利能力和盈利质量从不同角度反映了企业的利润情况，二者各有侧重。盈利能力强调企业获取收益的能力，以权责发生制为基础，表现为净利润的大小及有关比率的大小；而盈利质量反映的是以权责发生制为基础的盈利确认是否伴随相应的现金流入,只有伴随现金流入的盈利才具有较高质量,两者差异越小,盈利质量越高,所以应关注企业实现的会计利润与经营活动现金流量之间的对比。经营活动现金流量能够更确切地反映企业的经营业绩,充足稳定的经营活动现金流是企业生存发展的基本保证。经营活动现金流入比率越高,说明公司通过自身经营实现现金能力越强,利润的稳定性较强、利润质量较好;该指标比率越低,说明公司通过经营活动实现现金能力较差,过分依赖投资和筹资活动来获得现金,说明公司财务基础和获利能力持续性较弱,利润的质量较差。

(五)现金流量

净利润来源于损益表,反映的仅是权责发生制下的盈利水平,故而人为操纵、随意调节比较方便,而经营活动现金流量来源于现金流量表,现金流量表是以收付实现制为基础编制的,该表结构严谨,存在勾稽关系,可相互核对,不易随便调节,其真实性较强。将利润同现金流量联系起来,分析利润是否有足够的现金保证,即以权责发生制为基础的利润是否同时伴随相应的现金流入,作为评价利润质量的标准。如果营业利润现金保证率(经营活动现金净流量/净利润)、销售收入现金回收率(经营活动现金净流量/销售收入)、资产现金回报率(经营活动现金净流量/资产平均占用额)等指标数值高,说明盈利的现金保障好,利润质量好;否则就是低质量的利润,不仅无能力分配,或许还存在虚假问题。

(六)信用政策及存货管理水平

从静态角度来看,宽松的信用政策和稳健的存货投资策略,会产生较高水平的应收账款和存货占用资金,这意味着较高的机会成本和潜在的坏账等,会造成账面利润虚增。同时,由于销售收入有较大部分没有形成现金流入,从而进一步加大了账面利润与净现金流量的差距,降低了利润质量。相反,严格的信用政策和激进的存货投资策略,则不会降低利润质量。

从动态角度来看,只有本期的应收账款和存货占用资金大于或小于前一期,才会对利润质量产生影响。这种情况发生在:①信用政策和存货投资策略执行不力;②信用政策和存货投资策略发生变化等。因此,为了提高利润质量,企业应根据自身实际情况和竞争需要,制定适当的信用政策和存货投资策略,并根据环境变化作适当调整。这就要求企业有较高的管理水平,政策一旦制定就应严格执行。

二、利润质量恶化的表现形式

公司利润质量恶化的危险信号必然会反映到公司各方面,对于管理者而言,可从以下几个信号判断利润质量是否存在恶化的可能性。

(一)企业扩张的速度过快

在企业的发展过程中,业务规模、业务种类的扩张是正常现象,但是,如果企业在一定时期内扩张速度过快,涉及领域过多、过宽,必然出现一系列的问题。如资金分散,管理难度加大,管理成本提高,管理人员的素质不能满足扩张后的要求。由于缺乏对新开拓市场的技术、管理及市场的了解,可能在经营过程中产生决策失误,使得企业利润质量恶化。

(二)企业成本费用的异常下降

在分析时,经常发现利润表中的收入项目增加,但成本费用项目下降的情况。如果成本下降的幅度过大,则说明企业的利润可能出现虚增的现象。应结合企业内部管理水平的高低、市场环境的变化、供求关系的变化等方面进行分析。

另外,还存在企业反常压缩酌量性成本的可能性。酌量性成本是指企业管理层可以通过自己的决策而改变其规模的成本,如研究开发成本、广告费支出等。如果企业在发展的阶段而降低此类成本,应属于反常压缩。这种反常压缩可能是企业为了当前的利润规模而降低或推迟了本应发生的支出。成本控制上的短期行为可能会导致企业效率的损伤。

(三)应收、付账款规模和期限的不正常

在企业赊销政策一定的条件下,企业的应收账款规模应该与企业的营业收入保持一定的对应关系,企业的应收账款平均收账期应保持稳定。但是,如果企业为了刺激销售,放宽信用政策,导致应收账款的规模增加、应收账款的平均收账期延长则应关注。应收账款不正常的增加,其增长速度大大高于企业主营业务收入和利润的增长速度,如企业大量的货币不能及时收回,会使企业产生呆账、坏账的风险加大,使得企业利润质量不佳。

应付账款是企业赊购商品或其他存货而引起的债务。在企业供货商赊销政策一定的条件下,企业应付账款规模应该与企业的采购规模保持一定的对应关系。在企业产销较为平稳的条件下,企业的应付账款规模还应该与企业的营业收入保持一定的对应关系。同时,企业的应付账款平均付款期应保持稳定。但是,如果企业的购货和销售状况没有发生很多的变化,企业的供货商也没有主动放宽赊销的信用政策,那么,企业应付账款规模的不正常增加、应付账款平均付账期的不正常延长,表明企业支付能力恶化、资产质量恶化、利润恶化。

(四)企业存货周转速度过于缓慢

如果存货周转速度过于缓慢,则说明企业存货的质量、价格、存货的控制或营销策略等某些方面存在问题。在营业收入一定的条件下,存货周转速度越慢,企业占用在存货上的资金也就越多。过多的存货占用会增加资金占用,进而增加利息支出,必然会增加企业存货的存储成本、机会成本等,使得企业利润质量下降。

(五)企业无形资产规模的不正常增加

从对无形资产会计处理的一般惯例来看,企业自创无形资产所发生的研究和开发支出,一般应计入当期的损益表,冲减利润。在资产负债表上作为无形资产列示的无形资产主要是从外部取得的无形资产。如果企业出现了无形资产的不正常增加,则有可能是企业为了减少研究和开发支出对利润的冲击而进行的一种处理。

(六)企业计提的各种准备金过低

虽然企业应当对其短期投资、短期债权、存货以及长期投资计提减值准备,对固定资产计提折旧,但是企业计提减值准备以及计提折旧的幅度,取决于企业对有关资产减值程度的主观认识以及企业会计政策和会计估计的选择。在企业期望利润高估的会计期间,企业往往

选择计提较低的准备和折旧。这就是说企业把应当由现在或以前负担的费用或损失人为地推移到企业未来的会计期间，从而导致企业的后劲不足。因此，通过计提较低的准备和折旧来使企业利润增加，是不可取的。

(七)过度负债导致的与高利润相伴的财务高风险

公司举债过度，除了发展、扩张性原因外，还可能是公司通过正常经营活动、投资活动难以获得正常的现金流量支持的结果。在回款不利，难以支付经营活动所需现金流量的情况下，只能依靠扩大贷款规模来解决。

(八)企业利润中的非主营业务利润比重偏大

企业的利润主要来自于营业利润，当企业营业利润增长的潜力挖尽，而又没有发现新的利润增长点的情况下，为了维持一定的利润水平，有时会通过非主营业务实现的利润来弥补营业利润和投资收益的不足。如通过出售固定资产来获取利润，大量的从事其他业务来获取利润，使得利润表中的利润水平不会下降。这种方法在短期内可以使企业维持表面的繁荣，但是会与企业的长期发展战略产生冲突。这种经营上的短期行为可能会导致未来收入的下降。

(九)企业利润多，却不采用现金股利分配

目前，我国股份企业的股利分配形式主要采用两种，即股票股利和现金股利。是否分配现金股利，要考虑企业的股利分配政策、企业的投资机会和是否有充足的现金来源。如果企业可供分配的利润较多，并且没有合适的投资机会，又不分配现金股利。则可以认为企业目前处于现金支付能力较差、资产的流动性较弱、获利能力较低的状态，或者表明企业的管理层对未来的前景信心不足。

(十)非正常的企业会计政策和会计估计变更

按照会计的一致性原则的要求，企业的会计政策和会计估计前后各期应保持一致，不得随意变更。按照我国《企业会计准则——会计政策、会计估计变更和会计差错更正》的要求，会计政策的变更必须符合下列条件之一：符合法律或会计准则等行政法规、规章的要求或者这种变更能够提供有关企业财务状况、经营成果和现金流量等更可靠、更相关的会计信息。但是有些企业为了改善企业的报表利润，在不符合上述条件的情况下进行了会计政策和会计估计的变更。因此，此时的变更，应当被认为是企业利润状况恶化的一种信号。

(十一)注册会计师(会计师事务所)变更、审计报告出现异常

在所有权与经营权相分离的情况下，企业的经营者应当定期向股东报送财务报告。企业的股东也将聘请注册会计师对企业的财务报告进行审计，并出具审计报告。

对注册会计师而言，企业是注册会计师的客户。注册会计师一般不会愿意轻易失去客户，除非在审计过程中注册会计师的意见与企业管理者的意见出现重大分歧、难于继续合作下去。因此，对于变更注册会计师(会计师事务所)的企业，会计信息使用者应当考虑企业的管理层在报表编制上是否合法、公允、一贯。另外还应注意注册会计师出具的审计报告的类型。

如果注册会计师出具的是无保留意见的审计报告,则表明企业会计信息的质量较高、会计信息的可信度较高。如果出具的是保留意见、否定意见、拒绝表示意见这三种意见中的任何一种,均表示企业与注册会计师在报表编制上出现重大分歧、或者注册会计师难以找到相关的审计证据。在这种情况下,信息使用者很难对企业的利润质量做出较高的评价。

三、上市公司利润质量分析应注意的问题

(一)盈利能力分析和风险分析相结合

对企业的盈利能力进行分析评价的指标主要有销售利润率、净资产收益率、总资产报酬率。一般来说,如果企业的各项盈利能力指标高于行业平均值,那么它的盈利能力可以被认定是较高的。但是,在分析盈利能力时,不能仅看计算出的比率,必须要考虑上文提到的影响利润质量的因素。

(二)利润构成因素分析时,要采用不良资产、关联交易、异常利润剔除法

首先,通过主营业务利润在利润总额中所占比重的大小,分析本期利润构成是否合理;同时,应该将连续若干期的利润构成进行比较,以掌握利润构成的变动趋势和发展规律。其次,利润质量分析一般只涉及公司正常的经营情况,因此应采用不良资产、关联交易和异常利润剔除法将非正常或非经营性项目及会计政策变更的影响排除在外。

(三)现金流量因素分析时,要采用现金流量和利润的对比法

对公司的净利润和经营活动的现金净流量进行比较来说明公司利润质量的高低程度时,要注意两者的可比性问题。应当将经营活动产生的现金净流量、投资活动产生的现金净流量、公司总的现金净流量分别与主营业务利润、投资收益、公司净利润进行比较,这样不仅更具有可比性,而且可以分别判断公司主营业务利润、投资收益和净利润的质量状况。

(四)要注重上市公司成长性的分析

成长性分析可通过以下评价指标进行:公司利润留存率和再投资率的高低;公司近几年盈利趋势如何;公司今年利润的取得,是真正意义上的本年绩效,还是靠吃前几年的老本;公司属于技术密集型、资本密集型,还是劳动密集型企业;产品的科技含量如何,公司未来发展战略等。

本 章 小 结

企业的利润表反映了企业一定期间内的经营成果。本章着重介绍了利润表的性质、作用以及其局限性,以帮助报表使用者更好地理解和利用利润表。我国利润表的格式分为单步式利润表和多步式利润表。本章依次对利润表各项目进行分析,介绍常见的利润操纵手段,并通过案例加以说明。

利润表的趋势分析主要采用同比分析和环比分析相结合的比较利润表分析和定比利润表分析。利润表的结构分析可以通过不同盈利结构的利润表模型和利润共同比利润表来完成。

利润质量恶化的表现形式多样,影响利润质量的因素主要有会计政策、财务状况、利润构成、利润的稳定性、现金流量、信用政策及存货管理水平等。在对上市公司利润质量进行分析时,应注意以下几个问题:盈利能力分析和风险分析相结合;利润构成因素分析时,要采用不良资产、关联交易、异常利润剔除法;现金流量因素分析时,要采用现金流量和利润的对比法;要注重上市公司成长性的分析。

复习思考题

1. 利润质量恶化的具体表现有哪些?
2. 影响主营业务利润增减的因素有哪些?
3. 怎样进行利润表的趋势分析?
4. 怎样进行利润表的结构分析?
5. 试以某上市公司的年报为例,对该公司的利润表进行趋势分析。
6. MY 公司 1997 年—2000 年连续 4 年的销售额及净利润的资料如下。

单位:万元

项　目	1997 年	1998 年	1999 年	2000 年
销售额	5000	5100	6000	7000
净利润	400	430	620	750

要求:

(1) 以 1997 年为基年,对 MY 公司 4 年的经营趋势做出分析。

(2) 说明选择基年应注意什么问题。

(扫一扫,获取"阅读财务报表——利润表.mp4"微课视频)

第六章 现金流量表解读

【学习目标】
1. 了解现金流量表的作用、分类和基本结构。
2. 理解并掌握现金流量三大项目分析。
3. 理解并能运用现金流量表趋势分析。
4. 理解并能运用现金流量表结构分析。
5. 理解现金流量表分析是应注意的问题。

现金是企业经营的血液,是企业最基本的流动资产之一。然而,一个盈利丰厚的企业却可能因为现金不足而陷入困境乃至破产倒闭。过去的企业经营都强调资产负债表与损益表两大表,随着企业经营的扩展与复杂化,对财务资讯的需求日见增长,更因许多企业经营的中断肇因于资金的周转问题,渐渐地,报道企业资金动向的现金流量也获得许多企业经营者的重视,将之列为必备的财务报表。

自从财务会计的家族有了"现金流量表"(美国 FASB,1987;国际 FAS,1989;中国具体会计准则,1998)之后,利润表就多少受到一些冷落。不可否认,在现有会计制度背景之下,企业可以采用不同的会计政策确认收益、费用以及进行跨期成本分配,进而使得会计利润具有很大的调整空间。"利润只有一个!"——这个恐怕让每一位富有责任感的会计人都去竭力维护的信条,如今已经显得苍白无力。相应地,基于会计利润的各种分析和评估方法就显得软弱和经不起推敲。而现金流量以其内容的客观性无可辩驳地排除了应计制下多种人为的虚拟性影响,进而能够更加真实公允地反映企业的财务状况和经营成果,对企业的财务结构、财务能力、财务弹性和收益质量能有一个更为直观而透彻的理解和评价。

现金流量表是我国会计制度与国际接轨改革过程中要求企业编制和提供的一张报表。它以现金(包括现金等价物,除非特别说明,以下所说现金均包括现金等价物)为编制基础,反映企业一定期间内经营活动、投资活动和筹资活动所引起的现金流入和现金流出,表明企业的获利能力,与以营运资金为基础编制的财务状况变动表相比,现金流量表更能反映企业的偿付能力。同时,现金流量表对于报表使用者正确分析企业的财务状况和经营成果也更加清晰和直观。

第一节　现金流量表概述

一、现金流量表的概念与作用

(一)现金流量的有关概念

现金流量表是反映企业在一定时期现金流入和现金流出动态状况的报表。通过现金流量表，可以概括反映经营活动、投资活动和筹资活动对企业现金流入流出的影响，对于评价企业的实现利润、财务状况及财务管理，要比传统的损益表提供更好的基础。

阅读现金流量表，首先应了解现金的概念。这里所谓的现金包括现金和现金等价物，二者构成现金流量表的编制基础。其中现金是指企业库存现金以及可以随时用于支付的存款。会计上所说的现金通常指企业的库存现金，而现金流量表中的"现金"不仅包括"现金"账户核算的库存现金，也包括"银行存款"账户核算的存入金融企业、随时可以用于支付的存款，还包括"其他货币资金"账户核算的外埠存款、银行汇款存款、银行本票存款和信用证保证金存款等。值得注意的是，银行存款和其他货币资金中有些不能随时用于支付的存款，如不能随时支取的定期存款等不应视为现金，而应列作投资；提前通知金融企业便可支取的定期存款则应包括在现金范围内。

现金等价物是指企业持有的期限短、流动性强、易于转换为已知金额现金、价值变动风险很小的投资。根据会计惯例，现金等价物通常是指在3个月内到期的短期债券投资，至于企业持有的股票等权益性投资，因其变现金额通常具有不确定性，所以不可作为现金等价物。

(二)现金流量表的地位与作用

现金流量表与有形的、实实在在的现金流量息息相关，这一点令其引人注目，并形成和利润表的鲜明对比关系，进而占据着财务报告体系中的"第三把交椅"。现金流量表根据收付实现原则予以编制，而利润表则是在权责发生制(应计制)的基础上来计量和评价公司绩效的。具体来讲，现金流量表起到以下四个方面的作用。

1. 揭示企业现金流入流出的来龙去脉，企业可以掌握现金流动的信息，搞好资金调度，最大限度地提高资金的使用效率

现金流量表能够告诉读者一定期间企业宝贵的现金"从哪里来，到哪里去"的信息，即提供企业在一定期间内现金流入、流出的动向，现金数额的增减变动的原因和结果。这是现金流量表最基本的作用，也是最基本的功能。

【例6-1】　某公司在2008年度增加了1 000万元的现金。你可以在公司的现金流量表中发现公司经营活动导致现金增加900万元，来自投资活动的现金流量减少了300万元，来自筹资活动的现金流量增加了400万元，如此等等，你就可以对公司的资金使用和运作思路有一个大致的认识和把握。

2. 有助于评价企业的支付能力、偿债能力和周转能力

借助现金流量表提供的信息，可以发现企业现金的充足程度和增减变动数额，从而体现企业手头的宽裕或紧张程度，使其基本的支付能力和应付眼下债务的能力得以体现，如果经营活动的现金流量充足，则意味着企业充满着活力，并在靠自身经营来赚钱。靠自身创造出现金流，在风险面前的免疫力就会增强，其支付能力和偿债能力也就有了坚实的基础和后盾。

【例6-2】 上面提到的那个公司现金增加了1 000万元，并进一步发现其中经营活动就"贡献"了900万元。与其说是企业对1 000万元的现金流感到满意，不如说更令企业感到欣慰的是企业正在靠自身苦心孤诣的经营来赚取大量的钞票。

3. 有助于评价企业利润的质量和经营绩效

借助现金流量表提供的信息，可以分析企业净利润与相关现金流量产生差异的原因。"钱是赚回来的，利润是算出来的。"这两者之间因为会计的手法而存在一定的差距，我们可以借助于现金流量表，了解经营活动的现金流量与净利润之间产生差距的原因以及差距的大小，进而对利润的质量予以透视，进一步深入考察企业的经营绩效。

【例6-3】 某公司授意销售部门经理在2008年度要完成2 000万元的销售指标。如果仅仅为了完成销售收入和利润计划，销售部门经理就会放宽信用条件，只管把东西卖出去就行了，而不用考虑收钱的问题，于是公司就存在大量的应收账款和坏账风险，利润和现金流量之间的出入，从中可以测知企业利润虚胖，盈余质量大打折扣。如果同时告诉销售经理必须拿回2 000万元，销售经理的销售行为就会变得积极而谨慎，有了现金保障的利润才是可靠的、健康的利润指标。

4. 有助于预测和规划企业未来的现金流量和财务前景

借助于现金流量表提供的信息，掌握企业经营活动、投资活动和筹资活动所形成的现金流量，据以预测企业在未来产生现金的能力，并为分析和判断企业的财务前景提供信息。例如，如果公司的经营活动的现金流量是一个较大的正数，而投资活动的现金流量却是一个较大的负数，则意味着企业可能正在利用当前较好的经营形势和财务状况进行投资性的扩张，进一步壮大公司实力，从而获取今后更大的组织绩效。这样的财务前景通常也是值得期待的。

5. 排除通货膨胀的影响，减少投资者利用会计报表信息的决策失误

在通货膨胀的环境下，货币的购买力下降，传统会计报表披露的利润失去了真实性。因而无论公司向外融资或缩小经营规模，传统会计模式都会使利润与现金资源的差距扩大。在资本市场上这种情形会反过来降低公司股票的吸引力，使公司财务问题更加恶化。对投资者、债权人而言，由于通货膨胀侵蚀货币购买力，在复杂的不确定的经济环境下，他们更关心的是持有资产(股票、债券)是否有高度的变现能力。现金流量表提供的有关现金流量的信息可以真实反映企业资金状况，促使企业采取相应的措施应对通货膨胀的影响。

二、现金流量表的分类与结构

(一)现金流量的分类

准则将现金流量分为三类，即经营活动产生的现金流量、投资活动产生的现金流量、筹资活动产生的现金流量。

1. 经营活动产生的现金流量

经营活动是指企业投资活动和筹资活动以外的所有交易和事项，包括企业投资活动和筹

资活动以外的所有交易和事项。就工商企业来说，经营活动主要包括销售商品、提供劳务、经营性租赁、购买商品、接受劳务、广告宣传、推销产品、交纳税款等。

一般说来，在正常情况下企业的现金流入量主要应依靠经营活动来获取，"经营活动产生的现金流量(净额)"表明企业经营活动获取现金流量的能力。实际上就是企业实现的可变现的经营收入与企业实际发生的需要支付现金的成本费用的差额，相当于采用收付实现制的原则计算的净收益，或者说就是企业变现收益。变现收益是企业市场竞争力的根本体现。因此，这部分的收益相对于按权责发生制的原则计算的账面收益来说，更具有现实意义、更实在。

各类企业由于行业特点不同，对经营活动的认定存在一定差异，在编制现金流量表时，应根据企业的实际情况，对现金流量进行合理的归类。由于金融保险企业比较特殊，准则对金融保险企业经营活动的认定作了提示。

2. 投资活动产生的现金流量

投资活动是指与原定期限在3个月以上的资产有关的交易活动，包括企业长期资产的购建和不包括在现金等价物范围内的投资及其处置活动。投资活动产生的现金流量，主要包括购建和处置固定资产、无形资产等长期资产，以及取得和收回不包括在现金等价物范围内的各种股权与债权投资等收到和付出的现金。其中，分得股利或利润、取得债券利息收入而流入的现金，是以实际收到为准，而不是以权益归属或取得收款权为准。这与利润表中确认投资收益的标准不同。

投资活动的目的主要有：①为企业正常生产经营活动奠定基础，如购建固定资产、无形资产和其他长期资产；②为企业对外扩张和其他发展性目的进行权益性投资和债权性投资；③利用企业暂时不用的闲置货币资金进行短期投资，以求获得较高的投资收益。前两种投资一般都应与企业的长期规划和短期计划相一致的。第③种投资则在很多情况下是企业的一种短期理财安排。

通过对投资活动产生的现金流量分析，分析企业通过投资获取现金流量的能力，以及投资产生的现金流量对企业现金流量净额的影响程度。

3. 筹资活动产生的现金流量

筹资活动是指导致企业资本及债务规模和构成发生变化的活动。这里所说的资本，包括实收资本(股本)、资本溢价(股本溢价)。筹资活动现金流量是指导致企业资本及债务的规模和构成发生变化的活动所产生的现金流量。包括筹资活动的现金流入和归还筹资活动的现金流出，并按其性质分项列示。现行现金流量表中的筹资活动所产生的现金流量，既包括所有者权益性筹资的现金流入量和流出量，又包括债务性筹资的现金流入量和流出量。

因此，通过对筹资活动产生的现金流量分析进行分析，可以分析企业筹集资金的能力，企业是否有大量筹资的需求，以及筹资产生的现金流量对企业现金流量净额的影响程度。

(二)现金流量表的基本结构及编制方法

现金流量表分为主表和附表(补充资料)两大部分。主表的各项目金额实际上就是每笔现金流入、流出的归属，而附表的各项目金额则是相应会计账户的当期发生额或期末与期初余额的差额，按照间接法编制。现金流量表的两个组成部分也展示了编制现金流量表的两种方法,即直接法和间接法。

1. 现金流量表主表

现金流量表主表是用纯粹的业务语言来描述企业现金的流入量和流出量以及由此引起的净现金流量的大小和结果。现金流量表主表的编制方法被称为直接法。通常所谓的直接法是指通过现金收入和现金支出的主要类别反映来自企业经营活动的现金流量的一种方法。采用直接法编制经营活动的现金流量时,一般以利润表中的营业收入为起算点,调整与经营活动有关的项目的增减变动,然后计算出经营活动的现金流量。

现行企业会计准则规定,现金流量表主表应当分别以经营活动、投资活动和筹资活动列报现金流量。具体到每一种活动类型,现金流量还应当分别按照现金流入和现金流出额列报。现金流量表主表的基本格式和结构如表 6-1 所示。

表 6-1 MDDQ 公司 2010 年现金流量

编制单位:MDDQ　　　　　　2010 年度　　　　　　单位:千万元

项目	本年发生额	上年发生额
一、经营活动产生的现金流量		
销售商品、提供劳务收到的现金	8 301 724.02	1 757 419.55
收到的税费返还	-	-
收到的其他与经营活动有关的现金	862 619.02	3 646 290.49
经营活动现金流入小计	9 164 343.04	5 403 710.04
购买商品、接受劳务支付的现金	4 802 546.34	1 585 521.57
支付给职工及为职工支付的现金	57 036.30	50 146.79
支付的各项税费	44 182.90	38 280.07
支付的其他与经营活动有关的现金	3 514 002.34	1 454 204.69
经营活动现金流出小计	8 417 767.88	3 128 153.12
经营活动产生的现金流量净额	746 575.16	2 275 556.92
二、投资活动产生的现金流量		
收回投资所收到的现金	-	-
取得投资收益所收到的现金	766 464.12	674 531.51
处置固定资产、无形资产和其他长期资产收到的现金净额	-	-
处置子公司及其他营业单位收到的现金净额		
收到的其他与投资活动有关的现金		
投资活动现金流入小计	766 464.12	674 531.51
购建固定资产、无形资产和其他长期资产所支付的现金	482 187.40	242 636.41
投资支付的现金	-	20 334.68
取得子公司及其他营业单位支付的现金净额	812 500.00	2 069 852.38
支付的其他与投资活动有关的现金	-	-
投资活动现金流出小计	1,294,687.40	2,332,823.47
投资活动所产生的现金流量净额	−528,223.28	−1,658,291.96

续表

项　　目	本年发生额	上年发生额
三、筹资活动产生的现金流量		
吸收投资收到的现金	-	2,913,149.27
取得借款所收到的现金	-	1,545,160.12
收到的其他与筹资活动有关的现金	-	-
筹资活动现金流入小计	-	4,458,309.39
偿还债务所支付的现金	143,365.29	3,066,784.83
分配股利、利润或偿付利息所支付的现金	209,129.02	230,523.28
支付的其他与筹资活动有关的现金	-	-
筹资活动现金流出小计	352,494.31	3,297,308.11
筹资活动产生的现金流量净额	−352,494.31	1,161,001.28
四、汇率变动对现金及现金等价物的影响	-	-
五、现金及现金等价物净增加	−134,142.43	1,778,266.24

2. 现金流量表补充资料

现金流量表补充资料包括将净利润调解为经营活动现金流量、不涉及现金收支的重大投资和筹资活动、现金及现金等价物净变动情况等项目。其中，将净利润调节为经营活动现金流量所采用的方法被称为间接法。这是会计利用其专业语言来具体描述现金流量和相关利润指标之间的关系。现行企业会计准则规定，企业应当采用间接法在现金流量表附注中披露将净利润调节为经营活动现金流量信息。补充资料的参考格式如表 6-2 所示。

表 6-2　MDDQ 公司 2010 年现金流量表补充资料

编制单位：MDDQ　　　　　2010 年度　　　　　　　　　　　　单位：千万元

补充资料	本年发生额	上年发生额
1. 将净利润调节为经营活动现金流量：		
净利润	4 043 238.62	2 513 866.25
加：资产减值准备	−16 053.17	168 626.88
固定资产折旧、投资性房地产折旧	774 658.91	653 118.15
无形资产摊销	34 615.67	33 745.39
长期待摊销费用摊销	135 692.08	160 108.19
处置固定资产、无形资产和其他长期资产的损失	14 474.99	29 065.78
固定资产报废损失	7 290.91	1 883.73
公允价值变动损失	−118 069.08	−27 126.91
财务费用	40 088.49	75 531.26
投资损失	−134 312.45	−32 124.94
递延所得税资产减少	−34 705.55	−382 391.33
递延所得税负债增	3 121.36	1 376.54

续表

补充资料	本年发生额	上年发生额
存货的减少	-4 608 741.15	-694 725.42
经营性应收项目的减少	733 347.31	-5 809 143.37
经营性应付项目的增加	3 682 956.06	3 449 039.31
其他	888 118.00	1 915 617.47
经营活动产生的现金流量净额	5 445 721.00	2 056 466.98
2. 不涉及现金收支的重大投资和筹资活动:		
债务转为资本	-	-
一年内到期的可转换公司债券	-	-
融资租入固定资产	-	-
3. 现金及现金等价物净变动情况:		
现金的期末余额	4 670 133.74	3 259 500.35
减：现金的期初余额	3 251 600.36	1 571 986.95
加：现金等价物的期末余额	-	-
减：现金等价物的期初余额	-	-
现金及现金等价物净增加	1 418 533.38	1 687 513.40

第二节 现金流量表项目分析

由于现金流量表是基于收付实现制的基础上编制而成的，即以现金及其等价物的首付时间为确认标准。凡事当期收到或付出的款项，不论其相关具体业务行为的归属期如何，一律作为当期的现金流入或流出量列示在现金流量表中。因此，现金流量表虽然编制比较烦琐，但阅读起来却比较简单易懂。以下是对现金流量表中一些主要项目的必要解读。

一、经营活动现金流量项目

(一)经营活动现金流入项目分析

1. "销售商品、提供劳务收到的现金"项目

销售商品、提供劳务收到的现金指企业销售商品或提供劳务等经营活动收到的现金。该项目可根据"主营业务收入""其他业务收入""应收账款""应收票据""预收账款"及"库存现金""银行存款"等账户分析填列。

值得注意的是：①此项经营活动包括所有经营活动，其中经营性租赁除外；②该项目不包括随销售收入和劳务收入一起收到的增值税销项税额；③该项目应包括收回前期的货款和本期预收的货款；④发生销货退回而支付的现金应从该项目中扣除。因此，当期销售货款或提供劳务收到的现金可用如下公式计算得出：销售商品、提供劳务收到的现金=本期营业收入净额+本期应收账款减少额(-应收账款增加额)+本期应收票据减少额(-应收票据增加额)+

本期预收账款增加额(-预收账款减少额)。

(1) 正常情况下，企业的资金所得，主要依赖于日常经营业务，而销售商品、提供劳务收到的现金反映了企业日常经营活动中所能够提供的、有一定可持续性的资金流入。同时，将这一金额与利润表中"营业收入"项目做比较，还有助于我们粗略了解企业收入及利润实现的质量水平。

(2) 分析"销售商品、提供劳务收到的现金"项目，判断公司有无虚构预收账款交易，粉饰主营业务现金流量的可能。若公司大额预收账款缺少相关的销售或建造合同，则表明公司主营业务现金流入缺乏真实性。

2. "收到的税费返还"项目

该项目反映企业收到返还的各种税费，包括收到的增值税(不包括销项税)、消费税、营业税、所得税、教育费附加返还等。可以根据"库存现金""银行存款""应交税费""营业税金及附加"等账户的记录分析填列。值得注意的是，本项目只包括企业上交后而由税务等政府部门返还的款项，不包括其他方面的补贴或返还款项。

此项目体现了企业在税收方面享受政策优惠所获得已交税金的回流金额，也构成企业短期内经营现金流量的一项补充来源。但应注意到，收到的税费返还不是一个企业的主要现金来源，且该项来源不具有可持久性。因此，如果企业一直依赖于此项目来创收，那么其现金质量也是值得推敲的。

3. "收到的其他与经营活动有关的现金"项目

该项目反映企业除了上述各项目以外收到的其他与经营活动有关的现金流入，如罚款收入、流动资产损失中由个人赔偿的现金收入等。可根据"营业外收入""营业外支出""库存现金""银行存款""其他应收款"等账户的记录分析填列。

按理来讲，该项目金额应该较小，但是正如其他应收款成了某些上市公司资产负债表上会计处理的"垃圾筒"一样，该项目也极易成为现金流量表上藏污纳垢的隐身地。有的公司收回了"别人欠自己的钱"，虽然这笔钱与经营无关，但仍记入该项目。有的上市公司将与关联方进行的大额款项往来，记入该科目。

分析"收到的其他与经营活动有关的现金"项目，判断公司有无借助下列事项粉饰其他经营活动现金流量的情况：①关联方归还欠款。2001年以来，由于证券监管部门加大了对大股东占用上市公司资金的清查力度，以大股东为代表的关联方纷纷年末突击还款，不少上市公司"收到的其他与经营活动有关的现金"项目金额由此"迅速上升"，"其他应收款"项目金额也相应"大幅回落"。但实际上，在年报过后，一些上市公司"支付的其他与经营活动有关的现金"和"其他应收款"项目金额便出现了大幅上升与反弹的现象(这里面固然存在关联方年末虚假还款的问题，但也不排除上市公司借机粉饰现金流量的可能)。②占用关联方资金。上市公司经常采取占用关联方往来款项的方式来虚增当期的经营现金流量。为此，应特别关注上市公司与关联方进行期末大额款项往来的情况。③现金流量项目类别归属。某些上市公司将一些非经营性现金流量项目(如票据贴现和临时资金拆借)归入"收到的其他与经营活动有关的现金"项目中，从而虚夸了当期经营现金流量，掩盖了公司经营的真实面貌。对此也应给予充分关注。

【例 6-4】 某上市公司 2001 年报现金流量表上"收到的其他与经营活动有关的现金" 225 942 万元,主要为收到的关联方往来款,占销售商品、提供劳务收到的现金近 1/3,支付的其他与经营活动有关的现金 245 634 万元,主要为支付的关联方往来款,这种关联方往来款显然虚增了经营活动现金流量。

(二)经营活动现金流出项目分析

1. "购买商品、接受劳务支付的现金"项目

该项目反映企业购买商品、接受劳务支付的现金(包括支付的增值税进项税额),主要包括本期购买商品接受劳务本期支付的现金,本期支付前期购买商品、接受劳务的未付款项和本期预付款项。本期发生购货退回而收到的现金应从购买商品或接受劳务支付的款项中扣除。可根据"应付账款""应付票据""预付账款""库存现金""银行存款""主营业务成本""其他业务成本""存货"等账户的记录分析填列。

该项目是企业正常经营活动中支付现金的主要部分,在未来的持续性较强,分析人员应注意以下两个方面的内容。

(1) 该项目为经营活动的现金流出的绝大部分。该部分数额较多是正常的,但要与企业的生活经营规模相适应。将其与利润表中的主营业务成本相比较,可以判断企业购买商品付现率的情况,借此可以了解企业资金的紧张程度或企业的商业信用情况,从而可以更加清楚地认识企业目前所面临的形式是否严峻。

(2) 该项目与销售商品、提供劳务收到的现金配比。一般情况下,该项目小于后者是正常的。

2. "支付给职工及为职工支付的现金"项目

该项目反映企业实际支付给职工,以及为职工支付的工资、奖金、各种津贴和补贴等(含为职工支付的养老、失业等各种保险和其他福利费用),但不含为离退休人员支付的各种费用和固定资产购建人员的工资。此科目可根据"库存现金""银行存款""应付职工薪酬""生产成本"等账户的记录分析填列。

分析人员应关注项目内容,企业是否将不应纳入其中的部分计算在内,同时该项目也可以在一定程度上反映企业生产经营规模的变化。解读此项目应注意以下三个方面。

(1) 将其与企业历史水平相比较。很多企业单从工资费用看,人工费用在成本中并没有特别大的比重,但实际上,支付给职工以及为职工支付的现金的数额在这几年增长相当快,远远超过工资费用的增长幅度。

(2) 将其与行业水平配比,以此衡量企业在人力资源管理方面的水平。

(3) 将其与职工人数配比,同时结合职工学历构成和企业组织架构中的人员设置,分析企业的人均工资水平是否正常。应特别注意企业为了操纵利润故意压低人工费用的造假行为。

【例 6-5】 据 WIND 资统计的数据显示,在 1 509 家 A 股公司中,2006 年在册的员工总数约为 701 万,上市公司支付给职工以及为职工支付的现金总额约为 4 233 亿元,即上市公司给每位职工支付的现金平均约为 60 385 元。根据国家统计局的数据,2006 年我国城镇单位在岗职工平均工资为 21 001 元。那么,该如何解释这其中的差距呢?有分析人士认为,应该说有一部分原因是上市公司普遍效益好,所以上市公司职工待遇较非上市公司好也可以理解。但有一个原因可能被忽略了,那就是上市公司实际用工数可能要远远高于在册职工人数。

除了上述现象外,数据显示 ST 类公司的人力成本占主营业务成本不是很高就是很低,这可能与企业的处境有关。如*STTCL,去年其支付给职工及为职工支付的现金仅占当年主营业务成本的 5%,而其员工总数高达 5.5 万人,这说明 TCL 的问题是主营业务成本降不下来。又如*ST 棱光这样的公司,支付给职工及为职工支付的现金占当年主营业务成本的比例在一半以上,该公司的主营业务则已基本不存在。

3. "支付的各项税费"项目

该项目反映的是企业按规定支付的各项税费和有关费用,包括所得税、增值税、营业税、消费税、印花税、房产税、土地增值税、车船使用税、教育费附加等,但不包括已计入固定资产原价而实际支付的耕地占用税和本期退回的所得税。此项目应根据"应交税费""库存现金""银行存款"等账户的记录分析填列。分析该项目时要注意以下两个方面。

(1) 企业支付的各项税费应当与其生产经营规模相适应。但增值税是价外税,在考虑时可予以剔除。

(2) 将企业支付的各项税费项目与利润表中的营业税金及附加和所得税项目进行比较,借此对企业报告期间的相关税费支付状况作出判断。

通过此项目,分析人员可以得到企业真实的税负状况,分析企业的税负是否合理。

【例 6-6】 某公司存在明显欠税现象:上市前的 2006 年末欠税余额高达 6 167 万元,据 2007 年年报附注,公司主要欠增值税 4 751 万元及企业所得税 841 万元,到了 2007 年末,这个数据变成 4 695 万元,增值税欠税 3 018 万元,企业所得税欠税 1 211 万元,其上市前三年欠税余额逐年上升。

4. "支付的其他与经营活动有关的现金"项目

该项目反映企业除上述各项目外,支付的其他与经营活动有关的现金,包括罚款支出、差旅费、业务招待费、保险费支出、支付的离退休人员的各项费用等。该项目应根据"管理费用""销售费用""营业外支出"等账户的记录分析填列。

一般来说,此项目的数额不大,且不具有稳定性。如果其在本报告期间的数额较大,应加以关注,查明原因。

(三)企业经营活动的现金质量分析

经营现金流量质量,是指经营现金流量对公司真实经营状况的客观反映程度,以及对公司财务状况与经营成果的改善、对持续经营能力的增强所具有的推动作用。从广义上讲,经营现金流量质量主要包括经营现金流量的真实性、充足性、稳定性和成长性四个方面。而经营活动是公司经济活动的主体,也是公司获取持续资金的基本途径。因此,在公司各类现金流量中,经营现金流量显得更为重要。

资金运作的现金舞弊属于高技术的舞弊手段。其中,通过集团内部的债权债务互转,通过中间公司使关联交易非关联化,通过银行或集团内部财务公司配合资本运作等,是技术含量最高且难以识别证明的现金舞弊。被曝光者往往是资金链断裂被逼现形,或者被监管机构调查后才得以曝光。这类公司虽然手段高明、造假过程复杂,但都有一个共同的特征:资金往来非常复杂、资金流入流出量非常大。这类公司往往处于关系复杂的集团当中,尤其是多家公司组成的一个"系"。如果该集团的实际控制方资金匮乏陷入困境,那么,马上应该引起警惕,他们随时会想尽各种办法挖走上市公司的现金为自己解困。

对这类现金舞弊公司虽然不好直接识别和证明,但如果能够密切关注公司的各种信息,还是能够比较有效防范的。

1. 经营现金流量真实性分析

(1) 对比中报和年报经营现金流量,考察年度经营现金流量的均衡性,初步认定经营现金流量的真实水平。

在正常经营情况下,公司的购销和信用政策比较稳定,销售业务也较少出现大起大落的情形,因此公司经营现金流量年度内应保持一定的均衡性,否则表明年报经营现金流量存在被粉饰的可能。

(2) 重点分析现金流量表有关明细项目,进一步明确经营现金流量的真实水平。

在以上各项目分析中,我们已经具体分析了各重点项目的注意点,此处不再赘述。

2. 经营现金流量充足性分析

(1) 绝对量角度的充足性。经营现金流量的充足性,是指公司是否具有足够的经营现金流量满足其正常运转和规模扩张的需要。从绝对量方面认识充足性,主要是分析经营现金流量能否延续现有的公司经营,判断经营现金净流量是否正常。

显然,靠内部积累维持目前的生产经营能力,公司经营现金流入量必须能够抵补下列当期费用:①公司正常经营所需,即日常开支(表现为经营现金流出);②前期支付的需当期和以后各期收回的费用(主要包括资产折旧与摊销额);③已计入当期损益但尚未支付的费用(主要是预提费用)。也就是说,只有满足下列条件,公司经营现金流量才属正常且具有充足性,公司现有规模下的简单再生产才能够得以持续:经营现金净流量>本期折旧额+无形资产、长期待摊费用摊销额+待摊费用摊销额+预提费用提取额。

(2) 相对量角度的充足性。从相对量角度考察充足性,主要是了解经营现金流量能否满足公司扩大再生产的资金需要,具体分析经营现金流量对公司投资活动的支持力度和对筹资活动的风险规避水平。主要评价指标有现金流量资本支出比率和到期债务偿付比率,相关公式如下。

现金流量资本支出比率=经营活动产生的现金净流量÷资本性支出额

到期债务偿付比率=经营活动产生的现金净流量÷(到期债务本金+本期债务利息)

需要特别提及的是,仅以经营现金流量大小作为衡量公司经营好坏与财务优劣的标准将会引起误导,因为经常存在下面几种情况:经营现金流量充足但公司盈利能力日益下降;经营现金流量不足但公司盈利能力日趋上升。这表明:公司资金充裕但找不到合适的投资方向,其未来盈利能力受到影响;公司现金短缺但实施了有效的负债经营,其盈利水平反而得到显著提高。因此,在某段时期内,公司的财务活动能力与财务管理水平同样重要。

3. 经营现金流量稳定性分析

经营现金流量稳定性的衡量主要从以下两个指标衡量。

(1) 经营现金流入量结构比率=销售商品、提供劳务收到的现金÷经营活动产生的现金流入量。该指标反映公司全部经营现金流入量中主营业务活动所占的比重,同时也揭示了公司经营现金流量的主要来源和实际构成。该比率高,说明公司主营业务活动流入的现金明显高于其他经营活动流入的现金,公司经营现金流入结构比较合理,财务基础与经营现金流量的稳定程度较高，经营现金流量的质量较好；反之，则说明公司主营业务活动的创现能力不强，维持公司运行和支撑公司发展的大部分资金由非核心业务活动提供，公司缺少稳定可靠的核心现金流量来源，其财务基础较为薄弱，经营现金流量的稳定性与品质较差。

(2) 经营现金流出量结构比率=购买商品、接受劳务支付的现金÷经营活动产生的现金流出量。考虑该指标是因为，现在如何使用现金决定公司未来现金的来源状况，公司经营现金流出同样应当具有一定的稳定性。通过该比率主要考察公司经营现金支出结构是否合理以及公司当期有无大额异常的现金流出，从而对关联方占用公司资金的情况进行有效的识别，对公司以后各期现金流入的主营业务活动做出合理的估计，进而对公司未来经营现金流量的稳定性给予客观的评价。

应当注意的是，若该比率连续几期下降且都比较低，则预示着公司经营现金流量质量的稳定性将会受到不利影响。

4. 经营现金流量成长性分析

经营现金流量成长性分析，主要采用以下指标：经营现金流量成长比率=本期经营活动产生的现金净流量÷基期经营活动产生的现金净流量。该指标反映公司经营现金流量的变化趋势和具体的增减变动情况。一般来说，该比率越大表明公司的成长性越好，经营现金流量的质量越高。

值得一提的是，在分析经营现金流量成长比率时，应进行多期比较，成长率不仅要大于1，而且还要具有较强的稳定性，如果上下波动较大，则公司未来发展将会受到一定程度的影响。此外，若本期或基期经营现金净流量为负数，则不必计算该比率。

5. 经营活动现金净流量<0("入不敷出")

在对企业经营活动现金流量进行分析时，我们可以通过对企业净流量分析企业的财务状况和发展趋势。

经营活动现金净流量为负数，意味着企业不能维持正常经营所需货币运行，需通过其他活动补偿，如消耗现成的货币积累、挤占投资活动、对外融资、拖延债务支付等。从企业成长过程来分析如下。

(1) 在企业开始从事经营活动的期初，由于在生产的各个环节都处于"磨合"状态，设备、人力资源的利用率相对较低，材料的消耗相对较高，因而导致企业的成本消耗较高。同时，为了开拓市场，企业有可能投入较大资金，采用各种手段将自己的产品推向市场，如采用渗透法定价、加大广告支出、放宽收账期等，从而有可能使企业在这一时期的经营活动现金流量表现为"入不敷出"的状态。如果是由于上述原因导致的经营活动现金流量小于0，这是企业在发展过程中不可避免的正常状态。

(2) 如果企业在正常经营期间经营活动现金流量小于0，就应当认为企业经营活动现金流量的质量不高。

因此，企业应具体结合企业目前所处的发展阶段，正确判别经营活动现金净流量为负数的原因。

6. 经营活动现金净流量=0("收支平衡")

经营活动现金净流量为0，意味着企业通过正常的商品购、产、销所带来的现金流入量恰恰能够支付因上述经营活动而引起的货币流出。企业经营活动现金流量处于"收支平衡"

状态时,企业正常经营活动不需要额外补充流动资金,但企业的经营活动也不能为企业的投资活动以及融资活动贡献现金。

值得注意的是,在企业的成本消耗中,有相当一部分属于按照权责发生原则的要求而确认的摊销成本(如无形资产、递延资产摊销、固定资产折旧等)和应计成本(如对预提费用的处理等)(下面我们把这两类成本通称为"非付现成本")。在经营活动现金流量等于 0 时,企业经营活动产生的现金流量是不可能为"非付现成本"的资源消耗提供货币补偿的。因此,从长期来看,经营活动产生的现金流量等于 0 的状态,根本不可能维持企业经营活动的货币"简单再生产"。因此,如果企业在正常生产经营期间持续出现这种状态,企业经营活动现金流量的质量不高。

7. 经营活动现金净流量>0,但不小于"非付现成本"

在此情况下,意味着企业通过正常经营活动所带来的现金流入量不但能够支付因经营活动而引起的货币流,而且还有余力补偿一部分当期的非付现成本。如果企业这种状态长期持续,也不可能维持企业经营活动的货币"简单再生产"。

8. 经营活动现金流量>非付现成本,能部分为企业"扩大再生产"提供货币

应该说,在这种状态下,企业经营活动产生的现金流量已经处于良好的运行状态。如果这种状态持续,则企业经营活动产生的现金流量将对企业经营活动的稳定与发展、企业投资规模的扩大起到重要的促进作用。

【例 6-7】 某公司 2008 年经营活动产生的现金流量为 5.70 亿元,约为公司 2008 年净利润的 2 倍,可见公司的净利润"含金量"非常高,每年从日常生产活动中的产生现金非常充裕,偿还借款较有保证,而且公司发展壮大也有相当雄厚的自有资金实力。

二、投资活动产生的现金流量

(一)投资活动的现金流入项目分析

1. "收回投资所收到的现金"项目

"收回投资所收到的现金"项目,反映企业出售、转让或到期收回除现金等价物以外的短期投资、长期股权投资而收到的现金,以及收回长期债权投资本金而收到的现金。企业收回的投资款项中包括两部分内容:一是投资本金,二是投资收益。但不包括长期债权投资收回的利息,以及收回的非现金资产。本项目可以根据"短期投资""长期股权投资""长期债权投资""投资收益"等科目的记录分析填列。

本项目一般没有数额,或金额较小,如果金额较大,属于企业重大资产转移行为,此时应与会计报表附注披露的相关信息联系,衡量投资的账面价值与收回现金之间的差额,考察其合理性。

2. "取得投资收益所收到的现金"项目

该项目反映企业因股权性质投资而分得的现金股利,从子公司、联营企业或合营企业分回利润而收到的现金,以及因债权性投资而取得的现金利息收入。包括在现金等价物范围内的债券投资,其利息收入也应在该项目中反映,但不包括股票股利。本项目可以根据"应收股利""投资收益"等科目的记录分析填列。

投资收益的金额标明企业进入投资回收期，通过分析可以了解投资回报率的高低。解读本项目需要注意以下两个方面。

(1) 取得投资收益所收到的现金与利润表的投资收益配比。企业能够通过投资收益及时收到现金，反映了企业对外投资的质量。一般而言，前者占后者的比重越大越好。但也要关注企业生产经营战略，有时为了控制被投资企业，没有投资收益也是正常的。

(2) 确认投资收益的时间差。企业因股权性投资而分得的股利或利润，往往并非能够在当年就能收到，一般是在下一年度才能收到。因此，分得股利或利润所收到的现金，通常包括了收到前期分得的现金股利或利润。所以，在很多时候，本年现金流量表上取得投资收益收到的现金往往需要和上年利润表中确认的投资收益配比，才能保证二者口径一致，真实反映投资收益的收现水平。

【例6-8】 下表为东方宾馆自2001年至2006年9月的"取得投资收益所收到的现金"的变化情况，从中可以看出，自2004年开始，该公司一直处于投资收益的疯狂增长期。良好的社会经济环境给东方宾馆的投资回收提供了条件，同时，也需结合该公司的利润表查看该投资收益在利润表中的比重，与主营业务金额进行比较，观察其合理性。

单位：元

报告期	取得投资收益所收到的现金/元	比上期变化/元
2006年09月30日	2,439,200	↑505,505
2005年12月31日	1,933,695	↑116,055
2005年09月30日	1,817,640	
2005年06月30日	1,817,640	↑857,640
2004年12月31日	960,000	
2004年09月30日	960,000	
2004年06月30日	960,000	↑480,000
2003年12月31日	480,000	↓1,254,432
2001年12月31日	1,734,432	

3. "处置固定资产、无形资产和其他长期资产收到的现金净额"项目

该项目反映出售固定资产、无形资产和其他长期资产所取得的现金扣除为出售这些资产而支付的有关费用后的净额。包括固定资产报废、毁损的变卖收益以及遭受灾害而收到的保险赔偿收入等，但不包括融资租赁租入固定资产所支付的租金。

该项目根据"固定资产""固定资产清理""无形资产""交易席位费""现金""银行存款"等科目的记录分析填列。如处置固定资产、无形资产和其他长期资产所收回的现金净额为负数，则应作为投资活动现金流出项目反映，列在"处置固定资产、无形资产和其他长期资产支付的现金"中。分析该项目时，应注意以下两个方面。

(1) 该项目一般金额不大。如果金额较大，属于企业重大资产转移行为。此时应与会计报表附注披露的相关信息联系，考察其合理性。如果该项目与"处置固定资产、无形资产和其他长期资产支付的现金"均较大，可能意味着企业产品、产业结构将有所调整；否则，如果该项目与筹资活动中的"偿还债务支付的现金"项目数额均较大，可能表明企业已经陷入

深度的债务危机,靠出售长期资产来维持经营,未来的生产能力将受到重大影响。

(2) 净额反映。现金流量表中的大部分项目是按现金流入和现金流出分别反映的,但该项目除外,它反映的是上项资产的净额。之所以这样,主要是考虑到处置固定资产、无形资产和其他长期资产而收到的现金,与处置活动支付的现金,两者在时间上比较接近,且由于数额不大,可以净额反映。

4. "处置子公司及其他营业单位收到的现金净额"项目

该项目反映企业处置子公司及其他营业单位所取得的现金减去子公司或其他营业单位持有的现金和现金等价物,以及相关处置费用后的净额。

该项目一般金额为 0,如果有发生额,表明企业在缩小经营范围,此时数额较大,但在企业发生的并不频繁。对该项目的分析要结合企业的重大事项公告和会计报表附注中的有关说明进行,查清具体原因,以便合理地预测其对企业未来财务状况和经营业绩的影响。

5. "收到的其他与投资活动有关的现金"项目

该项目反映企业除了上述各项之外,收到的其他与投资活动有关的现金流入。如收到的工程前期款、工程往来款等。

此项目一般数额较小,如果数额较大,应分析其合理性。

【例6-9】据明天科技 2005 年半年报披露,货币资金 9.29 亿元。2005 年第三季报显示其货币资金余额增加至 16.79 亿元,据该公司三季报称"收到的其他与投资活动有关的现金" 5.81 亿元,但查遍所有的公开信息,不能知道这笔巨额资金的来龙去脉,明天科技称货币资金是公司在建项目的专项建设资金和必要的生产流动资金,而明天科技截止第三季度共实现收入 5.11 亿元,资金负债率尽管不高,但也有 55%,欠银行贷款 14 多亿元(包括应付票据 3 亿元),海吉氯碱项目一期总投资也只有 17 亿元,明天科技为何要一次性准备如此巨额的现金呢?实际上,半年报并没有海吉氯碱项目,资金余额也高达 9.29 亿元,因此,我们怀疑这笔巨额现金涉嫌虚构或早已设定质押。

(二)投资活动的现金流出项目分析

1. "购建固定资产、无形资产和其他长期资产支付的现金"项目

该项目反映企业购买、建造固定资产,取得无形资产和其他长期资产所支付的现金。根据"固定资产""在建工程""无形资产""交易席位费""现金""银行存款"等科目的有关记录分析填列。

值得注意的是,该项目不包括为购建固定资产而发生的借款利息资本化的部分,以及融资租入固定资产支付的租赁费(这两部分在筹资活动产生的现金流量中反映)。企业以分期付款方式购建的固定资产,其首次付款支付的现金作为投资活动的现金流出,以后各期支付的现金作为筹资活动的现金流出。

(1) 购建固定资产、无形资产和其他长期资产支付的现金持续很高说明公司有好的发展前景才进行扩张,同时要关注长期负债是否增加,如果长期负债没有增加,说明该公司使用自有资金进行长期资产的投资;这时需要关注营运资本(流动资产-流动负债)是否为正数,如果长期负债有较大增加,说明该公司举债投资于长期资产,这时要关注负债的比例是否过高,是否有偿债力。

(2) 关注利润表中的销售是否每年都有增长,通常进行长期资产投资后,销售会有一定的增长,另外毛利率是否提高(成本是否下降),因为进行投资后有可能实现规模经济,同时关注市场占有率是否提高,竞争能力是否增强,如果没有,说明该公司盲目扩张或决策失败。

2. "投资支付的现金"项目

该项目反映企业进行权益性投资和债权性投资所支付的现金,包括支付的佣金、手续费等附加费用。企业以非现金的固定资产、商品等进行的投资,在现金流量表的附注中单独反映,不包括在本项目内。

此项目表明企业参与资本市场运作、实施股权及债券投资能力的强弱,在分析此项目时,要注意以下两个方面。

(1) 分析企业的投资方向与企业战略目标是否一致。如果一个企业将资金投资于一个完全陌生的行业,与企业目前的战略目标无关,那么未来面临的投资风险较大,同时,也很有可能对企业的发展毫无益处。

(2) 分析企业用于投资的数额。结合资产负债表的长期股权投资和利润表的利润构成分析,观察企业是否存在不断进行投资规模扩张,挤占主营业务份额的现象。

3. "取得子公司及其他营业单位支付的现金净额"项目

该项目反映企业购买子公司及其他营业单位购买出价中以现金支付的部分,减去子公司及其他营业单位持有的现金和现金等价物后的净额。

一般情况下,此项目无金额。但如果数额较大,则表明企业在扩大经营范围,应结合财报附注中披露的事项具体分析其合理性。

4. "支付其他与投资活动有关的现金"项目

该项目反映公司支付的除上述现金支出以外的其他与投资活动有关的现金。根据"现金""银行存款"科目和其他长期资产科目的记录分析填列。

该项目一般金额不大,如果金额较大,则应当单独列示,并分析其合理性。

(三)投资活动的现金流量质量分析

在观察现金流量表的投资活动产生的现金流量时,应该仔细研究投资活动中的对内投资和对外投资的关系。通常,公司要发展,长期资产的规模必须增长,一个投资活动中对内投资的现金净流出量大幅度提高的公司,往往意味着该公司面临着一个新的发展机遇,或者一个新的投资机会;反之,如果公司对内投资中的现金净流入量大幅度增加,表示该公司正常的经营活动没有能够充分地吸纳其现有的资金。

现金流量表中的投资活动所产生的现金流量信息,可以帮助投资人和债权人对企业投资活动及其效益进行评价,从而帮助他们做出正确的经济决策。对投资活动产生的现金流量的分析,可以先从投资活动现金净流量开始。

1. 投资活动现金净流量≥0

投资活动现金流入量大于或等于流出量,这种情况的发生可能由以下原因引起:①企业在本会计期间的投资回收活动的规模大于投资支出的规模;②企业在经营活动与筹资活动方面急需资金而不得不处理手中的长期资产以求变现等。因此,必须对企业投资活动的现金流量原因进行具体分析。

如果投资活动现金净流量是正值,除了收到的是利息收入及债权性投资的收回外,收到的现金是由于固定资产、无形资产等投资活动所产生的,则说明企业有可能处于转轨阶段,或有可能调整其经营战略等。

【例6-10】 某公司2008年在经营活动现金流量净流入5.70亿元,同时投资活动的现金流量为净流出5.20亿元,说明公司正处于不断发展壮大之中,投资规模不断扩大。

2. 投资活动现金净流量<0

在企业的投资活动符合企业的长期规划和短期计划的条件下,若投资活动现金净流量为负值,而且主要是由于非债权性投资活动所引起的,则说明企业可能处于扩张性阶段,表明了企业经营活动发展和企业扩张的内在需要,也反映了企业在扩张方面的努力与尝试。在一般情况下,预示着企业在将来会有相应的现金流入。

如果公司的对外投资产生的现金净流入量大幅度增加时,说明该公司正大量地收回对外投资额,可能公司内部的经营活动需要大量资金,该公司内部现有的资金不能满足公司经营活动的资金需要;如果一个公司当期对外投资活动的现金净流出量大量增加,说明该公司的经营活动没有能够充分地吸纳公司的资金,从而游离出大笔资金,通过对外投资为其寻求获利机会。但在分析时,还应结合企业投资的方向分析其投资风险,从而进一步确定投资活动现金流入的风险、时间和金额。

一般情况下,如果企业对外投资自求平衡,流出应由经营活动补偿,速度取决于折旧速度。如果投资太大,超过未来期间经营活动现金流量补偿速度,投资太快,一旦投资项目不成功,就存在经营风险,甚至企业因此会垮掉。

实际上在分析投资活动产生的现金流量时,还应该联系到筹资活动产生的现金流量来综合考查。在经营活动产生的现金流量不变时,如果投资活动的现金净流出量主要依靠筹资活动产生的现金净流入量来解决,这就说明公司的规模扩大主要是通过从外部筹资来完成的,意味着该公司正在扩张。

三、筹资活动产生的现金流量

(一)筹资活动产生的现金流入项目分析

1. "吸收投资所收到的现金"项目

本项目反映企业以发行股票、债券等方式筹集资金实际收到的款项净额(发行收入减去支付的佣金等发行费用后的净额)。需要注意的是,以发行股票、债券等方式筹集资金而由企业直接支付的审计、咨询等费用,不在本项目中反映,而在"支付的其他与筹资活动有关的现金"项目中反映;由金融企业直接支付的手续费、宣传费、咨询费、印刷费等费用,从发行股票、债券取得的现金收入中扣除,以净额列示。解读该项目,应注意以下两个方面。

(1) 现金流入的性质。由定义可知,吸收投资所收到的现金有两个渠道,即发行股票和发行债券。前者是投资人投入的,属于所有者权益,代表了企业外延式扩大再生产;后者是债权人投入的,属于负债,在一定程度上代表了企业商业信用的高低。

(2) 现金流入的范围。该项目以净额反映,即对于以发行股票方式筹集的权益资金要以实际收到的发行收入减去支付的佣金等发行费用后的股款净额反映；对于以发行债券所收到的现金要以发行收入减去印刷费、支付的佣金等发行费用后实际收到的现金净额反映。

2. "取得借款所收到的现金"项目

本项目反映企业举借各种短期、长期借款而收到的现金。这是企业最常见的现金流量项目之一。解读本项目需注意以下两个方面。

(1) 本项目与短期借款、长期借款相配比。要结合资产负债表，进一步分析增加的借款是短期的还是长期的。短期借款主要满足企业的日常生产经营的需要，而长期借款主要满足企业的扩大再生产的需要。由此，考察企业从金融渠道取得资金的合理性、稳定性和风险程度。

(2) 本项目与购建固定资产、无形资产和其他长期资产所支付的现金等项目配比，以此对企业借款合同的执行情况作出分析和判断。如果企业购建固定资产所发生的现金支出与原借款合同所规定的时间和额度相同，则说明企业执行合同情况较好；反之，当企业将流动资金借款用于购建固定资产时，就会对企业近期的偿债能力产生不良影响。

3. "收到的其他与筹资活动有关的现金"项目

本项目反映企业除上述各项目外，收到的其他与筹资活动有关的现金。其他与筹资活动有关的现金，如果价值较大的，应单列项目反映。本项目可根据有关科目的记录分析填列。

此项目一般数额较小，如果数额较大，应进一步分析其具体内容和合理性。

(二)筹资活动产生的现金流出项目分析

1. "偿还债务所支付的现金"项目

反映企业以现金偿还债务的本金，包括归还金融企业的借款本金、偿付企业到期的债券本金等。需要注意的是，企业偿还的借款利息、债券利息，在"分配股利、利润或偿付利息所支付的现金"项目中反映，不在本项目中反映。解读本项目需注意以下两个方面。

(1) 偿还债务所支付的现金与举债所收到的现金配比。举债所收到的现金包括从金融企业借入的短期借款、长期借款和发行的企业债券。二者配比的结果(是现金净流入还是现金净流出)，能够反映企业的资金周转是否已经进入良性循环阶段。分析时应结合行业、企业生产经营规模、企业经营生命周期，以及企业的历史情况进行，以衡量企业生产经营状况和财务风险程度。

(2) 现金流出的范围。本项目只包括偿还债务支付的本金部分，企业偿还的借款利息、债券利息，不在此项目反映。

2. "分配股利、利润或偿付利息所支付的现金"项目

本项目反映企业实际支付的现金股利、支付给其他投资单位的利润或用现金支付的借款利息、债券利息所支付的现金。

需要说明的是，修订前的会计准则中的"分配股利或利润所支付的现金""偿付利息所支付的现金"项目，在修订后的会计准则中的"分配股利、利润或偿付利息所支付的现金"项目中反映。此外，不同用途的借款，其利息的开支渠道不一样，如在建工程、财务费用等，但均在本项目中反映。

该项目代表了企业的现实支付能力。因此，应结合企业的资产规模、所有者权益规模和负债规模以及当期利润水平进行分析。

3. "支付的其他与筹资活动有关的现金"项目

本项目反映企业除上述各项目外,支付的其他与筹资活动有关的现金。其他与筹资活动有关的现金,如果价值较大的,应单列项目反映。

需要说明的是,修订前的会计准则中的"发生筹资费用所支付的现金""融资租赁所支付的现金""减少注册资本所支付的现金"项目,在修订后的会计准则中的"支付的其他与筹资活动有关的现金"项目中反映。

此项目一般金额较小,如果数额较大,则应注意分析其合理性。

(三)筹资活动的现金流量质量分析

企业筹资能力的大小及其筹资环境是债权人和投资人共同关心的问题。通过对筹资能力和筹资环境的分析,可有助于他们正确地进行经济决策。这是因为,筹资活动现金流量信息,不仅关系到企业未来现金流量的多少,而且还关系到企业未来现金流量的大小,以及企业资本结构和资金成本等问题。而现行现金流量表中的筹资活动所产生的现金流量,既包括所有者权益性筹资的现金流入量和流出量,又包括债务性筹资的现金流入量和流出量。因此,在分析时,分析者不能仅仅看筹资活动产生的现金净流量是正还是负,而更应注意筹资活动产生的现金净流量是由权益性筹资引起的,还是由债务性筹资活动引起的。

1. 筹资活动产生的现金流量＞0

筹资活动产生的现金流量大于 0,意味着企业在吸收权益性投资、发行债券以及借款等方面所收到的现金之和大于企业的偿还债务、支付筹资费用、分配股利和利润、偿付利息、融资租赁所支付的现金以及减少注册资本等方面所支付的现金之和。在企业处于发展的起步阶段,投资需要大量资金,企业经营活动的现金流量小于 0 的条件下,企业的现金流量的需求主要通过筹资活动来解决。因此,分析企业筹资活动产生的现金流量大于 0 是否正常,关键要看企业的筹资活动是否已经纳入企业的发展规划,是企业管理层以扩大投资和经营活动为目标的主动筹资行为还是企业因投资活动和经营活动的现金流出失控、企业不得已的筹资行为。

2. 筹资活动产生的现金流量＜0

筹资活动产生的现金流量小于 0,意味着企业在吸收权益性投资、发行债券以及借款等方面所收到的现金之和小于企业在偿还债务、支付筹资费用、分配股利或利润、偿付利息、融资租赁所支付的现金以及减少注册资本等方面所支付的现金之和。这种情况的出现,或者是由于企业在本会计期间发生偿还债务、支付筹资费用、分配股利或利润、偿付利息、融资租赁等业务,或者是因为企业经营活动与投资活动在现金流量方面运转较好、有能力完成上述各项支付。但是,企业筹资活动产生的现金流量小于 0,也可能是企业在投资和企业扩张方面没有更多的作为的一种表现。

投资活动与筹资活动均是企业的理财活动。在任何期间,企业均有可能因这些方面的活动而引起现金流量的变化。不过,处于开业初期的企业,其理财活动引起的现金流量变化较大,占企业现金流量变化的比重也较大。

另外,理财活动也意味着企业存在相应的财务风险。例如,企业对外发行债券,就必须承担定期支付利息、到期还本的责任。如果企业不能履行偿债责任,有关方面就会对企业采取法律措施。又如，企业购买股票，就可能存在着股票跌价损失的风险，等等。因此，企业的理财活动越大，财务风险也可能越大。

四、汇率变动对现金的影响分析

汇率变动对现金的影响，反映企业外币现金流量及境外子公司的现金流量折算为人民币时，所采用的现金流量发生日的汇率或平均汇率折算为人民币金额与"现金及现金等价物净增加额"中外币现金净增加额按期末汇率折算为人民币金额之间的差额。

此项目如果数额较大，需要借助于附注的相关内容分析其原因及其合理性。

五、现金流量表补充资料涉及的项目

随着我国会计制度和国际会计制度的接轨，作为三大主表之一的现金流量表越发显现出它的重要性，而如何运用现金流量表，尤其是运用现金流量表的补充资料来进行收益质量的分析也成为企业及投资人各方所关注的问题。现金流量表提供的信息虽然比较全面地反映了企业的现金支付能力和经营运转态势，但一些不涉及当期现金的收支，却对以后现金收支有影响，以及由于按权责发生制会计处理原则，其中有些收入、费用项目账务虽已反映，但实际并没有发生现金流入流出，也需调整或对这类信息、要求予以解释性说明，这就是现金流量表附注的内容。

(一)不涉及现金收支的投资和筹资活动

不涉及现金收支的投资和筹资活动的业务主要有：以固定资产偿还债务、以对外投资偿还债务、以债权或存货进行长期投资、融资租赁固定资产、接受捐赠的非现金资产等。

(二)将净利润调节为经营活动的现金流量

正如前述，现金流量表中，经营活动产生的现金流量是以销售收入的现金为起点，逐步围绕经营中的现金收支来源和去向累计经营现金流量净额。但未表现出现金流量究竟是哪些项目上引起的变动及变动量大小，这就需要补充说明。另一种方法则是以净利润为起点，通过债权债务变动、存货变动、应计及递延项目、与投资和筹资现金流量相关的收益或费用项目等，将净利润调节为经营活动的现金流量。这样得到的"经营活动产生的现金流量净额"结果与正表中的结果是一致的。在报表附注中作这种调整，清楚地表明了经营活动中现金在具体项目上的增减变动。

在净收益基础上进行调节具体的项目主要包括：①计提的资产减值准备；②固定资产折旧；③无形资产摊销；④长期待摊费用摊销；⑤待摊费用；⑥预提费用；⑦处置固定资产、无形资产和其他长期资产的损益；⑧固定资产报废损失；⑨财务费用；⑩投资损益；⑪递延税款；⑫存货；⑬经营性应收项目；⑭经营性应付项目。

调节公式为：经营活动产生的现金流量净额=净收益+计提的资产减值准备+当期计提的固定资产折旧+无形资产摊销+长期待摊费用摊销+待摊费用减少(减：增加)+预提费用增加(减：减少)+处置固定资产、无形资产和其他长期资产的损失(减：收益)+固定资产报废损失+财务费用+投资损失(减：收益)+递延税款贷项(减：借项)+存货的减少(减：增加)+经营性应收项目的减少(减：增加)+经营性应付项目的增加(减：减少)+其他。

(三)现金及现金等价物净增加额情况

《企业会计准则——现金流量表》规定，应在报表附注中提供"现金及现金等价物净增加额"信息，这是通过对现金、银行存款、其他货币资金账户以及现金等价物的期末余额与期初余额比较得来的。

很显然，"现金""银行存款""其他货币资金"等项，应是指符合本准则"现金"定义的现金、银行存款、其他货币资金。不能随时用于支付的存款，应作为投资处理。

应注意的是，现金流量表与其附注中"现金及现金等价物净增加额"同名栏目表现的数据应完全一致，即存在勾稽关系。

第三节 现金流量表趋势分析

在本书第一章中已经说明，通过编制比较财务报表，从各类和各个项目的增减变动及其差异中，可以观察和发现它的变化，包括有利变化和异常变化。现金流量的差异分析也可以采用这种形式，通过现金流量的趋势分析可以帮助报表使用者了解企业财务状况的变动趋势，了解企业财务状况变动的原因，在此基础上预测企业未来的财务状况，从而为决策提供依据。

现根据表 4-3MDDQ 公司 2008—2010 年这三年的现金流量表资料，编制经营活动、投资活动和筹资活动的现金流量对比分析，如表 6-3 所示。

表 6-3 MDDQ 公司现金流量比较分析

2008—2010 年度　　　　　　　　　　　　　　　　单位：千万元，%

项　　目	2008 年	2009 年	环比增长	2010 年	环比增长
一、经营活动产生的现金流量					
销售商品、提供劳务收到的现金		1,757,419.55		8,301,724.02	372.38
收到的税费返还					
收到的其他与经营活动有关的现金	887,041.66	3,646,290.49	311.06	862,619.02	-76.34
经营活动现金流入小计	887,041.66	5,403,710.04	509.18	9,164,343.04	69.59
购买商品、接受劳务支付的现金		1,585,521.57		4,802,546.34	202.90
支付给职工为职工支付的现金	49,880.50	50,146.79	0.53	57,036.30	13.74
支付的各项税费	99,038.84	38,280.07	-61.35	44,182.90	15.42
支付的其他与经营活动有关的现金	8,094.62	1,454,204.69	17865.08	3,514,002.34	141.64
经营活动现金流出小计	157,013.96	3,128,153.12	1892.28	8,417,767.88	169.10
经营活动产生的现金流量净额	730,027.70	2,275,556.92	211.71	746,575.16	-67.19
二、投资活动产生的现金流量					
收回投资所收到的现金					

续表

项目	2008年	2009年	环比增长	2010年	环比增长
取得投资收益所收到的现金	723,701.39	674,531.51	-6.79	766,464.12	13.63
处置固定资产、无形资产和其他长期资产收到的现金净额					
处置子公司及其他营业单位收到的现金净额	116,521.04		-100.00		
收到的其他与投资活动有关的现金					
投资活动现金流入小计	840,222.43	674,531.51	-19.72	766,464.12	13.63
购建固定资产、无形资产和其他长期资产支付的现金	240,416.30	242,636.41	0.92	482,187.40	98.73
投资支付的现金		20,334.68			-100.00
取得子公司及其他营业单位支付的现金净额	2,621,138.37	2,069,852.38	-21.03	812,500.00	-60.75
支付的其他与投资活动有关的现金					
投资活动现金流出小计	2,861,554.67	2,332,823.47	-18.48	1,294,687.40	-44.50
投资活动所产生的现金流量净额	-2,021,332.24	-1,658,291.96	-17.96	-528,223.28	-68.15
三、筹资活动产生的现金流量					
吸收投资收到的现金		2,913,149.27			-100.00
取得借款所收到的现金	6,862,505.40	1,545,160.12	-77.48		-100.00
收到的其他与筹资活动有关的现金					
筹资活动现金流入小计	6,862,505.40	4,458,309.39	-35.03		-100.00
偿还债务所支付的现金	5,597,515.40	3,066,784.83	-45.21	143,365.29	-95.33
分配股利、利润或偿付利息所支付的现金	504,285.31	230,523.28	-54.29	209,129.02	-9.28
支付的其他与筹资活动有关的现金					
筹资活动现金流出小计	6,101,800.71	3,297,308.11	-45.96	352,494.31	-89.31
筹资活动产生的现金流量净额	760,704.69	1,161,001.28	52.62	-352,494.31	-130.36
四、汇率变动对现金及现金等价物的影响					
五、现金及现金等价物净增加	-530,599.85	1,778,266.24	-435.14	-134,142.43	-107.54

从表 6-3 可以观察各类现金流量的如下变化。

(1) 销售商品、提供劳务的环比增长为 372.38%，可见，推行规模化策略对企业经济的发展有比较明显的促进作用。

(2) 购买商品、接受劳务支付的现金环比增长为 202.90%，成本数额随着销售规模的扩大而增长，且 2010 年的环比增长速度低于销售的增长速度。可见，企业目前保持良好的主营业务盈利能力。

(3) 2009 年，支付的其他与经营活动有关的现金的环比增长为 17865.08%，2010 年为

141.64%。增幅明显。2010 年该公司用于管理费用支付的现金和销售费用支付的现金增长显著。公司总部大楼的建成和规模的不断扩大,管理费用和销售费用增加明显。

(4) 投资活动产生的现金流量净额呈逐年递减的趋势。该公司的投资活动现金流入项目较少,且取得投资收益所收到的现金也不高,2010 年的增幅较小,与利润表的投资收益配比。2010 年,该公司除了购建固定资产、无形资产和其他长期资产支付的现金所有增加以外,其他的投资项目付出的现金都有所减少,可见该公司心无旁骛地进行着战略扩张。

(5) 2010 年,该公司的筹资活动现金流入为 0,现金流出与上年相比也有大幅减少。可见,即使在进行规模扩张时期,该公司也不依赖于外部资金,说明其自有资金十分充足,现金流非常好。

第四节 现金流量表结构分析

现金流量的结构分析,可以使报表使用者进一步了解企业的财务状况的形成过程,变动过程及其变动原因。现金流量的结构分析可以分为现金流入结构分析,现金流出结构分析及现金流入流出比分析。

一、现金流量表结构分析的意义

现金流量结构可以划分为现金流入结构、现金流出结构和现金流入流出比结构。现金流量结构分析就是以这三类结构中某一类或一类中某一个项目占其总体的比重所进行的分析,故也称比重分析。通过结构分析,可以具体了解现金主要来自哪里、主要用往何处,以及净流量是如何构成的,并可进一步分析个体(项目)对总体所产生的影响、发生变化的原因和变化的趋势,从而有利于对现金流量做出更准确的判断和评价,所以,现金流量的结构分析有着重要意义。现金流量结构分析一般采用结构百分比法。

二、现金流入结构的分析

现金流入结构反映经营活动、投资活动和筹资活动者三类活动的现金流入在全部现金流入中的构成和所占的比重,以及这三类活动中的各个项目在该类现金流入中的构成和所占的百分比。通过现金收入结构,明确企业的现金究竟来自何方,要增加现金收入主要的依靠来源等。现金流入结构的分析包括总流入结构以及经营活动、投资活动、筹资活动三项活动流入的内部结构分析。其计算公式为

$$现金总流入结构比率 = \frac{各类活动现金流入量}{总现金流入量} \times 100\%$$

$$现金流入内部结构比率 = \frac{某单项活动现金流入量}{某类活动现金流入量} \times 100\%$$

一般而言,经营活动现金流入占总现金流入比重大的企业,特别是销售商品、提供劳务收到的现金占经营活动现金流入比例特别大的企业,可以表明企业的经营状况良好,财务风险很低,现金流入结构较为合理。但是,对于经营风格差异较大的企业来说,可能这一比重也存在着较大的差异,宏观上并不便于比较。现以 MDDQ 公司的现金流量资料为例加以说

明，具体如表6-4所示。

表6-4 MDDQ公司现金流入结构分析   单位：%

项　目	2008年结构百分比	2009年结构百分比	2010年结构百分比
一、经营活动的现金流入	10.33	51.29	92.28
其中：销售商品、提供劳务收到的现金		16.68	83.60
收到的税费返还			
收到的其他与经营活动有关的现金	10.33	34.61	8.69
二、投资活动的现金流入	9.78	6.40	7.72
其中：收回投资所收到的现金			
取得投资收益所收到的现金	8.43	6.40	7.72
处置固定资产、无形资产和其他长期资产而收到的现金净额			
处置子公司及其他营业单位收到的现金净额	1.36		
收到的其他与投资活动有关的现金			
三、筹资活动的现金流入	79.89	42.31	
吸收投资收到的现金		27.65	
取得借款所收到的现金	79.89	14.66	
收到的其他与筹资活动有关的现金			
现金流入合计	100.00	100.00	100.00

通过表6-4的现金流入结构分析可知如下内容。

(1) 该公司经营活动的现金流入逐年上升，且比重由2008年的10.33%上升到2010年的92.28%，公司的现金流入主要依赖于经营活动产生的现金。可见，该公司的现金流入来源稳定且质量高。

(2) 近三年，投资活动产生的现金流入一直保持稳定的水平。可见，企业的投资收益并没有给企业的现金流入带来很大的波动。

三、现金流出结构的分析

现金流出结构反映经营活动、投资活动和筹资活动者三类活动的现金流出在全部现金流出活动中的构成和所占的比重，以及这三类活动中的各个项目在该类现金流出中的构成和所占的比重，具体反映了企业的现金用在哪些方面。现金流出结构的分析包括总流出结构以及经营活动、投资活动、筹资活动三项活动流出的内部结构分析。其计算公式为

$$现金总流出结构比率 = \frac{各类活动现金流出量}{总现金流出量} \times 100\%$$

$$现金流出内部结构比率 = \frac{某单项活动现金流出量}{某类活动现金流出量} \times 100\%$$

一般而言，企业经营活动产生的现金流出量在企业总现金流出量中所占比重较大，而且具有一定的稳定性，各期变化幅度不会太大。而投资活动和筹资活动产生的现金流出量从量上看会因企业财务策略的不同而存在较大差异，同时相较于经营活动产生的现金流出量的稳定性来说，投资活动和筹资活动产生的现金流出量常常波动较大，具有偶发性。因此，在对企业现金流出结构进行分析时，应结合企业具体情况，不同时期不能采用统一衡量标准。

表6-5 MDDQ公司现金流出结构分析   单位：%

项　目	2008年百分比	2009年百分比	2010年百分比
一、经营活动的现金流出	1.72	35.72	83.63
购买商品、接受劳务支付的现金		18.10	47.72
支付给职工及为职工支付的现金	0.55	0.57	0.57
支付的各项税费	1.09	0.44	0.44
支付的其他与经营活动有关的现金	0.09	16.60	34.91
二、投资活动的现金流出	31.38	26.64	12.86
购建固定资产、无形资产和其他长期资产所支付的现金	2.64	2.77	4.79
投资支付的现金		0.23	
取得子公司及其他营业单位支付的现金净额	28.74	23.63	8.07
支付的其他与投资活动有关的现金			
三、筹资活动的现金流出	66.90	37.65	3.50
偿还债务所支付的现金	61.37	35.02	1.42
分配股利、利润或偿付利息所支付的现金	5.53	2.63	2.08
支付的其他与筹资活动有关的现金			
现金流出合计	100.00	100.00	100.00

通过表6-5的现金流出结构分析，可总结出以下信息。

(1) 2010年，该企业经营活动产生的现金流出在整个企业现金流出中所占的比重达到83.63%。结合现金流入结构分析表，我们看到，该公司的现金流出有相应的现金流入做配比，因此，其质量较高。结合现金流量的趋势分析，经营活动的现金流入高于现金流出，且两者的差额逐渐扩大，可见，其盈利空间也越来越大。

(2) 购买商品、接受劳务支付的现金占所有现金流出的47.72%，支付的其他与经营活动有关的现金占34.91%。在该结构比重中，我们发现，支付于管理费用和销售费用的现金流出还有调减的空间，期间费用的合理管理将有助于提升企业的盈利水平。

(3) 2010年，投资活动产生的现金流出较前两年有大幅降低，目前仅为12.86%，且其中的4.79%用于购建固定资产、无形资产和其他长期资产。可见，公司目前减缓了对外投资的进度，着重于不断提升自身的主营业务水平。

(4) 筹资活动的现金流出目前仅占现金流出总量的3.50%，可见，目前企业的对外筹资需求小。

四、现金流入流出比分析

现金流入流出比，是指在一定会计期间某类活动现金的流出取得了多少现金流入。流入流出比，按照现金流的主要来源与去向分为经营活动的现金流入流出比、投资活动的现金流入流出比、筹资活动的现金流入流出比。其计算公式为

$$现金流入流出比 = \frac{各类活动现金流入量}{各类活动现金流出量} \times 100\%$$

一般而言，经营活动的现金流入流出比越大越好，投资活动的现金流入流出比在企业成长期此比值通常比较小，因为这一阶段往往需要大量现金投出；相反，当企业处于衰退期或缺少投资机会时，此比值应该大一些才比较好，因为，此时主要是为了尽快收回投资或减少投资；筹资活动的现金流入流出比在企业处于成长与扩张期时比值比较大属于一种正常现象，因为这表示企业正在积极筹集资金以满足发展的需要。相反，如果企业处于成熟期，则此比值要小一些，因为此时企业现金流一般很充裕，不再需要从外部大量筹集资金，而且开始偿还前期债务。如表 6-6 所示，以 MDDQ 公司 2008—2010 年的现金流量为例。

表 6-6 MDDQ 公司现金流入流出结构分析 单位：%

项目	2008 年	2009 年	2010 年
经营活动现金流入：现金流出	564.94	172.74	108.87
投资活动现金流入：现金流出	29.36	28.91	59.20
筹资活动现金流入：现金流出	112.47	135.21	0.00
现金总流入：现金总流出	94.18	120.30	98.67

通过上述 MDDQ 公司的现金流入流出结构分析表，我们可以得到以下结论。

(1) 经营活动现金流入流出比自 2008 年以来呈逐年下降的趋势，这和家电行业近年来的竞争日益激烈有关。尽管现金的流入流出比降低，但是企业目前还是保持着流入量大于流出量的状态。那么如何保持这种状态，并努力将该指标提升上去，是目前 MDDQ 公司应该极力解决的问题。

(2) 投资活动现金流入流出比逐年上升，且在 2010 年该比值达到 59.20%。结合前面对现金流量的分析可知，该企业目前的对外投资的较少，其发展重心主要集中在内部经营规模的扩展。因此，该指标较高，在一定程度上提示企业管理者应适当关注外部投资机会，充分利用目前的投资资金。

(3) 该企业的筹资活动现金流入流出变化大，在 2010 年，该比例为 0。主要在于企业未进行外部筹资。

(4) 综合以上分析，我们可以看到，MDDQ 公司自有现金充足，现金流量状况良好，偿债能力和支付能力都很强。

总之，现金流量表已成为世界上通行的重要会计报表之一。无论是企业的经营者还是企业投资者、债权人、政府有关部门以及其他报表使用者，对现金流量表进行分析都具有十分重要的意义。通过现金流量表分析，可以了解企业本期及以前各期现金的流入、流出及结余情况，从而正确评价企业当前及未来的偿债能力和支付能力，发现企业在财务方面存在的问

题，正确评价企业当期及以前各期取得的利润的质量，科学地预测企业未来的财务状况，从而为其科学决策提供充分、有效的依据。

第五节　现金流量表质量分析

一、现金流量表的缺陷

编制现金流量表的目的在于提供某一会计期间的现金赚取和支出信息，以反映企业现金周转的时间、金额及原因等情况，其公式可表述为：当期现金净增加额=经营现金净流量+投资现金净流量+筹资现金净流量。

直观地看，现金流量表就是对比较资产负债表中"货币资金"期初、期末余额变动成因的详细解释。现金流量表编制方法较为复杂，这使大部分投资者很难充分理解利用其信息，而且对其作用和不足也缺乏一种较为全面的认识。许多投资者对现金流量表抱有很大期望，认为"经营现金流量净额"可以提供比"净利润"更加真实的经营成果信息，或者其不太容易受到上市公司的操纵，等等。事实上，现金流量表确实存在这样的功能，但是这些观点也是比较片面的，该表也存在着一些缺陷。

(一)现金流量表的编制基础是现金制，即只记录当期现金收支情况，而不理会这些现金流动是否归属于当期损益

因此，企业的当期业绩与"经营现金流量净额"没有必然联系，更不论投资、筹资活动所引起的突发性现金变动了。另外，在权责发生制下，企业的利润表可以正常反映当期赊销、赊购事项的影响，而现金流量表则是排斥商业信用交易的。不稳定的商业回款及偿债事项使得"经营现金流量净额"比"净利润"数据可能出现更大的波动性。

(二)现金流量表只是一种"时点"报表，一种"货币资金"项目的分析性报表

因此，其缺陷与资产负债表很相似。显而易见，特定时点的"货币资金"余额是可以操纵的。例如，不少上市公司已经采用临时协议还款方式，在年末收取现金，年初又将现金拨还债务人。这样，企业年末现金余额剧增，而应收款项又大幅冲减，从而使资产负债表和现金流量表都非常好看，但现金持有的真实水平却没有变化。相反，在这种情况下，利润表受到的影响不大(除了当期坏账费用减少以外)，仍能比较正确地反映当期经营成果。

(三)编制方法存在问题

尽管我国要求上市公司采用直接法编制现金流量表，但在无力进行大规模会计电算化改造和账务重整的现实条件下，这一目标是很难实现的。目前，绝大多数企业仍然采用间接法，通过对"净利润"数据的调整来计算"经营现金流量净额"，但这一方法的缺陷是非常明显的。在现行会计实务中，"经营现金流量净额"的计算最终取决于"货币资金"的当期变动额，而不是每项业务的真实现金影响。例如，在其计算过程中，收回或核销前期应收款项的效果相同，都会增加"销售商品、劳务收到的现金"，这就很容易对投资者形成误导。

二、现金流量表质量分析时应注意的问题

(一)整体把握

要正确理解现金流量表,需要从以下三个方面进行整体把握。

(1) 应当研究现金流量表的分类结构,仔细分析各类构成要素对现金流量总量的最终影响结果。目前,上市公司的现金流量表一般由五大项和一些补充资料组成,其中,经营、投资、筹资三大活动所产生的现金流量是我们研究的重点。在每一项活动当中,现金流量表都将现金的流入与流出明显地区分开来,相应地,涉及一些子项,在深入分析之前,我们可以暂时不理会它们。首先要关心的是,本期流入的净额及流入与流出的总数,当我们感觉有明显的异常情况时,再回过头来细细琢磨对应的构成状况。

【例6-11】 以某公司为例,该企业经营活动产生的现金净流量为-58 687 776.91元,投资活动产生的现金净流量为-9 251 679.86 元,本期现金及现金等价物净增加额为 17 071 454.00 元。造成最终现金净流量增加的原因是筹资活动现金净值增加了 85 010 497.17 元(主要是借款筹得)。这一状况结合资产负债表和利润表可以看出,该企业主营业务收入、主营业务利润及利润总额与上年相比增长均在 50%以上,反映企业具有良好的成长性,但同时应收账款、营业成本也均有大幅加,且增幅大于收入、利润的增幅,说明该企业财务状况尚有可以改进的地方。

(2) 要将企业的现金流动情况放在企业持续经营活动的过程中历史地判断。企业经营是一个持续不断的过程,因此企业的财务状况也总处于一个不断变化的过程之中。某一企业某段时间的状况不佳,通过努力是可以改变的。

(3) 要与企业资产负债表、利润表相互对照阅读,并结合其他资料进行综合分析。如通过报表附注了解行业情况及公司相关背景,从传媒中了解关于公司的其他信息等,这样可以直接加深对现金流量表的理解。比如企业投资活动现金为负,我们可以通过阅读上市公司的财务报表以外的其他信息披露,进一步审查其是否有带来良好效益的项目投资,项目进展情况,其发展前景如何等,以进一步判断企业的整体经营素质和管理水平。

总的来说,在解读与分析现金流量表时,投资者不能单纯看几个数据与指标的增减变化,而应和其他有关方面的资料相结合进行综合评价。

一方面,要全面、完整、充分地掌握上市公司的信息。不仅要充分理解财务报表上的信息,还要重视企业重大会计事项的揭示以及注册会计师的审计报告,另外还要考虑国家宏观政策、国际国内政治气候、所处行业的变化情况等方面的影响;不仅要分析现金流量表,还要将资产负债表、利润表等各种报表有机地结合起来,这样才能全面而深刻地揭示企业的偿债能力、获利能力、管理业绩和经营活动中存在的成绩和问题。

另一方面,要把特定分析与全面评价相结合。投资者应在全面评价的基础上,选择特定项目进行重点分析,并将全面分析结论和重点分析的结论相互对应,以保证分析结果的有效。

(二)分析要点

作为对资产负债表和损益表的补充报表,现金流量表为投资者提供了关于公司现金变动情况的信息,有利于投资者对公司总体财务状况进行客观评价。投资者在对公司现金流量表

进行分析时，应当注意如下三个要点。

(1) 经营现金流量是现金流量分析的重点。在对现金流量信息进行分析时，经营活动现金流量应当是重点，原因是经营活动是公司一切活动的核心和重点。公司的投资活动和筹资活动要为经营活动服务。作为一家健康运转的企业，经营活动应当是现金流量的主要来源。

(2) 评价公司偿债能力、利润质量和投资价值是现金流量分析的主要目的。考虑到我国的实际情况，投资者可着重从现金流量表中挖掘有关公司偿债能力和利润质量的信息，并利用现金流量对公司进行估价。

(3) 对未来的预测比历史分析更重要。尽管现金流量表提供了公司财务状况变动的动态信息，但现金流量表毕竟提供的只是历史信息，这只能代表公司的过去。而"买股票就是买未来"，运用经验和推理挖掘公司未来发展的信息比对公司历史财务状况的描述重要得多。

一般情况下，我们所关注的是现金流量净额，即现金流入减去现金流出的差额部分。如果有负数，须格外关注，并找出相应原因。

【例 6-12】 某上市公司的投资现金流为负数，经查，是其固定资产投资所致，则属正常投资行为，否则就有可能面临着某种财务危机。

总之，运用合理有效的方法，恰当地对现金流量表进行分析，可以帮助我们得到在其他表中无法获取的信息，但是现金流量表也不是万能的，其本身也存在着固有的缺陷，需要不断地加以完善。

本 章 小 结

现金流量是评价企业的财务状况和绩效的一个重要标准。本章以现金流量表为依据，重点介绍了现金、现金等价物和现金流量等基本概念，在此基础上，阐述了现金流量分析的作用、分类和编制方法及结构。

现金流量表的项目主要由以下部分组成：经营活动现金流量、投资活动现金流量和筹资活动现金流量，另外，还有以间接法为基础编制的现金流量表补充资料。本章依次介绍了这些组成部分中各个项目的内容构成及注意点。

在各个项目分析的基础上，本章从整体上向读者介绍了现金流量质量分析的方法，着重从经营活动、投资活动、筹资活动三个角度来探讨，通过该节内容介绍帮助读者看到现金质量下降的一些表征，引起报表使用者关注。

现金流量趋势分析包括共同比分析和趋势分析。通过这两种分析，就可以掌握现金流量增减变动所产生的差异、发生差异的原因及增减变动的发展趋势等各方面的信息，并对其做出评价。

现金流量的结构包括现金流入结构、现金流出结构和现金流入流出比结构分析。通过结构分析，就可以掌握现金主要来自哪里，主要用往何处，现金流入、流出和净流量如何构成等各种信息，并对其做出评价。

复习思考题

一、简答题

1. 现金流量表是有哪几部分组成？内部构成在什么状态下较为理想？
2. 现金流入结构和流出结构分析的思路是什么？结合实际说明应如何运用。
3. 现金流量趋势分析的方法有哪些？其优点何在？

二、分析题

某企业 2009 年与 2010 年有关现金流量资料如下表所示：

单位：万元

项　目	2010 年	2009 年
经营活动净现金流量	1200	1500
投资活动净现金流量	350	−150
筹资活动净现金流量	150	350
债务偿还额	1400	1000
资本性支出	500	540
支付股利额	200	180
支付利息额	100	80

要求：

对该企业的现金流量进行简要的分析与评价。

第三篇 财务效率分析

第七章 企业盈利能力分析

【学习目标】
1. 了解企业盈利能力的相关内容。
2. 了解企业盈利能力分析指标的构成及意义。
3. 掌握各种盈利能力分析指标的计算方法。
4. 理解并能熟练运用各种指标对企业的盈利能力进行分析。
5. 理解盈利质量分析的相关内容。

在纳斯达克流行着这样一句话:"任何公司都能上市,但时间会证明一切。"上市公司发布的财报,就是公司交给投资者的成绩单,不合格者会被无情地淘汰。中国的麦考林于2010年10月底登陆美国的纳斯达克市场,首日取得了不错的成绩,根据相关资料显示,公司总市值达10亿美元。但是,在公司发布财报资讯之后的短短20天内,麦考林的股价大幅度下降。这是因为根据其上市后发布的首份季报显示,公司2010年第三季度毛利率同比下滑近400个基点,使得四季度收入预期比首次公开募股之前的承诺低了许多。毛利率指标可以用于衡量企业的盈利能力吗?为什么可以?用于评价企业盈利能力的指标还有那些?对于这些问题,我们将在本章的学习中进行详细的介绍。

第一节 企业盈利能力概述

一、盈利能力的含义

盈利能力,又称为获利能力和企业的资金或资本增值能力,是企业在一定时期内利用各种经济资源赚取利润的能力,往往表现为一定时期内企业收益数额的多少及其水平的高低。盈利能力是各部门生产经营效果的综合表现,企业经营的好坏最终都会通过它反映出来。盈利能力也是企业在一定时期的销售能力、收取现金能力、降低成本能力以及规避风险能力的综合表现,为企业的生存和发展提供物质基础。

最大限度地赚取利润是企业经营和稳定发展的主要目标,盈利能力的大小是一个相对的概念,是利润相对于一定的收入、资源投入等而言的。一般来说,盈利能力是指在正常的营业状况下，企业产生的收益或损失，即企业的盈利能力只涉及正常的经营状况。非正常状况下产生的收益或损失，只是个别情况，不能说明公司的真实能力。因此，在分析企业盈利能力时，应当剔除以下因素对利润的影响：证券买卖等非正常项目、已经或将要停止的营业项目、重大事故或法律更改等特别项目、会计准则和财务制度变更带来的累计影响等。

二、盈利能力的影响因素

盈利能力反映的是公司获取利润的能力，对于企业来说，股东报酬的高低、债权的安全程度和企业自身的持续稳定发展都与其有着密切关系。因此，要考察企业的经营效益和盈利情况，需先了解其决定盈利水平的各种因素。一般来说，盈利能力与企业的营业获利能力、风险程度和发展能力是分不开的。具体说来，盈利能力的影响因素主要有企业的资本结构、营销能力、成本费用管理水平、人力资源管理水平、市场定位能力和风险管理水平等。我们要认识清楚影响盈利能力的因素，从而有针对性地改进盈利能力，增强企业竞争力。

(一)资本结构

企业的价值最终取决于其盈利能力，盈利能力及其风险水平是评估企业价值的基础，资本结构与盈利能力之间也存在着显著的影响关系，适度的负债可以提高盈利能力，增加企业价值。目前，资本结构与盈利能力之间如何相互影响，从不同角度分析得出的结论并不一致。

信号传递理论认为，财务杠杆越大，企业的盈利能力越强，企业的债权融资是传递企业经营状况良好的信息；而权衡理论认为，资产负债率与企业价值呈倒"U"形曲线关系，即随着资产负债率的增加，企业价值会不断增加，当资产负债率增加到一定程度时，企业价值将会下降；同时，代理成本理论也认为资产负债率与企业价值呈倒"U"形曲线关系，资产负债率的提高可以减少企业所有者与经营者之间的代理成本，而增加了所有者与债权人之间的代理成本，使企业价值先上升后下降。

一般认为，增加债权融资将使得内部人更容易获得控制权，从而减少企业发生代理权争夺等可以改变企业绩效的行为；另外，债权融资可以减少企业内部人可自由支配的现金流，因此负债可以作为降低代理成本的一种机制提高企业绩效。此外，若管理层属于风险规避型，则随着负债的增加，将倾向于投资低风险项目，由于低风险项目一般利润率较低，则负债率的提高应该会降低企业的盈利能力水平。

(二)企业营销能力

企业的利润主要来源于营业收入尤其是主营业务收入，而企业的营销能力从根本上决定了企业营销规模的大小和营业收入的多少。所以，盈利能力的强弱与企业营销能力有着密切的关系，可以说，营销能力是盈利能力的基础，良好的营销能力能够为保证企业盈利能力的稳定持续提供保证。

(三)成本费用管理水平

与营业收入不同，成本费用会导致利润的减少，因此，加强对成本费用的管理，不断挖掘成本潜力是企业增加利润的途径。降低成本的能力主要取决于技术水平、产品设计及规模经济和企业对成本管理水平的高低。当然，成本费用的降低应控制在合理范围内，不能一味地追求低成本而影响企业未来的获利能力。过于追求低成本战略就给采购、生产、销售均为全球化的丰田未来的发展埋下了隐患。

(四)资产管理水平

资产是可以在未来期间给企业带来经济流入的资源。因此，资产规模、资产结构以及资产利用效率与企业的盈利能力有着密切的关系。适度的资产规模、合理的资产结构能够增强企业的获利能力，而有效的资产管理水平又为资产规模与资产结构的合理化提供基本条件。

(五)人力资源管理水平

随着经济的不断发展，竞争日趋激烈，许多企业已将竞争目标转移到人才资源上，人才的竞争已成为这个时代的特点，人才的培养和利用将会影响企业盈利能力，如何管理好每一位员工，培养员工的忠诚度，发挥员工工作的主动性和积极性，从而提高其经营效率，成为企业人力资源管理中最主要的问题。

(六)市场定位能力

为了避免趋同化的竞争，要求企业对市场的划分更加细分和规范，不同产品应形成自身的目标顾客群和利润空间。市场定位的实质是使本企业与其他企业严格区分开来，使顾客明显感觉和认识到这种差别，从而在顾客心目中占有特殊的位置。要想在竞争中生存，就必须研究消费者需求，坚持以市场为导向，为客户提供更高品质的产品和更优质的服务，找准自己的目标市场，并进行差异化的市场定位，从而最大化地获得利润。

(七)风险管理水平

企业在赚取利润的过程中必须同时关注风险的管理与控制。一般而言，风险低的项目其收益相对较低；风险高的项目，其收益也相对较高。企业应该根据自身经营的特点，选择合理的盈利机会，将风险控制在一定水平，避免盲目追求盈利而引来严重危机的局面。

三、进行盈利能力分析的意义

获取利润是企业持续稳定发展的前提，是企业从事生产经营活动的根本目的，而赚取利润的多少取决于企业的盈利能力水平。进行盈利能力分析是财务报表分析的主要部分，无论是企业的投资者、债权人，还是企业的经营管理人员与职工，都非常关心企业的盈利能力，重视对利润率及其变动趋势的分析与预测。进行盈利能力分析的意义具体体现在以下几个方面：

对于投资者，企业的盈利能力是其进行决策的重要依据。盈利能力是对企业进行价值评估的数据基础，是证券价值变动的关键影响因素，是股东获取股利多少和资本收益多少的决定因素。无论是现在的投资者，还是潜在的投资者都对盈利能力强的企业感兴趣，因为这些企业能够给他们带来更多的投资收益、带来更多的报酬。

对于债权人，企业的盈利能力影响到其债务的安全程度。利润是债权人收回本息的资金来源，而盈利能力的高低决定着利润的多少，因此，企业的盈利能力从根本上影响着企业支付本金和归还利息的能力，影响着债权人债权的保障程度。企业的短期债权人主要关心企业当期的盈利能力和支付能力，而长期债权人则侧重于关注企业的盈利能力是否持续稳定，以及长期借款本息是否能够足额收回。

对于经营管理者，企业的盈利能力影响到其业绩及公司的健康发展。盈利能力是企业最重要的业绩衡量标准，获取利润的多少能够直接揭示经营管理者决策的合理性，用已达到的盈利能力指标与同行业平均水平、竞争对手相比较，则可以衡量经营者工作业绩的优劣；同时通过盈利能力也能发现企业存在问题，从而改进管理。此外，持续、稳定地赚取利润，是企业从事生产经营活动的根本目标。只有这样企业才能拥有充足的财务资源，从而实现持续、健康的发展。若企业经营不善，在长时间内盈利较少或出现亏损，不仅无力进行发展，还会在激烈的市场竞争中被淘汰。

此外，企业盈利能力也是其他的利益相关主体的关注焦点，如企业的供应商、客户、职工等。例如，利润是企业职工取得薪金以及发展机会的资金来源；供应商也需要了解企业获取收益水平，分析企业的发展潜力，从而采取相应的策略；政府通过了解企业获利的多少，可以更好地进行宏观调控。

四、盈利能力分析指标

财务分析通常需要从四个方面进行，即企业盈利能力、偿债能力、发展能力以及营运能力。在经济发展的今天，一般认为，企业财务评价的内容主要是盈利能力，其次是偿债能力、发展能力。因此，盈利能力分析是企业财务分析的重要内容。盈利能力是测验企业运用其拥有的资本和资产创造现金流量的能力，是分析企业经营的核心，企业盈利能力财务分析主要是以资产负债表、利润表、现金流量表、利润分配表为基础，通过表内各项目之间的逻辑关系构建一套指标体系，然后对指标值进行计算。

简单地说，盈利能力分析就是要从各个角度对企业获取利润的能力进行分析研究，主要包括非上市公司盈利能力分析和上市公司盈利能力分析。其中，非上市公司盈利能力分析又覆盖以下内容：与销售有关的盈利能力分析、与资产有关的盈利能力分析、与资本有关的盈利能力分析、与现金净流量有关的盈利能力分析以及与社会贡献有关的盈利能力分析。总之，反映盈利能力的指标有很多，如销售毛利率、销售净利率、总资产收益率、净资产收益率、每股收益、每股净资产、市盈率、市净率等。其中，最具有代表性的基本指标是总资产收益率和净资产收益率。

此外，还应该结合具体情况对指标的进行动态评价，或进行同行业的横向比较分析，或进行预算比较分析。如何正确、公正地分析企业的盈利能力是财务分析的核心内容，也是各个利益相关者共同关心的问题，本章节将从非上市公司盈利能力分析和上市公司盈利能力分析两方面对企业盈利能力分析进行介绍。

第二节　非上市公司盈利能力分析

一、与销售有关的盈利能力分析

影响盈利能力的因素有很多，下面主要从销售收入和费用两个角度考虑，分析它们如何影响盈利能力。与销售有关的盈利能力是指每实现 1 元营业额或消耗 1 元资金可以带来的利润有多少。因此，与销售有关的盈利能力分析，主要包括两个方面：营业收入盈利能力分析和营业成本盈利分析。

(一)营业收入盈利能力分析

从收入的角度对盈利能力进行分析，只研究利润与收入的比率关系。营业收入获取的多少是决定企业盈利能力的最主要因素。因为企业的营业利润是产品销售收入扣除相关成本费用后的余额，所以营业收入的多少直接影响获利的水平。在利润表中，企业的营业收入包括主营业务收入和其他业务收入，利润包括营业利润、利润总额和净利润三种形式。因此，从收入的角度对盈利能力进行分析的指标多采用销售毛利率、营业利润率、销售净利润率、息税前利润率等。

1．销售毛利率

1) 销售毛利率的概论

销售毛利率，是销售毛利与营业收入的比率，即毛利占营业收入的百分比，体现了企业生产经营活动最基本的获利能力，是评价企业销售盈利能力的主要指标，是判断盈利能力提高或降低的标准。其计算公式为

$$销售毛利率=(销售毛利÷营业收入)\times100\%$$

其中，销售毛利=营业收入-营业成本后的余额。

2) 销售毛利率的分析

销售毛利率是衡量公司产品和业务的经营管理质量的财务指标。非上市公司只有具备较佳的销售毛利，才能保证较为理想的营业利润率，从而获得满意的销售净利润率，提高公司最终的获利能力。

销售毛利率也表示每1元营业收入扣除营业成本后，有多少剩余可以用于各项期间费用和形成利润。该指标反映了企业营业活动的初始获利能力，也反映了产品或商品营业收入的获利能力，能较好地反映企业在销售价格和销售成本之间的控制是否具有有效果。通常情况下，该指标越高，单位营业收入的毛利越高，抵补企业各项经营支出的能力越强，销售(营业)利润越高，企业的盈利能力越强。

销售成本率与销售毛利率之和为1，计算出销售毛利率之后，销售成本率也一目了然。经营管理者可以根据预测的毛利率水平预测获利能力，进行成本水平的判断和控制。导致毛利率下降的水平主要有：购货成本上升；销售价格下降；销售产品结构发生变化，低毛利率产品所占比重上升；存货发生意外严重损失等。

分析该指标的高低时，应该考虑影响企业毛利的内外部因素。外部因素主要是指市场供求变动而导致的销售数量、销售价格以及购买价格的变化。影响毛利的内部因素主要是指企业成本管理水平、产品销售策略合理性等。

不同行业的销售毛利率存在明显的不同。通常情况下，营业周期短、固定费用低的行业毛利率水平比较低，如零售行业；而营业周期长、固定费用高的行业毛利率水平比较高，因为这些行业有较多固定成本需要弥补，如制造业。因此，在分析企业的毛利率时，与同行业的平均水平或竞争对手毛利率相比较是必要的，从而找出原因，并采取相应的调整措施。同时，应注意企业之间可能会因固定资产的折旧方法等会计处理不同，影响到销售成本，进而影响到销售毛利率的可比性。

2. 营业利润率

1) 营业利润率的概率

营业利润率，是企业一定时期营业利润与营业收入的比率，用于恰当评价企业经营过程的获利水平，是评价企业盈利能力的指标之一。其计算公式为

$$营业利润率=销售(营业)利润÷销售(营业)收入净额×100\%$$

式中，营业利润是指企业销售(营业)收入扣除销售(营业)成本、销售(营业)费用、销售(营业)税金及附加后的余额。销售(营业)收入净额为销售收入扣除销售退回、销售折扣及折让后的差额，销售(营业)成本等于期初存货成本加上本期购货成本减去期末存货成本，代表本期已销售产品的成本。因为产品销售成本是商业企业和制造企业最大的一项费用，所以，产品销售成本的变动能对当期利润带来很大的影响。

2) 营业利润率的分析

营业利润率表示每赚取1元营业收入能够带来的营业利润是多少，反映营业收入的收益水平。类似地，该指标与前面的指标都是评价产品盈利能力的主要指标，只不过是分子发生了变化而已，相比较而言，该指标对企业盈利能力的考察更为准确全面，这是因为期间费用中大部分是保证企业一定时期内持续经营所必须发生的费用，只有将这一部分费用从企业当期收入中扣除后，所剩余的部分才能构成企业稳定的盈利能力。也就是说，营业利润率揭示了全部收入与其相关的成本费用之间的关系，比销售毛利率更全面。一般来说，该指标越高，企业的产品竞争力越强，盈利水平越高；反之，则不同。

该指标既能反映产品的盈利能力，企业经营活动的基本获利能力；又能反映企业在销售成本控制、产品销售策略等方面的不足，指出企业应该加以保持与改善的地方。

3. 销售净利润率

1) 销售净利润率的概念

销售净利润率，是净利润与营业收入的比率，通常用百分数表示，用来评价企业营业收入的收益水平，是企业产品经营的核心目标，是评价企业盈利能力的主要指标。其计算公式为

$$销售净利润率=(净利润÷营业收入)×100\%$$

2) 销售净利润率的分析

该指标表示每1元营业收入带来的净利润是多少，表示销售收入的收益水平，用于评价公司经营活动流转额的最终获利能力。它与前面的指标一样，也是正指标，越高越好；而且，从公式可以看出，前面提到的销售毛利率是该指标的基础，是营业收入盈利能力分析的核心指标。运用该指标进行分析，可以揭示企业最终获利能力的高低。一般而言，该指标越高，表明企业的盈利能力越强。要想该指标保持不变或提高，就要在销售收入增加时，相应地提高净利润水平，因此，通过对该比率的分析，能够指引企业管理者改进产品经营管理，提高获利水平。

销售净利润率越高，说明企业为社会所新创造的价值越多，做出的贡献越大，对企业利害关系者越有利。对该指标分析时，应进行趋势分析，与以前年度的指标相比较，以观察动态变化及稳定状态；应该结合行业的平均水平或先进水平进行，找出企业的不足，了解引起销售净利率变化的原因尤其是外部原因。此外，还应该进一步了解引起该指标变化的内在原因，采取相应的调整措施，如进一步分析净利润、营业收入两个因素对该指标的影响，找明

原因。总之，在运用该指标进行盈利能力分析时，不能仅仅依据指标数字，要配合相关因素判断，使分析更加客观。

在净利润中不仅包括营业利润还包括营业外收支的影响，包含了除所得税以外所有的收支因素，比营业利润更好地反映出企业在一定时期总的盈利水平；但是净利润的形成并非都是销售收入所产生的，它还会受到其他业务利润、投资收益及营业外收支等因素的影响，故而在分析时容易造成分子和分母计算口径的差异，且难以反映获利的持久性和稳定性。所以使用该指标时应多结合其他指标进行分析。

例如，根据 ABC 公司的部分利润表资料，计算该公司 2009 年和 2010 年的销售毛利率、营业利润率和销售净利率，如表 7-1 所示。

表 7-1 ABC 销售利润率的计算   单位：千万元，%

项　目	2009 年	2010 年
营业收入	272.02	1076.59
营业成本	237.94	1013.25
销售毛利	34.08	63.34
营业利润	65.97	109.26
利润总额	65.79	109.79
净利润	64.99	100.19
销售毛利率	12.53	5.88
销售净利率	23.89	9.31
营业利润率	24.25	10.15

从以上计算分析可以看出：ABC 公司的销售毛利率、营业利润率和销售净利率有所下降。通过分析可以看出，这种下降趋势主要是由于公司 2010 年的成本费用增加所致。对于销售毛利率来说，成本的上升会导致该指标的下降，对 ABC 公司的销售毛利率进行分析时，还应结合其收入结构与各产品的毛利率进行。对 ABC 公司的营业利润率进行分析时，应对其产品的毛利率和产品收入结构进行分析。销售毛利率是营业利润率和销售净利率的基础，其高低会对这两个比率产生影响。

4．息税前利润率

1) 息税前利润率的概念

息税前利润率，是企业一定时期息税前利润与营业收入的比率，反映了企业经营活动的获利能力，是评价产品经营能力的指标之一。其计算公式为

$$息税前利润率=(息税前利润÷营业收入)×100\%$$

其中，息税前利润=净利润+利息费用+所得税费用。

2) 息税前利润率的分析

息税前利润率表示每 1 元营业收入带来的息税前利润是多少。与销售毛利率相同的是，该指标也是正指标，指标值越高越好，越高表示企业的息税前利润水平越高，盈利能力也越强；不同的是分子发生了变化，反映出融资结构对企业盈利能力的影响，与销售毛利率有着不同的经济意义。

息税前利润率分子采用的是息税前利润，息税前利润是排除利息和税收影响的收益，是企业经营过程中创造的全部收益，剔除了公司负债水平差异对该指标的影响，所以，息税前利润率不受筹资活动影响，反映了企业真实的盈利能力水平。

(二)营业成本盈利分析

营业成本盈利分析，是从资源耗费的角度对盈利能力进行分析。在利润表中，企业的营业成本主要包括主营业务成本、营业成本、总成本费用等多种形式，因此，从资源耗费的角度，对盈利能力进行分析的指标多采用主营业务成本利润率、营业成本利润率、成本费用利润率等。

1. 主营业务成本利润率

主营业务成本利润率，是指企业一定时期内主营业务利润与主营业务成本之比，用于评价企业生产经营过程中第一个环节的业绩，其计算公式为

$$营业成本利润率 = 主营业务利润 \div 主营业务成本 \times 100\%$$

其中，主营业务利润=主营业务收入-主营业务成本-主营业务税金及附加。

主营业务成本利润率是正指标，一般情况下，越高越好。进行分析时，应该与企业的具体管理环境及目标相结合，与企业的标准值相比较。

2. 营业成本利润率

1) 营业成本利润率的概念

营业成本利润率，是指企业一定时期内营业利润与营业成本的比率，是反映企业成本效益的主要指标之一。其计算公式为

$$营业成本利润率 = (营业利润 \div 营业成本) \times 100\%$$

2) 营业成本利润率的分析

营业成本利润率，表示每耗费1元营业成本费用可以带来多少利润。该指标为正指标，指标值越高越好。若该指标较高，则说明企业的投入产出水平较高，即耗用相同的营业成本可以带来较多的营业利润，企业经营得好，投入的资金得到了充分的利用；反之，则说明企业劳动耗费的收益水平较低，每1元的营业成本耗费为企业带来的收益较少。进行分析时，应该与企业的具体管理环境及目标相结合。

例如，根据 ABC 公司的部分利润表资料，计算该公司 2009 年和 2010 年的营业成本利润率，如表 7-2 所示。

表 7-2　ABC 营业成本利润率计算　　　　　　　　　　单位：千万元，%

项　目	2009 年	2010 年
营业利润	65.97	109.26
营业成本	237.94	1013.25
营业成本利润率	27.73	10.78

从以上计算分析可以看出，ABC 公司 2010 年的营业成本利润率比 2009 年度有所下降，公司应该深入洞察导致营业成本上升的原因，改进相关工作。

3. 成本费用利润率

企业出于选择经营品种的目的,有时需要对其生产的每一品种的经营效益进行评价,因而在企业的管理工作中,还应使用成本费用利润率指标对企业的盈利能力进行分析。

1) 成本费用利润率的概念

成本费用利润率,是指企业一定时期内营业利润与成本费用总额的比率,用以评价成本费用的开支效果,以及对成本的控制水平,反映企业盈利能力的高低。其计算公式为

$$成本费用利润率=(营业利润÷成本费用总额)\times 100\%$$

其中,成本费用总额包括营业成本、营业税金及附加、销售费用、管理费用、财务费用和资产减值损失等。营业成本包括主营业务成本与其他业务成本。

2) 成本费用利润率的分析

成本费用利润率,是反映成本费用总额与营业利润之间的对应关系的指标,是反映企业生产经营过程中发生的耗费与获得收益之间关系的指标。该指标高,表明企业以低投入带来高产出,企业为获取利润而付出的代价越小,取得同样多的利润只要花费更少的成本费用支出,耗费的收益水平高,盈利能力较强;反之,则表明企业的消耗没有带来较高的产出,盈利能力较弱。

该指标也是正指标,与营业成本利润率相比较,两者反映的费用与利润的经济关系不同。成本费用利润率是所得与所费的直接比较,能直接反映企业增收节支所获得的效益,通过对该指标进行分析,可以促使企业洞察目前管理中存在的问题,努力降低成本费用水平,促进企业获利能力的增强。

从公式可以看出,成本费用总额与成本费用利润率成反比关系,营业利润与成本费用利润率成正比关系。因此,为了保持成本费用利润率不变或提高,应该在成本费用总额增长时,相应地赚取更多的利润。在确定该指标时,应该与企业的具体情况相结合。

例如,根据 ABC 公司的部分利润表资料,计算该公司 2009 年和 2010 年的成本费用利润率,如表 7-3 所示。

表 7-3　ABC 成本费用利润率计算　　　　　　　　　　　　　　　单位:千万元,%

项　目	2009 年	2010 年
营业利润	65.97	109.26
营业成本	237.94	1013.25
成本费用总额	265.47	1053.42
成本费用利润率	24.85	10.37

以上结果表明,该公司成本费用利润率 2010 年比 2009 年下降 14.48%(24.85%-10.37%),公司应当深入分析导致成本费用上升的因素,采取相应的调整措施,改进有关工作,促进公司效益指标的上升。

二、与资产有关的盈利能力分析

前面介绍的是从销售角度来衡量企业盈利能力,但影响企业整体盈利能力的因素还有经济资源投入情况等,而且运用资产获得更好的投资报酬是经营管理者的目标。因此,对企业

盈利能力进行分析时，仅从销售情况来评价企业的盈利能力是不够的，还应该从投入资产与获得利润之间的关系来评价。

资产收益率是企业一定时期内投入资产所获得的收益。在资产负债表中，企业资产存在多种形式，为了提高分析的质量，在指标的设计上应遵循重要性原则以及成本效益原则，所以应采用最主要的资产项目和类别作为资产收益率的代表。因此，与资产有关的盈利能力分析的指标主要包括：总资产收益率、总资产净利率、流动资产收益率、非流动资产收益率、投资报酬率等。此外，为了准确地分析企业的盈利能力，我们还应结合资产利用效率和资金投入报酬两个因素作出进一步的分析。

(一)总资产报酬率

1) 总资产报酬率的概念

总资产报酬率，也称为总资产收益率，是企业一定时期内息税前利润与平均资产总额的比率，是企业资产经营的核心目标，它是评价企业资产盈利能力的指标之一。其计算公式为

$$总资产报酬率=(息税前利润÷平均资产总额)×100\%$$

其中，息税前利润=利润总额+利息费用
=净利润+所得税+利息费用
平均资产总额=(资产总额期初数+资产总额期末数)÷2

2) 有关总资产报酬率的分析

总资产报酬率，全面反映了企业资产利用的综合结果，反映了企业利用全部经济资源的获利能力，全面反映了企业的投入产出状况；总资产报酬率分子采用的是息税前利润，剔除了公司负债水平差异对该指标的影响，反映了企业真实的盈利能力水平。选用此指标有助于全面了解企业盈利情况、总资产利用情况以及企业在增加收入和节约资金使用等方面的情况。一般情况下，该指标较高时，表明企业资产运营有效，企业的投入产出水平较高，运用资产获取利润的能力较强；反之，则表明资产的利用效果欠佳，企业可能存在不良资产或资产利用率低的现象，财务管理水平较低。因此，此指标为正指标，越高越好。

为了更深入地对总资产报酬率进行研究，我们可以对总资产报酬率进行因素分析。

$$总资产报酬率=(息税前利润÷平均资产总额)×100\%$$
$$=(利润总额+利息费用)÷平均资产总额×100\%$$
$$=营业收入÷平均资产总额×(利润总额+利息费用)÷营业收入×100\%$$
$$=总资产周转率×息税前利润率$$

从公式可以得出，总资产报酬率的大小主要取决于总资产周转速度的快慢和获销售盈利水平的高低。因此，我们可以通过这两个因素对总资产报酬率作进一步分析。同时，有公式也可以得出提高总资产报酬率的两个途径：一个是加强资产管理，提高资产周转速度，充分发挥资产的效能；另一个是增加销售收入，提高销售盈利水平。销售净利率与总资产周转率的不同组合体现了公司不同的经营战略，高盈利水平，低周转率；或者是低盈利水平，高周转率，其最后所要达到的目的都是相同的，即提高公司的总资产报酬率。

企业还可根据该指标与市场资本利息率进行比较。如果大于资本利息率，则说明企业进行举债经营是有利可图的，可以充分发挥财务杠杆的作用，可以适度利用财务杠杆进行负债经营，以更少的资本获取尽可能多的收益。运用该指标时，应与企业的经济周期、企业战略

与特点、企业资本结构结合起来进行评价。此外，需要对该指标进行趋势比率分析，与历史水平相比较，正确地判断其高低。

(二)总资产净利率

1. 总资产净利率的概念

总资产净利率，是评价企业获利能力的主要指标。其计算公式为

$$总资产净利率=(净利润÷平均资产总额)×100\%$$

其中，平均资产总额=(资产总额期初数+资产总额期末数)÷2

为了便于更深入地分析总资产净利率，可对其进行分解：

$$总资产净利率=(净利润÷平均资产总额)×100\%$$
$$=(净利润÷营业收入)×(营业收入÷平均资产总额)×100\%$$
$$=销售净利率×总资产周转率$$

2. 总资产净利率的分析

总资产净利率是一个正值指标，越高越好。总资产净利率越高，意味着资产利用的效益越好，利用资产创造的利润越多，整个企业盈利能力越强，经营管理水平越高。而企业经营管理水平高，通常表现为资产运用得当，费用控制严格，利润水平高；反之，则不同。通过总资产净利率分析，能够测验各部门、各生产与经营环节的工作效率和质量，能够明确内部各有关部门的责任，从而调动各方面生产经营和提高经济效益的积极性。当然，对该指标进行分析时，应与企业标准值进行比较。

(三)流动资产收益率

1. 流动资产收益率的概论

流动资产收益率，是企业一定时期内实现的利润总额与平均流动资产总额的比率，是反映流动资产运营效率的综合指标。其计算公式为

$$流动资产收益率=(利润总额÷平均流动资产总额)×100\%$$

2. 流动资产收益率的分析

流动资产收益率越高，说明流动资产的运营效率越高，企业在节约资金使用等方面取得较佳的效果。对流动资产收益率作进一步分析，可以配合流动资产周转率和销售利润率进行，判断这两个因素对流动资产收益率的影响，找出影响该指标的深入原因，并采取相应的调整措施。一般而言，提高流动资产收益率有两种途径：一方面，加强流动资产管理，提高流动资产利用率；另一方面，加强销售管理，提高销售利润率。

在对该指标进行分析时，应该与该企业的历史水平相比较，与同行业的平均水平相比较，从而进行正确的判断。

(四)非流动资产收益率

1. 非流动资产收益率的概念

非流动资产收益率，是企业一定时期内实现的利润总额与平均非流动资产总额的比率，是评价企业非流动资产利用效率的综合指标。其计算公式为

非流动资产收益率=(利润总额÷平均非流动资产总额)×100%

2. 非流动资产收益率的分析

该指标越高，说明非流动资产利用水平越高，非流动资产利润水平越高。

类似地，在对该指标进行分析时，也应该与该企业的历史水平相比较，与同行业的平均水平相比较，从而了解企业非流动资产利用效率的高低。

例如，根据 ABC 公司的部分利润表资料，计算该公司 2008—2010 年的总资产报酬率、总资产净利率、流动资产收益率和非流动资产收益率，如表 7-4 所示。

表 7-4 ABC 公司与资产有关的盈利能力指标计算　　　单位：千万元，%

项目	2008 年	2009 年	2010 年
利润总额	69.47	65.79	109.79
利息费用	-5.95	1.15	-7.94
净利润	69.32	64.99	100.19
资产总额期初数	642.58	853.04	1024.67
资产总额期末数	853.04	1024.67	1754.20
平均总资产余额	747.81	938.86	1389.44
流动资产期初数	380.92	325.87	278.53
流动资产期末数	325.87	278.53	859.57
流动资产平均余额	353.40	302.20	569.05
非流动资产期初数	261.66	527.17	746.14
非流动资产期末数	527.17	746.14	894.63
非流动资产平均余额	394.42	636.66	820.39
总资产报酬率	9.29	7.00	7.90
总资产净利率	9.27	6.92	7.21
流动资产收益率	19.66	21.77	19.29
非流动资产收益率	17.61	10.33	13.38

从以上计算分析可以看出，总资产报酬率，即 ABC 公司资产的综合利用效率呈下降趋势，因此需要对企业资产的使用情况，增产节约工作开展情况等作进一步分析考察，以便改进管理，提高效益。总资产报酬率等于销售净利率与总资产周转率的乘积，通过前面的分析可知，销售净利率呈下降趋势，总资产周转率呈上升趋势，因此，销售净利率的下降导致了总资产报酬率的下降。所以，ABC 公司要提高自身的总资产报酬率，需从提高销售净利率方面努力。

(五)投资报酬率

投资报酬率是指企业实现的对外投资收益与对外投资平均余额的比，用于评价企业对外投资的获利水平。其计算公式为

投资报酬率=(投资净收益÷对外投资平均余额)×100%

其中，分子数据可以自利润表中的"投资收益"项目取得；分母对外投资平均余额包括

短期投资和长期投资两部分，资产负债表中"将于一年内到期的长期债券投资"金额也应计入分母金额中。

投资报酬率的另外一种衡量方法是，投资中心在一定期限内所获得的部门边际贡献与该部门所拥有的资产额的比率，是最常见的企业内部考核投资中心业绩的指标。其计算公式为

$$投资报酬率=(部门边际贡献÷该部门拥有的资产额)×100\%$$

用投资报酬率来评价投资中心业绩具有以下优点：它是根据现有的会计资料计算的，比较客观，可用于部门之间以及不同行业之间的比较。投资人与企业管理当局也十分关心这个指标，用它来评价每个部门的业绩，促使其提高本部门的投资报酬率，有助于整个企业投资报酬率的提高。

通常，对投资报酬率进行分析时，应将其与总资产报酬率进行比较。若投资报酬率低于总资产报酬率，且对企业的投资战略无影响时，说明企业对外投资是不合适的。这也是企业是否进行对外投资决策的一个重要参考依据。

分析投资中心的投资报酬率时，为了对整个部门经营状况做出评价，可以将其分解为投资周转率和部门边际贡献两者的乘积，并可进一步将资产和收支项目细分。当然，该指标也存在一定的缺陷：部门经理会放弃高于资本成本而低于目前部门投资报酬率的机会，或减少现有的投资报酬率较低但高于资本成本的某些资产，从而提高部门业绩。

三、与资本有关的盈利能力分析

企业资产占用的资金来源有两大渠道：一是投资者投入，形成所有者权益，一是对外举债，形成短期负债和长期负债。投资报酬是投资者投入权益资本获得的回报，企业的盈利能力直接关系到投资者的切身利益，下面我们就从所有者角度分析企业获利水平的高低。

(一)资本金收益率

1. 资本金收益率的概念

资本金收益率，是企业一定时期内净利润与平均实收资本的比率，用于评价所有者投入资本的收益水平，是反映投资者投入企业资本金的盈利能力的指标。其中，企业资本金是指所有者投入的主权资金，即实收资本。其计算公式为

$$资本金收益率=(净利润÷平均实收资本)×100\%$$

其中，平均实收资本=(实收资本期初数+实收资本期末数)÷2

2. 资本收益率的分析

企业资本金是所有者投入的主权资金，所以，资本金收益率，是站在所有者得角度来测验企业的盈利能力，与净资产收益率相比，更为直接地反映了所有者关心的投入资本的盈利能力，因为前者的分母剔除了公积金等非资本金性质的项目。

资本金收益率的高低直接关系到投资者的权益，是投资者最关心的问题。当企业以资本金为基础，对外举债吸收一部分资金进行生产经营时，资本金收益率就会因财务杠杆的利用而得到提高。增加的利润部分，虽然不是资本金直接带来的，但也可视为资本金有效利用的结果，这也说明企业经营管理者善于利用外部资金为经营活动增加利润。反之，如果负债资金利息太高，使资本金收益率降低，则是财务杠杆利用不善的结果。一般认为，资本金收益

率越高,所有者或股东投入资本赚取利润的能力越强,企业资本金的利用效果越好,盈利能力越强;反之,则说明企业资本金的利用效率不好,盈利能力不强。

需要注意的是,资本金收益率指标中的资本金是指资产负债表中的实收资本,但是用来作为实现利润的基础资本的,还包括资本公积、盈余公积、未分配利润等保留盈余,这些也都属于所有者权益。为了反映全部垫支资本的使用效益并满足投资者对盈利信息的关心,更有必要计算净资产收益率。

(二)净资产收益率

1. 净资产收益率的概念

净资产收益率是净利润与平均净资产余额的比率,也被称为所有者权益收益率,是评价企业盈利能力的核心指标,是企业资本经营的核心目标,用于评价投资者所获得的投资报酬,表明每1元自有资本获取利润的能力,是所有者考核其权益投入的保值增值的基本途径。其计算公式为

$$净资产收益率=(净利润\div平均净资产余额)\times100\%$$

其中,净利润=利润总额-所得税

净资产=资产-负债

=实收资本+资本公积+盈余公积+未分配利润

平均净资产余额=(净资产余额期初数+净资产余额期末数)÷2

净资产是企业全部资产减去全部负债后的余额,包括实收资本、资本公积、盈余公积和未分配利润。平均净资产余额为净资产余额期初数与净资产余额期末数的平均数。

2. 净资产收益率的分析

由于优先股股利在企业提取任意盈余公积和支付普通股股利之前支付,公司资产的真正所有者和风险的主要承担者是普通股股东,所以该指标反映普通股股东的收益水平,从所有者角度评价企业的盈利能力。净资产收益率可以直接表明股东拥有的净资产的获利能力,是公司营运能力、清偿能力和获利能力综合作用的结果,还可以用来表明公司资产的结构、管理水平、产品的价格、成本的高低、产品的质量及销量,是一个综合性和代表性极强的盈利能力指标。

一般来说,净资产收益率越高,表明股东投资的收益水平越高,企业的盈利能力越强,反映出公司选择了良好的投资机会,并且对费用进行了有效的管理,原投资者愿意保持原股本并继续向公司投入资本,而其他的潜在投资这乐于向公司投资,公司的发展前景好;反之,所有者权益的收益水平越低,运营效益越差,企业的获利能力较弱,投资人和债权人受保障的程度越低。评价标准多采用社会平均利润率、行业平均利润率或资本成本。

影响净资产收益率的主要因素有总资产报酬率、负债利息率、资本结构或负债与所有者权益之比和所得税率等因素。不同筹资方式对净资产收益率的影响表现在:只要总资产报酬率大于债权人和优先股股东所提供资金的资金成本,净资产收益率就会提高,这就是负债经营的杠杆效应。但是,如果公司选择使用与行业标准相比较高的债务水平,则此时该指标的提高可能是过高财务风险的结果。净资产收益率指标不受行业不同的限制,通用性强、适用范围广,在企业综合评价中被较多地采用。

净资产收益率还反映公司整体单位资本的盈利能力,能够表征资本的自我积累能力和自我发展能力,并且与企业的负债经营没有直接的关系。因而,中国证监会规定,公司要进行配股,必须连续三年净资产收益率达到 10%以上。可见,净资产收益率指标非常重要。在综合财务分析一章中的杜邦分析一节,我们将会对净资产收益率作更详细的分析。

例如,根据 ABC 公司的部分利润表资料,计算该公司 2008—2010 年的净资产收益率、资本金收益率,如表 7-5 所示。

表7-5 ABC 公司与资产有关的盈利能力指标计算　　　单位:千万元,%

项　目	2008 年	2009 年	2010 年
净利润	69.32	64.99	100.19
实收资本年末余额	189.11	208.02	312.03
实收资本年初余额	126.07	189.11	208.02
平均实收资本	157.59	198.57	260.03
净资产年末余额	321.92	659.40	740.19
净资产年初余额	302.99	321.92	659.40
平均净资产	312.46	490.66	699.80
资本金收益率	43.99	32.73	38.53
净资产收益率	22.19	13.25	14.32

该企业 2010 年净资产收益率比 2009 年上升了 1.07%(14.32%-13.25%),这表明该企业销售额的增长速度超过净资产增长。根据资料可以求得,该企业净资产的增长为(699.80-490.66)÷490.66=42.62%,而其销售收入的增长为(1076.59-272.02)÷272.02=295.78%。净资产收益指标具有很强的综合性,它包含了权益乘数、总资产周转率和销售净利润率这三个指标所反映的内容,可结合它们对该指标进行进一步分析。

四、与现金净流量有关的盈利能力分析

(1) 主营收入现金含量,为经营活动赚取收益与主营业务收入之比,表示每 1 元主营业务收入能带来的现金净流入有多少。其计算公式为

　　　主营收入现金含量=(经营活动产生的现金流量净额÷主营业务收入)×100%

(2) 全部资产现金回收率,用于衡量全部资产能带来的现金净流入有多少,为经营活动赚取收益与全部资产之比,其计算公式为

　　　全部资产现金回收率=(经营活动产生的现金流量净额÷全部资产)×100%

(3) 盈利现金比率,是经营活动赚取收益与净利润之比,用于衡量每 1 元净利润能带来的现金净流入有多少,其计算公式为

　　　盈利现金比率=(经营活动产生的现金流量净额÷净利润)×100%

(4) 投资收益现金含量,反映投资收益中含有多少变现收益,用以表示企业从投资活动中赚取的现金收益与账面收益的比例关系,其计算公式为

　　　投资收益现金含量=(投资活动产生的现金流量净额÷投资收益)×100%

(5) 每股现金流量,用以表示企业从经营活动中赚取的现金收益与普通股平均股数的比

例关系，其计算公式为

$$每股现金流量=(经营活动产生的现金流量净额-优先股股利)÷普通股平均股数$$

五、与社会贡献(宏观层面)有关的盈利能力分析

(一)社会贡献率

社会贡献率是企业一定期间内社会贡献总额与平均资产总额的比值，说明了企业利用社会资源所创造的社会经济资源的多少，反映了企业为国家或社会支付的价值总额。

其计算公式为

$$社会贡献率=(企业社会贡献总额÷平均资产总额)×100\%$$

其中，企业社会贡献总额包括工资(含奖金、津贴等工资性收入)、劳保退休统筹及其他社会福利支出、利息支出净额、应交所得税、净利润等。

社会贡献率越高，说明企业占用社会资源所产生的社会经济效益越多，为国家或社会创造或支付价值的能力越强。

(二)社会积累率

社会积累率是企业一定期间的上交国家财政总额与企业社会贡献总额的比值，反映了企业企业社会贡献总额中用于上交国家财政部的分数额，其计算公式为

$$社会积累率=(上交国家财政总额÷企业社会贡献总额)×100\%$$

其中，上交国家财政总额包括企业依法应上交的流转税(增值税、营业税等)及附加、应交所得税、其他税款等。

社会积累率越高，说明企业社会贡献总额中用于上交国家财政的部分越多，企业对国家的贡献越大；反之，越小。

以上介绍的衡量非上市公司盈利能力的指标，对上市公司的盈利能力分析都适应。但是，由于上市公司的特殊性，还需要对专门用于衡量上市公司盈利能力的指标进行阐述。

第三节 上市公司盈利能力分析

作为证券市场的基础，上市公司的盈利能力直接影响投资者的投资收益和投资信心。上市公司拥有比非上市公司优越的条件，其盈利能力在很大程度上影响着国民经济发展的速度和质量。因此，对上市公司的盈利能力进行分析，既有利于证券市场的发展壮大，又能对国民经济的健康发展产生积极意义。

随着上市公司的增多与股市的发展，相关利益者对股份制公司盈利能力进行分析的需求增加。对上市公司的盈利能力进行分析，由于其自身的特点，其获利能力除了可以用前面讲述的非上市公司盈利能力分析的方法，即一般盈利能力分析方法进行分析外，还可以用一些特殊的指标分析方法进行分析，尤其是用一些与公司股票价格或市场价值相关的指标分析。这些特殊的指标分析方法具体说来有以下几种。

一、每股收益

(一)基本每股收益

1. 基本每股收益的概念

基本每股收益,又称每股盈余,是本年度企业普通股的收益与发行在外的普通股加权平均数的比值,是评价上市公司盈利能力最基本和最核心的指标,是影响股票价格变化的重要财务指标之一。其计算公式为

基本每股收益=(净利润－优先股股利)÷发行在外的普通股加权平均数
　　　　　＝(普通股权益÷流通股数)×[(净利润－优先股股利)÷普通股权益平均额]
　　　　　＝每股账面价值×普通股权益报酬率

其中,普通股加权平均数的计算应以流通时间为权数。在实务中,如因增发新股等原因使得发行在外的普通股股数发生变化,则必须使用加权平均法计算,即发行在外的普通股加权平均数＝$\sum$(发行在外普通股股数×发行在外月份数)÷12。目前,在我国上海证券交易所和深圳证券交易所上市的股票都是普通股股票,所以暂不存在优先股股利。

2. 基本每股收益的分析

普通股每股收益将资产负债表和利润表联系起来,较好地反映了股东权益性投入所获得报酬。通常情况下,该指标越高,表明企业每一普通股所能取得的收益越多,投资的盈利能力越强,说明企业经济效益好;反之,每股收益越低,表明企业获利能力差,每一股份所获得的利润越少,股东的投资收益水平较低。该指标直接影响短期投资者在二级市场的收益,这是因为每股收益还是反映或确定上市公司股票价格的主要参考指标。在其他因素不变的情况下,每股收益越高,股票市价则越高,股票的市价上升空间越大;反之,每股收益越低,股票市价则越低,股票的市价上升空间越小。此外,该指标还影响长期投资者对股本获利能力的评价。

在进行分析时,该指标可以在不同期间比较,了解该公司盈利能力的变化趋势,更深入地分析出变动的原因,找到改善企业收益状况的措施;可以将经营业绩与盈利预测比较,掌握该公司的管理能力;可以与同行平均水平或同行特定企业水平比较,即进行横向比较,查清变动原因是行业原因还是企业自身原因。但是,该指标也存在一些局限性:因为不同股票每股收益的投入量不同,所以该指标不便于在公司之间进行比较;在反映每股收益变动时,不能反映相应的公司财务风险的变化;不能反映股东实际分到的股利的多少,这是因为分红的多少还取决于公司的股利分配政策。

【例7-1】 已知2009年度某公司股票的变动情况如下。

1月1日普通股股票发行数　　　　　2500万股
4月1日追加发行普通股股数　　　　　500万股
10月1日回购股数　　　　　　　　　1000万股

该公司发行在外的普通股加权平均数计算如下:
2500+500×9÷12+1000×3÷12＝3125(万股)

【例 7-2】 ABC 股份有限公司 2009 年发行在外的普通股股数变动及净收益情况如下:

2009 年 7 月 30 日,本公司采取向原 A 股股东按持股比例优先配售,剩余部分以网上、网下定价发行相结合的方式发行 18,910.69 万新股,每股发行价格为 15.75 元。公司股本总额由 189 106.99 万股增加至 208 017.68 万股。经深圳证券交易所同意,本公司本次公开增发的共计 18,910.6922 万股人民币普通股于 2009 年 8 月 12 日起上市交易。另外,归属于本公司普通股股东的净利润为 189 190.183 万元。

发行在外的普通股加权平均数计算如下:

$$189\,106.99 + 18\,910.69 \times 4/12 \approx 195410.55(万股)$$

该公司普通股每股收益计算如下:

基本每股收益=(净利润-优先股股利)÷发行在外的普通股加权平均数
=189 190.18÷195 410.55
≈0.97(元)

然而,每股收益指标也具有局限性,因为每股收益没有考虑为达到一定的盈余水平所需要的资产或资本数额。如果两个公司具有相同的每股收益,但 A 公司的资产或资本是 B 公司的两倍,那么这两个公司的盈余能力实际上是不同的,B 公司比 A 公司的盈余能力实际高一倍。同理,如果向外发行股数不同,相同的净收益也会产生不同的每股收益。

对每股收益进行分析,既可以进行公司间的比较,评价公司的相对盈利能力;也可以进行不同时期的比较,了解该公司盈利能力的变化趋势;还可以进行经营实绩和盈利预测的比较,掌握该公司的管理能力。在净利润既定的情况下,影响每股收益的因素是报告期普通股总股本,因为某种需要,过度的或超过净利润增长幅度的股本扩张对每股收益是重要的扣减因素。

(二)稀释性潜在普通股

稀释性潜在普通股,是指假设在报告期或以后期间转换为普通股会减少每股收益的潜在普通股,主要包括可转换公司债券、认股权证和股份期权等,它们一旦转为普通股,将使普通股每股收益降低。企业存在稀释性潜在普通股的,需要对归属于普通股股东的当期净利润和发行在外的普通股加权平均数进行调整,即对基本每股收益指标的分子与分母进行调整。

计算稀释性每股收益时,需要对基本每股收益指标的分子进行调整的项目有:①当期已确认为费用的稀释性潜在普通股的利息;②稀释性潜在普通股转换时将产生的收益或费用。同时,需要对基本每股收益指标的分母进行调整,将其调整为当期发行在外的普通股加权平均数与假定稀释性潜在普通股转换为已发行普通股而增加的普通股股数的加权平均数之和。

二、每股净资产

1. 每股净资产的概念

每股净资产,也被称为每股账面净值或每股权益,是期末股东权益与期末发行在外的普通股股数的比值,反映发行在外的每股普通股所代表的期末的账面价值,在理论上提供了股票的最低价值,其计算公式为

每股净资产=期末股东权益÷期末发行在外的普通股股数

2. 对每股净资产的分析

净资产的多少是由股份公司经营状况决定的，公司的经营业绩越好，其资产增值越快，股票净值就越高(净资产越多)，从而股东拥有的权益也越多。因此，每股净资产可用于反映公司盈利能力的强弱，反映公司的财务实力。股票的净资产水平越高，则股票价格必然上涨；反之，每股净资产越少，代表股东共享的权益越少，股票价格上涨较慢甚至下降。所以，每股净资产是决定股票价格走向的主要依据。同时，它还在理论上提供了股票最低市价的参考依据，若公司的股价低于净资产的成本，说明公司已无存在价值。

该指标使用历史成本计量，反映了股票的账面价值，如果企业的经营时间较长又没有定期进行资产评估，那么其反映的账面价值将与股票的发行价值、市场价值之间存在较大的差距，不能反映净资产的实际产出能力，因此，在实务中的使用有限。

此外，该指标可与公司的股票价格进行比较，评价公司价值的大小，评价投资价值与投资风险的大小。如果净资产的成本高于当期公司股票的价格，又接近于其变现价值，则表明公司已没有存在的价值，此时，股东最好的选择是进行清算。为了使每股净资产更具有说服力，克服净资产作为企业静态资产概念存在一定变数的缺陷，应该对该指标进行趋势分析，观察其动态变化趋势，衡量公司的发展潜力。

分析该指标时，应结合公司的资本结构状况，只有在合理的资本结构下，具备良好的盈利能力，保持良好的财务状况时，该指标越大，才能说明公司的股票投资价值与发展潜力越大。

例如，某公司年末发行在外的普通股股数为12000万股，年末股东权益为15600万元，则该企业的每股净资产可计算如下：

每股净资产=15600÷12000
　　　　　＝1.3(元)

三、每股股利

1. 每股股利的概念

每股股利，是指本年度股利总额与年末普通股股份总数的比值，反映每一普通股取得的现金股利是多少，反映股东实际取得的收益，是评价公司盈利能力的主要指标。其计算公式为

每股股利=股利总额÷年末普通股股份总数

其中，年末普通股股份总数是实际发行在外的股份数。

2. 对每股股利的分析

该指标用于反映除去公司用于再投资部分，股东投资每一普通股所获得的报酬。该指标越高，表明投资于每一普通股所获得的报酬越多，公司股本的盈利能力越强；反之，越弱。此外，每股股利比前面提到的每股收益指标，更为直接地反映了股东所获报酬的多少。

公司的税后利润在扣除公积金等之后，才进行股利分配，所以，每股股利的多少除了受公司盈利能力强弱的影响之外，还受公司股利发放政策的影响。因此，每股股利还可以用于反映公司对资金的需要情况。

例如，某公司2010年决定发放股利总额为4200万元，该公司普通股总数为1400万股，

未发行优先股,则每股股利计算如下:

每股股利=4200÷1400=3(元)

四、市盈率

1. 市盈率的概念

市盈率(Price-Earning Ratio,P/E),也称为价格与收益比率,是普通股每股市价与普通股每股收益额的比率,可用于判断某股票对股民是否具有吸引力,预测某股票的发行价格,可以用来估计股票投资报酬和风险,是投资者做出决策最常用的指标之一。因此,该指标往往受到股票市场投资者的特别关注。其计算公式为

市盈率=普通股每股市价÷普通股每股收益额

其中,普通股每股市价是指普通股在证券市场上的买卖价格,往往采用年度平均价格。

2. 对市盈率的分析

市盈率反映投资人对股票每1元收益所愿意支付的价格,可用来判断企业股票与其他企业股票相比较潜在的价值,是评价上市公司获利能力的一个重要财务比率。从公式可以看出,市盈率比每股收益更令人信服,这是因为前者既考虑了股民按市场价支付的股本额,又考虑了普通股每股收益,而后者仅仅考虑了普通股每股收益;后者能够反映股票风险。

仅从市盈率高低的横向比较看,普通股的市盈率高,说明公司的收益增长潜力大,投资者预期获得的回报高;反之,说明公司的发展前景不被看好。综合起来看,在市价确定的条件下,普通股每股收益越高,市盈率越低,投资风险越小;反之,市盈率越高,投资风险越大。也就是说,市盈率可以反映企业股票的投资报酬和风险大小。在每股收益确定的条件下,普通股每股市价越高,市盈率越高,投资风险越小;反之,市盈率越低,投资风险越大。因为市盈率与期望投资报酬率的乘积为1,而一般的期望投资报酬率为5%~10%,所以正常的市盈率为10~20倍。同时,应该注意到市盈率过高的股票,其投资风险也较高。

应该对该指标进行趋势分析,对公司股票的市盈率进行长期观测,以克服投机炒作等因素对市价产生的影响。此外,有时市盈率高,并非意味着该公司的发展潜力大,可能是因为每股收益很低引起的,这种情况下会对投资者进行决策产生误导。因此,分析公司盈利能力时,不能仅仅依据单一指标数字,需结合其他指标综合分析,应该综合多种有关信息进行评价,如整个经济环境、政府宏观政策、行业发展前景等因素。

不同行业的市盈率不具有可比性。通常情况下,新兴行业发展机会多,市盈率普遍较高,而成熟工业该指标普遍较低。另外,该指标受净利润的影响,净利润又受企业不同会计处理的影响,使得该指标在公司间不具有可比性。

【例7-3】 某公司年末普通股每股市场价格5元,年末实现净利润2400万元,发行在外的普通股股数年初数与年末数均为12000万股,则该企业的市盈率可计算如下:

普通股平均股数=(12000+12000)÷2=12000(股)

每股收益=0.2(元)

市盈率=5÷0.2

=25

五、股利支付率

1. 股利支付率的概念

股利支付率，是普通股每股现金股利与普通股每股收益的比率，用于反映公司当年的净利润中有多少用于股利分配。其计算公式为

股利支付率=(普通股每股现金股利÷普通股每股收益)×100%

=(每股市价÷每股收益)×(每股股利÷每股市价)

=市盈率×市价股利率(见添加)

2. 对股利支付率的分析

计算该指标时，分子与分母采用的股份数不同。股利支付率，反映了普通股股东从每股收益中所分到的数额有多少，反映了公司的股利分配政策，反映了公司支付股利的能力。股利支付率具体值的确定受公司自身资金需求量与股民意愿的影响，在不同行业、不同公司之间没有可比性。

因为净收益等于现金股利与当期留存收益之和，所以，股利支付率与留存收益率之和为1，计算出股利支付率也相当于计算了留存收益率。股利支付率高，留存收益就偏低，说明公司将普通股收益的大部分分给了股民，企业用于扩大再生产的自有资金减少，股东得到的实际收益增加；反之，则不同。短期投资者希望获得较多的分红，而长期投资者希望把收益较多的留给企业，用于扩大再生产，在未来获得最大的股利收入。

从公式可以推导出，该指标等于股利与市价比率和市盈率的乘积。在股利与市价比率一定的情况下，市盈率越高，股利支付率越高；在市盈率一定的情况下，股利与市价比率越高，股利支付率越高。短期投资者倾向于关心股利与市价比率，而长期投资者倾向于关心市盈率。

该指标的高低与公司股利政策、盈利能力和发展前景有着密切的关系。一般当公司面临较好的投资机会或公司处于发展期时，其股利支付率较低。

六、市净率

1. 市净率的概念

市净率，是普通股每股市价与每股净资产的比率，反映了股票市价相当于每股净资产的倍数关系，体现出市场对公司资产质量的评价，可用于判断股份公司的投资价值与投资风险。其计算公式为

市净率=(普通股每股市价÷每股净资产)×100%

2. 市净率的分析

市净率可以反映股份公司投资价值和投资风险的大小，可用于投资分析。一般而言，市净率越高的股票，市价相对于每股净资产越高，表明其投资风险越小，市场对公司资产质量的评价良好，投资者愿意支付较高的价格来投资该公司；反之，市价相对于每股净资产越低，表明其投资风险越大，投资者只愿支付较低的价格来投资该公司。

每股净资产反映了股票的账面价值，采用成本计量，而每股市价是这些资产的现值，是市场交易的结果。因此，当前者低于后者时，公司资产质量好，发挥前景好；反之，则表明

公司资产质量差，没有发展潜力，已无存在价值。投资者可以根据市净率进行投资分析。一般认为，市净率达到 3 时，公司形象较好，优质股票的市价通常会高出每股净资产好多。当然，也不能完全否定市价低于每股净资产的股票，如果这样的公司在以后还会出现转机或通过债务重组盈利能力得到提高，其还是有一定购买价值的。

当然，该指标也存在一定的不足之处，其计算公式的分子与分母，前者采用的是市场数据，后者采用的是历史数据，两者的口径不一致，影响指标的说服力。与市盈率指标侧重于从股票的获利性角度进行分析不同，市净率指标侧重于从股票的账面价值考虑。

在对一个企业的盈利能力进行分析与评价时，不能仅仅依靠指标数据本身，还应仔细阅读相关的其他报表资料，通过阅读附注注意查看留存收益项目中是否包含"前期调整"等项目。如果发现这些项目，在进行盈利能力分析时，根据分析的需要，就要予以考虑，决定是否将这些项目或其中的一部分用于调整利润表上反映的利润，以作为基本盈利能力分析的补充，使得分析更加准确。

对上市公司来说，其所处的行业对盈利能力有着非常显著的影响。其所在行业中存在的竞争力量、市场结构类型、行业的生命周期、行业的经济效益等因素，都是影响其盈利能力的重要因素。所以，对于各行业上市公司来说，要想提高盈利水平，一定要提高竞争力，延长行业所处的生命周期，努力达到行业间报酬平均化，依靠资源的自由流动，扩大生产规模，降低成本，最终实现规模效应。

第四节　盈利质量分析

企业盈利质量评价是建立在传统盈利能力评价基础之上的，以收付实现制为基础，结合现金流量表数据对公司盈利指标作进一步修正和检验，所得到的反映企业在一定时期内获得利润质量好坏的一种评价结果。盈利质量是对企业实际的经营成果、经济效益和发展能力的内在揭示，是企业会计利润与企业真正的业绩之间的相关性。

盈利能力好坏是盈利质量高低的一个方面，只有具备较好的盈利能力，盈利质量才有保障；反过来说，盈利质量又是盈利能力的扩展，光有数量而没有质量的盈利是不可靠。仅以盈利能力强就判断企业盈利质量高，这是不全面的。

一、企业盈利质量的特征要素

理想状态下企业的盈利至少应该包括四个方面：一是具有较好的获利能力，二是有较强现金流的保障，三是具有持续稳定性，四是盈利具有良好的成长性。所以，盈利质量应该从盈利的持续稳定性、成长性、现金保障性和获利性四个方面来理解。

(一)获利性

获利性是指企业利用各种经济资源赚取利润的能力，是企业各环节经营活动具体表现，企业经营的好坏，都会通过获利指标直接在财务报表上表现出来。获利性强调的是企业获取利润的数量和能力，它表现为税后净收益的大小及有关比值的大小。在进行盈利质量分析时，我们首先评价的前提应该是企业获利的能力，如果一个公司连最起码的获利能力都不具备，那么盈利质量分析更无从谈起了。因此，盈利质量的评价首先要吸收传统盈利能力分析的精华，即盈利质量的核心要素中也要囊括传统的获利能力指标。一般来说，企业只有具备良好的获利能力，才能为良好的盈利质量提供前提和保障；反之，如果企业获利能力较差，也势必会影响到企业的盈利质量。获利能力好坏是盈利质量高低的一个方面，只有具备较好的获利能力，盈利质量才有保障，没有良好的获利能力，盈利质量就无从谈起。一般情况下，一个企业盈利质量较高，其获利能力也不会差。

(二)现金保障性

企业盈利能力强并不代表盈余质量一定高，因为会计盈余并不等于现金流量，它们之间通常存在差异。有时只要企业生产经营状况没有发生重大变化，在相同会计政策之下，两者的关系在各个年度之间通常是稳定的。但随着会计估计、会计政策的变更，特别是金融性资产计价的变化，两者往往存在较大的差异。

盈利的现金保障性是指盈利的获现能力，亦称盈利的获现性。一般认为，盈利的获现能力越强，其未来的不确定性就越低，企业的盈利质量也随之越高。会计盈利是以权责发生制为基础确认计量的，是某一会计期间的收入与费用配比的结果，它并不代表一定有现金的流入，因为账面上的盈利也许是由企业赊销所形成的。因此，盈利现金保障性主要体现在会计上所反映的销售收入能否迅速转化为现金。赊销是现代企业为了扩大市场占领份额，提高自身竞争力通常采用的一种销售商品的方式。采用赊销方式销售，在权责发生制下所确认的收入，如果不能很快地转化为现金，且没有计提较充分的坏账准备，将会降低企业盈利质量。只有当会计盈利有相应的现金流入，才意味着企业盈利的真正实现。如果销售收入的增长导致应收账款更大幅度的增长，且出现账龄延长的情况，则说明公司现金流量不能保持同步增长，很有可能是盈利质量下降的信号，应该引起分析者的警惕。

(三)持续稳定性

盈利的持续性，是指企业会计盈利在一个较长的时间跨度内有保持良好的稳定性，而非大起大落的能力。盈利的稳定性，与持续性强调盈利水平较长时间的保持不同，强调的是发展趋势中的波动性。

(四)成长性

盈利的成长性，是指公司盈利有逐年递增的良好趋势。高成长性的盈利有助于公司再生产的扩大和资本规模、市场占有率的不断提高。盈利的成长性可以通过公司盈利发展趋势来判断和考察。稳定增长的盈利其成长性相对较好，未来发展前景也相对比较乐观。从长远观点来看，高质量的盈利不仅表现为较高的盈利增长势头，而且这种高盈利的增长势头会保持一段稳定的时期。

二、企业盈利质量的分析

盈利质量是企业盈利水平的内在揭示，盈利质量分析是在盈利能力评价的基础上，对企业盈利水平进一步检验和完善，对企业盈利状况进行多角度、多方位的综合分析，从而反映企业收益质量的一种评价。分析盈利质量的方法主要有：危险信号分析法和结构分析法。

(一)危险信号分析法

危险信号分析法,是利用企业传递的各种危险信号,判断企业是否存在盈利质量不佳甚至恶化的现象。对企业盈利质量进行分析是一个成本较高而又复杂的过程,有一些经验表明的最有可能反映企业盈利质量下降的信号,可以帮助报表分析者判断企业的盈利质量是否恶化。

1. 企业会计政策、会计估计的运用方式发生非正常变更

这种会计变化可能是企业盈利状况恶化的一个信号,因为会计政策与会计估计具有选择性,企业有时会出于自身利益的需要,如为了扭亏为盈,进行非正常的变更。此时,企业或其他报表使用者应予以关注。

2. 应收账款的增长,与过去相比为不正常增加

为了增加营业收入的目标,企业有时会利用信用政策来对销售额进行调整。通常做法是放宽信用政策,但与此同时,会增加高风险的客户,加大发生坏账的风险。

3. 存货周转率过低

存货周转率过低,意味着存货占用了较多的货币资金,会形成资金的浪费,降低企业的盈利能力,也可能意味着企业的生产、存储或销售某个环节出现了问题。

4. 无形资产规模非正常地上升

根据会计准则的规定,企业内部研究开发项目的支出,应当分为研究阶段支出与开发阶段支出。属于开发阶段且符合资本化条件的支出,应确认为无形资产。因此,有时企业为了达到增加利润的目标,减少费用,会增加对无形资产支出的资本化处理,导致无形资产规模非正常地上升。这也向报表使用者传递了企业盈利质量不佳的信号。

5. 企业过度负债

通常情况下,一个盈利能力强,盈利质量优的企业的内部资金较为充足,因此,如果企业负债异常增加,且维持时间较长,则意味着其内部资金缺乏,应引起警惕。

6. 企业的业绩过度依赖于核心业务以外的来源

通常情况下,企业核心业务带来的收益越多,企业的盈利质量越高核心业务,如果企业的业绩过度依赖于核心业务以外的来源,会使其企业战略受到质疑。

7. 计提的各种准备过低

该信号会让人质疑,企业利用该方式虚增利润,同时会增加以后发展期间的负担。

8. 审计报告出现异常,注册会计师发生变化,财务报表公布日期偏晚

应具体分析更换注册会计师的原因,分析审计报告是否有异常措辞,从而判断企业的盈利质量是否恶化。

(二)结构分析法

结构分析法,是指通过对企业的盈利结构进行深入分析,以更准确地判断企业的盈利质量。

1. 盈利的商品结构

盈利的商品结构，是指各类商品带来的利润占利润总额的比重。企业的利润一般由营业利润、投资收益、公允价值变动损益、营业外收支净额等构成，它们占利润总额比重的多少所代表的盈利质量是不同的。其中，营业利润是企业在一定期间内获得利润的最主要、最稳定的来源，同时也是企业自我"造血"功能最强的保障。营业利润主要由企业的主营业务产生，由于企业的主营业务具有连续性、持续性和发展性，致使由主营业务产生的主营业务利润也具有相对的稳定性、持续性和发展性。相比较而言，投资收益、公允价值变动损益、营业外收支具有偶发性、一次性等特点，他们对企业未来的收益贡献具有极大的不稳定性。如果一个企业的利润主要来自这些一次性的具有临时波动性质的非经常项目，则应该引起报表分析者的警惕。

因此，营业利润占利润总额的比重决定企业盈利能力的高低与稳定程度，营业利润占利润总额的比重越大，说明企业的盈利越具有持续稳定性，企业的盈利质量越佳。而营业利润又与企业的主营业务密切相关，主营业务越突出，营业利润对利润总额的贡献越大。因此，一般认为，净利润主要由主营业务带来的企业，其盈利质量较高。通常情况下，主营业务带来的利润占利润总额的比重在80%以上的企业，其盈利质量较佳。

2. 盈利的业务结构

盈利的业务结构就是将盈利结构按照业务类型进行划分，然后评价不同业务的收益水平和获利能力，揭示它们各自对企业总获利水平的影响。企业的核心业务与企业的战略有着密切的关系，一般认为，企业核心业务带来的收益越多，企业的盈利质量越高。企业分部报告的编制为报表使用者进行盈利的业务结构分析提供了依据。

本 章 小 结

盈利能力，又称为获利能力和企业的资金或资本增值能力，是企业在一定时期内利用各种经济资源赚取利润的能力，往往表现为一定时期内企业收益数额的多少及其水平的高低。具体说来，盈利能力的影响因素主要有企业的资本结构、营销能力、成本费用管理水平、人力资源管理水平、市场定位能力和风险管理水平等。我们要认识清楚影响盈利能力的因素，从而有针对性地改进盈利能力，增强企业竞争力。

简单说来，盈利能力分析就是要从各个角度对企业获取利润的能力进行分析，主要包括非上市公司盈利能力分析和上市公司盈利能力分析。其中，上市公司盈利能力分析又覆盖以下内容：与销售有关的盈利能力分析、与资产有关的盈利能力分析、与资本有关的盈利能力分析、与现金净流量有关的盈利能力分析以及与社会贡献有关的盈利能力分析。反映盈利能力的指标有很多，比如销售毛利率、销售净利率、总资产收益率、净资产收益率、每股收益、每股净资产等。其中，最具有代表性的基本指标是总资产收益率和净资产收益率。

盈利质量是对企业实际的经营成果、经济效益和发展能力的内在揭示，是企业会计利润与企业真正业绩之间的相关性。理想状态下企业的盈利至少应该包括四个方面：具有较好的获利能力；具有较强现金流保障；具有持续稳定性，盈利具有良好的成长性。所以，盈利质量应该从盈利的持续稳定性、成长性、现金保障性和获利性四个方面来理解盈利质量分析是在盈利能力评价的基础上，对企业盈利水平进一步检验和完善，对企业盈利状况进行多角度、多方位的综合分析。分析盈利质量的方法主要有：危险信号分析法和结构分析法。

复习思考题

一、简答题

1. 如何计算基本每股收益和稀释每股收益？对每股收益进行分析时，应注意哪些问题？试简述。
2. 企业盈利能力分析可以分为哪两部分？
3. 对总资产收益率产生影响的因素有哪些？提高总资产收益率的途径是什么？
4. 影响销售净利率的因素有哪些？
5. 为什么要进行盈利质量分析？其方法又有哪些？

二、计算分析题

1. ABC公司的部分报表资料如下：2010年年初有普通股700万股，6月1日以股票股利方式发行200万股，7月1日增资发行300万股，2010年实现净利润4000万元，支付优先股股利300万元。

要求：计算该公司2010年的每股收益。

2. 已知某公司2010年财务报表的部分资料如下表所示：

单位：万元

资产负债表项目	年初数	年末数
资产	4000	5000
负债	2250	3000
所有者权益	1750	2000
利润表项目	上年数	本年数
营业收入	-	10000
净利润	-	500

要求：计算该公司的(1)净资产收益率；(2)总资产净利率；(3)销售净利润率；(4)总资产周转率；(5)权益乘数。

三、案例分析题

KJ集团成立于1980年5月21日，前身是"广东光明华侨电子工业公司"，是中国改革开放后诞生的第一家中外合资电子企业，初始投资4300万港元。1991年，KJ集团改组为中外公众股份制公司。1992年，KJA、B股股票同时在深圳证券交易所上市，现有总资产近百亿元、净资产近40亿元、总股本12.04亿股，华侨城集团为第一大股东。KJ集团主要从事彩色电视机、手机、白色家电、生活电器、LED、机顶盒及相关产品的研发、制造和销售，兼及精密模具、注塑件、高频头、印制板、变压器及手机电池等配套业务，是中国领先的电子信息企业。

KJ集团着力于实施"卓越制造工程"，通过资本运营方式，在海内外构建了布局合理的生产经营格局，年总生产能力达 2500 万台。KJ 集团拥有覆盖面广、服务完善的营销服务网络，在国内建立了 50 多个营销分公司、数百个销售经营部及 3000 多个维修服务网点，海外业务也已拓展到世界 100 多个国家和地区。KJ 彩电国内零售市场占有率连续六年位居第一，手机也进入国产品牌三甲行列，其商标被国家认定为"中国驰名商标"，并入选"中国最有价值品牌"，品牌价值达 150 多亿元。

2009 年一片红火中都出现净利负增的 KJ 集团对抵御行业困局显得力不从心，其一季报显示毛利直线跌落 3.82 个百分点，整体毛利仅为 14.88%；跌幅明显大于同行，毛利率则比上述巨头都低。数据显示，KJ 首季净利润 3563 万元，同比下滑 11.45%。由于家电下乡等政策的刺激，2009 年 CCFL 背光液晶电视市场还一片繁荣。2009 年年底，大多数家电厂家囤积的还是 CCFL 背光产品，毫无疑问，他们都做了一个错误的判断。一方面，2010 年 LED 背光技术迅速成熟，上游的面板价格迅速下跌，导致 CCFL 背光液晶面板价格也下跌；另外一方面，市场没有想象中火爆，各家企业库存升高，2010 年产生大量跌损。所以，2010 年 KJ 集团毛利率的下降可能被解释为当前价格竞争激烈、成本上升等原因。

但是，有专业分析人士认为，KJ 多年来尤其是在平板电视转型来临之时定位不清是业绩下滑的主要原因。事实上，自 2010 年下半年开始，KJ 集团相继于 2010 年 7 月以 3.42 亿元拍下江苏昆山的一处土地，于 11 月投资 10 亿在滁州兴建白色家电新工业园，以及出资 2250 万美元持有映瑞光电科技(上海)有限公司 36%的股权。其中前两项投资也被看作是 KJ 在业绩不佳的处境中极力通过整合白电业务和房地产来扭转颓势的"自救"行为。2010 年 7 月，KJ 以 3.42 亿元购得江苏昆山市周庄镇全旺路南侧总面积为 36.7 万平方米的土地，该地块的用途为旅游设施及商住用地。由于 KJ 公告中明确指出，该地块进行房地产及商业等配套产业开发。有市场人士对此的解读是："KJ 进军房地产"。虽然 KJ 早在十多年前就涉足白电领域，并且一度在 2008 年提出跻身"白电第一阵营"的目标，但收效甚微，截至 2009 年年末公司白电业务的收入仅占主营业务收入的 7.35%。

KJ 集团资产负债表部分项目　　　　　　　　　　　　　　　　单位：元

项　目	2011 年 6 月 30 日	2010 年 6 月 30 日
流动资产合计	13,417,786,937.34	9,913,473,048.39
非流动资产：		
非流动资产合计	2,475,914,114.03	1,946,122,895.04
资产总计	15,893,701,051.37	11,859,595,943.43
负债和股东权益		
流动负债合计	11,677,013,325.92	7,987,616,966.41
非流动负债合计	658,990,005.14	71,816,880.36
负债合计	12,336,003,331.06	8,059,433,846.77
股东权益：		
股东权益合计	3,557,697,720.31	3,800,162,096.66
负债和股东权益总计	15,893,701,051.37	11,859,595,943.43

KJ 集团利润表部分项目 单位：元

项 目	2011年6月30日	2010年6月30日
营业收入	6,784,805,647.51	7,565,353,506.27
营业成本	6,096,290,932.02	6,686,604,551.61
营业总成本	7,106,721,568.81	7,632,624,904.44
营业利润	-307,249,197.70	-52,358,404.79
利润总额	-241,178,523.84	-15,183,850.35
所得税费用	2,061,120.99	3,273,079.51
净利润	-243,239,644.83	-18,456,929.86

讨论：

1. 计算该公司 2010 年 6 月 30 日与 2011 年 6 月 30 日的销售净利润率、成本费用利润率、净资产收益率。

2. 对相关的指标做趋势分析，说明变动的原因。并结合其他有关资料对该公司的盈利能力、盈利质量与风险做出评价。

(扫一扫，获取"财务比率分析——盈利能力分析.mp4"微课视频)

第八章 企业发展能力分析

【学习目标】
1. 了解企业发展能力的相关内容。
2. 了解企业发展能力分析指标的构成及意义。
3. 掌握各种发展能力分析指标的计算方法。
4. 理解并能熟练运用各种指标对企业的发展能力进行分析。
5. 理解可持续发展的相关概念、公式。

小肥羊餐饮连锁有限公司(以下简称小肥羊)采取的直营与加盟相结合的模式,使其在成立后的十年的时间里快速扩张。资产的增加需要资金的支持,小肥羊在快速发展的历程中,一直以权益融资作为外部融资的主要方式,很少利用负债融资。2001年7月至2002年12月,吸收新股东,引入被动投资者。注册资本增加为3000万元;2004至2005年,稀释股权,实现中层管理人员持股。到2005年,公司总股本达到6370万元,登记股东49人;2006年6月,引进战略投资者。小肥羊引入了欧洲两家最大的风险投资机构,还引入了员工持股计划;2008年6月,在香港成功上市,融资2.24亿港币。成为内地首家在香港上市的品牌餐饮企业,被誉为"中华火锅第一股"。截至2010年1月31日,公司拥有431家连锁店,其中包括157间自营餐厅及274间特许经营餐厅,并在美国、加拿大、日本、港澳等地拥有20多间餐厅。在高速发展过程中为应对风险,更好地提高自己的竞争力,小肥羊不断地调整自己的经营模式发展战略。在这一过程中,小肥羊对700多家店面进行调整,最后只剩下一半,帮助企业完成了由速度向高度的转变。对于下一步的发展,据悉,小肥羊相继将日本和美国点的股权转让给加盟商,将直营店改为加盟店,并将重心调整为:国外以加盟为主,国内以直营为主。

第一节 企业发展能力概述

一、发展能力的含义

企业作为一个营利性的组织,在市场经济的竞争中要获得生存就必须不断发展。生存—发展—获利是企业管理的目标,而发展是实现企业财务管理目标的重要前提。发展能力,也称企业的成长性,是指企业的生产经营在以后期间的发展趋势和发展水平,是企业通过自身的生产经营活动,不断扩大积累而形成的发展潜能。包括企业的资产、营业收入、收益等方面的增长趋势和增长速度。不断增长的营业收入、不断增加的资金投入和不断创造的利润形成了企业的发展能力,最终增加企业的价值。价值最大化是现行企业财务管理的目标,基于此目标企业发展的内涵是价值的增长,企业价值的增长分析应当是企业发展能力分析的核心。企业的发展应该是在资产规模扩大的同时带来留存收益的稳步提高,同时又能成功地回避风险,最终实现企业价值的增长。

企业价值最大化是指未来预期收益现值的最大化,它体现了企业的长远利益。一般认为,发展能力是企业在一段较长的时期内由小变大、由弱变强、持续变革的过程。由于持续变革过程的存在,企业在某一段时期可能出现成长道路上的曲折过程。比如,暂时经营业绩下降和组织机能弱化等现象在可持续发展企业看来是正常的,甚至是为了实现可持续发展这一根本目标所必需的,也就是说由小变大、由弱变强是可持续成长道路上较长时期所表现的一种基本状况。企业应充分利用资金,挖掘内部资金潜力,让生产经营活动与资金的筹集运用分配密切相连,以取得最大的经济效益。企业能否健康发展取决于多种因素,包括外部经营环境,企业内在素质及资源条件等。

企业的发展呈现多种形态,具体说来,有平衡发展、过快发展、失控发展、负债发展、周期性发展、低速发展、慢速发展。

(一)平衡发展

(1) 企业营业利润增长率高于通货膨胀率。

(2) 当年销售利润能够支付管理费用、财务费用、流动资金需求并有盈余用于企业发展投资。

(3) 企业资金结构合理,财务费用不超过一定标准。

(二)过快发展

(1) 营业额增长很快,而存货和应收账款也相应增长,且后两项增长比营业额快。

(2) 在这种情况下,企业运营资金需求增加,但企业没有足够的资金来源以满足资金的需求,从而常常出现现金支付困难。

(三)失控发展

(1) 企业市场需求增长很快,企业预期增长势必将持续,因而企业通过借款来支持这种增长。

(2) 企业资金结构不合理,营运资金为负。

(3) 在这种情况下,企业一旦市场需求减少,因生产能力已经扩大,固定费用支出增加,企业发生销售困难,难于及时调整结构,发展出现失控。

(四)负债发展

(1) 企业盈利很低,却决定大量举债投资。

(2) 营运资金为正，营运资金需求也大量增加，但企业利润增长缓慢。
(3) 这是一种不平衡的冒险发展，因企业自我发展能力很低，却有大量借款。

(五)周期性发展

(1) 企业发展随经济周期的变化而变化，如冶金行业，企业经济扩张时期发展很快，盈利较好，在需求不足时期，盈利下降，发展速度放慢。
(2) 这种企业的投资以长期发展趋势来定，企业固定费用增加很容易使企业陷入困境。

(六)低速发展

(1) 企业盈利率较低。
(2) 没有新增生产能力，也没有新产品进入市场。
(3) 企业投资已经收回。
(4) 流动资金和流动负债均没有增长。
(5) 这种企业对竞争很敏感，企业的投资与发展没有保障。

(七)慢速发展

(1) 首先企业主动减少投资，企业营业额增长放慢。
(2) 但企业流动资产仍有增长。
(3) 可能是企业产品竞争能力降低，也可能是企业盈利率降低，难于再投资。
(4) 有一些企业往往在此时靠增加对外投资来解决。

企业在成长时期，大量资金来源于负债。因为高速发展使企业资金发生短缺，在市场前景乐观的情况下，企业便倾向于负债经营，以期取得收益。但在这一扩张过程中，可能会出现三种情况：一是平衡发展，企业通过收益的增加，不但偿还了负债，而且为企业创造了利润，增加了企业的发展后劲；二是过快发展，企业负债经营，扩大了生产经营规模，但同时加剧了企业资金的短缺，企业面临资金支付困难；三是失控发展，企业增加了固定资产投资，生产规模扩大，市场竞争激烈，但企业的单位成本支出上升，经济效益却下降。

二、进行发展能力分析的意义

传统的财务分析仅仅注重分析企业的偿债能力、营运能力和盈利能力，这只是从静态的角度对企业的财务状况进行的分析，在日益激烈的市场竞争中是远远不够的，也是不合理的，因为企业未来的发展能力决定了企业的价值，而不是企业过去或现在的收益状况；无论是增强企业的盈利能力、偿债能力，还是提高资产营运效率，都是为了企业未来生存和发展的需要，都是为了提高企业的发展能力，也就是说企业未来的发展能力是企业偿债能力、营运能力和盈利能力的综合体现。因此，应该从动态的角度更深入地分析企业的发展能力，从总体上把握企业的发展水平，为预测企业今后的发展提供依据，全面衡量一个企业的价值。分析企业的发展能力，不同的利益相关者有不同的侧重点，但都有十分重要的意义，具体体现在以下几个方面。

对于债权人来说，通过分析企业长期的和持续的发展能力，可以了解企业的持续经营状况，从而了解长期债权安全性的高低，了解其债权保障程度的高低。其分析的侧重点是与企业过去成长有关的资料。

对于投资者来说,通过分析企业长期的和持续的发展能力,可以了解企业的生存能力和持续发展状况,了解企业创造股东价值能力的强弱,了解该公司的投资价值,从而作出相应的投资决策。因此,企业投资者在分析利润表时应该注重企业发展能力的分析。对于风险型的长期投资者来说,会特别关注企业的投资价值。投资者分析的侧重点是股票价值预计成长率、收益和股利变化的期望值等方面。

对于企业管理者来说,要使企业取得成功,就不能仅仅关注目前的经营能力和眼前的利润,更应该注意企业资产的增值保值状况,关注企业长期的和持续的发展能力。其分析的侧重点是企业的销售收入、收益以及股利成长率等方面。通过分析企业长期的和持续的发展能力,能够找出影响企业发展的关键因素,从而采取相应地经营策略和财务策略,促进发展能力的改善,最终增加企业的价值;可以从一定程度上抑制企业管理者的短期行为,真正提升企业的经济实力,完善现代企业制度和现代企业的理财目标。因此,企业管理者在分析利润表时应该注重企业发展能力的分析。

分析者应当动态地、从总体上考察企业的发展前景,主要是正确判断企业的筹资与投资活动。就筹资活动而言,要将企业正常的筹资发展和盲目的筹资发展区别开来。盲目筹资的发展主要有两种情况:第一种,如果企业生产规模连年扩大,而又大举筹资,成倍扩大生产规模,则可能是盲目筹资。第二种,企业突然转向与自己行业差别很大的产业,又没有新产业经营生产的经验,而进行的筹资。就企业投资活动而言,要把长期投资和短期投资发展结合起来,避免战线太长和无效投资。战线太长,企业投资不但形不成创利中心,而且需要不间断的投资维持,常常变成企业的包袱工程或尾巴工程;无效投资是企业投资于不可能获得利润或收益的投资项目。这两种情况都有可能占企业投资的较大比重,但其效益是难以兑现的。

三、发展能力分析的常用方法

从财务角度来看,发展能力是提高盈利能力最重要的前提,也是实现企业价值最大化的基本保证。企业只有在发展中才能真正地生存,才能稳定地获得利润。长时间以来,评价企业的重心一直停留在获利能力和营运能力上,但随着经济形势的不断发展和变化,发展能力逐渐引起大家的重视。选择适当的指标,公正客观地评价企业的发展能力也成了做出投资决策的前提之一。

企业发展能力衡量的核心是企业价值增长率,但企业价值评估存在着方法和实施上的困难,因此通常用净收益增长率来近似地描述企业价值的增长,并将其作为企业发展能力分析的重要指标。对企业发展能力的分析可以不去计算企业价值的增长率,而仅对影响企业价值增长的因素进行分析。而影响企业价值增长的因素主要有:销售收入、资产规模、净资产规模、资产使用效率、净收益和股利分配。

1. 对销售增长的分析

销售是企业价值实现的途径,企业销售的稳定增长,才能不断增加收入。一方面,收入的增加意味着企业的发展;另一方面,充足的资金有利于企业提高产品竞争能力、扩大市场占有率,促进企业的进一步发展。

2. 对资产规模增长的分析

资产是取得收入的保障，资产增长是企业发展的一个重要方面。在总资产收益率固定或增长的情况下，资产规模与收入规模存在着同向变动的关系。总资产的现有价值也反映着企业清算可获得的现金流入额。

3. 对净资产规模增长的分析

净资产的积累越多，企业资本的保全性越强，其应付风险和持续发展的能力越强。在净资产收益率不变或增长的情况下，企业净资产规模与收入规模存在着同向变动的关系。净资产规模的增长反映着企业不断有新的资本或收益留存，反映了所有者对企业的信心增强，在过去的经营活动中有较强的盈利能力，这就意味着企业的发展。净资产增加为企业负债融资提供了保障，提高了企业的筹资能力，有利于企业获得进一步发展所需的资金。

4. 对利润和股利增长的分析

利润的增长，直接反映了企业的积累状况和发展潜力。股利是企业所有者获利的来源之一，虽然企业的股利政策要考虑到企业面对的各种因素，但股利的持续增长一般被投资者理解为企业的持续增长。

5. 对资产使用效率的分析

企业资产使用效率越高，其利用有限资源获得收益的能力就越强。如果企业资源使用效率低下，即使资产或资本规模能以较快速度增长，也不会带来企业价值的快速增长。企业在财务分析中，要注意到不同企业的发展策略是不同的。有的企业采用的是外向规模增长的政策，通过进行大量的并购活动，公司资产规模迅速增长，但短期内并不一定带来销售及净收益的同样增长，这一类型的企业分析的重点在企业资产或资本的增长指标上；有的企业采取的是内部优化型的增长政策，在现有资产规模的基础上，充分挖掘内部潜力，在降低成本的同时，提高产品竞争力和服务水平，这一类型企业发展能力反映在销售和净收益的增长上面，而资产规模及资本规模则保持稳定或缓慢增长，因而这一类型企业发展能力分析的重点应放在销售增长及资产使用效率上面。

总之，企业财务分析是一个动态与静态相结合的分析过程，从静态和动态两方面分析和预测企业的发展前景，能够全面地衡量企业的价值。进行发展能力分析时，一般都是从企业的经营规模、财务成果增长情况角度进行的，通过对企业价值驱动因素的分析、比较，评估具有较强发展能力的企业。通常是以资产负债表、利润表为根据，计算一系列的比率指标，这些指标主要包括：销售增长指标，如销售（营业）增长率、销售（营业）收入三年平均增长率等；资产规模增长指标，如总资产增长率、固定资产成新率等；利润增长率，如营业利润增长率、净利润增长率等；资本扩张指标，如资本积累率、资本三年平均增长率、资本保值增值率等；其他指标，如股利增长率等。然后与有关评价标准进行比较，判断企业发展能力的高低。

但仅仅利用某一指标进行单一分析是不够的，其增长率并不一定与企业的价值增长能力保持同步，企业指标的增长率可能先于企业价值的增长，这将无法反映企业真正的发展能力。根据很多企业因成长过快而破产的事实可知：增长率达到最大化不一定代表企业价值最大化，增长并不是一件非要达到最大化不可的事情。在很多企业，保持适度的增长率，在财务上积蓄能量是非常必要的。总之，从财务角度来看，企业的发展必须具有可持续性的特征，即在不耗尽财务资源的情况下，企业财务具有增长的最大可能。因此，还应该结合其他指标进行分析；对指标进行趋势分析，即进行与以前年度的纵向分析，从而判断企业的变化趋势；或进行同行业的横向比较分析，或进行特定企业的横向比较分析，从而找出差距的原因，采取相应的改善措施或方法。

这些指标虽然较全面地反映了企业在过去一定时期内的整体发展情况，而且取得数据较为容易，计算比较直观，为评价企业的发展情况提供了多角度的信息，但也存在着一定的不足。例如各因素的增长与企业发展的关系无法从数量上确定，而且也不能深层次解释企业的发展能力与现有的经营效率、资本结构的关系等。因此，在评价企业的发展能力时，除了这些传统的评价指标外，还应当引入新的指标，可持续增长率就是其中之一。

对于外部分析者而言，需要通过对以上诸多因素的细致全面的分析，才能了解企业的发展策略和相应的发展能力。在财务分析中，应注意与企业所处的发展周期相结合。处于不同周期阶段，企业的同一发展能力分析指标的不同计算结果，可能反映不同的发展能力。

第二节　企业发展能力指标分析

一、销售(营业)增长率和总资产周转天数

(一)销售(营业)增长率

销售是企业价值的表现，一个企业的收入主要来源于自身的销售，营业收入的不断增加是企业自身发展的表现，营业收入的增长是企业增长的源泉；同时又为企业的进一步发展，像扩大市场、开发新产品等活动提供了物质基础，也就说不断增加的营业收入是企业生存和发展的条件。相反，如果企业的营业收入不增反降，长时间下去，会对企业的进一步发展产生消极的影响。因此，收入增加就意味着企业发展，只有实现企业营业收入的不断增长，企业的利润增长率才有保障，企业才能在一个稳固持续的基础上扩大规模。因此，应对销售增长情况进行分析。在各种衡量企业发展能力的财务指标中，销售(营业)增长率指标是最关键的。

1. 销售(营业)增长率的概念

销售(营业)增长率，是企业本期营业收入增加额与上期营业收入的比率，用来反映企业在销售方面的成长能力，是衡量企业成长状况和发展能力的重要指标。其计算公式为

销售(营业)增长率=(本期营业收入增加额÷上期营业收入)×100%

其中，本期营业收入增加额=本期营业收入总额-上期营业收入总额。

2. 销售(营业)增长率的分析

该指标反映的是企业某个期间的整体销售增长情况。因为一个企业的销售状况越好，表明企业的生存和发展空间越大；一个企业的营业收入增长越快，表明企业生存发展能力提高得越快。所以，销售(营业)增长率也可以用来评价企业的市场占有能力，预测企业经营业务拓展趋势，从而衡量企业的成长状况。若该指标大于零，则表示企业产品附加值高，市场占有能力强，当期营业收入增长；该指标越高，说明企业在该期间营业收入的增长速度越快，企业竞争能力越强、产品市场占有率越高，企业越有发展潜力，市场前景越好。若该指标小于零，则表示企业市场份额减少，本期的营业收入减少，在经营管理或产品方面存在问题。

在评价企业营业收入方面的可持续发展能力时，仅仅利用销售(营业)增长率是不够的，还应该结合企业的资产状况，来分析营业收入增长的效益性。如果企业营业收入的增长主要依靠资产的相应增长，而不是依靠企业自身销售能力、市场占有能力的增强，那么在这种情况下的营业收入的增长就无效益性，也不能说明企业在销售方面具有良好的成长性。企业自身销售能力、市场占有能力的增强，主要体现在：销售更多的产品或服务，或产品价格的提高，或销售新的产品和服务。

因此，在评价企业营业收入方面的可持续发展能力时，应该将销售增长率与资产增长率相比较。正常情况下，营业收入增长具有效益性的企业，其销售增长率高于其资产增长率。

有时，由于上期营业收入较小，即使营业收入增长幅度很小，也能够得到较大的销售(营业)增长率。也就是说，一个企业的某时期的销售(营业)增长率可能会受到一些特殊因素的影响。因此，要正确判断一个企业在销售方面的成长能力，就要将不同时期的销售增长率进行比较。比如，可以结合企业前几年的销售(营业)增长率做出趋势性分析判断，找出自身发展的规律性以及不足，并采取相应的调整措施。

该指标在实际应用时，应该与行业内其他企业的水平相比较，分析判断在行业中所处的地位，挖掘自身潜力；应结合企业历年的主营业务收入水平、企业市场占有情况、行业未来发展及其他影响企业发展的潜在因素进行前瞻性预测，对企业的发展能力做出更加准确的分析。

例如，根据 MDDQ 公司的利润表，计算其 2008—2010 年销售(营业)增长率，如表 8-1 所示。

表 8-1 MDDQ 公司销售增长率计算　　　　　　　　　　　　　　单位：千万元，%

项　目	2008 年	2009 年	2010 年
本期营业收入总额	32.37	272.02	1076.59
上期营业收入总额	25.89	32.37	272.02
本期营业收入增加额	6.48	239.65	804.57
销售(营业)增长率	25.03	740.35	295.78

为排除销售(营业)短期业务异常波动对企业发展潜力判断产生的影响，可以计算几年的销售(营业)收入平均增长率，用长期指标代替短期指标，在实务中，通常计算三年销售(营业)收入平均增长率，反映企业营业收入连续三年的增长趋势，反映企业持续发展状态和市场扩张能力。其计算公式为

$$销售(营业)收入三年平均增长率 = \left(\sqrt[3]{\frac{年末营业收入总额}{三年前年末营业收入总额}} - 1 \right) \times 100\%$$

该指标为正指标，一般该指标越高，意味着企业经营业务增长趋势越好，市场扩张能力越强。

该指标可以用来衡量企业的产品生命周期，判断企业发展所处的阶段，预测企业的发展前景。一般来说，如果某种产品销售(营业)增长率较高，则说明企业产品处于成长期，将继续保持较好的增长势头，尚未面临产品更新的风险，属于发展型企业；如果营业收入增长率较稳定，没有大幅度波动，说明企业产品已进入成熟期，不久将进入衰退期，需要着手开发

新产品;如果该比率较低,则说明企业产品处于投放期,产品销售规模较小;或者企业已进入衰退期,市场开始萎缩,营业利润开始滑坡,如果没有已开发好的新产品,那么企业将步入衰落,前景不被看好。

(二)主营业务收入增长率

营业收入包括主营业务收入和其他业务收入,相应地,销售(营业)增长率也可分为主营业务增长率、其他业务增长率,在实际中,主营业务收入增长率较多使用。

主营业务收入增长率是本期主营业务收入增加额与上期主营业务收入的比率。其计算公式为

$$主营业务收入增长率=本期主营业务收入增加额÷上期主营业务收入×100\%$$

主营业务收入是企业收入的核心部分,具有持续性高、稳定性强的特点,因此,可以选用主营业务收入增长率作为企业发展能力评价指标。主营业务收入增长率反映了主营业务收入相对于去年的增长情况,这是反映企业成长性的重要指标。一般而言,主营业务收入增长率越高,说明企业在该期间营业收入的增长速度越快,企业的市场拓展能力越强,其市场占有率也将越大,企业越有发展潜力;反之,主营业务收入增长率越低,说明企业在该期间营业收入的增长速度越慢,销售情况较差,成长性较低,需找出相关原因,做出相应的决策。

对销售增长率的其他相关分析,对主营业务收入增长率也适用。

企业销售收入的增长只能说明企业市场占有率或业务规模的拓展趋势,但企业提供毛收入的多少并不代表企业财富同时增长了多少。因此,不能仅仅依据主营业务收入增长率指标数字对企业全面或实质上的发展作出判断,应该结合企业获利能力的指标进行。

对于成熟的行业,如家电行业,企业间竞争激烈,只有整合资源,突出主业,才能降低成本,不断提高主营业务的核心盈利能力和增加主营业务收入,才能在激烈的竞争中稳步发展。

二、资产增长率

企业资产是取得收入的基础,资产的增长是企业发展的一个重要方面,也是实现企业价值增长的重要手段,在总资产报酬率固定增长的情况下,资产规模与收入规模之间存着同向变动的关系。而且,企业的利润和现金流量都是通过资产的使用来实现,企业的成长性很大程度上取决于资产使用效率和增值能力。如果资产使用效率低,企业不仅不能为股东创造出足够的利润,而且可能引致企业逐步走向亏损甚至破产,成长性更无从谈起。此外,从企业的生命周期来看,处于成长期的企业,由于企业发展潜力大,往往会加大资产利用率和固定资产的投入,从而带动企业总体资产的增加。因此,在实务分析中,应该构建对总资产增长情况的分析,来判断企业的规模扩张情况。一般指标有总资产增长率。在分析时为防止短期波动对指标产生的影响,分析时还应同时计算资产三年的平均增长率。

资产的稳定增长是企业发展能力较高的体现,对企业资产增长情况的分析包括绝对增长量和增长率的分析。增长率分析主要包括总资产增长率、固定资产成新率等。

(一)总资产增长率

1. 总资产增长率的概念

总资产增长率,是指企业本期资产增加额与上期资产的比率,是用来评价企业资产规模增长幅度的指标,用于衡量企业规模增长水平对企业进一步发展的影响。总资产增长率是企业成长能力指标的重要部分,一般来说,企业的发展需要一定规模的资产相匹配,而且随着企业的发展,企业资产也在不断增长。对于小型企业来讲,规模的扩大,不仅是竞争力的提高,更是企业不断发展壮大的需要。其计算公式为

$$资产增长率=(本期资产增加额÷上期资产)×100\%$$

其中,本期资产增加额=本期资产额-上期资产额。

2. 资产增长率的分析

资产是企业取得收入的来源,代表着企业的实力,资产投入的增加是营业收入增加的来源。在资产报酬率和资产周转率不变的条件下,企业的新增利润与新增资产成正比例关系。因此,资产的稳定增长是企业发展潜力大的标志,资产增长率是一个企业发展能力的首要体现,是从企业资产总量扩张方面衡量企业的发展能力,它表明企业当年资产的增长比例,反映出企业规模的扩大程度对企业发展后劲的影响。正常情况下,处于成长期的企业,其资产规模是呈不断增加的趋势。若该指标大于 0,表明企业当期资产规模增加,资产增长率越高,说明企业一定时期内资产增长的越多,资产规模扩张的速度越快,发展潜力越大;若该指标小于 0,则表明企业当期资产规模缩减。

资产总量的扩张应该注意扩张的质与量之间的关系以及企业的后续发展能力,否则可能导致企业陷入盲目投资的误区。资产规模的扩张并不意味着企业的发展,它仅仅为企业的发展提供了必要的资源条件。资产的使用效率与企业价值增长有着密切的关系,若企业资产使用效率低,企业的资产规模扩大,并不能同时带来企业价值的相应增长。若资产的扩张是建立在高负债基础上的,也并不能说明企业自身发展能力的实际增强,如表 8-2 所示。

表 8-2 某企业 2011 年、2010 年的销售资产情况   单位:万元,%

项 目	2011 年	2010 年	增长率
营业收入	2100	1500	40
资产	7000	5000	40
负债	5000	2500	100

由表 8-2 可以看出,该企业的营业收入与资产的增长率都在 40%,但该企业的负债增长了 100%,说明资产的扩张是建立在举债的基础上,大量对外举债会增加企业的财务风险,当投资收益率不能高于借款利息率的时候,就会产生较大的风险,从而阻碍企业的发展。所以,在该例子中,资产规模的扩大并不能说明企业自身发展能力的实际增强。

因此,针对上述情况,分析企业的资产规模增长情况时,不能仅仅依据指标数字,应考虑资产增长的资金来源,是对外举债而扩大规模,还是实现盈利而增加了资产,或者是吸收了新的投资而扩大了资产规模。应该与企业的销售增长情况、利润增长情况相结合,从而评价企业资产规模的增长是否具有效益性:若一个企业的资产规模增长,但营业收入与利润没

有实现增长,从长期来看,这种资产规模的增长没有经济价值,并不能说明企业自身发展能力的实际增强。当一个企业的营业收入增长和利润增长超过资产规模的增长时,才属于正常的情况。

应该与同行业的不同企业相比较,明确自身在行业中所处的地位,比较时应注意到不同的竞争战略或发展策略对企业资产的增长率影响不同,进而影响指标的可比性。该指标主要受营业收入和总资产周转率的影响,因此,提高该比率,可以通过以下两种途径:一方面,提高销售能力,增加营业收入;另一方面,加强资产管理,提高总资产周转率。不同企业的资产使用效率不同,为保持净收益的同幅度增长,资产使用效率低的企业需要更大幅度的资产增长。

不同企业会进行不同的会计选择,使得资产的计量存在差异。另外,受历史成本计量基础的影响,资产总额反映的只是资产的取得成本而不是现时价值。由于一些重要资产无法体现在资产总额中(如人力资产,某些非专利技术),使得该指标无法反映企业真正的资产增长情况。此外,为了全面、正确地对该指标进行分析,应该将连续几期的该指标进行比较,观察其资产规模的变化趋势是否为不断增长的。

例如,根据 MDDQ 公司的资产负债表,计算其 2008—2010 年资产增长率,如表 8-3 所示。

表 8-3 MDDQ 公司资产增长率计算   单位:千万元,%

项　目	2008 年	2009 年	2010 年
本期资产额	853.04	1024.67	1754.20
上期资产额	642.58	853.04	1024.67
本期资产增加额	210.46	171.63	729.53
资产增长率	32.75	20.16	71.20

资产增长率也有一定的局限性,与销售增长率一样,它也受资产短期波动因素的影响,同样的,为剔除这一因素的影响,我们可以计算资产三年平均增长率,以准确的评价企业较长时期内资产的增长状况。

$$资产三年平均增长率 = \left(\sqrt[3]{\frac{年末资产总额}{三年前年末资产总额}} - 1 \right) \times 100\%$$

该指标值大于 0,反映企业资产呈现增长趋势,有能力不断扩大生产规模,有较强的发展潜力,该指标值越大,资产增长速度越快,发展的趋势越强。

(二)固定资产成新率

在资产负债表中,资产呈现多种形态。因此,在从资产角度分析评价企业的发展能力时,还可以计算固定资产增长率、流动资产增长率和无形资产增长率,以分别对各类资产的增长情况进行分析。

固定资产成新率是企业当期平均固定资产净值同固定资产原值的比率,反映了企业所拥有的固定资产的新旧程度,体现了企业固定资产更新的快慢和持续发展的能力。

其计算公式为

$$固定资产成新率 = \frac{平均固定资产净值}{平均固定资产原值} \times 100\%$$

其中，平均固定资产净值是指固定资产净值年初数与年末数的平均值；平均固定资产原值是指固定资产原值年初数与年末数的平均值。

固定资产成新率反映了企业所拥有的固定资产的新旧程度。该指标高，表明企业的固定资产比较新，技术性能较好，可以为企业服务较长时间，对扩大再生产的准备比较充足，发展的可能性较大；反之，该指标值越小，表明企业设备陈旧，技术性能落后，近期可能用于重置固定资产的支出越大，将严重制约企业未来发展。

应该注意到的是，会计政策的选择性对固定资产成新率有着明显的影响，折旧方法的不同会对固定资产成新率的真实性产生影响。此外，生产经营周期的不同也会对固定资产成新率有着明显的影响，处于不同经营周期的企业的固定资产成新率会明显不同，如处于发展期的企业的固定资产成新率(发展能力)会明显高于处于成熟期或衰退期的企业。

三、利润增长率

利润是公司经营业绩的最终结果，是企业内外有关各方都关心的中心问题，是投资者取得投资收益、债权人收取本息的资金来源，是企业管理者经营业绩和管理效率的集中体现，也是企业设施等不断完善的重要保障，所以说利润的增长能够体现出企业的发展能力。利润有多种表现形式，如营业利润、主营业务利润、净利润等，因此利润增长率也可以有多种表现形式，主要有营业利润增长率、主营业务利润增长率和净利润增长率。企业的利润增长率不仅可以充分地反映出企业盈利的增长，而且还可以综合反映出企业的竞争实力、生存能力和管理水平等，是评价企业成长性的主要指标之一。

(一)营业利润增长率

1. 营业利润增长率的概念

营业利润增长率，是一个企业本期营业利润增加额与上期营业利润的比率，用于反映企业营业利润的增减变动情况，是评价企业经营发展和盈利能力状况的综合指标。其计算公式为

$$营业利润增长率 = 本期营业利润增加额 \div 上期营业利润 \times 100\%$$

其中，本期营业利润增加额=本期营业利润额-上期营业利润额。

2. 营业利润增长率的分析

若该指标为正数，表明企业本期营业利润增加，营业利润增长率越高，说明收益增长的越多，其市场竞争能力越强，也就越具有成长性；若该指标为负数，则表明企业收益减少，更不用说成长性了。

收益有多种表现形式，相应地，收益的增长也有多种表现形式。在实务中，除了营业利润增长率，主营业务利润增长率和净利润增长率这两种比率使用较多。

例如，根据 MDDQ 公司的利润表，计算其 2008—2010 年营业利润增长率，如表 8-4 所示。

表 8-4　MDDQ 公司营业利润增长率计算　　　　　　　　　　单位：千万元，%

项　目	2008 年	2009 年	2010 年
本期营业利润额	72.31	65.97	109.26
上期营业利润额	61.85	72.31	65.97
本期营业利润增加额	10.46	-6.34	43.29
营业利润增长率	16.91	-8.77	65.62

(二)主营业务利润增长率

1. 主营业务利润增长率的概念

主营业务利润增长率，是本期主营业务利润增加额与上期主营业务利润之比，是评价企业收益增长速度的主要指标。其计算公式为

主营业务利润增长率=本期主营业务利润增加额÷上期主营业务利润×100%

2. 主营业务利润增长率的分析

主营业务利润是企业经营业绩的结果，体现企业生存发展的能力，也为一个企业以后的拓展提供基础，可以较好地考察企业的成长性，企业的发展总是从单一产品生产开始，而处于成长期的企业多数都是主营业务突出、经营比较单一的企业。当企业从成长期步入成熟期时，其经营格局就会逐步由单一经营向多元化经营发展。当企业主营业务利润增长额越大时，说明企业业务扩张能力越强。因此，可以用主营业务利润增长率来评价一个企业的发展能力和成长状况。

一般而言，若该指标为正数，表明企业本期主营业务利润增加，主营业务利润增长率越高，说明企业主营业务收益增长的越多，主营业务扩张能力越强，企业利润增长的越多，其市场竞争能力越强，发展能力越强；若该指标为负数，表明企业本期主营业务利润减少，企业收益减少，谈不上成长性。

影响主营业务利润的因素有很多，像销售量、销售价格、销售成本、销售品种结构等等。分析主营业务利润增长情况时，应该把主营业务利润增长率和主营业务收入增长率结合起来，从而更好地分析企业的成长性。若一个企业的主营业务收入增长率为正，而主营业务利润增长率为零，从长期看，该企业并没有创造经济价值；若主营业务利润增长率为正，而主营业务收入增长率为零，则说明企业的利润增长并非源自于销售能力的增强，那么这种增长是不能持续的。

正常情况下，当企业的主营业务利润增长率高于主营业务收入增长率时，说明企业的主营业务不断拓展，产品正处于成长期，企业的发展前景好；主营业务利润增长率超过主营业务收入增长率越多，说明企业的主营收入弥补成本费用的能力进一步提高，企业抵御价格降低、成本升高和销售下降的能力进一步增强，企业主营业务的获利能力提高，并推动整个企业获得更多的利润。反之，若该比率小于主营业务收入增长率，说明企业取得的收入不能消化成本费用的上涨，主营业务的获利能力有所下降，企业发展潜力受怀疑。

为了剔除偶然因素和特殊因素对企业当期主营业务利润增长率的影响，应该将不同时期的该指标进行比较，从而更全面地反映企业的主营业务利润增长情况。此外，在分析的过程

中还应该与产品所处的生命周期相结合。一般认为,一种产品从投入市场到退出市场要经历投放、成长、成熟、衰退四个阶段。相应地,主营业务收益在四个阶段也不相同:在投放期,产品研究成功,市场刚开始建立,有大量的支出,主营业务收益很少甚至亏损;在成长期,市场不断扩展,生产规模不断扩大,主营业务收益开始增多;在成熟期,若企业占有的市场份额大,就能取得较高的主营业务收益;在衰退期,企业只能获得边际利润。

(三)净利润增长率

1. 净利润增长率的概念

净利润增长率,是企业本期净利润增加额与上期净利润之比,是用于衡量企业净利润增长速度的主要指标,净利润增长了,企业所有者权益的增长才有保证,企业的增长才有根基。净利润增长率,能够体现出企业市场竞争能力的强弱。其计算公式为

$$净利润增长率=(本期净利润增加额÷上期净利润)×100\%$$

其中,本期净利润增加额=本期净利润额-上期净利润额。

2. 净利润增长率的分析

净利润的增长是企业成长的基本体现,因此,可以用净利润增长率来评价企业的成长状况,即发展能力。通常情况下,净利润增加额越大,说明企业收益增长地越快;反之,净利润增加额越小,说明企业收益增长地越慢。若净利润增长率为正数,表明企业本期净利润增加;若净利润增长率为负数,表明企业本期净利润减少。

企业发展的内涵是企业价值的增长,企业价值表现为给企业带来未来现金流的能力,因此可以用净利润的增长来近似代替价值的增长,以净利润增长来分析企业发展能力。企业发展所需资金基本来源有三个:投资者注入新资金,向金融机构举债,自我积累。因此,分析净利润增长情况时,也应该把净利润增长率和企业的营业收入增长情况结合起来,从而全面、正确地分析企业的成长性。通常情况下,具有良好发展能力的企业,其净利润增长率高于销售增长率。

例如,根据MDDQ公司的利润表,计算其2008—2010年净利润增长率,如表8-5所示。

表8-5 MDDQ公司净利润增长率计算　　　　　　　　　　　　单位:千万元,%

项目	2008年	2009年	2010年
本期净利润额	69.32	64.99	100.19
上期净利润额	54.94	69.32	64.99
本期净利润增加额	14.38	-4.33	35.20
净利润增长率	26.17	-6.25	54.16

当然,该指标也具有一定的局限性。企业的发展与净收益的增长,二者并不一定同步,净收益的增长可能滞后于企业的发展,这就使得净利润增长率无法真正反映企业的发展能力,只是近似替代。注意偶发性变动因素的影响,如一次性损益对公司增长真实性的扭曲;在使用净利润增长率时,净利润计算周期的不同选择会对该指标产生明显的影响;削减成本会带来净收益的增长,但不是可持续的盈利增长来源,在使用净利润增长率时,应结合其他指标一同判断。

四、资本积累率

在企业的生产经营过程中,净资产积累越多,企业资本保全能力越强,其应付风险和持续发展的能力越强。在净资产收益率不变或增长的情况下,企业净资产规模与收入之间存在着同向变动的关系。净资产规模的增长说明企业不断有新的资本收益留存,表明了所有者对企业的信心强或在过去的经营活动中有较强的盈利能力,也体现着企业的发展。企业运用净资产为所有者创造价值,即为投资者实现增值。从长期来看,一个增长的企业其净资产是增加的,因此,用净资产的增长来衡量企业价值是明智之举。一般衡量指标有资本积累率,在实务分析中可以分析企业资本的积累率并同时计算三年资本的平均增长率。

1. 资本积累率的概念

资本积累率,是企业本期净资产增加额与上期净资产之比,是企业当年所有者权益总的增长率,反映了企业所有者权益在当年的变动水平,用于评价企业股东权益规模的增长幅度。其计算公式为

$$资本积累率=(本期净资产增加额÷期初净资产)×100\%$$

其中,本期净资产增加额=本期净资产额-上期净资产额。

2. 资本积累率的分析

在经济收益与净资产周转率不变的情况下,一个企业净资产规模与收入是正相关的。净资产规模越大,企业进一步筹资的能力越强,企业发展潜力越大。所以,可以用资本积累率来反映企业资本的积累能力,反映投资者投入企业资本的保全性和增长性,判断和预测企业未来的发展速度和发展能力。若该指标为正数,表明企业当期净资产规模增加,净资产增长率越高,说明净资产增长的越多,该指标越高,说明企业的资本积累越多,应付风险能力越强,企业扩大再生产的条件越好,持续发展能力较强;若该指标为负数,则表明企业当期净资产规模缩减所有者利益受到损害,应引起警惕。

在其他条件不变的情况下,增加股东投入资本和增加股东投入所创造的收益,都会增加净资产,提高资本积累率。如果一个企业的净资产增长主要来源于股东投入资本,而股东投入所创造的收益增加不多,那么该企业的发展潜力值得怀疑,不符合实现股东权益最大化的目标。要是企业获得成功、健康、可持续地发展,就应该使其净资产规模的增长主要依赖于利用股东投入所创造的收益的增加。

分析企业的净资产规模增长情况时,应该与企业的销售增长情况、利润增长情况相结合,从而评价企业净资产规模的增长是否恰当。当一个企业的营业收入增长和利润增长超过净资产规模的增长时,才属于正常的情况。

所有者权益各类别的增长情况所代表的意义是不同的。实收资本的增长一般源于外部资金的增加,只能说明企业具备了进一步发展的基础,但并不表明企业过去发展和积累能力较强;留存收益的增长表明企业通过自身经营活动积累了进一步发展所需资金,既能够反映企业在过去经营中的发展能力较强,也反映了企业进一步发展的后劲。在运用资本积累率指标进行分析时,仅仅依据指标数字,无法判断净资产的增加是不是由留存收益增加导致的,无法判断企业实际的发展能力如何。因此,在分析过程中,应结合所有者权益各类别的增长情况进行分析,从而更加准确地分析企业是否具有稳定持久的发展能力。

一个健康、持续增长的企业，其股东权益规模在长期内呈现的变化趋势是不断增长的，在分析评价资本积累率时，应注意本期与上期权益资本变动的偶然性因素，特别是实收资本的变动对资本积累率的影响。因此，为了正确地判断企业净资产规模的发展趋势和发展水平，应该将不同时期的资本积累率进行比较，来观察其动态变化趋势是否为不断增长的；仅仅利用某个期间的资本积累率是不全面、不合理的。

根据 MDDQ 公司的资产负债表，计算其 2008—2010 年净资产增长率，如表 8-6 所示。

表 8-6　MDDQ 公司净资产增长率计算　　　　　　　　　　　　单位：千万元，%

项　　目	2008 年	2009 年	2010 年
本期净资产额	321.92	659.40	740.19
上期净资产额	302.99	321.92	659.40
本期净资产增加额	18.93	337.48	80.79
资本积累率	6.25	104.83	12.25

为排除资本异常波动对企业发展潜力判断产生的影响，可以计算几年的资本平均积累率，用长期指标代替短期指标，在实务中，通常计算资本三年平均积累率，反映企业资本连续三年的增长趋势，反映企业持续发展状态。其计算公式为

$$资本三年平均积累率 = \left(\sqrt[3]{\frac{年末净资产总额}{三年前年末净资产总额}} - 1 \right) \times 100\%$$

该指标越高，表明企业所有者权益得到的保障程度越大，企业可以长期使用的资金越充裕，抗风险和连续发展的能力越强。

五、资本保值增值率

1. 资本保值增长率的概念

资本保值增值率，是期末所有者权益总额与期初所有者权益总额的比率，用以评价企业资本在其自身努力下的保值增值状况。其计算公式为

$$资本保值增值率 = 所有者权益期末总额 \div 所有者权益期初总额 \times 100\%$$

2. 资本保值增值率的分析

(1) 资本增值是现代企业的根本目标，企业在一定时期内实现的未分配利润等于企业的新增资产。所以，当收入大于费用时，利润为正，所有者权益中的未分配利润增加，企业资本保值增值状况较好；反之，当收入小于费用时，所有者权益减少，企业资本保全状况差。该指标等于 100% 时，会计利润等于资本成本，表示企业实现了保值；该指标大于 100%，会计利润大于资本成本，表明企业资本实现了增值；该指标小于 100% 时，会计利润小于资本成本。一般认为，该指标应当大于 100%。

(2) 该比率较大地增长有时并非于企业自身经营效益水平提高的结果，而是源于投资者增加新的资源投入或企业增加借债。因此，对资本保值增值率进行分析时，应该注意区分这种情况。

例如，根据 MDDQ 公司的部分利润表资料，计算该公司 2008—2010 年的资本保值增值

率，如表 8-7 所示。

表 8-7 MDDQ 公司资本保值增值率计算   单位：千万元，%

项目	2008年	2009年	2010年
所有者权益年末余额	321.92	659.40	740.19
所有者权益年初余额	302.99	321.92	659.40
本期所有者权益增加额	18.93	337.48	80.79
资本保值增值率	6.25	104.83	12.25

六、股利增长率

股利增长率就是本年发放现金股利增加额与上一年度发放现金股利的比率，用于评价和反映企业现金股利的增长情况，衡量企业的发展能力。其计算公式为

$$股利增长率=(本年每股股利增长额÷上年每股股利)×100\%$$

式中，本年每股股利增长额=本年发放每股股利-上年发放每股股利。

企业发放现金股利越多，留存收益就越少，企业资本扩张速度越慢。从理论上分析，股利增长率在短期内有可能高于资本成本，但从长期来看，如果股利增长率高于资本成本，必然出现支付清算性股利的情况，从而导致资本的减少。

股利增长率与企业价值(股票价值)有很密切的关系。Gordon 模型认为，股票价值等于下一年的预期股利除以要求的股票收益率和预期股利增长率的差额所得的商，其表达式为

$$股票价值=DPS/(r-g)$$

其中，DPS 表示下一年的预期股利，r 表示投资者要求的股权资本收益率，g 表示股利增长率。从该模型的表达式可以看出，股利增长率越高，企业股票的价值越高；反之，则不同。

投资者从企业获得的利益分为资本利得(股价的增长)和股利两类，投资者在退出前从企业获得利益的唯一来源就是股利。虽然企业的股利政策是综合各种因素的结果，但股利的持续增长一般被理解为企业的持续发展。为排除股利异常波动对企业发展潜力判断产生的影响，可以计算几年的股利平均增长率，用长期指标代替短期指标，在实务中，通常计算股利三年平均增长率，反映企业股利连续三年的增长趋势，反映企业持续发展状态。其计算公式为

$$股利三年平均增长率=\left(\sqrt[3]{\frac{本年每股股利}{三年前每股股利}}-1\right)×100\%$$

七、技术投入比率

技术投入比率是企业当年科技支出与当年营业收入额之比，可以用于反映企业在科技进步方面的投入，反映企业对技术创新的重视程度，是评价企业发展潜力的重要指标。其计算公式为

$$技术投入比率=(当年科技支出合计÷当年营业收入金额)×100\%$$

其中，企业本年科技支出包括用于研发支出、技术改造、科技创新等方面的支出。

该指标越高，意味着企业在科技进步方面的投入越多，企业对市场的适应能力越强，成长性越高。反之，则表明企业未来竞争优势越不明显，发展前景越差。

第三节　企业发展可持续性分析

对于企业可持续发展具体含义的认识主要有广义和狭义两个层面。广义层面认为企业的可持续发展不仅包括企业自身的发展，还应考虑到企业所创造的社会效益和应承担的社会责任。狭义层面则单从企业自身的经营状况考虑，认为对企业经营成果进行衡量时，不应仅仅考察当前经营绩效如何，还应考虑企业未来业绩的稳定性和成长性；企业在追求自我生存和永续发展的过程中，既要考虑企业经营目标的实现和提高企业市场地位，又要保持企业在已领先的竞争领域和未来扩张的经营环境中始终保持持续的盈利增长和能力的提高，保证在可预见的未来，企业能在更大规模上支配资源、谋求更大的市场份额、不断战胜和超越自我，从而取得良好的发展。

企业可持续发展能力理论核心是分析并找到企业的可持续发展能力。根据这个理论，企业发展优势依靠的是自身的可持续发展能力，体现出优势的领域便是它的可持续发展业务。也就是说，可持续发展业务需要发展能力来支撑。企业识别、培育、积累其发展能力，即是企业生存和发展最为本质的过程。在我国，由于历史原因，企业的发展受宏观政策影响较大。我国政府积极响应1992年里约环发大会而制定的第一部国家级的21世纪议程，从中国自身国情出发，在国民经济与社会发展中长期计划中提出一条人口、经济、社会发展与资源、环境相协调的可持续发展之路的指导方针对促进企业发展起到催化剂的作用。因此，如何从较深层次上去思考、选择企业可持续发展业务，以期通过培育发展能力，获得真正的发展优势，需要企业各部门的共同努力。

一、影响企业可持续发展能力的主要因素

可持续发展能力综合反映了上市公司经营的稳定性、业绩的成长性和发展的持续性，影响企业可持续发展能力的因素有很多。一般来说，主要包括企业的产业结构和政府干预政策、企业主营业务所处行业的景气度、企业经营理念的选择、企业制度环境的完善程度、企业的生命周期、企业的人才建设及企业文化等。这些因素可以分为外部因素和内部因素。外部因素是指企业周围环境的影响因素，属于不可控制的因素，如主营业务所处行业的景气度、行业政策等，内部因素是指企业自身的影响因素，属于企业可控制的因素。内部因素构成了企业的核心竞争力，是企业核心竞争力的体现。由于内部因素的可控性，公司要提高企业的核心竞争力，应将主要精力着眼于内部因素的改善，如企业内部治理结构的完善。

(一)企业制度环境

企业制度环境包括企业内部制度环境和外部制度环境。企业内部制度环境主要是指企业产权制度、企业治理制度、企业管理制度、企业文化；而企业外部制度主要是指政治制度环境、经济制度环境、政策法律环境、非正式制度环境。良好的企业制度环境，有助于企业的持续经营与发展，如完善的上市公司治理结构，有助于提高公司战略以及政策的科学性，从而保证企业的持续经营与发展。完善的公司治理结构能够有效地约束经营者，使其与股东目标一致，从而抑制经营者盈余管理行为。

(二)企业经营理念

企业经营理念,是指企业怎样看待本企业的经济效益与社会、环境效益之间的关系。经验只能作为企业在决策时的参考,不能直接地搬用与抄袭,否则,给企业带来的危害可能是毁灭性的。但有些企业在对待"经验"的问题上往往处理不当,缺少对未来市场的正确预测和经营创新。企业管理优势是竞争优势中最突出的优势,对企业的发展起到关键性作用。优秀的经营理念,有助于企业决策的科学性,有助于企业在行业中保持龙头地位,突出品牌优势。

我国大多数企业,尤其是中小企业,在其发展的初期能够取得良好的经营业绩得益于其灵活的经营机制,改革开放初期并不充分的市场竞争环境也在一定程度上促进了企业的发展。然而随着企业生存环境的变化,新的经济环境对企业的生产与经营提出了新的更高的要求,企业为了追求可持续发展,理应对自身的经营管理进行调整以顺应环境的变化。调整的过程就是学习与创新的过程,与外界经济环境适应性的高低也取决于企业学习与创新的力度与质量。

(三)企业核心能力

核心能力是企业持续发展的基础资源,只有建立在核心能力基础上的企业竞争优势才是持久的。一个企业如果不具备特有的核心能力,则意味着其抵御竞争和防范风险的能力较差,即使在某一时期取得了高速发展,这种发展也不能持续,发展能力不容乐观。考察企业是否拥有核心能力主要看企业是否树立了战略管理理念。企业战略的核心是产业选择问题和在产业内的竞争地位问题。在以信息技术为核心的产业革命的冲击下,产业边界越来越模糊,产业变革越来越快,企业能否从容应对产业方面的大变革是企业可持续发展的关键,如产业生命周期缩短对企业管理层提出了新的挑战,企业能否及时地采取相应的调整措施,关系着企业的生产经营能否持续下去。

(四)企业生命周期

企业有生命周期,如同一年的春夏秋冬,每个企业都要经历初创期、成长期、成熟期与衰退期四个周期。首先结合企业所在行业所处的生命周期阶段分析企业是否具有可持续发展的能力。一般认为,如果企业主营业务所在行业是新兴产业,那么企业本身也具有较好的发展前景;如果企业主营业务所在行业是已经进入成熟期的产业,那么应关注企业在该行业中是否处于领先地位;如果企业主营业务所在行业是走向衰退的产业,那么在考察企业的主营业务是否能长期保持还是应创新转型。其次结合企业本身的生命周期分析企业是否具有可持续发展的能力。

(五)企业文化

企业文化是企业的基本价值观和行为规范,是企业倡导、信奉同时必须付诸实践的价值理念,也是企业永续经营、充满活力的内在源泉,它可以使企业产生凝聚力并且提供竞争优势,是企业可持续发展的最关键因素之一。

可持续发展的企业文化,有利于团队成员个人能力的发挥与创造,有利于组织变革和制度变迁,有利于企业利用团队的智慧进行科学的决策,最终会变成企业持久的竞争优势和永恒的动力源泉,保证企业的持续经营与发展。否则,会使企业的经营缺乏动力,最终阻碍企业的发展。例如,在某些家族企业中,由于决策者的家长作风、任人唯亲,家族与非家族成员内外有别的价值判断标准,在企业中很难形成"以人为本"的企业文化,也就制约了建立在这种文化基础上的企业持续发展能力。时代在发展,企业文化的价值追求也在不断完善更新。企业应超越狭隘的利益观,肩负社会责任,谋求与社会和谐共进,更好地实现企业的可持续发展。

(六)企业的人才建设

在当今社会企业之间的竞争,归根结底是人才的竞争,人才队伍建设已不可替代地成为制约着企业的发展,决定企业成败的关键。因此,加强人才队伍建设是企业寻求可持续发展必须关注的问题。企业应建立健全人性化的管理机制。企业的兴衰在于管理,管理则在于人。在企业人才队伍的建设上,作为企业管理者,坚持"以人为本"的管理理念,努力营造良好氛围,同时要解决他们的后顾之忧,使他们切实感受到企业大家庭的温暖,真正将企业当作一个大家庭,时刻与企业同呼吸共命运,为企业的生存发展和壮大而竭诚尽力。只有企业真正做到"以人为本"的管理理念,企业才是一个充满生机和希望的坚强团队。此外,企业还应该建立健全团队意识教育机制,创新用人机制和育才方式,创新人才认识观念。

二、增长率与资金需求

(一)资金来源方式

由于企业要以发展求生存,销售增长是任何企业都无法回避的问题。企业增长的财务意义是资金增长。在销售增长时企业往往需要补充资金,这主要是因为销售增加通常会引起存货和应收账款等资产的增加。销售增长得越多,需要的资金越多。

从资金来源上看,企业增长的实现方式有三种:完全依靠内部资金增长、主要依靠外部资金增长、平衡增长。

一是完全依靠内部资金增长。有些小企业无法取得借款,有些大企业不愿意借款,它们主要是靠内部积累实现增长;但是,内部的财务资源是有限的,往往会限制企业的发展,致使企业无法充分利用扩大自身财富的机会。完全依靠内部来源支持的增长率,就是内含增长率。

二是主要依靠外部资金增长。从外部来源筹资,包括增加债务和股东投资,也可以提高增长率。主要依靠外部资金实现增长是不能持久的。增加负债会使企业的财务风险增加。筹资能力下降,最终会使借款能力完全丧失;增加股东投入资本,不仅会分散控制权,而且会稀释每股收益,除非追加投资有更高的回报率,否则不能增加股东财富。

三是平衡增长。平衡增长,就是保持目前的财务结构和与此有关的财务风险,按照股东权益的增长比例增加借款,以此支持销售增长。这种增长率一般不会消耗企业的财务资源,是一种可持续的增长速度。

(二)内含增长率

销售额增加引起的资金需求增长,有两种途径来满足:一是内部保留盈余的增加;二是外部融资(包括借款和股权融资,不包括负债的自然增长)。如果不能或不打算从外部融资,则只能靠内部积累，从而限制了销售的增长。此时的销售增长率，称为内含增长率。简单地说，内含增长率是企业完全不从外部融资，仅靠内部积累所能达到的增长率。

在内含增长率增长的情况下，公司资产不断增加，其资金来源于负债自然增加和留存收益的增加，而负债自然增加的比率和留存收益增加的比率可能相同，也可能不同，因此公司的资产负债率可能会发生变化。

三、可持续增长率

可持续增长率是指不增发新股并保持目前经营效率和财务政策条件下公司销售所能增长的最大比率，该比率是对资本保值增值率的一个替代。一般来说，如果企业不通过技术和管理创新，使销售净利率和资产周转率提高到一个新水平，则企业的增长率很难长期超过其可持续增长率，因为财务杠杆和股利分配率受到资本市场的制约，通过提高这两项比率支持高增长，只能是一次性的临时解决办法，不可能持续使用。因此，可持续增长率是能反映出企业发展能力的一个财务指标。例如，某企业期初资产200万元，期初负债80万元，期初股东权益120万元；本期新增资产20万元，新增负债8万元，新增股东权益12万元。这种状况的增长就体现了可持续增长。

(一)可持续增长率的假设条件

可持续增长率的假设条件如下。

(1) 公司目前的资本结构是一个目标结构，并且打算继续维持下去；公司目前的股利政策是一个目标股利政策，并且打算继续维持下去。即公司的财务政策维持不变。

(2) 不愿意或者不打算发售新股，增加债务是其唯一的外部筹资来源；

(3) 公司的销售净利率将维持当前水平，并且可以涵盖负债的利息，公司的资产周转率将维持当前的水平，经营效率维持不变。

(二)可持续增长率的计算

1. 计算可持续增长率最简单的方法

$$可持续增长率=净收益增长率=净资产收益率\times(1-股利支付率)$$
$$股利支付率=普通股每股现金股利\div普通股每股收益$$
$$留存比率=1-股利支付率$$

上述公式表明，企业在保持目前经营和财务战略的条件下，企业的利润在下一个会计年度最多只能按照可持续增长率的速度增长。或者说，企业未来一年的利润增长率不可能大于本年度净资产收益率。也就是说，如果企业不发放股利的话，可持续增长率最多等于净资产收益率。可持续增长率越高，表明企业的未来利润的增长速度越快；反之，则不同。

2. 根据期初股东权益计算可持续增长率

$$可持续增长率=股东权益增长率$$
$$=股东权益本期增加\div期初股东权益$$
$$=留存收益增加\div期初股东权益$$
$$=销售净利率\times总资产周转率\times收益留存率\times期初权益期末总资产乘数$$

在上述假设条件成立时，即在不改变资本结构的情况下，随着权益的增长，负债也应同比例增长；负债和权益的增长一起限定了资产所能扩展的速度。后者反过来限制了销售的增长速度。因此，一个企业的可持续增长率就是其股东权益的增长率，销售的实际增长率与可持续增长率相等。

由以上的公式可以看出：在构成可持续增长率的四项财务指标中，销售净利率和总资产周转率的乘积是资产净利率，它体现了企业运用资产获取收益的能力，从一定意义上代表着企业的经营方针；期初权益期末总资产乘数＝期末总资产/期初权益，它可以说是权益乘数的一种变形，从一定意义上代表着企业的财务政策和目前的资本结构；收益留存率和与之相关的股利支付率则从一定意义上代表着企业的盈余分配政策。可以说，可持续增长率是由企业当前的经营效率、资本结构和盈余分配政策决定的内在增长能力，是企业目前经营方针、财务政策以及盈余分配政策综合作用的结果，它从更深层次上综合揭示了企业的增长速度与目前的经营方针、财务政策以及盈余分配政策之间的关系。

虽然企业各年的财务比率总会有些变化，但上述假设基本上符合大多数公司的情况。大多数公司不能随时增发新股。据国外的有关统计资料显示，上市公司平均20年出售一次新股。我国上市公司增发新股亦有严格的审批程序，并且至少要间隔一定年限。改变经营效率(体现于资产周转率和销售净利率)和财务政策(体现于资产负债率和收益留存率)，对于一个希望维持可持续发展的公司来说是件非常重大的事情。

3. 根据期末股东权益计算的可持续增长率

可持续增长率＝销售收入增加/基期销售收入
　　　　　＝(销售净利率×总资产周转率×收益留存率×权益乘数)/(1−销售净利率×
　　　　　　总资产周转率×收益留存率×权益乘数)
　　　　　＝(权益净利率×留存率)/(1−权益净利率留存率)

如果新增投资报酬率没有超过原投资报酬率，单纯的销售增长不会带来股东财富的增加，是无效的增长。一般而言，一个正常的理智的企业，其实际增长率是趋于稳定的。

可持续增长的思想，不是说企业的增长不可以高于或低于可持续增长率。问题在于管理人员必须事先预计并且加以解决在公司超过可持续增长率之上的增长所导致的财务问题。超过部分的资金只有两个解决办法：提高资产收益率，或者改变财务政策。提高经营效率并非总是可行的，改变财务政策是有风险和极限的。因此超常增长只能是短期的。尽管企业的增长时快时慢，但从长期来看总是受到可持续增长率的制约。

企业的可持续增长率与实际增长率之间的关系可以表述如下：当企业的经营效率与财务政策不变时，企业的实际增长率、本年可持续增长率与上年可持续增长率三者相等；当销售净利率、总资产周转率、收益留存率、权益乘数这四个比率当中的一个或多个在本年增加时，企业的实际增长率大于上年可持续增长率、本年可持续增长率大于上年可持续增长率；当销售净利率、总资产周转率、收益留存率、权益乘数这四个比率当中的一个或多个在本年减少时，企业的实际增长率小于上年可持续增长率、本年可持续增长率小于上年可持续增长率；当这四个比率已经达到极限，并且新增投资报酬率已经与资本成本相等，单纯的销售增长无助于股东财富的增加。

如果企业实际增长速度低于可持续增长速度，表明企业自身有能力维持实际增长，并且有能力偿还到期债务；否则，如果高于的话，则企业必须以提高负债比率，增发股票等办法来筹借资金，保证增长所需的资金。

通常可以根据企业可持续增长率与实际增长率的偏离程度以及造成这种偏离的原因对企业未来的销售增长情况进行分析。如果企业的实际销售增长率远高于销售的可持续增长率，应当进一步分析其原因。超过企业可持续增长率的销售收入会加速企业资源的消耗，这种销售增长率通常是无法持续的。不能简单地认为今后的销售增长率会等于今年的销售增长率。企业销售收入增长最大化不应成为企业的经营和财务目标，否则，企业很可能今后陷入资金紧张的财务困难。当企业的实际销售增长高于可持续增长率时，企业因为资金短缺的原因可能会减少现金股利的支付。相反，当企业的实际销售增长低于可持续增长率时，说明企业未能充分利用自身的经济资源，会造成企业资源的浪费。企业应当更多的归还企业银行贷款，发放股利或寻找新的项目。

建立在持续性基础上的发展能力不是简单的一种能力，而是一种综合能力体系。企业的可持续发展能力是一个企业的社会经济效益能力、科学技术创新能力、环境行业发展能力、组织系统服务能力等各方面的综合体现，是企业拥有的、经营化了的知识体系，是企业对行业及社会发展有贡献(社会责任)、有益的(能获得持续利润)、适应市场机会的(在同客户交易互动关系中形成)、能形成可持续发展优势的(不是短期的)能力。

在传统的增长能力指标标准中，销售和市场份额等指标在提供财务业绩信息方面存在着较大的缺陷，有可能出现在亏损的情况下还增加产量和市场份额的情形，从而不能及时反映出企业价值已遭受损害。其中，产值、销售收入、资产及其增长指标忽视了生产成本和销售费用、管理费用等，会计利润、每股收益指标只注重账面利润，忽视了资金成本，因此都有可能损害企业价值。当然，在现行社会和价值管理理念下，企业在考核发展能力时，还应注重环境、人口的可持续增长，其衡量的指标还应包括创新能力、核心竞争力等非财务指标。

本 章 小 结

在本章的学习当中，我们对通过企业的资产负债表和利润表来分析企业的发展能力的基本原理与方法进行了探讨。发展能力是指企业的生产经营在以后期间的发展趋势和发展水平，包括企业的资产、营业收入、收益等方面的增长趋势和增长速度，其中，盈利能力的增长是企业发展能力的核心。传统的财务分析是从静态的角度对企业的财务状况进行的分析，在日益激烈的市场竞争中是远远不够的，也是不合理的。分析企业的发展能力，可以预测企业未来的发展前景，对债权人、投资者和企业管理者都有十分重要的意义。

进行发展能力分析时，通常是以资产负债表、利润表为根据，计算一系列的比率指标，例如：销售收入增长率、净利润增长率、净资产增长率、资产增长率等。销售增长率，是企业本期营业收入增加额与上期营业收入的比率，用来反映企业在销售方面的成长能力；净利润增长率，是企业本期净利润增加额与上期净利润之比，是用于衡量企业净利润增长速度的主要指标；资产增长率，是指企业本期资产增加额与上期资产的比率，用于衡量企业规模增长水平对企业进一步发展的影响；净资产增长率，是企业本期净资产增加额与上期净资产之比，用于评价企业股东权益规模的增长幅度。

这些指标虽然较全面地反映了企业在过去一定时期内的整体发展情况，而且取得数据较为容易，计算比较直观，为评价企业的发展情况提供了多角度的信息，但也存在着一定的不足。例如各因素的增长与企业发展的关系无法从数量上确定,而且也不能深层次解释企业的发展能力与现有的经营效率、资本结构的关系等。因此,在评价企业的发展能力时,除了这些传统的评价指标外,还应当引入新的指标,可持续增长率就是其中之一。

复习思考题

一、简答题

1. 企业实际增长率、本年可持续增长率以及上年可持续增长率的关系如何判断?
2. 企业的发展能力与其自身价值的关系如何?
3. 分析企业的发展能力时,由哪些方面?
4. 简述分析销售增长率时需结合利润增长率的原因。

二、计算分析题

某公司2009—2010年的主要财务数据下表所示。

根据期初股东权益计算的可持续增长率　　　　　　　　　　单位:万元,%

年度	2009年	2010年	2011年	2012年	2013年
收入	1000.00	1100.00	1650.00	1375.00	1512.50
净利润	50.00	55.00	82.50	68.75	75.63
股利	20.00	22.00	33.00	27.50	30.25
留存利润	30.00	33.00	49.50	41.25	45.38
股东权益	330.00	363.00	412.50	453.75	499.13
负债	60.00	66.00	231.00	82.50	90.75
总资产	390.00	429.00	643.50	536.25	589.88
销售净利率	5.00%	5.00%	5.00%	5.00%	5.00%
总资产周转次数	2.5641	2.5641	2.5641	2.5641	2.5641
期末总资产	1.30	1.30	1.7727	1.30	1.30
利润留存率	0.6	0.6	0.6	0.6	0.6
可持续增长率	10.00	10.00	13.64	10.00	10.00
实际增长率		10.00	50.00	16.67	10.00

要求:根据可持续增长率公式(期初股东权益)计算该公司2010年的可持续增长率和实际增长率。

三、案例分析题

WLY集团有限公司是以五粮液及其系列酒的生产经营为主,同时生产经营精密塑胶制品、成套小汽车模具、大中小高精尖注射和冲压模具,以及生物工程、药业、印刷、电子、物流运输和相关服务业等多元发展,具有深厚企业文化的现代企业集团。

白酒有着悠久历史和广泛的群众基础,行业生产与销售保持增长势头,消费结构在向中高档产品发展,低端白酒的消费呈萎缩趋势,中高档白酒产品的销售不断增长和发展。白酒消费升级仍将持续,各企业都在品牌、渠道两方面进行强化,不断提升自身品牌形象。高端白酒以品牌力竞争为主导,次高端产品竞争也十分激烈。随着近年来高收入人群的增加,商务活动频繁,以高收入人群为主要目标市场的高端白酒出现较快增长,高端消费越来越趋向主要名酒产品,集中度不断提高。行业统计数据显示,近几年白酒行业生产与销售持续增长,发展前景依然看好。

白酒行业进入门槛较低,市场集中度差,全国白酒生产企业约三万余家,而前十家企业的产量仅占全国白酒总产量的10%左右。但是高端白酒的市场集中度却较高,前几家企业以其具有高知名度品牌和消费者忠诚度占据了市场的70%左右份额。浓香型白酒依然占据市场主导地位,以川酒为代表的浓香型白酒仍是主流。

四川省委省政府从振兴民族特色产业的高度创造性地提出打造"中国白酒金三角"的战略构思,从全局和战略高度着力推动区域白酒品牌建设和推广,推进白酒地域经济和产业集群发展,力求合力做大做强中国传统白酒产业,实现携手共进,互利共赢,走向世界。

目前,"中国白酒金三角"这一地域性标志和独特品牌深入人心,发展劲头势不可挡。在这一战略性的发展机遇中,WLY被规划为核心区的龙头企业,具有强大的号召力和知名度,具有最大的产能规模,具备浓香、酱香、兼香产品生产工艺技术,具有一流的软硬件设施和科学严谨的企业管理,食品卫生安全具有严格的保证,在酒类行业唯一两度荣获"全国质量管理奖",WLY公司迎来更大的发展机遇,具有广阔的发展空间和前景。

当然,WLY公司也面临许多的主要挑战和竞争:行业内厂家间的竞争异常激烈,生产过于分散,厂家众多,地方保护严重;粮食等原辅材料价格持续上涨,人工成本增加,对生产成本构成较大压力;消费者消费习惯多元化,外来"洋酒"品牌进入对白酒形成挤压;国际资本与业外资本、创投资本进入,加剧市场竞争。

WLY公司在2011年将会不断提高市场占有率,加强产品研发和技术管理创新,加大核心品牌和重点品牌的打造力度,加强营销渠道拓展和网络建设,力争实现营业收入、净利润、销售量不低于20%的增长。

WLY集团有限公司资产负债表

单位:元

项 目	2010年	2009年
流动资产:		
流动资产合计	8,466,659,284.68	6,057,598,224.15
非流动资产:		
非流动资产合计	8,593,284,803.31	8,307,561,803.79
资产总计	17,059,944,087.99	14,365,160,027.94
流动负债:		
流动负债合计	2,240,386,242.92	2,439,180,848.31
负债合计	2,240,386,242.92	2,439,180,848.31
所有者权益:		
实收资本(股本)	3,795,966,720.00	3,795,966,720.00
资本公积	953,203,468.32	953,203,468.32

续表

项　目	2010 年	2009 年
盈余公积	1,738,370,334.40	1,392,074,910.91
未分配利润	8,332,017,322.35	5,784,734,080.40
归属于母公司股东权益合计	14,819,557,845.07	11,925,979,179.63
少数股东权益		
股东权益合计	14,819,557,845.07	11,925,979,179.63
负债和股东权益合计	17,059,944,087.99	14,365,160,027.94

WLY 集团有限公司利润表

单位：元

项　目	2010 年	2009 年
一、营业总收入	15,541,300,510.85	11,129,220,549.61
减：营业成本	4,863,189,610.83	3,860,659,982.32
营业税金及附加	1,392,170,702.85	798,585,260.90
销售费用	1,803,233,837.68	1,164,153,836.17
管理费用	1,561,852,181.17	838,973,053.20
财务费用	-192,470,846.37	-109,732,181.41
资产减值损失	15,044,946.11	8,545,391.55
加：公允价值变动收益(损失以"－"号填列)	-6,911,424.32	15,521,684.64
投资收益(损失以"－"号填列)	3,377,150.17	3,117,340.01
二、营业利润(亏损以"－"号填列)	6,094,745,804.43	4,586,674,231.53
加：营业外收入	50,741,916.62	20,724,800.29
减：营业外支出	75,244,790.52	1,810,404.58
其中：非流动资产处置损失	1,698,985.34	634,492.07
三、利润总额(亏损以"－"号填列)	6,070,242,930.53	4,605,588,627.24
减：所得税费用	1,508,186,094.93	1,138,920,195.73
四、净利润(净亏损以"－"号填列)	4,562,056,835.60	3,466,668,431.51
五、每股收益：		
(一)基本每股收益	1.158	0.855
(二)稀释每股收益	1.158	0.855

讨论：

计算 WLY 集团有限公司 2009 年、2010 年的销售增长率、利润增长率、资产增长率、股东权益增长率，分析其发展能力。(注意指标之间的结合)

第九章 企业偿债能力分析

【学习目标】
1. 理解流动资产结构和资本结构的含义。
2. 了解企业偿债能力的相关内容。
3. 了解企业偿债能力分析指标的构成及意义。
4. 掌握各种偿债能力分析指标的计算方法。
5. 理解影响企业偿债能力的其他因素。

2010年1月19日,有近50年历史的亚洲最大、世界第三的航空公司——日本航空公司(以下简称日航)因负债超过250亿美元,被迫向东京地方法院递交了破产保护申请,成为日本历史上除金融业外最大的破产案,令人震惊。究竟是什么原因使日航陷入了财务困境?对于这一问题,学术界众说纷纭。有人将日航破产归因于其管理制度的老化和日常经营的不善,也有人将日航破产归因于日本高铁新干线的影响;还有人将日航破产归因于当前市场需求的低迷,尤其是主要大客户需求的减少。根据相关资料显示,固定资产在日航的资产中占主要地位;负债融资在资金来源中占85%,其中长期负债占负债总额的70%。这种资产和资本结构,表明公司长期偿债能力弱,从而面临着较大的破产风险,一旦资金链断裂,破产就成为不得不面对的现实。而且,从相关财报资料可以看出,日航的利息保障倍数呈逐年递减的变化趋势,尤其是近几年,降低幅度较大且远低于行业平均水平。这一现象表明日航在利息费用支付方面弱于其竞争对手,长期偿债能力较弱。所以,此前日本政府否决向其提供更多的经济援助的行为,只是日航破产的一个导火索而已,其较高的经营风险、财务风险及较弱的长期偿债能力才是真正的原因。

第一节 企业偿债能力概述

一、偿债能力的含义

偿债能力是指企业偿还到期债务的能力,即企业支付债务的本金及利息的能力。随着社会主义市场经济的逐步建立与发展,企业筹资方式逐渐多样化,企业为了维持正常经营和长期发展，通常会采用对外举债方式筹集资金。负债有流动负债和长期负债两种类型。流动负债是企业需要在一年或一个营业周期内偿还的债务，具有金额相对较小、偿还期限较短的特点；长期负债则是企业需在一年以上或超过一年的一个营业周期以上偿还的债务，具有金额较大、偿还期限较长的特点。作为筹资方式之一的举债经营一方面能够提高企业效益，另一方面又会增加企业破产的风险，是一把"双刃剑"。偿债能力不但决定企业的借款能力，而且影响企业的信誉，影响着企业的投资能力、发展能力和盈利能力，在经济迅速发展的今天，企业拥有良好的偿债能力是其生存和发展的基本前提。

偿债能力体现着企业的财务状况，具体说来，可以分为短期偿债能力与长期偿债能力。短期偿债能力是指企业以其流动资产偿还流动负债的能力，反映了企业以其流动资产偿付短期债务的物质保障程度，是测验企业当前财务能力，特别是流动资产变现能力的重要标志。长期偿债能力则是企业以其资产或劳务偿还长期债务的能力，反映了企业偿付一年以上未来到期债务的能力，用于测验企业偿还债务本金与支付债务利息的能力，是反映企业财务稳定程度的重要标志。

短期偿债能力与长期偿债能力是不同的，应该予以区分。一个企业虽然长期偿债能力较好，但如果短期偿债能力出现问题，就会因无力支付其到期债务而被迫出售长期投资或固定资产，使企业的持续经营能力受到质疑，甚至陷入财务困境；反之，如果一个企业虽然现金较充足或资产变现能力较强，但如果长期偿债能力较弱，这将导致缺乏更多的资产进行长期投资，使其经营规模难以扩大，不利于盈利能力的增强。

企业的短期偿债能力和长期偿债能力是相互关联的。主要表现在以下两个方面：第一，对长期债务的利息偿还一般是分期的，即每一年度或者是每半年度需要偿还相关的利息，所以实质上可以看成是短期内需要偿还的到期债务；第二，长期负债随着时间的推移，到期日的缩近，最后都将以"一年内到期的长期负债"的形式列于流动负债中，也就是说长期负债最终都是在成为流动负债之后得以偿还的。

二、偿债能力的影响

偿债能力是企业的基本财务能力之一。企业偿还债务能力的强弱体现着企业财务状况的好坏，对企业的债权人、投资者和管理者具有较大的影响。因此，企业的债权人、投资者和管理者都十分关注对企业偿债能力的分析。

对于债权人，企业偿债能力决定其本息收回的风险程度。企业具有充分的偿还能力才能保证其债权的安全，按期取得利息，到期取回本金。银行对企业进行评估时，主要是对企业进行偿债能力分析，据此决定是否向企业发放贷款，如果发放，确定贷款的额度。当企业偿债能力较差时，银行承担的贷款风险会增加，企业会面临较高的贷款利率；反之，则较易得到资金以及利率优惠。因此，债权人在借款给企业时，应该综合评价借款的风险和可能的收益，谨慎判断其债权的偿还保障程度，维护其合法权益。通常情况下，企业自有资本在总资产中的比重越高，债权的保证程度就越高。

对于投资者，企业偿债能力影响投入资金的安全性与盈利性。由于债权人的本息要优先于企业投资者的利润分配，因此，负债程度直接影响投资者的利益。当然，在债务成本远低于投资报酬率时，股东将会获得由财务杠杆带来的较高报酬率，因此，股东还是愿意承担没有过度的相对较高的财务风险。股东在购买上市公司的股票之前，通过对企业进行偿债能力分析，可以了解企业项目风险的大小以及收益的高低，从而决定是否投资，进行融资选择，制定合理的投资决策。

对于管理者，企业偿债能力影响企业自身生存状况，是企业能否存在下去的关键因素之一。偿债能力高的企业，对外树立较好的形象，能以较低的成本筹措到更多的资金，拥有较多的投资机会；反之，企业继续经营的能力会遭到怀疑，甚至会面临财务危机，并最终导致破产。即使一个企业有发展的前景，比较雄厚的根基，如果不能处理好举债的规模和时间，无法按时偿还到期债务，生存上也会面临较大困难。从长期偿债能力的角度来看，了解企业的长期偿债能力，有利于管理者确定和保持最佳融资结构，实现融资成本的最低，降低企业财务风险。因此，作为企业的管理者，应该重视企业的偿债能力，监督、控制企业的偿债能力，保证生产经营过程正常进行，实现企业持续经营。

当然，企业偿债能力也会影响其他利益相关主体，如企业的供应商、客户、职工等。例如，当企业偿债能力较差时，供货商可能拒绝企业的延期支付；反之，偿债能力较强时，则能够比较容易地得到政策优惠，获得现金折扣等有利机会。

三、偿债能力分析的常用方法

偿债能力分析是判断企业偿债能力和资产质量的一种分析方法，是企业财务分析的重要组成部分。对偿债能力进行分析，可以使财报分析者了解企业资产的流动性，判断和评价企业的财务状况，分析企业能否健康成长和发展，预测企业未来的现金流量。偿债能力包括短期偿债能力与长期偿债能力，因此，偿债能力分析可分为短期偿债能力分析和长期偿债能力分析两个方面。短期偿债能力分析和长期偿债能力分析的侧重点是不同的，短期偿债能力分析主要侧重于对企业流动资产、资产变现能力与流动负债的关系研究；长期偿债能力分析则涉及企业的资本结构、盈利能力和变现能力等。

偿债能力的衡量方法有两种：一种是比较短期债务与可供偿债资产的存量，资产存量超过债务存量较多，则认为一个企业的偿债能力强；另一种是比较偿债所需现金和经营活动产生的现金流量，如果企业产生的现金超过需要的现金较多，则认为其偿债能力强。对企业进行偿债能力分析时，通常是以资产负债表、现金流量表、利润表以及利润分配表为根据，计算一系列的比率指标，如流动比率、现金流动负债比率、资产负债率、利息保障倍数等，然后与相关评价标准进行比较，判断企业偿债能力的高低。

但仅利用某一指标进行单一分析是不够的，还应对指标进行趋势分析，或进行同行业的横向比较分析，或进行特定企业的横向比较分析；还应结合表外的影响因素进行分析，以达到更加客观地评价一个企业的短期偿债能力和长期偿债能力的目标。比如，运用流动比率对短期偿债能力进行分析，在计算出被评价企业的流动比率后，将其与同行业该指标的标准值相比较作进一步分析，然后也可再结合净营运资本、速动比率等指标进行评价，最后收集一些表外因素以做出客观的评价。

第二节 短期偿债能力分析

一、短期偿债能力的含义

1. 短期偿债能力的定义

所谓短期偿债能力，具体而言，就是企业以流动资产偿还流动负债的能力，是衡量企业当前财务能力与财务风险，特别是流动资产变现能力的重要指标。不管一个企业的盈利状况如何，只要它实际持有一定量的现金，即说明其具有相应的短期偿债能力。因此，企业短期偿债能力的强弱通常表现为资产变现能力的强弱。上一节中提到，对企业进行偿债能力分析是十分必要的，因此，短期偿债能力作为偿债能力的一个方面，对其分析有重要意义。企业能否清偿当期债务，对企业自身的生存与发展至关重要，当一个企业丧失短期偿债能力时，其持续经营能力将遭到质疑，所以企业的短期偿债能力是衡量企业健康与否的重要指标，也是企业管理层、投资者与债权人等利害关系人共同关心的问题。

2. 短期偿债能力的影响因素

(1) 流动资产结构。流动资产结构是指组成流动资产的各个类别在流动资产中所占的比重。流动资产结构反映了流动资产的组成情况。流动资产是指在一年或超过一年的一个营业周期内变现、出售或耗用的资产，包括货币资金、交易性金融资产、应收票据、应收账款、存货和预付账款等。流动资产是偿还流动负债的物质保证。通常企业用流动资产来偿还到期的短期债务，不同流动资产的变现速度不同，进而对企业的偿债能力产生不同的影响，也就是说，资产流动性的强弱直接影响企业的短期偿债能力。因此，只有认识到流动资产流动性的特点才能合理配置各种流动资产形态的数量，提高流动资产的变现能力，加速其周转。高质量的流动资产应能按照账面价值或高于账面价值迅速变现，表明其周转能力和变现能力较强。一般而言，如果现金所占比重较大，则企业的偿债能力较强；反之，如果是变现速度低于现金的应收账款和存货等项目占较大比重，企业的偿债能力会大大下降。所以，企业资产的结构特别是流动资产的结构会影响其偿债能力。

(2) 流动负债结构。流动负债也称短期负债，是指将在一年或者超过一年的一个营业周期内偿还的债务，包括短期借款、交易性金融负债、应付票据、应付账款、预收账款、应付职工薪酬、应付利息、应付股利和应交税费等。短期借款、应付票据等流动负债，则需要企业用现金偿还；而预收账款，需要企业用商品或劳务偿还。如果需要用现金偿还的短期负债占较大比重，则企业必须拥有足够的现金才能保证及时偿付到期债务，即需要较高的偿债能力；如果需要用商品或劳务偿还的短期负债占较大比重，为及时偿付债务只需有足够的存货就可以了。此外，流动负债组成项目的来源情况及需偿还的紧迫程度也会影响流动负债的质量，进而影响企业短期偿债的风险。因此，流动负债的结构影响企业的偿债能力。

(3) 经营活动产生的现金流量。企业通常是用现金偿付短期债务，经营水平较高的企业，现金流入较多较稳定，能够及时偿付到期债务；反之，如果现金流量不充足，债务到期而没有足够的现金偿付，会使企业陷入财务危机，甚至破产。所以经营活动产生的现金流量水平影响企业的偿债能力。一般来说，企业的现金流量状况主要由企业的经营收益水平决定。通常一个经营收益水平较高的企业,会拥有较稳定和持续的现金流入;相反,若企业的经营收益水平较低,则会出现现金短缺的状况,削弱企业的偿债能力。

(4) 宏观经济形势。一国经济持续稳定增长时,社会的有效需求也随之稳定增长。良好的市场条件,企业的产品便较容易地通过销售转化为货币资金,进而增强企业的短期偿债能力。反之,当国民购买力不足时,会使企业存货积压、资金周转不灵,进而削弱企业的短期偿债能力。例如,2008年至2009年的全球金融危机,使我国广东许多外企资金周转不灵、短期偿债能力不足而最终破产。因此,宏观经济形势是影响企业短期偿债能力的重要外部因素。

二、短期偿债能力分析指标

对企业的短期偿债能力进行分析有助于判断企业短期资金的营运能力及营运资金的周转状况,为投资者、债权人、经营者及其他利益相关者进行决策提供重要依据。具体而言,对企业的短期偿债能力进行分析,有助于投资者了解投资企业的盈利状况和投资机会,有助于债权人了解企业的支付能力,有助于经营者了解企业财务风险状况,有助于其他利益相关者了解企业履行承诺的能力。通常,反映企业短期偿债能力的指标主要有净营运资本、流动比率、速动比率、现金比率和现金流动负债比率等。

(一)净营运资本

1. 净营运资本的概念

净营运资本是流动资产减去流动负债的差额,是流动资产超过流动负债的那部分,可用来衡量公司资产的流动性,评估企业的营运资金是否充足,是测验企业短期偿债能力的一项基本指标,其计算公式为

$$净营运资本=流动资产-流动负债$$

式中,流动资产是指在一年或超过一年的一个营业周期内变现或耗用的资产,包括货币资金、交易性金融资产、应收票据、应收账款、存货及预付账款等;流动负债,是指将在一年或者超过一年的一个营业周期内偿还的债务,包括短期借款、交易性金融负债、应付票据、应付账款、预收账款、应付职工薪酬、应付利息、应付股利及应交税费等。

2. 净营运资本的分析

净营运资本是反映短期债务与可偿还债务资产的存量比较的指标,在企业偿还短期债务时起到缓冲的作用。在确定流动资产与流动负债的数额时,要注意将不属于应计范围的项目剔除;在计价时,要关注营运资本易被低估的问题。

通常情况下,净营运资本的数额越大,流动资产对于流动负债的保证程度就越高,从而企业短期偿债能力也就越强。当流动资产大于流动负债时,净营运资本为正数,即企业的非流动资产的投资资金全部来自长期资本,而且还有一部分长期资本用于流动资产投资。此时,企业的营运资本较多,短期偿债能力较强,财务风险较低。反之,当流动资产小于流动负债时,净营运资本为负数,即非流动资产所占用的资金有相当一部分来自流动负债。此时,企业面临的偿债压力较大。另外,应该警惕净营运资本过高或过低的情况,即净营运资本出现异常的情况,此时需要对企业的流动资产和流动负债进行逐项分析以找出相关原因。

确定适当的净营运资本数量是企业应关注的问题。短期债权人希望营运资本越多越好,

这样可以保证其权益，减少贷款风险。但过多地持有净营运资本对企业自身未必是一件好事：净营运资本越多，表明企业的流动资产越多、流动负债越少。但是流动资产获利能力就差，所以过多的流动资产是不利于提高企业盈利能力的；而且长期资本的资金成本高于短期借款，流动负债较少表明企业的筹资方式不够合理。因此，企业应当保持合理的净营运资本数量。

净营运资本是一个反映企业短期偿债能力的绝对值指标。通常将净营运资本与以前年度的该指标进行比较，分析企业的偿债能力变动情况。净营运资本与经营规模有着密切的联系，不同行业之间可能存在显著的规模差异，同一行业不同企业的不同年份之间也可能存在显著的规模差异，此时，它们的净营运资本不便于比较。事实上，在实务中很少直接运用净营运资本对企业的短期偿债能力进行分析，这也体现出净营运资本作为绝对值指标的局限性。

根据 MDDQ2008—2010 年资产负债表的资料，可得表 9-1。

表 9-1 MDDQ 净营运资本计算　　　　　　　　　　　单位：千万元

项　目	2008 年	2009 年	2010 年
流动资产	325.87	278.53	859.57
流动负债	531.12	365.24	1013.52
净营运资本	−205.25	−86.71	−153.95

由表 9-1 可知，MDDQ 公司 2008—2010 年的流动资产小于流动负债，即营运资本为负，因此，仅从营运资本的角度来看，MDDQ 公司短期偿债的风险较大，公司的短期偿债能力较弱。但是不能仅凭这一个指标来评价企业的短期偿债能力，还需考虑企业所属的行业，同时要注意综合运用其他指标。

(二)流动比率

1. 流动比率的概念

流动比率，是流动资产与流动负债的比率，表示每元的流动负债有几元的流动资产作为保障，是评价企业偿还短期债务能力的一个最基本的指标。其计算公式为

$$流动比率=(流动资产 \div 流动负债) \times 100\%$$

2. 流动比率的分析

从公式可以看出，流动比率越大，表示企业流动资产周转速度越快，短期偿债能力越强；反之，流动比率越小，表示流动资产周转速度越慢，短期偿债能力越弱。

与净营运资本指标类似，债权人认为该指标越高，对其债权越有保障；但对于企业经营者，该指标并不是越高越好，指标过高可能意味着企业资产使用效率低、筹资成本高。流动比率应该确定在合理的范围之内，保障短期偿债能力的同时，又要保证企业资产的获利能力。20 世纪初，美国一般银行业大多以流动比率为其核定贷款的依据，并要求此项比率保持在 200%以上，故流动比率也被称为"银行家比率"或"二对一比率"。一般认为，流动比率维持在 200%较为合理。此时，流动性较大的流动资产至少等于流动负债，企业的短期偿债能力较有保障。最近几十年流动比率发生了新的变化，许多企业虽然该指标小于 200%，但经营都取得了成功，所以评价企业短期偿债能力高低的标准可能会发生变化。

应该与所在行业的标准相结合。不同行业评价标准不同，这是因为不同行业的资产、负

债占用情况不同；应该与企业自身的生产经营特点相结合。一般情况下，营业周期长的企业的流动比率高于营业周期短的企业，这是因为企业营业周期较长时，存货量增加，应收账款周转速度较慢。另外，还应将企业不同时期的指标相比较，观察其动态变化趋势，从动态上评价企业不同时期的短期偿债能力变动情况。因此，流动比率的合理性必须通过动态分析、纵向比较和特定行业及企业比较来确定。

3. 流动比率指标的优缺点

1) 流动比率在衡量企业短期偿债能力时的优点

流动比率是一个相对值指标，弥补了净营运资本作为绝对值指标的不足。由于不同企业的规模存在差异，因而净营运资本在不同的企业之间不具有可比性。流动性指标排除了规模差异这一因素的影响，更适合在不同的企业之间进行横向对比，以及在企业不同历史时期进行比较。

流动比率可以衡量企业流动资产抵偿流动负债的能力。流动资产超过流动负债的部分是净营运资本，也是评价安全边际的指标。这部分资金对于企业而言，可以起到缓冲的作用，使企业避免出售长期资产来偿付短期负债。出售长期资产，不仅影响企业资产的正常使用，而且由于降价销售，通常会造成变现损失，必然对流动资产造成侵蚀。因此流动比率的大小，可以显示出企业短期偿债能力的强弱，从而起到警示作用。

流动比率具有易于理解、计算简便、形式直观而且资料易于取得等优点，便于利益相关者对企业的短期偿债能力进行大致判断，因而成为当前最受重视的财务分析指标之一。

2) 流动比率的缺点

流动比率假设全部流动资产都可以变为现金并用于偿债，全部流动负债都需要还清。因此，流动比率指标是对短期偿债能力的粗略估计。

流动比率是用来表示资金流动性的，即衡量企业短期债务偿还能力的强弱。但应注意的是，流动比率高的企业并不一定偿还短期债务的能力就很强，因为存货、待摊费用等属于流动资产的项目变现时间较长，尤其是存货很可能发生积压、滞销等情况，流动性较差。

流动比率的客观性易受到主观性因素的影响。流动比率体现的仅仅是账面上的支付能力，企业的销售政策和信用条件会对应收账款的规模和变现速度产生影响，从而影响流动比率。例如，为了提高流动比率，可以在期末加速对存货的赊购；对存货计价方法的不同选择会对存货的规模产生不同影响，使得流动比率反映的偿债能力与企业实际的偿债能力不符。

流动比率从静态分析的角度反映了企业短期的偿债能力，没有考虑企业经营过程中的现金流量。计算流动比率时，其分子分母的数据大多是来自资产负债表，而资产负债表体现的是企业在某一时点的资产负债状况，不能代表全年平均的一般状况；而且，在这种情况下，此指标未考虑企业的未来现金流量情况，不能保证企业的流动资产未来能迅速变现。事实上，现金流量与销货情况、企业利润及经营情况等多种因素有密切的关联性，但在计算流动比率时均未考虑这些因素。

总之，财务报表使用者在采用流动比率对企业的短期偿债能力进行分析时，需结合其他分析因素做出最后的判断，以克服指标本身的缺陷，避免评价结果发生偏差，误导决策。例如，在分析流动比率时，还应当收集各项流动资产的可收回金额和重置成本等有关资料，深入分析各项流动资产的构成情况，了解企业日常经营活动的性质，了解企业向银行融通资金的情况等。

根据 MDDQ 以及同行业 GL 公司 2008—2010 年资产负债表的资料,可得表 9-2 和表 9-3。

表 9-2 MDDQ 流动比率计算　　　　　　　　　　　　　　单位：千万元

项　目	2008 年	2009 年	2010 年
流动资产	325.87	278.53	859.57
流动负债	531.12	365.24	1013.52
流动比率	61.35	76.26	84.81

由表 9-2 可知,MDDQ 公司流动比率 2008 年仅为 61.35%,短期偿债压力较大;流动比率至 2010 年上升为 84.81%,说明短期偿债能力有所增强。按照经验标准判断,MDDQ 公司三年的流动比率都低于 200%,表明企业的短期偿债能力较弱。但企业的短期偿债能力是否陷入危机,还需与同行业公司比较进行判断。此外,随着时间的推移,近年来企业的流动比率呈下降趋势,是否仍以 200%的水平作为判断标准,是一个值得探讨的问题。

表 9-3 MDDQ 流动比率与同行业 GL 公司数据比较　　　　　　　单位：%

流动比率	2008 年	2009 年	2010 年
MDDQ	61.35	76.26	84.81
GL	95.65	101.80	105.96

图 9-1 描述了 MDDQ 公司及同行业 GL 公司的流动比率在 2008—2010 年的变化趋势。从与同行业 GL 公司的对比来看,虽然 MDDQ 的流动比率呈上升趋势,但低于同行业 GL 公司的流动比率水平。

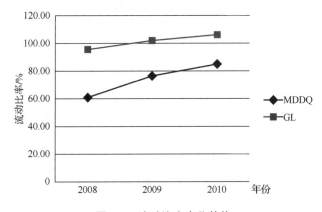

图 9-1 流动比率变化趋势

(三)速动比率

1. 速运比率的概念

速动比率,是速动资产与流动负债的比率,表明每 1 元流动负债有多少速动资产作为偿债保障,也被称为酸性测试比率。与流动比率类似,速动比率可以评价流动资产的变现能力,也是测验企业短期偿债能力强弱的有效指标之一。该指标的计算公式为

速动比率=速动资产÷流动负债×100%,

式中，速动资产，是指现金、有价证券及应收账款等各项流动资产，是企业能较迅速转变为货币资金的资产。为简单起见，常用指流动资产扣除存货之后的差额来代表速动资产。

2. 速动比率的分析

一般情况下，速动比率越大，表示企业流动资产周转速度越快，短期偿债能力越强；反之，流动比率越小，表示流动资产周转速度越慢，短期偿债能力越弱。

速动比率，是对流动比率的补充，在计算时将存货从流动资产中剔除出去，主要原因是存货是变现能力相对较差的流动资产的主要组成部分；部分存货可能已损失报废还没作处理；部分存货已抵押给某债权人；存货的价值较容易受市场行情等其他因素的影响，与成本相差悬殊。在剔除存货的影响后会使这一分析偿债能力的指标更加准确，更加让人信服。除扣除存货外，还可以从流动资产中剔除与当前现金无关的待摊费用。所以，速动比率比流动比率更能严密衡量企业的短期偿债能力。在运用速动比率进行分析时，与流动比率配合使用更佳。

如同流动比率，如果这个指标过高，企业的短期偿债能力虽然有了充足的保障，符合债权人利益，但是由于占用大量资金，减缓了速动资产的周转速度，降低了资金有效的使用效率，进而影响企业的长期发展；如果这个指标过低，表明企业短期偿债能力没有保障，偿债风险增大。通常情况下，认为速动比率等于100%时，较为合理，此时，存货占流动资产的比例为50%左右，企业流动负债的安全性较有保障。

在对速动比率进行分析时，应该根据行业特征加以评价，速动比率与行业差异有着密切的关系，不同行业的速动比率有很大差别，对于某些行业，速动比率大大低于100%是正常的。例如，大量采用现金结算的超市，通常没有应收账款，计算出来的速动比率可能远低于100%，但实际上是正常的，仍然具备足够的流动性。因此，与行业的平均水平或特定企业比较是十分必要的。此外，要注重对应收账款变现能力这一因素的分析，了解应收账款的流动性是否存在问题；要与该企业过去的速动比率相互对照，从而更好地观察速动比率的动态变化趋势。

3. 速动比率指标的优缺点

1) 速动比率在衡量企业短期偿债能力时的优点

弥补了流动比率的不足，将变现能力差、价值易波动的存货剔除出去，使得指标更加准确，比流动比率更为严谨地测验企业短期偿债能力。这是因为，当一个企业的流动比率较高时，可能是由于其存货占较大比重而且发生滞销、积压等情况导致的表象，会对利益相关者产生误导。所以在消除了存货等变现能力较差的流动项目的影响后，用速动比率来衡量企业短期偿债能力更加准确。

2) 速动比率的缺点

影响速动比率可信性的重要因素是应收账款的变现能力。速动资产中的应收账款属于变现能力较差的流动资产项目。如果一个企业的速动资产中含有较多的应收账款，且其成为坏账的可能性较大时，速动比率就不能真实地反映企业的偿债能力，可信度降低，其反映的企业面临的偿债风险与实际情况不符。

速动比率仅从静态分析的角度反映了企业短期的偿债能力，也是一项静态比率，其数值都来自资产负债表，反映某个时点的偿债能力，易受主观因素的影响，而且未考虑企业的未来现金流量情况，不能保证企业的流动资产未来能否迅速变现。

根据 MDDQ 2008—2010 年资产负债表的资料以及同行业 GL 公司资产负债表的资料，得表 9-4 和表 9-5。

表 9-4 MDDQ 速动比率计算   单位：千万元，%

项　目	2008 年	2009 年	2010 年
流动资产	325.87	278.53	859.57
存货	-	79.19	85.44
速动资产	325.87	199.34	774.13
流动负债	531.12	365.24	1013.52
速动比率	61.35	54.57	76.38

由表 9-4 可知，MDDQ 公司的速动比率 2008 年仅为 61.35%，短期偿债压力较大；流动比率至 2010 年上升为 76.38%，说明短期偿债能力有所增强。按照我国的经验标准判断，MDDQ 公司三年的流动比率都低于 90%，表明企业的短期偿债能力较弱。但企业的短期偿债能力是否陷入危机，还需与同行业公司相比较进行判断。

表 9-5 MDDQ 速动比率与同行业 GL 公司数据比较   单位：%

速动比率	2008 年	2009 年	2010 年
MDDQ	61.35	54.57	76.38
GL	75.57	88.69	84.32

图 9-2 描述了 MDDQ 公司与同行业 GL 公司的速动比率在 2008—2010 年的变化趋势。从与同行业 GL 公司的对比来看，虽然 MDDQ 的速动比率水平整体上呈上升趋势，但仍略低于同行业 GL 公司的速动比率水平，这与前面流动比率的分析一致。

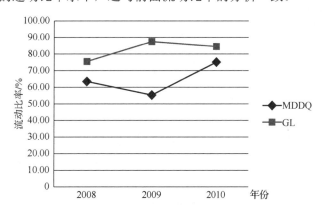

图 9-2 速动比率变化趋势

(四)现金比率

1. 现金比率的概念

现金比率，是现金资产与流动负债的比率，最能反映企业直接偿付流动负债能力或即时付现能力的强弱，表明每一元流动负债提供多少现金资产作为保障。现金比率不考虑现金收

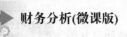

到以及现金支付的时间。其计算公式为

$$现金比率=[(货币资金+交易性金融资产)\div 流动负债]\times 100\%$$

式中，货币资金和交易性金融资产共同构成了现金类资产，如准备随时出售的短期有价证券等，是速动资产中流动性最强的资产。

2. 现金比率的分析

现金比率是速动比率的进一步分析。现金比率将存货与各种应收预付款项排除在外，也就是说，现金比率只度量所有资产中相对于当前负债最具流动性的项目。因为像应收账款等项目存在可能发生坏账以及延期收回的状况，所以将其剔除之后得到的现金比率，能更加客观地反映企业直接偿付流动负债的能力，较有说服力；但是也不能过度追求较高的现金比率，这样可能会降低资金的利用效率。现金比率是从一个极端保守的角度来测验企业资金的流动性，除非企业正处于财务困境，否则很少被采用。因此，现金比率的实用性不大。

通常情况下，现金比率越高，说明资产的流动性越强，企业直接偿付债务的能力越强，可变现损失的风险越小；现金比率越低，说明资产的流动性越差，变现的时间越长，企业直接偿付债务的能力越弱。在企业所有资产中，现金资产是流动性最好的资产，同时也是盈利能力最差的资产。对于债权人来说，现金比率越高越好；但是当这一比率过高时，可能意味着企业管理当局对现金的应用不善，企业的现金类资产较多，而现金类资产的获利能力低，这类资产太多会降低企业的盈利能力。因此，一般情况下，企业没有必要保持过多的现金资产，否则将失去某些良好的投资机会和获利机会。当然，一个企业的现金比率很高时，也不能急于下结论认为企业没有发挥现金的最大作用，因为有可能管理当局早已有了对现金使用的计划，如设备更新。

应该注意到，不同行业的评价标准是不同的。一般情况下，信息服务和金融服务行业现金比率高，企业应将指标与行业的平均水平相比较。此外，应对企业不同时期的指标进行比较，观察其动态变化趋势。在运用现金比率对企业的短期偿债能力进行分析时，还应该考虑外部环境对企业使用现金的限制。例如，银行规定借款企业必须保留某一特定数额的现金余额在存款账户里，不得动用。现金比率分子分母的数据仍是来自资产负债表，反映一个特定时点上的企业短期偿债能力的强弱，未反映企业经营现金净流量情况。

3. 流动比率、速动比率、现金比率的关系

1) 共同点

三个指标的用途一样。从其计算公式可以看出，流动比率、速动比率和现金比率都是有关资产与流动负债的比率，都是反映企业资产流动性的指标，都可用来反映企业偿债能力的强弱。

分母是相同的：流动比率、速动比率和现金比率的分母都是企业的流动负债。

2) 区别

分子(资产)不同：流动比率、速动比率和现金比率分子对应的分别是流动资产、速动资产、现金类资产。分子包括的内容越来越少，所含资产的范围是逐渐缩小，所能反映出的企业资产流动性也越来越强，越来越真实，同时这三个比率指标也是越来越保守，越来越谨慎。三者关系如图9-3所示。

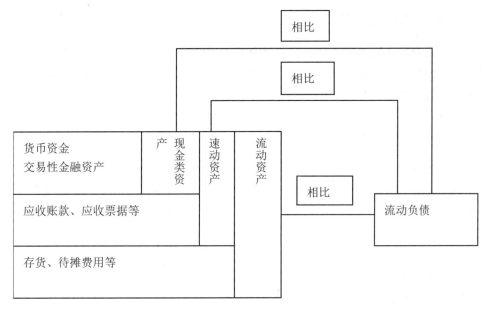

图 9-3 流动比率、速动比率、现金比率的关系

应用的广泛性不同：现金比率的实用性不及流动比率与速动比率。此项比率要求严格，计算中包含的资产项目有限。因此，一般只有在企业将其拥有的应收账款和存货抵押或有足够的理由怀疑企业的应收账款和存货已经发生了严重问题或企业处于财务困境时，才会使用该比率，否则很少使用。

根据 MDDQ 2008—2010 年资产负债表的资料以及同行业 GL 公司数据，可得表 9-6。

表 9-6　MDDQ 现金比率与同行业 GL 公司数据比较　　　　　　　　　单位：%

现金比率	2008 年	2009 年	2010 年
MDDQ	23.10	79.18	31.56
GL	13.98	52.53	33.07

图 9-4 描述了 MDDQ 公司与同行业 GL 公司的现金比率在 2008—2010 年的变化趋势。可以看出，MDDQ 的现金比率为正，而且在 2010 年以前远高于同行业 GL 公司的现金比率。这个指标的起伏较大，可能与行业特征有关。

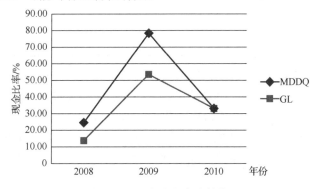

图 9-4　现金比率变动趋势

(五)现金流动负债比率

如果一个企业近期的经营活动产生的现金流入超过其进行经营活动的支出,且这一水平保持相对稳定的状态,则表明企业的经营活动正常。如果企业经营活动现金净流量长期出现负值,则企业的经营活动将难以维持。对企业的短期偿债能力分析应该考虑企业未来现金流量情况,应该对企业经营活动产生现金流量的能力进行分析。

1. 现金流动负债比率的概念

现金流动负债比率,是企业一定时期的经营现金净流量与流动负债的比率,表示每元的流动负债有多少经营净现金流量作为保障。它反映了企业通过经营获取足够现金来偿还本期到期债务的能力,是最能说明企业在短期有无支付能力的指标,这项比率最为短期债权人所关注。其计算公式为

现金流动负债比率=(年经营现金净流量÷年末流动负债)×100%

2. 现金流动负债比率的分析

该指标考虑了动态因素。前面阐述的四种比率,都是依据资产负债表确定的,虽然能反映企业资产的流动性,但有一定的局限性,都是静态指标,没有考虑到企业未来现金流量情况。而现金流量比率弥补了这方面的不足。运用该指标对企业的短期偿债能力进行分析时,需与流动比率和速动比率结合起来,从而更好地评价企业的流动性。

现金流量比率越高,则表示企业短期偿债能力越高;比率越低,则表示企业短期偿债能力越低。经营活动现金流量是偿还企业短期债务最直接的保证。如果经营活动现金流量超过流动负债越多,表明企业即使不动用其他的资产,仅以当期产生的现金流量就能够满足偿债的需要的能力越强;反之,短期偿债能力越弱。

从短期债权人角度看,该指标越高越好,表明其债权越有保障;而从企业资产的合理利用来看却不一定,比率太高,可能是企业拥有过多现金,未能很好地在经营中运用,会提高企业的机会成本。因此,企业应根据行业具体情况确定最佳比。

据 MDDQ 2008—2010 年资产负债表和现金流量表的资料以及同行业 GL 公司数据,可得表 9-7。

表 9-7 MDDQ 与同行业 GL 公司数据比较   单位:%

现金流动负债比率	2008 年	2009 年	2010 年
MDDQ	13.74	62.47	7.40
GL	12.32	32.53	2.51

图 9-5 描述了 MDDQ 公司与同行业 GL 公司的现金流动负债比率在 2008—2010 年的变化趋势。从与同行业 GL 公司的对比来看,MDDQ 的现金流动负债比率高于同行业 GL 公司的现金流动负债比率水平。从图 9-5 可以看出 MDDQ 公司的现金流动负债比率,从 2008 年的 13.74%上升到了 2009 年的 62.47%,而到了 2010 年却又下降到了 7.40%,表明 MDDQ 公司 2010 年的短期偿债能力有所下降。这个指标的起伏较大,可能与行业特征有关,这与前面现金比率的分析一致。

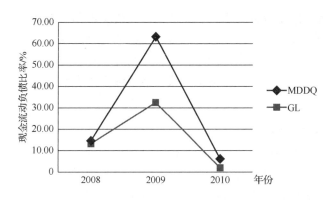

图 9-5 现金流动负债比率变化趋势

三、影响企业短期偿债能力的其他因素

前面介绍过的用于衡量企业短期偿债能力的指标,所使用的数据资料多是源自会计报表;此外,还有这样一些因素,它们在财务报表中没有被反映出来,但对企业的流动资产的变现能力有较大的影响,进而影响企业的短期偿债能力,应该引起财务报表使用者的关注。

(一)增强企业短期偿债能力(提高企业变现能力)的因素

在前面,我们提到了一些用于衡量企业短期偿债能力的指标及方法。有时,一个企业实际的资产流动性可能比其财务报表表面所显示的要好,这是因为还存在着其他一些特殊因素可能会影响企业资产的流动性。

1. 可动用的银行贷款指标

银行已同意、企业未办理贷款手续的银行贷款限额,在此限额之内,企业可以在需要资金时随时向银行提出申请取得贷款,从而增加企业的现金,提高其现金支付能力,对其流动性产生正向影响。通常情况下,这一数据会在财务状况说明书中予以说明,不反映在报表中。

2. 准备很快变现的长期资产

企业可能拥有一些长期资产可以迅速变现,对其流动性产生正向影响。长期资产一般属于企业的生产资料,是经营活动中所必需的,但是由于转变经营方式等某些原因,企业可能将一些长期资产很快出售变为现金,这会增强企业的短期偿债能力和流动性。例如,部分房屋因位置等原因准备将其转让。企业出售长期资产时都是要经过谨慎分析的。

3. 企业偿债的声誉

如果企业在长期偿债方面享有良好的声誉,没有不良记录,那么当企业出现短期债务偿还困难时,可以比较容易地通过与债权人协商得到解决方案;或者很快地通过发行债券或股票等办法解决资金短缺问题,增强资产的流动性,增强短期偿债能力。因此,享有良好的信誉会增强企业的短期偿债能力。

(二)削弱企业短期偿债能力(降低企业变现能力)的因素

当然,有时,一个企业实际的流动性可能比其财务报表表面所显示的要差,这也是因为存在着其他的一些特殊因素也许会影响到企业的流动性。能削弱企业短期偿债能力的主要因素是或有负债。企业的或有负债，是指企业过去从事的交易或承诺的事项所形成的该企业的潜在义务，其存在必须通过未来不确定事项的发生与否予以证实；或即使过去的交易或承诺的事项形成了现时义务，而履行该义务不是很可能导致经济利益流出或该义务的金额不能准确地计量。

1. 未作记录的或有负债

未作记录的或有负债不在财务报表中反映，是削弱企业短期偿债能力的主要表外因素。在我国或有损失指或有负债。或有负债是过去交易或事项形成的一种潜在债务，如售出产品可能发生的质量事故赔偿、尚未解决的税额争议或未决诉讼可能出现的不利后果等。按照我国企业会计准则规定均不作为负债登记入账，也不在报表中反映。一旦这些或有负债成为事实上的负债，将会增加企业的偿债负担，进而削弱短期偿债能力，影响企业的流动性。

2. 担保责任引起的负债

企业有可能以自己的流动资产为他人提供担保，如为他人履行有关经济责任提供担保或为他人提供购物担保等。如果一旦被担保人无法偿还债务或无法履行其承诺的义务，这种担保有可能成为企业的负债，一旦转为负债会增加企业的短期支付要求，进而削弱企业的短期偿债能力或使企业陷入偿债危机中。由于这一数据在会计报表中并未得到反映，因此，在进行财务分析时，必须要注意到此方面的数据。

除了作记录的或有负债和担保责任引起的负债，如果企业存在已出售的应收账款或已贴现的应收票据，而另一方有追索权，也会增加企业短期债务的风险。

综上所述，以财务报表为基础进行企业短期偿债能力分析是一项比较复杂的工作，在进行财务分析时不能仅仅依据短期偿债能力指标的结论，还必须通过其他途径来寻求决策的支持，以排除相关主观因素的干扰。具体而言，应注意以下几个事项：

不同的行业、不同的企业和不同的利益相关者在分析时应重视行业差距、企业差异的横向比较和企业自身的纵向比较。这是因为短期偿债能力的复杂性导致人们用以评价的指标也有综合性和多样性，且衡量指标的标准也带有经验性和争议性。

衡量短期偿债能力指标所需数据都是从财务报表资料中取得的，还有一些财务报表中没有反映出来的因素，如企业可动用的银行贷款指标、准备很快变现的长期资产、偿债能力的信誉和未作记录的或有负债等也会影响企业的短期偿债能力，甚至影响很大，在分析时应多了解这些方面的状况。

在计算短期偿债能力指标时使用的计算口径可能会不统一。企业在计算时的选择具有较大的灵活性，影响指标的可比性和应用性。如有的企业将逾期一年以上未收回的应收账款、积压的存货仍然作为企业流动资产核算并在资产负债表中列示。

企业管理者可能会出于某种利益而去人为地改善短期偿债能力的分析指标。如将一年以上的长期投资列入一年内到期的长期投资，对一年内到期的长期负债不进行重分类，粉饰企业长期偿债能力，使其高于企业的实际偿债能力。

第三节 长期偿债能力分析

一、长期偿债能力

(一)长期偿债能力的含义

所谓长期偿债能力是企业偿还长期债务的能力,包括偿还长期债务本金和支付债务利息的能力,是反映企业财务状况稳定与安全程度的重要标志。企业的长期负债主要有长期借款、应付债券、长期应付款等。对一个企业的长期偿债能力进行分析,能够确定该企业偿还债务本金和支付债务利息的能力,确定企业财务风险的大小,是长期债权人、投资者、管理层以及其他利害关系人等关心的话题。

(二)影响长期偿债能力的因素

保证企业长期负债偿还的基本前提是企业能够偿还到期债务不会破产清算,因此,短期偿债能力是长期偿债能力的基础。长期负债一般数额较大,本金的偿还需有一个积累的过程,从长远的角度来看,企业现金流量的变化最终取决于其获取利润的能力。因此,分析盈利能力与长期偿债能力之间的关系是十分必要的。企业的长期负债数额大小与企业资本结构的合理性有着密切的关系,所以,对长期债务不仅要从偿债的角度考虑,还要从保持资本结构合理性的角度来考虑,良好的资本结构能增强企业的偿债能力。影响长期偿债能力的因素,具体说来,有以下几个方面。

企业的资本结构。长期偿债能力与资本结构密切相关。资本结构是指企业各种长期筹资来源的比例关系,表明企业总资产或总资金中,有多大部分是可以自由永久使用的,又有多大部分是需要到期偿还的。在企业筹集的长期资金当中,一部分来自股东的投资和留存收益,另一部分是来自企业外部的长期债权人。资本结构能影响企业权益资本为长期负债提供保障的程度,影响财务风险的大小,进而影响企业的长期偿债能力,是评价企业长期风险的关键因素。通过对资本结构的合理分析,可得知一个企业财力是否雄厚,能否承担各种经营上和财务上的风险,是否具有继续举债的能力。

资本结构中债务比率越高,表明大部分经营风险转移到债权人身上,企业偿还债务的风险就越大。因此,资本结构越合理,企业就越能够顺利地偿还各种债务。影响资本结构的主要因素包括长期负债与所有者权益。长期负债与所有者权益共同构成企业的长期性资本。当然,只有企业资金中所有者权益资金,才是承担财务风险的基础。与流动负债相比,长期负债数额较大、偿还期限较长、利息负担较重。相关利益者要深入了解企业长期负债的具体情况,特别要了解各种长期负债的借款合同及契约的附带条件;还要深入了解所有者权益的组成内容,了解其构成比例。企业应当在定量分析的基础上,全面地考虑各因素的影响,权衡负债与所有者权益的风险与成本,优化自身的资本结构。

企业的盈利能力。长期偿债能力与盈利能力密切相关。企业是否有充足的现金流入偿还长期负债,很大程度上取决于企业的生产经营成果,取决于企业的盈利能力。长期债务与短期债务不同,支付利息和归还本金多依靠企业的生产经营所得,一个处于正常情况下的企业不会出售长期资产。一般来说,企业的盈利能力越强,拥有的现金流入越充足越稳定,为及时足额地偿还各项债务提供坚实的物质基础,长期偿债能力越强;反之,长期偿债能力越弱。

因此，对管理层来说，要提高企业的长期偿债能力，就必须不断地改善企业的经营，提高企业的盈利能力，改善资金结构，降低资产负债率，增强偿债能力。

(三)长期偿债能力分析的方法

一种方法是根据资产负债表或资产负债表与现金流量表相结合所反映的情况来判断企业的长期偿债能力，另一种方法是按利润表反映的情况来判断企业的长期偿债能力。

二、企业长期偿债能力分析的指标

反映企业长期偿债能力的指标主要有资产负债率、股东权益比率与权益乘数、净资产负债率比率与有形净资产负债率、长期资产适合率、利息保障倍数及现金负债总额比等。通过这些比率的计算值，可以看出企业的资本结构、盈利能力和现金流量情况，对投资者、债权人、管理者以及其他利益相关者有重要意义。具体而言，对企业进行长期偿债能力分析，有助于投资者判断其投资的风险大小与收益状况，有助于债权人判断其债权的保证程度，有助于管理者优化资本结构，有助于其他利益相关者判断企业的信用状况和长期支付能力。

(一)资产负债率

1. 资产负债率的概念

资产负债率，也称负债比率，是企业的负债总额与资产总额间的比率关系。资产负债率表示企业资产总额中债权人提供的资金所占的比重，以及企业在清算时保护债权人利益的程度，反映了企业的资本结构。其计算公式为

$$资产负债率=(负债总额÷资产总额)×100\%$$

式中，负债总额指企业的全部负债，包括长期负债和流动负债。包括流动负债是因为其被长期占用，可视为企业长期性资本来源的一部分。例如，一个预收账款明细科目可能是短期内的，但从长期来看，企业会在其持续经营过程中保持一个相对稳定的预收账款余额，这部分余额可视为企业长期性资本来源。

2. 资产负债率的分析

资产负债率是反映企业负债水平及风险程度的综合指标。该比率越高，说明企业总资产中有越多部分是通过负债筹资的，企业资产对债权人权益的保障程度就越低，偿还长期债务的能力越弱；反之，偿还长期债务的能力则越强。

对债权人而言，资产负债比率越低越好。如果该比率过高，表明在企业总资产中，股东提供的资本所占比重太低，此时，企业的资金力量较弱，企业的财务风险就主要由债权人负担，其贷款的安全性缺乏较可靠的保障。对股东而言，其关心的主要是投资收益率的高低。从他们的角度来看，债务利息率低于资产报酬率时，资产负债率越高越好。这是因为，如果企业负债所支付的利息率低于资产报酬率，资产负债率越高，在财务杠杆的作用下，股东利用举债经营获得的利润就越多。对企业经营者而言，资产负债率要合理。企业经营者既要考虑企业发展前景和预期利润，又要考虑对外来财务风险的承受能力，在两者之间权衡做出正确的决策。比较保守的观点认为资产负债率不应高于 50%，国际上一般公认为 60%比较好。在西方，一般认为 70%为该指标的警戒线。当资产负债率超过 100%时，表明企业面临破产的危险。

资产负债率没有一个固定的标准。不同的行业及不同类型企业的资产负债率有显著的差异。

一般而言，商贸业的负债比率比交通等基础行业高一些；处于高速成长时期的企业，其负债比率可能高一些，这样企业能得到更多的杠杆利益。即使如此，资产负债率也最好控制在70%以内。此外，分析该比率时与行业平均数比较是十分必要的，同时要注意综合应用其他指标。

根据MDDQ以及同行业GL公司2008—2010年资产负债表的资料，可得表9-8和表9-9。

表9-8　MDDQ资产负债率计算　　　　　　　　　　　　　　　　单位：千万元，%

项目	2008年	2009年	2010年
负债总额	531.12	365.27	1014.02
资产总额	853.04	1024.67	1754.20
资产负债率	62.26	35.65	57.81

一般情况下，资产负债率越小，表明企业长期偿债能力越强。由表9-8可以看出，2010年MDDQ公司的资产负债率为57.81%，接近于国际公认的适当水平60%，比较适中，债权人的债权较有保障；大于50%，对所有者是有益的。当然仅依据数字本身进行分析是不充分的，具体分析时还应结合其他因素。比如，企业所处行业该指标的平均水平及行业目前的发展状况等。

表9-9　MDDQ与同行业GL公司的资产负债率比较　　　　　　　　　　单位：%

资产负债率	2008年	2009年	2010年
MDDQ	62.26	35.65	57.81
GL	77.79	80.53	81.17

图9-6描述了MDDQ公司与同行业GL公司的资产负债率在2008—2010年的变动趋势。从与同行业GL公司的对比来看，MDDQ的资产负债率远低于同行业GL公司的资产负债率水平。

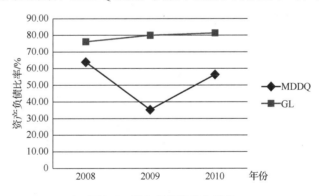

图9-6　资产负债率变化趋势

(二)资产权益率与权益乘数

1. 资产权益率的概念

资产权益率是股东权益与资产总额的比率，表示企业资产总额中投资者投入的资金所占的比重。其计算公式为

资产权益率=(股东权益总额÷资产总额)×100%

2. 资产权益率的分析

该比率较高，说明企业获取资产时主要依赖投资者投入，做偿债保障的企业自有资产较多，企业偿还长期债务的能力强，财务风险小；反之，偿还长期债务的能力弱，财务风险大。

该比率与资产负债率之和为 1，即资产权益率＝1－资产负债率。因此，该比率与资产负债率是此消彼长的关系，两者从不同的侧面反映了企业的长期财务状况。该比率越高，资产负债率越低，企业偿还长期债务的能力越强；反之，企业偿还长期债务的能力越弱。

3. 权益乘数的概念

权益乘数，是资产权益率的倒数，表示企业资产总额与股东权益总额的倍数关系。其计算公式为

$$权益乘数 = \frac{资产总额}{股东权益总额} = 1 \div (1 - 资产负债率)$$

4. 权益乘数的分析

在计算权益乘数时，资产总额和股东权益总额可以用期末数也可以用平均数。与股东权益比率相反，权益乘数较高时，说明股东投入的资本在资产中所占比重较小，做偿债保障的企业自有资产较少，财务风险较大，偿还债务的能力较弱。

该比率是资产负债率率的补充，两者都是衡量企业偿还长期负债能力的指标。但是，前者侧重于说明企业资产总额与股东权益总额的倍数关系，后者侧重于说明企业资产总额中债权人提供的资金所占的比重。

根据 MDDQ 的财务报表以及同行业 GL 公司相关资料，可得表 9-10 和表 9-11。

表 9-10　MDDQ 权益乘数计算　　　　　　　　　　　　　　　　　单位：千万元

项　目	2008 年	2009 年	2010 年
资产总额	853.04	1024.67	1754.20
股东权益总额	321.92	659.40	740.19
权益乘数	2.65	1.55	2.37

由表 9-10 可以看出，2010 年 MDDQ 的权益乘数明显高于 2009 年，上升幅度接近于 60%，表明公司的负债水平有所上升，承担的风险增加。为了更加客观地作出评价，还应进一步与同行业特定公司的数据比较。

表 9-11　MDDQ 与同行业 GL 公司的权益乘数比较

权益乘数	2008 年	2009 年	2010 年
MDDQ	2.65	1.55	2.37
GL	4.5	5.14	5.31

图 9-7 描述了 MDDQ 公司与同行业 GL 公司的权益乘数在 2008—2010 年的变动趋势。从与同行业 GL 公司的对比来看，MDDQ 的权益乘数远低于同行业 GL 公司的权益乘数，一方面说明 MDDQ 公司的偿债保障程度相对较高，债权人利益有一定的保障；另一方面也说

明公司的经营理念趋向保守,没有充分发挥负债的财务杠杆作用。

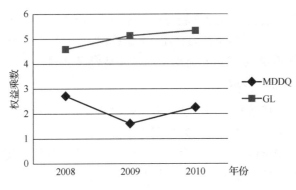

图 9-7 权益乘数变化趋势

(三)产权比率与有形净资产负债率

1. 产权比率的概念

产权比率是负债总额与股东权益总额的比率,也称净资产负债率或负债股权比率。表明债权人提供资金与所有者投入资金的对比关系,也是衡量长期偿债能力的指标之一。

其计算公式为

$$产权比率 = 负债总额 \div 股东权益总额$$

2. 产权比率的分析

结合前面介绍的比率,该比率等于资产负债率与资产权益率之商,因此,该指标可以反映企业的财务风险以及股东权益对债务的保障程度。该比率越低,说明企业长期财务状况越好,企业财务风险越小,股东对债权人承担的责任越大,债权人承担的风险越小。但当该比率过低时,虽然企业财务风险较小,却不能充分发挥财务的杠杆作用;反之,表明企业的资本结构具有高风险高收益的特性,虽能获得较多的财务杠杆利益,但会加大企业的财务风险。因此,该比率应保持在适度的水平。

在衡量企业的长期偿债能力时,资产负债率、权益乘数和产权比率三个指标的意义基本一致,它们可以相互补充。其中,权益乘数与产权比率都是常用的衡量企业长期偿债能力的指标,是资产负债率的另外两种变化形式。权益乘数等于1与产权比率之和。产权比率是较为保守的指标,对该比率进行分析时,可以参考前面对资产负债率与权益乘数的分析。另外,资产负债率与产权比率在分析长期偿债能力时的侧重点不同,分别从不同的角度表达了同一事实。主要区别是,资产负债率侧重于分析债务偿付安全性的物质保障程度,产权比率则侧重于揭示财务结构的稳健程度以及股权资本对偿债风险的承受能力。

对企业来说,产权比率高,是高风险、高报酬的财务结构。经济发展较好时期会给企业带来额外利润;反之,在经济萎缩时期,巨额贷款会增加企业的财务风险。通常,企业最佳财务结构为总资产中债权人投资和股东投资各占一半。即使企业将来资产清算,债权人的求偿权也在股东前面,其债权能够得到保证。当然,在运用产权比率对企业的长期偿债能力进行分析时,还应该结合行业不同特点、周期变化以及物价变动等因素,更准确地对企业的财务状况与偿债能力作出判断。

3. 有形净资产负债率的概念

有形净资产负债率，是企业负债总额与有形净资产的比率，其计算公式为

$$\text{有形净资产负债率} = \text{负债总额} \div \text{有形净值总额}$$

式中，有形净值总额=股东权益－无形资产及其他资产总额。

4. 有形净资产负债率的分析

企业用资产偿还到期债务时，并不是所有的资产都可以作为偿债的物质保证。无形资产能否用于偿债，存在极大的不确定性；如长期待摊费用、递延资产等，其本身无直接的变现能力，难以作为偿债的物质保证。有形净资产负债率，其分母剔除了无形资产和长期待摊费用等价值具有极大不确定性的净资产项目，是产权比率的延伸，是股东权益对负债的保障程度的保守分析。从公式可以看出，该比率越低，企业偿还长期债务的能力越强，企业有形资产对其负债的保障程度越高；反之，企业偿还长期债务的能力越弱。

因为该比率比产权比率更为保守地反映了债权人投入的资本与股东权益的保障程度，要求严格，所以多在企业处于清算、陷入财务危机等非正常情况下使用。在这些情况下，该指标对于衡量一个企业的长期偿债能力更有意义。

根据 MDDQ 的财务报表以及同行业 GL 公司相关资料，可得表 9-12。

表 9-12　MDDQ 与同行业 GL 公司的产权比率比较

产权比率	2008 年	2009 年	2010 年
MDDQ	1.65	0.55	1.37
GL	3.50	4.14	4.31

图 9-8 描述了 MDDQ 公司与同行业 GL 公司的产权比率在 2008—2010 年的变动趋势。从与同行业 GL 公司的对比来看，MDDQ 的权益乘数远低于同行业 GL 公司的权益乘数，说明 MDDQ 公司的偿债保障程度相对较高，债权人利益有一定的保障。与前面的权益乘数指标分析结果一致。

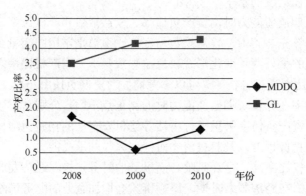

图 9-8　产权比率变化趋势

(四) 非流动资产适合率

1. 非流动资产适合率的概念

非流动资产适合率，是股东权益与非流动负债之和同非流动资产的比率，反映企业长期

的资金占用与长期的资金来源之间的配比关系。其计算公式为

$$非流动资产适合率=[(股东权益+非流动负债)\div 非流动资产]\times 100\%$$

2. 非流动资产适合率的分析

该指标从企业资源配置方面反映企业的偿债能力。该指标越高，非流动负债的保障程度越高，财务风险越小，企业的财务结构越稳定；但是过高也会带来融资成本增加的问题。

理论上认为，指标值大于100%时较合理。此时，企业的长期资金来源充足，短期债务风险小；否则，表明其中一部分长期资产占用了由短期负债提供的资金，存在难以偿还短期负债的风险。不同行业该指标的评价标准不同，应该结合行业的平均水平进行分析。

3. 非流动资产适合率的优缺点

(1) 非流动资产适合率是一种静态分析的方法，计算数据来自于资产负债表，只反映了企业某一时点的财务状况，侧重于考虑对企业长期偿债能力产生影响的企业资本结构因素。

(2) 没有考虑企业经营中产生的现金流量。现金流量与企业的长期偿债能力密切相关。企业支付利息的能力在短期内主要依赖于企业的现金支付能力，依赖于企业的现金流入。因此，我们还应该从现金流量角度，分析企业的长期偿债能力。

(3) 没有考虑企业盈利能力对长期偿债能力的影响。仅仅用资本结构分析来衡量企业的长期偿债能力，是片面的。还应该结合企业的盈利能力进行分析，因为现金流入有直接影响企业支付利息的能力，而企业的现金流入取决于企业的生产经营状况，即盈利状况。

根据 MDDQ 的财务报表以及同行业 GL 公司相关资料，可得表 9-13。

表 9-13　MDDQ 与同行业 GL 公司比较　　　　　　　　　　　　　　单位：%

非流动资产适合率	2008 年	2009 年	2010 年
MDDQ	61.06	88.34	82.74
GL	86.77	108.03	130.79

图 9-9 描述了 MDDQ 公司与同行业 GL 公司的非流动资产适合率在 2008—2010 年的变动趋势。由表可以看出，MDDQ 公司的非流动资产适合率在 2008—2009 年呈上升趋势，在 2009—2010 年呈下降趋势；从与同行业 GL 公司的对比来看，MDDQ 远低于同行业 GL 公司的非流动资产适合率。所以仅从资产结构来看，MDDQ 公司的非流动资产适合率不够好。

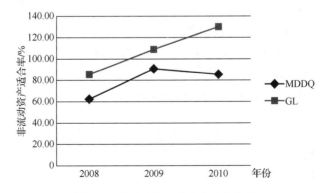

图 9-9　非流动资产适合率变化趋势

(五)利息保障倍数

1. 利息保障倍数的概念

利息保障倍数,也称已获利息倍数,是企业息税前利润与利息费用的比率,反映企业以息税前利润偿还利息费用的能力强弱,是测验长期偿债能力的重要指标。其计算公式为

利息保障倍数=息税前利润÷利息费用

式中,息税前利润=利润总额+利息费用=净利润+所得税+利息费用。为了能够更加准确地反映利息的保障程度,利息费用应为本期发生的全部应付利息,包括计入财务费用的利息费用与应计入固定资产成本的资本化利息两部分。在我国会计实务中,利息费用并没有单独记录,通常用企业当期利润表中的财务费用来估计。

2. 利息保障倍数的分析

企业举借债务,不仅要偿还本金,多数情况下还需要支付利息。利息保障倍数指标反映了企业赚取利润偿还利息费用的能力,用以衡量企业用当期经营收益偿还企业债务利息的能力。对于长期债务来说,每年都需要支付利息。利息保障倍数越大,表明企业支付债务利息的能力越强;反之,企业支付债务利息的能力越弱。

不同行业的利息保障倍数的评价标准不同。国际上公认的利息保障倍数为3。一般来说,企业的利息保障倍数至少要大于1。从长远角度分析,利息保障倍数大于1时,说明企业当期的经营成果可以支付利息,可以维持经营,可以维持正常偿债能力;该指标小于1时,则表明企业当期实现的经营成果难以支付利息,无法维持当前的举债规模,易陷入财务危机。若从短期内分析,一家企业的利息保障倍数指标有可能低于1,但企业支付利息费用可能不存在问题。这是因为企业的一些费用项目在本期是不需要用现金支付的,如折旧摊销费用等。企业利息保障倍数多少才恰当,应根据以前经验并结合具体行业来判断:与过去的利息保障倍数相比较,若发现问题,则应进一步找出原因,并采取相应的改进措施;与同行业平均水平相比较或与特定竞争对手相比较,更准确地衡量企业偿付利息能力的强弱。

为了谨慎,对利息保障倍数进行分析时,应该考察其变化趋势,即应对企业连续几年的利息保障倍数进行比较,通常,选择5年中最低的利息保障倍数指标作为最基本的评价标准,若利息保障倍数提高,则表明企业的偿债能力增强;反之,长期偿债能力降低。当然,该指标也有局限性,如本期的息税前利润不一定是本期的现金收入,本期利息费用也不一定与本期的利息支出相符。

根据 MDDQ 公司的财务报表,其 2009 年年末的利润总额为 657 908.3 千元,利息费用为 11 483.48 千元,依以上计算公式,可以计算出其利息保障倍数为

利息保障倍数=息税前利润÷利息费用
　　　　　　=(657908.3+11483.48)÷11483.48
　　　　　　=58.29

通过计算可以看出,公司的利息保障倍数远远高于国际公认水平3,说明偿债能力很强。当然,仅凭单一指标数字来判断公司偿付能力强是不够的,进一步分析还应结合公司以往各年的情况、行业的平均水平等来判断。

(六)固定费用保障倍数

固定费用保障倍数,是企业经营业务收益与固定费用的比率,是利息保障倍数的扩展形式,也可以用来评价企业的长期偿债能力,而且是通过利润表来反映的。其计算公式为

固定费用保障倍数=(息税前利润+租赁费中的利息费用)÷(利息费用+租赁费中的利息费用)

从公式中可以看出,分母的固定费用包括租赁费中的利息费用和利息费用。在实务中,为了简单起见,利息费用多直接用利润表中的财务费用来代替。企业除了因债务产生的利息要从企业本期产生的收益中支付,还有其他一些与负债相关的固定费用。如租赁费用中含一部分因占用出租方资金而必须支付的利息费用,这部分费用也要从企业本期产生的收益中支付。企业的租赁可分为融资租赁和经营租赁。至于融资租赁,利润表中的利息费用已经包括了与融资租赁租入资产相关的利息;对于经营租赁,其中的长期经营租赁费中的利息部分,也应纳入固定费用,在实务中,通常做法是将经营租赁租赁费的 1/3 计入固定费用。

固定费用保障倍数是利息保障倍数的完善与扩展形式,衡量的是企业偿付固定费用的能力,其分析与利息保障倍数类似,该指标越高表明企业偿付固定费用的能力越强;反之,则表明企业偿付固定费用的能力越弱。

(七)现金负债总额比

1. 现金负债总额比的概念

现金负债总额比,是经营活动现金净流量与负债总额的比率,表明企业经营活动所获得的现金对全部债务的保障程度,是测验企业长期偿债能力的重要指标之一,其计算公式为

现金负债总额比=经营活动现金净流量÷负债总额×100%

式中,分子使用经营活动现金净流量而非全部现金流量,是因为从长期过程来看,经营活动现金净流量比筹资和投资现金流量更具有可持续性;分母负债总额可以用年末负债总额,也可以用全年平均负债总额。

2. 现金负债总额比的分析

从现金流量表角度分析企业的长期偿债能力,该比率反映了经营活动现金净流量偿还所有债务的能力。一般而言,该比率值越高,企业的长期财务安全性就越强,长期负债的保障程度越高,相对风险越小;反之,表明企业偿债时保障较弱。

不同行业的现金负债总额比有显著差别。通常,主营业务收入中应收账款较少、服务性现金收入较多的行业,该指标较高;反之,该指标较低。如往往采取分期付款销售的行业的流动性较差、收现较少、指标较低,房地产行业就是典型的例子。

根据 MDDQ 的财务报表以及同行业 GL 公司相关资料,可得表 9-14。

表 9-14 MDDQ 与同行业 GL 公司比较   单位:%

现金负债总额比	2008 年	2009 年	2010 年
MDDQ	13.75	62.47	7.40
GL	12.32	32.51	2.47

图 9-10 描述了 MDDQ 公司与同行业 GL 公司的现金负债总额比在 2008—2010 年的变动趋势。由表可以看出，MDDQ 公司的现金负债总额比在 2008 年、2009 年呈连续增长的趋势，达到了 62.47%，这样的数据表明 MDDQ 公司的长期偿债能力呈逐渐增强的现象，但是，到了 2009 年，却下降到了 7.40%，表明 MDDQ 公司的长期偿债能力到了 2009 年又出现了有所减弱的现象。从与同行业 GL 公司的对比来看，虽然 MDDQ 现金负债总额比到 2010 年下降较大幅度，但仍略高于同行业 GL 公司的现金负债总额比水平。

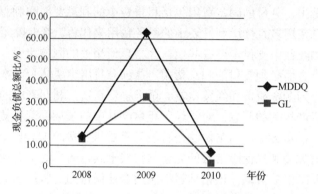

图 9-10 现金负债总额比变化趋势

当然，报表使用者在运用前面提到的比率对企业的长期偿债能力进行分析时，不能仅仅依据数字本身，应该利用其他途径或方式，收集别的额外信息，与之相结合，更加透彻地了解企业的资本结构和长期偿债能力，从而做出科学、合理的判断。

三、影响企业长期偿债能力的其他因素

前面介绍过的用于衡量企业长期偿债能力的指标，所使用的数据资料多是源自会计报表；此外，还有这样一些特殊的因素，它们在财务报表中没有被反映出来，但可能会影响企业的长期偿债能力；或虽然在账上反映但可能与实际不符，使得企业实际的长期偿债能力与报表表面显示的不一致，应该引起财务报表使用者的关注。

(一)长期经营性租赁

当企业继续某种资产而又缺乏足够的资金时，可以通过租赁的方式解决。财产租赁包括融资租赁和经营租赁两种形式。

融资租赁是指实质上转移与资产所有权有关的全部或绝大部分风险和报酬的租赁。通常情况下，在承租方付清最后一笔租金后，其所有权一般归承租人所有，实质上属于分期购买固定资产。所以，在融资租赁形式下，租入的固定资产视同企业购入的固定资产，同时将相应的租赁费用作为长期负债处理。这种资本化的租赁，在分析长期偿债能力时，已经包括在债务比率指标计算之中。

但经营租赁不同于融资租赁，不计入资产负债表，而是作为租赁费用在附注和利润表中反映。当企业的经营租赁量比较大，期限比较长或具有经常性时，则实际上构成了一种长期性筹资，会影响企业的偿债能力，会增加企业偿债风险。固定费用保障倍数的计算，正是长期经营租赁实质上是一种长期筹资方式，会对企业长期偿债能力产生影响的体现。因此，如

果企业经常发生经营租赁业务或经营租赁期限较长，应分析租赁费用对偿债能力的影响。

(二)承诺

财务承诺是企业对外发出的将要承担的某种经济责任和义务。企业为了经营的需要，往往需要做出一些承诺。例如，为了更好地销售商品向客户承诺在一定时期内提供产品保证或保修；为了更好地合作对合资者承诺为其提供银行担保；采用售后回购方式销售商品时签订的售后回购协议下的承诺等。这种承诺有时会成为企业的长期或有负债，但却没有通过资产负债表反映出来。因此，在评价分析企业的长期偿债能力时，报表使用者应该注意根据报表附注及其他有关资料，判断财务承诺带来的潜在长期负债问题，判断其转为负债的可能性，并在评价企业的长期偿债能力时考虑其影响，做出相应的决策。

(三)或有事项

或有事项，是其结果需由某些未来项目的发生与否才能决定的不确定事项，但现在无法确定是否发生。或有事项的特征在于现存条件下最终结果不能确定，它的存在需要通过未来不确定事项的发生或不发生予以证实，包括或有资产和或有负债。例如，诉讼判决时得到补偿形成的或有资产；未决诉讼、仲裁形成的或有负债，为其他单位提供债务担保形成的或有负债等。按照我国的会计准则，在资产负债表中不应确认或有事项，企业应在报表附注中恰当揭示或有事项。

或有事项一旦发生便会影响企业的财务状况，会给企业带来收益或损失。产生或有资产会增强企业的长期偿债能力；产生或有负债会削弱企业的长期偿债能力。所以报表使用者在评价企业长期偿债能力时要考虑到或有项目的潜在影响。阅读报表时，应仔细阅读介绍或有事项的报表附注，以便发现在资产负债表没有披露的可能的重大项目，并在评价企业的长期偿债能力时，考虑或有事项的潜在影响。

(四)资产价值

前面介绍的用于分析偿债能力的指标，其数据大多来源于资产负债表。但是资产负债表上的资产的账面价值以历史成本进行确认与计量，有时可能与资产的实际价值不一致。企业的资产账面价值可能被高估或低估，例如，企业按照会计准则将一幢办公楼以历史成本进行计量，使得其账面价值可能远远低于它目前的市场价格，导致其价值被低估。但企业的某些入账资产已无法给企业带来任何经济流入，已失去价值。如企业发生的一些待摊费用，出于配比原则的目的保留在账上，但已经无法给企业带来任何经济流入，几乎不具有流动性，不能作为偿还负债的物质保障，在一定程度上粉饰了企业的长期偿债能力，需要引起财报分析者的注意。

(五)金融工具

金融工具，是在信用活动中产生的、能够证明债权债务关系并据以进行货币资金交易的合法凭证，又称为金融票据。它对于债权债务关系双方所应承担的义务与享有的权利均具有法律约束力。金融工具具有迅速变为货币而不致遭受损失的能力，但购买金融工具的本金有遭受损失的风险。与偿债能力有关的金融工具主要是债券和金融衍生工具。企业为筹集资金发行的长期债权，包含以下两点承诺：在约定日期偿还本金；定期支付债券利息。

对于与金融工具有关的信息，应反映在财务报表的附注说明中，包括面值、合同金额、金融工具的性质、工具的信用风险和市场风险、契约一方未履行义务及给企业带来的损失等。金融工具对企业偿债能力的影响主要体现在两个方面：一是金融工具的公允价值与账面价值发生重大差异，但并没有在财务报表中或报表附注中揭示；二是未能对金融工具的风险程度恰当披露。报表使用者在分析企业的长期偿债能力时，要注意结合具有资产负债表表外风险的金融工具记录，综合对企业偿债能力作出判断，从而准确评价企业的长期偿债能力。

(六)企业的软资源

在知识经济时代的今天，企业的市场资源、人力资源、知识产权和组织管理资源等软资源对企业的生存和发展起到的作用不断加大，且成长空间较优。从长远的角度来看，一个企业在这些资源方面的好坏，也会影响到企业长期偿债能力的强弱。因此，为了准确地判断企业的偿债能力，报表分析者应结合有关资料，关注只在报表附注中列示的软资源。

(七)内部的公司治理结构

所有权与控制权相分离是现代公司的特点之一，导致了委托人与代理人之间的"代理问题"，公司治理结构就是为了解决这种问题而在不断完善。西方投资者认为，公司治理与公司财务业绩一样重要，一个好的公司治理结构可以减少公司代理成本，保证经理层按照所有者和利害相关者的最佳利益运用公司资产，实现公司价值最大化。例如，安然公司破产导致作为债权人的银行界损失高达200亿美元左右，而在安然公司的丑闻曝光之前，美国的一家投资者保护协会就将安然公司的公司治理评为最差级"E"。在我国，目前企业的公司治理结构较西方国家企业而言还很不规范，无论是公司内部的董事会、股东会及监事会三会的运转和经营透明度方面，还是外部的政治、法律、监管、信息披露制度及资本市场发育程度方面，都存在着较严重的制度性缺陷。因此，在分析我国企业的偿债能力时尤其要注意这方面的影响。

(八)行业信息

具有战略性质的行业信息也会对一个企业的偿债能力特别是长期偿债能力产生影响，对行业的选择正确与否关系着企业的生存和发展。行业信息主要包括行业生命周期、行业发展前景、行业的竞争状况、行业的技术发展状况及政府政策对行业的影响等方面的信息。一般而言，处于发展潜力大、风险小、竞争不充分和政府政策支持的行业的企业，其偿债能力比较强。报表分析者应收集有关资料，对被评价企业此方面的信息进行分析。

影响企业偿债能力的因素有很多，也许会使企业实际的偿债能力与报表中所反映的偿债能力不一致。目前对企业偿债能力进行分析时通常是以资产负债表为依据，通过计算流动比率、速动比率、现金比率、资产负债率、产权比率、权益乘数、利息保障倍数等一系列的指标，并将其与行业标准值比较来评价，但这样做还是不足、不够客观的，应该与其他影响因素相配合来评价企业的偿债能力。总而言之，财务报表分析者在采用各项比率对企业的偿债能力进行分析时，须尽可能地充分结合其他影响因素，以克服指标本身的缺陷，避免因为评价结果发生偏差而对决策产生误导，做出最后的判断。

四、基于财务报告的偿债能力分析的局限性

(一)分析信息的历史性

在进行偿债能力分析时，一般都是直接使用企业的财务报表资料，目前企业的财务报表是以历史成本为基础编制的，而复杂的现实却在不断变化，可能有些信息已经时过境迁，故以历史成本为计量基础的财务报表虽然可靠性较强，但相关性较低，会对偿债能分析产生不利的影响。因此，在分析时一定要注意信息的及时性。同时，要加强对未来现金流量、行业发展趋势等的预测。

(二)会计理论的局限性

分析时使用的财务报表是会计的产物，会计有特定的假设前提，并要执行统一的规范。财务报表分析者在规定意义上使用报表数据计算相关指标时，不能认为报表揭示了企业的全部实际情况。如以历史成本原则记录资产是以币值不变为前提的，忽视了通货膨胀、技术水平、供求关系等因素对持有资产价值的影响。这种情况下，财务报表分析者应通过其他途径收集资料，才能更好地评价企业的资产结构与质量。

(三)分析信息易被粉饰

真实可靠的信息是得出正确的分析结论的关键所在。财务分析通常假定相关信息是真实可靠的。但是有些信息还是容易被主观操纵，如在流动比率大于1的前提下，企业提前支付某项流动负债就会使流动比率提高，从而使表面上的短期偿债能力强于实际的偿债能力。

总之，关注这些局限性，能提高我们进行偿债能力分析的质量，为企业利害关系者做出决策提供准确的依据。

本 章 小 结

在本章的学习当中，我们对通过企业的资产负债表、现金流量表和利润表，来分析企业的偿债能力的基本原理与方法进行了探讨。偿债能力不但决定企业的借款能力，而且影响企业的信誉、投资能力、发展能力和盈利能力。偿债能力是企业的基本财务能力之一。企业偿还债务能力的强弱反映企业财务状况的好坏，对企业的债权人、投资者和管理者具有较大的影响，企业的债权人、投资者和管理者都十分关注对企业偿债能力的分析。偿债能力分析是判断企业偿债能力和资产质量的一种分析方法，是企业财务分析的重要组成部分。偿债能力包括短期偿债能力与长期偿债能力，因此，偿债能力分析可分为短期偿债能力分析和长期偿债能力分析两个方面。

企业短期偿债能力是指企业用流动资产偿还流动负债的保障程度，因此，短期偿债能力主要取决于企业资产的流动性。资产的流动性，是企业资产的流动性和周转性的综合反映。影响短期偿债能力的因素中，要特别注意增强企业变现能力和削弱变现能力的因素。短期偿债能力分析指标主要包括：净营运资本、流动比率、速动比率、现金比率和现金流动负债比率，各种指标既有各自的优缺点，又存在着密切的联系。在此基础上，还应该同时注意对短

期偿债能力产生影响的其他因素(表外因素)。

企业长期偿债能力主要反映企业偿还长期负债的能力，其强弱主要取决于一个企业的资本结构，这是因为资本结构是企业风险与价值的集中反映。当然，长期偿债能力也受盈利能力以及其他报表未反映因素的影响。长期偿债能力指标主要由资产负债率、股东权益比率与权益乘数、净资产负债率比率与有形净资产负债率、长期资产适合率、利息保障倍数、现金负债总额比这一系列指标构成。在了解有关指标基础上，还应该特别注意对长期偿债能力产生影响的其他因素。

影响企业偿债能力的因素有很多，也许会使企业实际的偿债能力与报表中所反映的偿债能力不一致。总而言之，财务报表使用者在采用各项比率对企业的偿债能力进行分析时，须尽可能地充分结合其他影响因素做出最后的判断，以克服指标本身的缺陷，避免因为评价结果发生偏差而对决策产生误导。

复习思考题

一、简答题

1. 偿债能力分析的意义？
2. 影响短期偿债能力的因素有哪些？反映短期偿债能力的指标主要包括哪些？
3. 影响长期偿债能力的因素有哪些？反映长期偿债能力的指标主要包括哪些？
4. 试简述流动比率的优缺点。
5. 简述资产负债率、权益乘数和产权比率之间的关系及它们的侧重点。
6. 对企业的长短期偿债能力进行分析时，应注意哪些其他影响因素？
7. 为什么要计算有形净资产负债率？
8. 简述资本结构的含义及意义。

二、计算题

1. 某公司部分财务报表资料如下。

应收票据	600000 元
存货	800000 元
待摊费用	40000 元
预付账款	60000 元
流动资产	6000000 元
流动负债	3000000 元

要求计算：(1)流动比率；(2)速动比率。

2. 某企业流动资产 3598 万元，其中：存货 938 万元，固定资产净值 1492 万元，无形资产 110 万元，总计 5200 万元；流动负债 1400 万元，长期负债 394 万元，所有者权益 3406 万元。该公司当年的税后净利为 850 万元，债务利息支出为 405 万元，所得税税率为 30%。

要求计算：(1)流动比率；(2)速动比率；(3)资产负债率；(4)有形净资产负债率；(5)利息保障倍数。

三、案例分析题

JD 集团扩张之路对长期偿债能力的影响

JD 集团初创于 1988 年，1993 年开始正式经营房地产。2001 年 4 月，JD 集团股份有限公司在上海证券交易所正式挂牌上市。

JD 集团一直在探索自己多元化的扩张之路。2004 年 6 月 22 日，董事会发布第四次临时会议决议公告，宣布与摩根士丹利房地产基金Ⅳ、上海盛融投资有限公司共同出资，在中国境内或经中国政府主管部门批准后在中国境外设立项目公司。2007 年与瑞士银行达成协议，决定共同发起建立针对中国住宅开发市场的房地产投资平台，体现了其多元化思想。经过不断探索和实践，JD 集团现已发展成为一个以房地产开发为主营业务的上市公司。截至 2009 年年底，JD 集团已拥有多家控股公司，总资产 555 亿元，净资产 168 亿元，2010 年全年更是实现 283 亿元的销售规模。从上市至今，公司的总资产规模增长了 24 倍，销售额增长了 39 倍，上缴利税增长了 21 倍，已跻身中国上市房地产公司综合实力前三强。形成了以房地产为主营业务，地产金融、物业服务、地产中介同步发展的综合产业结构。

2010 年以来房地产行业整合的加速尤其明显。2010 年中国房地产市场并购案例发生近 90 起，其中 JD 集团一年内收购了 13 家公司，收购金额达到 4.73 亿元。房地产业分析人士认为，JD 集团的一系列并购将进一步优化其战略布局，促进其战略目标的实现。

然而，JD 集团的一系列扩张行动得到财务成果的印证了吗？会对企业的风险产生什么样的影响呢？

JD 集团资产负债表部分项目   单位：元

项　目	2010 年	2009 年
流动资产合计	36 300 076 205.06	30 239 759 131.20
非流动资产：		
长期股权投资	5 865 856 180.38	4 329 848 455.66
投资性房地产	61 162 142.98	73 148 641.82
固定资产	33 259 826.96	34 036 472.01
长期待摊费用	1 652 373.73	6 630 980.37
递延所得税资产	108 348 463.47	68 552 216.48
非流动资产合计	6 070 278 987.52	4 512 216 766.34
资产总计	42 370 355 192.58	34 751 975 897.54
负债和股东权益		
流动负债合计	12 095 490 134.69	10 816 778 613.62
非流动负债：		
长期借款	14 239 000 000.00	9 900 000 000.00
应付债券	1 190 146 914.48	1 188 295 255.38
非流动负债合计	15 429 146 914.48	11 088 295 255.38
负债合计	27 524 637 049.17	21 905 073 869.00
股东权益：		

续表

项　目	2010 年	2009 年
股本	4 471 508 572.00	2 484 171 429.00
资本公积	6 145 335 356.05	7 995 226 061.23
盈余公积	711 139 360.25	500 160 678.25
未分配利润	3 517 734 855.11	1 867 343 860.06
股东权益合计	14 845 718 143.41	12 846 902 028.54
负债和股东权益总计	42 370 355 192.58	34 751 975 897.54

讨论：

1. 计算 JD 集团 2009 年和 2010 年的资产负债率、权益乘数、产权比率、非流动资产适合率。

2. 运用上述比率分析 JD 集团的资本结构以及长期偿债能力。

3. 根据计算数据对 JD 集团长期偿债能力的指标进行趋势分析，并给出相应的解释。

4. 结合相关资料，分析造成 JD 集团的长期偿债能力现状的原因以及可能带来的经济后果，管理层应采取哪些防范措施？

第十章 企业营运能力分析

【学习目标】
1. 理解资产结构的含义及其对营运能力的影响。
2. 了解企业营运能力分析的相关内容。
3. 了解企业营运能力分析指标的构成及意义。
4. 掌握各种营运能力分析指标的计算方法。
5. 理解并能熟练运用各种指标对企业的营运能力进行分析。

丰田曾经处于世界汽车制造商的"偶像"地位,其管理模式TPS被全球汽车界乃至产业界奉为"管理圣经"。丰田生产系统(TPS)由丰田公司最初的成本控制理念JIT发展而来,丰田生产系统(TPS)于20世纪70年代在日本全面推广,并于80年代被美国企业广泛接受并使用。但是这一低成本战略,也给当前采购、生产、销售均以全球化的丰田埋下了隐患。2009年9月,丰田以前排脚垫可能脱落而妨碍油门操作引发事故的质量问题为由,要求380万辆汽车的用户取下脚垫;丰田又陆续召回了千万辆汽车,其管理受到学界和媒体的质疑。此外,德国大众于2009年11月首次超过丰田,从而成为全球最大的汽车生产制造商。与大众一直采取相对严格的赊销政策不同,丰田在应收账款管理方面采取比较宽松的赊销政策,营运资金的正常周转受到限制;对固定资产的利用效率低于德国大众,固定资产没有得到充分的利用。从以上可以看出,仅仅从管理效率方面来说,丰田就已经落后于大众,营运能力较弱,所以失去"老大"的地位并非偶然。营运能力的含义是什么?评价一个企业的营运能力时,应该对哪些资产的周转情况进行分析?评价一个企业的营运能力指标有哪些?又如何应用?在本章中,我们将对营运能力分析的原理与方法进行系统的探讨。

第一节 企业营运能力概述

一、营运能力的含义

营运能力主要指企业营运资产的效率与效益,是企业在外部环境的约束下,对内部资源进行有效配置和利用的能力,是企业经营管理、运用资金的能力,又称资本周转能力或资产管理效率。其中营运资产的效率通常是指资产在企业生产经营过程中周转的速度，营运资产的效益是指资产的利用效果，即通过资产的产出额与占用额之间的比率来体现。企业进行资产效率管理，就是尽可能地加快资产的周转，提高资产的流动性，从而提高获利能力。狭义的营运能力，又称资产管理效率，是企业的经营业务收入净值对各项营运资产的比例关系，用于洞悉营业收入与各项营运资产是否保持合理的关系。

资产营运是企业在生产经营过程中实现资本增值的过程，因此，企业的营运能力不仅决定着企业的偿债能力和获利能力，还是企业整个财务分析的核心。如果一个企业的资产周转能力很低，表明企业资金积压严重，资产未能发挥出其应有的效能，就无法创造出充足的现金流入来扩展规模和偿付债务，会导致其偿债能力和盈利能力的降低。相反，如果一个企业的资产周转能力良好，则表明其利用各项资产经营的效率较高，有助于促进企业的偿债能力和获利能力的增强，从而更好地支持企业的可持续发展。

二、影响营运能力的因素

拥有良好的营运能力是企业持续发展的关键所在，其影响因素众多，从是否可以量化可分为量化的影响因素和非量化的影响因素；从影响的深度可分为表层影响和深层影响因素。

从是否可以量化的角度来说，包括资产结构、销售状况、产品质量等可量化的因素，还有无形资产，如管理素质、技术和管理水平等非量化因素。各因素在不同时期、不同情况下对企业营运能力的影响也不同，而资产结构是其中最为重要的方面。营运能力的各项分析指标反映了各项资产的运用效率，同时又会对资产报酬率产生重要的影响。当销售利润率一定时，资产周转率高低直接决定着资产报酬率的情况，因此我们需要认识清楚影响营运能力的因素，从而有针对性地改进营运能力，提高资产的管理效率，进而增强企业的偿债能力和盈利能力。

从影响的深度来说，影响企业营运能力的因素包括表层和深层两个层面。影响企业营运能力的表层因素是营业收入和各营运资产占用额，可由后面将要学习到的衡量企业营运能力的财务指标体现出来。当营业收入一定时，企业营运能力的高低取决于各营运资产占用额的多少：各营运资产占用额越少，营运能力越高；反之，则不同。当各营运资产占用额一定时，企业营运能力的高低取决于营业收入的多少：营业收入额越多，企业营运能力越高；反之，则不同。下面重点介绍影响企业营运能力的深层因素，即企业的资产结构、销售状况、所处行业性质、技术和管理水平以及经营周期等。

(一)资产结构不同

资产结构是指组成资产的各个类别在资产中所占的比重，反映了资产的组成情况。按资产变现速度和价值转移形式的不同，资产可以分为流动资产和非流动资产。流动资产，如存货、应收账款等，周转速度快，价值随着产品的出售得到一次性补偿；非流动资产，如固定资产、无形资产等，周转速度慢，价值转移以及得到补偿的速度就慢。也就是说，流动资产与非流动资产在经营过程中价值周转的特征不同。因此，资产中流动资产占较大比重或非流动资产占较大比重，所导致的资产周转速度是不同的，即资产结构会影响企业的营运能力。此外，如存货资产、应收账款等结算资产是能够直接形成企业收益的一类资产；而固定资产、无形资产等是抵扣企业一定时期收益的资产。因此，在保持合理比例的前提下，资产结构中直接形成企业收益的资产比重相对越大，将越有利于企业资产收益的增加。销售状况、生产经营周期、企业规模、市场环境等是决定企业资产结构的主要因素。而行业特征是影响企业资产结构的关键因素，企业所处的行业不同，资产结构往往存在重大的差异，不同的资产结构可能对应不一样的营运能力水平。此外，资产结构与负债结构有比较密切的关系，应该把两者作为一个有机整体来考察其对营运能力的影响。

合理的资产结构能使各项资产充分发挥其功能，使公司获得较多的盈利。不合理的资产结构不仅影响公司的盈利情况，甚至会影响公司的正常运转。对资产结构进行分析，是企业加强资产管理，提高经济效益的一项不可忽视的工作。对公司资产结构的关注及其相关问题进行深入探讨，有助于我们及时发现公司经营过程中所存在的问题，采取有效措施提高资产质量和业务运行效果，确保公司持续健康经营。

(二)销售状况不同

一个企业的经营状况较好、销售趋势较好时，货币资产的比重会相对提高，存货资产的比重会相对下降，资金周转速度快；随着销售量的增加，固定资产的规模会增大，存货资产比重会不变甚至下降。所以，销售情况良好时，会出现流动资产比重较低，固定资产比重较高的情况。发达国家固定资产比重逐渐上升以及实行零库存管理就是一个例子。

(三)所处行业性质不同

不同行业的经营性质不同，而经营性质又会影响企业的资本结构，从而影响企业的营运能力，使企业的营运能力不同。通常情况下，在运转过程中，需要较多借助于流动手段的行业需要的固定资产较多，如制造业需要占用大量的资产，其资产周转相对较慢；而采用先进技术与现代经营策略的行业，资产周转率相对较高，如信息行业除了人力资源，对其他资产的需求很少，资产周转相对较快，营运能力较强。

(四)技术和管理水平不同

生产技术特点不同的企业，其资产的流动性也不同，因此，企业的资产结构也不同。资产管理水平不同的企业，资产构成和资产质量有较大的差异，使得资产周转率不同。管理水平高的企业，能够使资产得到合理地配置和利用，资产质量提高，使资产的作用充分发挥出来，进而影响资产的周转速度和效益，使企业的营运能力较强。反之，管理水平低的企业，拥有不太合理的资产结构和较差的资产质量，资产周转速度较慢，企业的营运能力较弱。

(五)经营周期不同

营业周期是影响流动资产营运能力的一个重要因素，不同的营业周期会导致不同的营运能力，导致不同的资产周转率水平。营业周期也称为经营周期，是指从取得存货开始到销售存货并收回现金为止的一段时间，因此营业周期可由应收账款周转天数和存货周转天数来估计，即营业周期等于应收账款周转天数与存货周转天数之和。营业周期短，表明资产在同样期间内实现的销售次数多，资金周转速度快；反之，营业周期长，表明资产周转速度慢。有的企业营业周期长，是因为其流动资产所占比重较大，对于这种类型的企业，就不能仅凭存货周转率慢或流动资产周转率慢，而对企业的营运能力做出否定的判断，此时，就还应该结合营业周期因素的影响作用。

广义上的企业营运能力是动态的,其影响因素不仅包括资产结构,还包括人力资源、财务资源、技术信息资源和管理资源等,各因素在不同时期、不同情况下对企业营运能力的影响不同,每个时期企业所处生产环境、竞争环境的变化,使营运能力的影响因素的构成和比重有所变化。认识清楚影响营运能力的因素,有助于我们更加深入地分析某一个企业的营运能力,并且有针对性地对其影响因素进行改进,从而提高资产的管理效率。

虽然影响上市公司营运能力的因素有很多,我们还是可以通过控制下面几个方面提升公司的营运能力,加强资产营运管理,提高经营决策水平。

增加主营业务收入。营运能力反映企业利用所拥有或控制的资源获取经营成果的能力,销售收入的大幅度增加会带来营运能力的增强,也就是说,如果企业的主营业务收入的增长速度超过总资产的增长速度,就会促使企业的营运能力指标上升;反之,则不同。

减少被占用的流动资金。占用不必要的流动资金,会使流动资金的周转速度变慢,导致营运能力随之降低,企业应从相应指标的变化中识别出可能存在的问题,采取相应的调整措施。例如,从存货周转率的下降可识别出企业可能没有以市场为导向进行生产,导致存货积压的现象;或识别出产品的生产周期较长,在采购、存储方面占用了大量的资金,导致资金周转缓慢,从而影响了营运能力的增长。

整合企业资源。以企业为核心,整合资源,尽量避免经营领域的趋同性,以防出现过度竞争的局面。企业应该区分自身竞争力较强与较弱的行业,退出较弱的领域而从事自身具备较强竞争力的行业,从而大幅度增强自身的生产营运能力,增强自身的发展潜力。

更新市场营销策略。科学有效的市场销售手段,有利于企业市场占有率的提高,销售收入的增加,以及产品盈利能力的增强。企业应意识到产品市场营销的手段科学与否对其收入目标的实施意义重大。企业的市场营销策略应该以市场为导向,有助于自己的顾客群的培养、销售渠道的建立。

集约化管理资金的方式。企业通常会存在粗放经营的情况,资产没有得到很好的配置,资产结构不合理,不能很快地转化为生产能力,资产余缺并存,甚至可能会转化成不良资产。企业的资产管理应注意由粗放式管理转向集约化管理,提高资产的使用效率。

三、营运能力分析的意义

所谓营运能力分析,是指根据资产负债表、利润表等有关报表资料,通过计算企业各种经济资源的周转速度来进行分析。具体来说,通过计算各种经济资源的周转率或周转天数来进行分析。通过考察企业各种类型资产的数量,来决定其相对于企业的经营水平是否适当。如果过量的资金滞留在某种类型的资产上,而不能被投到盈利能力更高的地方去,这个企业就没有达到它应有的利润水平,资产整体的效能没有得到充分发挥。营运能力分析是将资产负债表与利润表联系起来进行的分析,实际上是对企业总资产及其各个组成部分营运能力的分析。它可以用来评价企业的盈利能力,也可以间接反映出基础管理、经营策略、市场营销等诸多方面的问题,预测企业的发展前景。

对企业的营运能力进行分析,是投资者、债权人和管理层都十分关心的话题,只是关注的信息的侧重点不同而已。营运能力反映了企业资产管理水平和使用效率等重要内容,企业加强资产营运管理的主要目的在于加快资产的周转速度,谋求等量资产创造更多的效益。进行营运能力分析的意义。

(1) 对于投资者，通过分析企业的营运能力，有助于其了解企业资产管理的效率水平，了解企业的盈利能力和投入资金的保值增值。这是因为，加速资金周转是实现资本保值的基本途径，一个企业的营运能力在很大程度上决定了企业的财务状况和盈利能力，决定了企业资产的保值增值能力。企业的营运能力分析，给股东提供了对企业的经营成果做出正确判断的依据，使他们能够对是否向某一个企业进行投资或是否继续向某一个企业进行投资做出相应的投资决策。对于短期投资者，营运能力分析有助于其了解企业的短期营运能力；对于长期投资者，进行营运能力分析，有助于其了解企业的盈利能力。

(2) 对于债权人，通过分析企业的营运能力，有助于其了解企业的财务状况和经营成果，了解企业对其债权的物质保障程度，了解其债权的安全性并采取相应的信贷决策。这是因为，流动资产和固定资产是企业营运资产的主体，虽然无形资产在新知识经济时代居于越来越重要的战略地位，但它的作用必须通过或依附于有形资产才能发挥出来。因此，企业营运资产的利用效果，从根本上影响着企业的经营状况，进而影响企业盈利能力。如果一个企业的资产周转能力较强，资产发挥应有的效能，它的偿债能力和盈利能力也会随之得到增强。所以，债权人可以通过分析评价一个企业的营运能力，间接地了解企业的偿债能力的强弱。

(3) 对于企业管理者，通过分析企业的营运能力，有助于充分利用企业的资源，确立合理的资产规模，对各项资产进行合理的配置，促进企业资产利用效率的提高，最终改善经济效益。不同行业的资产结构有着较大差异，如制造业企业通常固定资产比重较高；商业企业则流动资产比重较高；发展历史悠久的企业也许无形资产比重较高。通过分析企业的营运能力，有助于有效地评价企业资产的使用效率，发现企业在资产营运中存在的问题，找出资产运用效率高低的影响因素，有针对性地加以改进，从而提高企业的资产管理水平。因此，对企业的营运能力进行分析十分重要，其能够为企业提高经济效益指明方向，促进企业不断挖掘内部资源潜力，最终促进企业偿债能力和获利能力的增强。

四、营运能力评价指标

营运能力是企业在外部环境的约束下，对内部人力资源和生产资料进行有效配置和利用的能力，因此，营运能力指标包括人力资源营运能力指标和生产资料营运能力指标。

(一)人力资源营运能力指标

人力资源营运能力，是指一个企业调动劳动者的积极性、能动性，从而提高经营效率的能力。人力资源营运能力通常采用劳动效率指标来分析。劳动效率是指企业营业收入或净产值与平均职工人数的比率。其计算公式为

$$劳动效率=营业收入或净产值÷平均职工人数$$

对企业劳动效率进行考核评价主要是采用比较的方法，例如将实际劳动效率与本企业计划水平、历史先进水平或同行业平均先进水平等指标进行对比，找出存在的差异及其原因，从而进一步促进企业人力资源营运能力的提高。

(二)生产资料营运能力指标

生产资料的营运能力实际上就是企业的总资产及其各个组成要素的营运能力。企业的资产从货币形态开始，经过一系列环节和形态的改变后，又回到货币形态，这种周而复始的过

程称为资产周转。资产周转的快慢直接影响资产的流动性，影响企业的营运能力。因此，评价企业的营运能力时，关键是评价资产的周转速度，多采用各项营运资产的周转率或周转天数等指标，以反映营运资产的周转率或周转期。周转率是指一定时期内资产的周转额与同一时期资产的平均占用额之间的比率，可以反映企业资产在一定时期内周转的次数。周转次数越多，表明企业周转速度越快，资产营运能力越强。周转天数，是评价资产周转速度的另一指标，是计算期天数与周转率的比值，反映资产周转一次所需时间。周转天数越短，表明企业周转速度越快，资产营运能力越强。其计算公式为

$$周转率(次)=周转额÷资产平均余额$$
$$周转天数=周转率÷周转率$$

流动资产和固定资产是企业营运资产的主体，因此，企业营运能力分析的内容主要包括流动资产周转情况分析、固定资产周转情况分析以及总资产周转情况分析。流动资产周转情况分析和固定资产周转情况分析是对总资产周转情况影响因素的更深入的剖析。此外，应收账款和存货等周转状况的分析又是对流动资产周转状况影响因素的进一步揭示。所以要想较为深入地分析企业流动资产周转状况，还应该展开对应收账款周转情况的分析、对存货周转情况的分析。各项营运资产的周转指标用于衡量企业运用资产经营的效率，衡量企业运用资产赚取收入的能力，将这些指标和反映盈利能力、偿债能力的指标结合在一起使用，可以更全面地评价企业的盈利能力和偿债能力。

具体来说，评价企业的营运能力的指标主要包括以下三个。

1. 流动资产周转情况分析

(1) 应收账款周转率，是指企业营业收入与平均应收账款余额之比，是反映应收账款周转速度的指标。

(2) 存货周转率，有两种计算形式：一种是以成本为基础的存货周转率，是指企业营业成本与平均存货余额之比；另一种是以收入为基础的存货周转率，是指企业营业收入与平均存货余额之比。其是反映存货周转状况的指标。

(3) 营业周期，是指从取得存货开始到销售出去并收回现金为止的时期。

(4) 流动资产周转率，是指企业营业收入与平均流动资产余额之比，是反映企业流动资产周转速度的指标。

2. 非流动资产周转情况分析

固定资产周转率，是指企业营业收入与平均固定资产净值之比，是反映企业固定资产管理水平的指标。

3. 总资产周转情况分析

(1) 总资产周转率，是指企业营业收入与平均总资产余额的比，是反映企业总资产利用效率的指标。

(2) 不良资产比率，是年末不良资产总额占年末资产总额的比率，是从不能参与企业正常资金周转的资产角度，反映企业在资产管理上存在问题的指标。

通过上述指标的计算，可以初步了解企业资产运用效率的高低，初步地判断企业利用资产进行经营的效果，初步地判断企业营运能力的强弱，从而找出影响因素，如营业收入、营业成本这些表层因素。当然，为了使计算出的衡量资产运用效率的各个指标更有说服力，还

应结合企业前期标准，观察企业营运能力的动态变化趋势；应结合行业平均标准，从而找出差距，找出影响企业营运能力的深层原因，如企业采取的财务政策、企业所处的行业及经营背景、产品的生产周期等，进而采取相应措施改善企业的管理状况，使企业的营运能力向好的方向发展。

第二节　流动资产周转情况分析

流动资产周转情况分析，是对企业流动资产周转情况进行分析。应收账款、存货资产是流动资产的主要项目，因此，对应收账款、存货资产的周转情况进行分析，可以实现对流动资产周转情况的进一步分析。本节主要从应收账款周转情况、存货周转情况、营业周期全部流动资产周转情况四个方面对流动资产周转状况进行分析。反映流动资产周转率状况的主要指标有流动资产周转率、应收账款周转率、存货周转率、营业周期。

一、应收账款周转情况分析

应收账款是指企业由于销售商品、提供劳务等而应向客户收取的各种款项。随着市场经济的发展，商业信用被广泛应用，应收账款在企业流动资产中逐渐占据举足轻重的地位。它是企业期望在未来能够收到的现金，必须经过一段时间才能收回，会产生占用资金成本，有发生坏账的可能性，因此，企业应加强对应收账款的管理。应收账款能否及时收回，不仅可以反映出一个企业的短期偿债能力，也可以说明企业运用应收账款生产经营的效率。提高应收账款周转速度，可以减少收账费用和坏账损失，在一定程度上可以使企业流动资产的收益相对增加。

应收账款存在着无法收回的可能性，可能会形成损失，因此需要对应收账款进行质量分析，了解企业债权发生坏账的可能性。通常情况下，未过信用期或已过信用期但拖欠期较短的债权出现坏账的可能性要小于已过信用期拖欠期较长的债权发生坏账的可能性；相对于偿债声誉较差的债务人，对于偿债声誉好、经济实力强的债务人，企业收回债权的可能性要大。因此，报表分析者可以通过对债权的账龄进行分析或通过对企业债务人的偿债信誉进行分析，以评价企业应收账款的质量状况。

应收账款反映企业资金被无偿占用的程度，如能及时收回，资金使用效率便能大幅提高；但是应收账款周转速度过高或过低都不利于企业自身的发展，因此，确定合理的周转速度是十分必要的。宽松的企业信用政策在增加销售收入的同时，也会带来应收账款的增加。应收账款能否及时收回，对企业的短期偿债能力以及管理应收账款的效率有着重要的影响。严格的企业信用政策会使应收账款总量维持在一定的合理的范围之内，能够分散应收账款管理风险，使应收账款的周转速度加快。反映应收账款周转速度的指标包括应收账款周转率和应收账款周转天数。

(一)应收账款周转率

1. 应收账款周转率的概念

应收账款周转率，也称作应收账款周转次数，是企业一定时期内营业收入与平均应收账款余额的比率,用以表明年度内应收账款变为现金的平均次数,估计应收账款的收款速度,衡量企业应收账款管理效率的高低。其计算公式为

$$应收账款周转率(次)=赊销收入净额÷平均应收账款余额$$

其中,平均应收账款余额=(应收账款余额期初数+应收账款余额期末数)÷2

公式中的平均应收账款余额是资产负债表中的"应收账款"余额期初数与余额期末数的平均数。计算平均应收账款余额时,应考虑应收账款和应收票据等全部赊销账款,并且应收账款余额应为扣除坏账准备后的净额。当然,已贴现且不在外流通的应收票据不包括在分子当中。

对于生产经营具有季节性的企业,平均应收账款余额应按月计算。分子、分母的数据应注意时间对应性。分子赊销收入净额是指扣除了销货退回、销货折扣及折让后的赊销净额,一般多用营业收入代替赊销收入,这是因为赊销收入的数据取得较为复杂,且属于企业商业机密不对外公布。计算应收账款周转率时,只要保持一贯性,用营业收入代替赊销收入一般不会影响其分析。

2. 应收账款周转率的分析

一般认为,在一定时期内,应收账款周转率越大越好。当应收账款周转率较大时,平均收款期较短,表明企业应收账款回收速度快、账龄短、赊销的比重较小、资产流动性强,企业管理工作的效率高,企业的短期偿债能力也强,生产经营活动的资金周转状况好;而且回收速度快也表明企业的资金得到节约,发生坏账的可能性降低,收款的安全性较有保障,企业流动资产的收益能力随之提升;反之,则表明企业对应收账款的管理效率较低、发生坏账的可能性较大、资产的流动性降低、营运资金的正常周转会受到限制,不利于节约资金。

应收账款周转率并非总是越高越好,若该指标过高,则表明企业的信用政策和付款条件要求严格,在长期会限制企业销售量的扩大,不利于企业产品市场占有份额的保持与增长,从而影响自身的盈利水平;反之,若该指标过低,则表明企业应收账款管理效率太低,或采取了过松的信用政策,如收账方案不适当,这样会严重影响企业资金的正常周转,导致应收账款机会成本的增加。

企业管理者和外部报表使用者在对该指标进行分析时,还应该关注一些特殊情况:对于生产经营具有季节性的企业,该指标不能反映其销售的实际情况;大量采用分期付款方式;大量使用现金结算的销售;年末大量销售或年末销量大幅度下降;两个企业计提坏账准备的方法和比例有较大差异。这些因素都会对指标的计算结果产生较大的影响。应收账款周转率只是分析企业流动资产周转情况的一部分,它还与客户的信用状况、客户的财务状况等因素相关,在分析时应该综合考虑这些因素的变化影响。

此外,财务报表使用者运用该指标对企业的营运能力进行分析时,应该将计算出来的指标同前期进行比较,考察应收账款周转速度的快慢,找出原因,采取相应的调整措施;或与行业的平均水平进行比较,更合理地对指标的高低进行判断,这是因为不同行业的应收账款可能存在较大差异。另外,如果企业正处于成长发展期,资金运作状况和质量处于良性循环之中,在分析该指标时,最好将其与流动比率和应收账款的账龄结构有机联系起来分析判断,便于对该公司流动比率的含金量和应收账龄结构披露的可靠性作出判断。

当然,在实务中,应收账款周转率有其不足之处,应收账款周转率公式中的分子为赊销收入净额,当企业应收账款发生较大波动时,如大量增加赊销额或大量收回前期款项,该指

标的计算结果反映的营运能力会与实际状况不符。

(二)应收账款周转天数

1. 应收账款周转天数的概念

应收账款周转天数，也称为应收账款收现期，是指企业从产品销售出去开始至应收账款收回为止所需要的时间，是反映应收账款周转速度的另一指标，是用时间表示的应收账款周转速度。其计算公式为

$$应收账款周转天数=365\div 应收账款周转率$$

2. 应收账款周转天数的分析

应收账款在流动资产中占有较大比重，应收账款的周转速度对短期偿债能力有很重要的影响，也表明企业在应收账款管理方面的效率。通常情况下，应收账款周转天数越短越好。应收账款周转天数越短，表明应收账款的收款速度越快，企业对应收账款的管理效率越高，资金的利用率越高，但也不能比同行业水平低太多，否则会影响企业的销售水平。反之，应收账款周转天数越长，企业资金被其他企业占用的时间越长，管理应收账款的效率越低。

分析应收账款周转速度时，应该配合企业的信用政策进行判断。如果企业的应收账款回收期延长，可能是由于企业信用政策过松或收账措施欠佳或坏账过多引起的；如果企业的应收账款回收期延长而销售利润率却没有提高，说明企业产品的竞争力下降，销售战略不到位；如果企业的应收账款回收期缩短而销售利润率却没有提高，说明企业采用了比较严格的信用政策、信用标准和付款条件，可能会限制企业销售规模的扩大，从而影响盈利水平；如果企业的应收账款回收期缩短，企业的净利润较高，说明企业加强了对应收账款的管理，在资金管理方面表现较佳，企业的短期偿债能力和盈利能力有所提高。

财务报表的使用人应结合企业的前期水平、行业平均水平与计算出的指标相比较；还应该结合企业的信用政策对其进行分析。前面提到的，在计算应收账款周转率时，应该关注的一些特殊情况，同样适用于应收账款周转天数的计算与分析。

例如，根据 MDDQ 公司的财务报表，其 2010 年年末的营业收入为 1076.59 千万元；应收票据余额期初数为 484.40 千万元，应收票据余额期末数为 231.02 千万元，应收账款余额期初数为 1.25 千万元，应收账款余额期末数为 2.11 千万元。依以上计算公式，可以计算出其应收账款周转率以及应收账款周转天数为：

平均应收账款余额=[(应收账款余额期初数+应收票据余额期初数)+(应收账款余额期末
　　　　　　　　数+应收票据余额期末数)]÷2
　　　　　　　=[(1.25+484.40)+(2.11+231.02)]÷2
　　　　　　　=359.39(千万元)
应收账款周转率=营业收入÷平均应收账款余额
　　　　　　　=1076.59÷359.39
　　　　　　　=3.00(次)
应收账款周转天数=365÷应收账款周转率
　　　　　　　　=365÷3.00
　　　　　　　　=121.67(天)

根据 GL 公司的财务报表,其 2010 年年末的营业收入为 5915.79 千万元;应收票据余额期初数为 1002.84 千万元,应收票据余额期末数为 1804.24 千万元;应收账款余额期初数为 70.27 千万元,应收账款余额期末数为 92.49 千万元。

依以上计算公式,可计算出其应收账款周转率以及应收账款周转天数为:

平均应收账款余额=[(应收账款余额期初数+应收票据余额期初数)+(应收账款余额期末数+应收票据余额期末数)]÷2
　　　　　　　=[(70.27+1002.84)+(92.49+1804.24)]÷2
　　　　　　　=1484.92(千万元)

应收账款周转率=营业收入÷平均应收账款余额
　　　　　　=5915.79÷1484.92
　　　　　　=3.98(次)

应收账款周转天数=365÷应收账款周转率
　　　　　　　=365÷3.98
　　　　　　　=91.71(天)

通过以上计算可发现 MDDQ 公司的应收账款周转率低于 GL 公司的应收账款周转率水平;MDDQ 公司的应收账款周转天数多于 GL 公司的应收账款周转天数。这说明 MDDQ 公司的应收账款管理水平低于同行业的 GL 公司,应收账款利用效率有待于进一步提高。如果结合公司现行的信用政策考虑,这可能是由于 MDDQ 公司为加大销售力度而放宽信用政策,导致资金回笼速度变慢造成的。当然仅凭此指标某一期间判断 MDDQ 公司的应收账款管理效率是不够的,还应进行多期趋势分析,观察 MDDQ 公司应收账款周转速度的整体变动趋势,并找出其中的原因。

(三)应收账款现金比率

应收账款现金比率是指企业经营活动现金流入与应收账款净值的比,反映企业应收账款的收现率。其计算公式为

应收账款现金比率=经营活动现金流入÷营业收入

一般而言,该指标越大,表明企业应收账款回收速度越快,信用政策制定合理,应收账款管理水平较高。

二、存货周转情况分析

与其他流动资产相比较,存货的变现能力较弱、获利能力较强。存货往往在企业流动资产中所占比重较大,一般要占到流动资产的 50%左右。因此,存货量的多少对企业有重要影响。一方面,存货量过多时,会形成积压,增加资金占用量,降低流动资产整体的变现能力;另一方面,存货量过少时,也许会造成生产中断或销售紧张,降低资产的获利能力。由于存货在生产经营过程中不断周转,企业可以根据实际需要,确定最低限度的存货占用量,而构成存货资产的项目主要有原材料、在产品和库存商品,因此,企业可分别或综合计算其资金定额,即占用量。企业也可以利用经济订货量法来对存货的批量进行分析,找到合理的订货批量,以控制库存。

存货的数额因企业的经营性质、市场环境不同而存在较大的差异。报表使用者通过对存

货的周转情况进行分析,尤其是企业管理者,能够从不同角度和环节找出存货管理中的问题,从而使存货管理在保证生产经营连续性的同时,尽可能少的存货占用、生产尽可能多的产品、实现尽可能多的销售收入,提高企业的资金使用效率,提高企业的流动资产管理水平。因此,对存货周转速度进行分析是十分必要的。

反映存货周转速度的指标包括存货周转率和存货周转天数。

(一)存货周转率

存货周转速度的快慢,不仅可以反映生产经营各个环节工作效率的高低和管理水平的好坏,而且会对企业的偿债能力以及盈利能力产生重要的影响。存货周转率有两种计算方式:一种是以成本为基础的存货周转率,侧重于流动性分析;另一种是以收入为基础的存货周转率,侧重于盈利性分析。

1. 存货周转率的概念

存货周转率,也被称为存货周转次数,是企业一定时期内营业成本与平均存货余额的比率,反映企业一定时期内存货资产的周转速度,是衡量和评价企业采购、库存、生产、销售各环节管理状况的综合性指标。其计算公式为

存货周转率(次)=营业成本÷平均存货余额

其中,平均存货余额=(存货余额期初数+存货余额期末数)÷2

在计算存货周转率时应注意以下三个问题。

(1) 营业成本可以从利润表中获得,平均存货余额是存货余额期初数与存货余额期末数的平均数,可以根据资产负债表计算得出。分子采用营业成本而不是营业收入,可以剔除毛利对周转速度的虚假影响。

(2) 分子、分母数据应注意时间上的对应性。

(3) 存货计价方法对存货周转率具有较大的影响,因此,在分析企业不同时期或不同企业的存货周转率时,应注意存货计价方法的口径是否一致。

2. 存货周转率的分析

存货周转率是对流动资产周转率的补充说明,用于反映存货流动性以及存货占用量是否合理。存货是企业流动资产的重要组成部分,其周转速度表明企业在存货管理方面的效率,对企业短期偿债能力有直接影响。对其加强管理,有利于提高企业的变现能力和盈利能力。该指标表明企业生产的产品在市场上的销售状况,以及产品处在何种生命周期内,借此可以判断公司的成长性或衰退性。一般而言,在一定时期内,企业存货周转率越高,周转次数越多,则表明企业所生产的产品有市场而且适销对路,存货的变现速度较快,占用资金水平较低,存货的运用效率较高,企业营运能力较强;反之,则表明存货的管理效率较低,销售状况不好,可能是存货不适应市场需要积压较多所致,占用着较多的资金,企业的运营能力较差。

但是,在有些情况下,存货周转率过低,也不一定就代表企业的存货管理效率欠佳。这是因为存货周转率也会受存货批量的影响。当企业的存货批量很小时,存货转换及时,因而存货周转速度较快;而当企业为了自身的长远发展改变自身的销售政策时,会在一定时期导致存货的周转速度偏低,这是正常的。同样地,该指标过高,也不一定完全说明企业的存货状况良好,也可能是由于企业在管理方面存在一些问题导致的,需要我们结合采购次数等因

素进行分析,如采购次数过于频繁导致采购成本增加或者是企业生产规模过小达不到规模效益的要求。合理的存货周转率应结合企业自身的特点决定,适当的存货储存水平与合理的存货结构也应结合企业自身特点、市场状况、行业特征进行确定。

应收账款周转率和存货周转率两者结合起来可以判断出企业产品在市场上的销售状况,应收账款周转率越大和存货周转率越大,表明产品销售良好,而且产品有市场,或者属于市场需求产品,必然能给企业带来较好的收益,对于上市公司来说,也会提升二级市场投资者对该公司的股票追捧现象,是有价值的投资品种。

此外,应结合企业的历史水平、同行业的平均水平对存货周转率进行判断与分析,从而更加客观地对企业的存货管理效率和效益做出评价,使存货周转率指标更加具有说服力,通产企业存货管理水平的高低,找出主要原因,并采取相应的改善措施。

前面介绍的以成本为基础的存货周转率,主要是反映存货的利用效率,下面介绍另外一种计算存货周转率的方法,即以营业收入为基础计算的存货周转率,既可以反映存货的利用效率,又可以反映企业存货的使用效益,即反映盈利能力。其计算公式为

$$以收入为基础的存货周转率(次) = \frac{营业收入}{平均存货余额}$$

式中,平均存货余额=(存货余额期初数+存货余额期末数)÷2。

(二)存货周转天数

1. 存货周转天数的概念

存货周转天数,是存货周转一次所需的天数,与存货周转率一样可以用于评价一个企业存货管理效率的高低,即利用存货资产进行经营效果的好坏,用于说明一个企业存货的变现速度,衡量企业的销售能力及存货是否过量。其计算公式为

$$存货周转天数=365÷存货周转率$$

2. 存货周转天数的分析

一般认为,存货周转天数越少,表明产销配合得越好,占用存货的天数越少,企业存货的管理效率越佳,储存和保管成本就越低;反之,存货周转天数越高,说明存货从资金投入到销售收回的时间越长,在相同时期内,机会成本较高,获取的利润较少。可以通过该指标,识别企业是否存在没有以市场为导向生产从而造成产品积压的现象。

但是,存货周转天数也不能过低。存货过多会占用较多资金,过少不能满足正常的生产经营,应该结合企业自身的生产经营条件确定最佳的存货水平。

例如,根据 MDDQ 公司的财务报表,其 2010 年年末的营业成本为 1013.25 千万元,存货余额期初数为 79.19 千万元,存货余额期末数为 85.44 千万元。依以上计算公式,可以计算出其存货周转率以及存货周转天数为:

平均存货余额=(存货余额期初数+存货余额期末数)÷2
    =(79.19+85.44)÷2
    =82.32(千万元)
存货周转率=营业成本÷平均存货余额
   =1013.25÷82.32
   =12.31(次)

存货周转天数=365÷存货周转率
　　　　　=365÷12.31
　　　　　=29.65(天)

(也可以根据营业收入来计算 MDDQ 公司 2010 年的存货周转率，此处不再赘述。)

同理，根据 GL 公司的财务报表，可得出其 2010 年的存货周转率、存货周转天数：

存货周转率=营业成本÷平均存货余额
　　　　　=4928.56÷676.034
　　　　　=7.29(次)

存货周转天数=365÷存货周转率
　　　　　=365÷7.29
　　　　　=50.07(天)

通过以上计算,可发现 MDDQ 公司的存货周转率高于 GL 公司的存货周转率水平,MDDQ 公司的存货周转天数少于 GL 公司的存货周转天数,这说明 MDDQ 公司的存货管理水平强于同行业的 GL 公司。从上述分析，可初步证明 MDDQ 公司对存货的经营管理效率较高，在存货管理方面表现较佳，存货流动性较强，对提高公司盈利能力产生较积极的作用。当然，有时存货周转率较高，也不能肯定公司的存货状况很好，可能是由公司存货资金投入过少引起的，在将来可能会制约生产与销售的可持续发展。因此，应该与其他因素相结合，对存货周转率指标做出合理的判断。

(三)阶段周转率

此外，为了对存货周转速度做出合理的判断、进行更深入的分析，还应对影响存货各组成项目的周转速度进行分析，从不同角度、环节上找出企业存货管理中存在的问题，此时，就需要对阶段周转率进行分析。阶段周转率是反映阶段资金利用状况的指标，它表明各阶段资金的周转速度，包括原材料周转率、在产品周转率、产成品周转率等，其计算公式分别为

原材料周转率=耗用原材料成本÷平均原材料存货
在产品周转率=制造成本÷平均在产品存货
产成品周转率=产品销售成本÷平均产成品存货

存货资产包括原材料存货、在产品存货、半成品存货和产成品存货等，它们随着各项经济活动的连续进行，不断地周转。原材料存货周转是从原材料购入验收入库开始到其投入生产为止的过程，在产品存货周转是从产品投料生产开始到产品完工入库的过程，而产成品存货周转是从产品完工入库开始到产品销售出库为止的过程。它们经过各自的周转阶段，产生各自不同的周转速度，反映各自周转阶段上资金运用的效率高低，从而决定了存货总周转的效率高低。因此，企业各责任部门还应对阶段周转率进行分析。

需要注意的是，各阶段的存货周转额，是各阶段存货完成时的累计金额，前者与全部存货周转额之间不存在局部与整体的关系。因此，各阶段周转天数之和并不等于存货总周转天数。但是，一般来说，原材料、在产品、产成品的周转天数越长，存货的周转期也越长；反之，则不同。

原材料周转天数=365÷原材料周转率
在产品周转天数=365÷在产品周转率

$$产成品周转天数=365÷产成品周转率$$

通过存货周转率等指标的计算与分析，企业管理者与外部报表使用者，可以从不同的角度或环节找出企业存货管理中存在的问题。在保证企业生产经营连续性的前提下，尽可能提高存货周转效率，以较少的资金占用、较短的资产周转时间，实现更多的销售收入，提高企业管理水平，促进企业营运能力的增强。

但存货周转率也有其缺陷。首先，指标的独立性较差，不能单独用以评估企业营运能力的高低。其次，指标数字反映的企业营运能力与企业实际的营运能力状况未必一致。所以财报分析者需要将指标结果与隐藏在其背后的具体原因相配合，从而对企业营运能力得出客观的结论。当然，存货周转率虽然有一定的局限性，但它目前是常用指标之一，在评价企业营运能力方面起着不可忽视的作用。

从总体分析来看，较成熟的产业(如石油加工、市政交通、商业零售)的营运能力较强，而新兴产业(如电子元器件)和高科技产业的总体营运能力偏低。另外，研究表明，零售业在存货及总资产的营运能力方面还有进一步提升的空间。目前，我国企业的营运能力起点较低，但它正在得到加强并且已经取得了良好的效果，但应注意过高的比率指标背后可能隐含的诸如存货过少、频繁采购、企业规模过小、信用政策不合理等问题。

三、营业周期

1. 营业周期的概念

营业周期也称为企业的生产经营周期，是指从取得存货开始到销售存货并收回现金为止的时期，可表明将全部期末存货全部变为现金需要多长时间，衡量企业流动资产的流动性和盈利能力，评价企业短期资产的营运能力。营业周期的长短可用应收账款周转天数和存货周转天数近似地估计。因此，我们可用应收账款周转天数与存货周转天数之和来计算营业周期。其计算公式为

$$营业周期=应收账款周转天数+存货周转天数$$

2. 营业周期的分析

一般而言，营业周期短，表明资产在同样期间内实现的销售次数多，资金周转速度快，流动资产的占用相对较少；反之，营业周期长，表明资产周转速度慢，资产利用效率较低，资产流动性不佳。因此，营业周期的长短对企业的资产规模和结构有着很大的影响，缩短营业周期，有利于流动资产管理效率的增强，有利于企业盈利能力的提高。通常情况下，商业企业的营业周期比较短，工业企业的营业周期比较强。

在分析时，应该注意结合应收账款周转状况和存货周转状况一同分析，这是因为营业周期的长短是应收账款周转时间与存货周转时间共同作用的结果。同时还应该注意可能影响一个企业营业周期客观性的一些特殊情况。报表的外部使用者用销售收入来估计赊销收入，可能导致营业周期被缩短；当企业处于淡季或旺季时，营业周期可能被缩短或延长，因此应该采用年初数与年末数计算平均数；采用不同的存货计价方法时，会引起存货价值的偏低或偏高，从而导致营业周期人为地被缩短或延长。此外，为了使营业周期指标更加具有说服力，还应结合企业的历史水平、同行业的平均水平对营业周期进行纵向比较和横向比较，从而更加客观地对企业的管理效率和效益做出评价，观察企业营业周期的变动趋势并找出存在的问题。

例如，前面根据 MDDQ 公司的财务报表，计算出其应收账款周转天数、存货周转天数分别为 126.30 天、29.65 天，故营业周期为

营业周期=应收账款周转天数+存货周转天数

=121.67+29.65

=151.32(天)

四、全部流动资产周转情况分析

流动资产在一个生命周期中就能完成一次循环，并随着再生产过程周而复始地进行周转。生产经营周期决定着流动资金的循环时间，而流动资产周转又综合反映企业供产销的全过程。

通常情况下，当全部流动资产增长速度低于销售收入的增长速度，存货和应收账款的增长速度也低于销售收入的增长速度时，表明企业以较少的流动资产完成了较多的经营任务，即流动资产的经营效率较高，流动资产占用的资金得到了合理的利用。

变现能力强的流动资产是流动负债的直接来源。对流动资产进行分析，可以促进企业加强资产管理，充分发挥其流动资产的效能，如将暂时闲置的货币资金用于短期投资获取收益等，还可以促进企业综合利用流动资产，如采取措施扩大销售等。因此，对全部流动资产周转情况进行分析是十分必要的。反映全部流动资产周转情况的指标包括流动资产周转率和流动资产周转天数。

(一)流动资产周转率

1. 流动资产周转率的概念

流动资产周转率，也称为流动资产周转次数，是企业一定时期内营业收入与平均流动资产余额的比率。流动资产周转率是从企业全部资产中流动性最强的流动资产角度对企业资产的利用效率进行分析，是用以衡量企业流动资产周转速度、评价企业流动资产利用效率的主要指标。其计算公式为

流动资产周转率(次)=营业收入÷平均流动资产余额

其中，平均流动资产余额=(流动资产余额期初数+流动资产余额期末数)÷2

2. 流动资产周转率的分析

流动资产周转率反映了企业流动资产的周转速度，即流动资产的利用效率。该指标是反映企业在一个会计年度内流动资产周转速度的综合指标，能够进一步揭示影响企业资产质量的因素，反映每单位流动资产实现价值补偿的快慢与高低，反映生产经营过程中任何一个环节管理水平的改善。一般情况下，该指标越高，企业流动资产周转速度越快，表明企业以相同的流动资产完成的周转次数越多，意味着流动资产投入的相对增加，企业的获利能力较强；反之，则表明在相同生产量的情况下，流动资产的使用比较浪费，企业的资金使用率较低，流动资产创造的收入少，实现的价值低，获利能力较弱。企业如果想扩大收益，就要使流动资产加速周转，压缩其规模，这是因为流动资产金额的减少，可以使存货等的保管费和利息减少，从而提高收益性；但压缩其规模应适当，要保证企业的持续经营，要兼顾流动性资产流动性强、风险小、收益相对较低的特点。

流动资产周转率既可以反映企业的销售能力,又可以评价流动资产的占用额是否合理。加速流动资产周转,实现流动资产周转率的良性变动,可从两方面入手:一方面,强化销售工作,增加营业收入,提高流动资产的综合使用效率;另一方面,采取将暂时闲置存款用于短期投资获取收益、加快货款结算等方法,加强流动资产管理,降低流动资产占用额,充分地利用流动资产。

运用该指标进行分析时,应与过去的流动资产周转率水平进行纵向的比较,与同行业平均水平进行横向比较,洞悉企业流动资产管理水平的高低,此外,还应结合应收账款和存货分析方法,对流动资产的各组成部分分别考察,找明主要原因,采取相应的调整措施。应收账款和存货在流动资产中占有较大的比重,它们的周转状况对流动资产的营运能力有较大影响,因此可以通过它们的营运状况对企业流动资产的营运能力进行更深入的分析。

(二)流动资产周转天数

1. 流动资产周转天数的概念

流动资产周转天数,表明流动资产周转一次需要的时间,是对流动资产周转率的补充,也可用于反映流动资产的周转状况,即流动资产的营运能力。其计算公式为

$$流动资产周转天数 = 365 \div 流动资产周转率$$

2. 流动资产周转天数的分析

流动资产周转天数是衡量流动资产周转速度的另一种方法。企业的流动资产周转天数越少,流动资产周转速度越快,说明企业的流动资产利用率较高,企业运用流动资产产生收入的能力强,即企业的营运能力较强。当然,为了使该指标更具有说服力,还应该进行趋势分析和同行业的对比分析,应该结合存货周转率、应收账款周转率等进行进一步的分析。

该指标比流动资产周转率更加直接地反映生产经营状况的改善,生产经营任何一个环节上的工作改善,都会反映到周转天数的缩短上。该指标因为计算结果是天数所以便于不同时期的比较,在应用中使用较多。

例如,根据 MDDQ 公司与同行业 GL 公司的财务报表,计算 MDDQ 公司与同行业 GL 公司 2008—2010 年的流动资产周转率指标,如表 10-1、10-2 所示。

表 10-1 MDDQ 流动资产周转率计算　　　　　　　　　　　　　　单位:千万元

项 目	2008 年	2009 年	2010 年
营业收入	32.37	272.02	1076.59
流动资产余额期初数	380.92	325.87	278.53
流动资产余额期末数	325.87	278.53	859.57
流动资产平均余额	353.40	302.2	569.05
流动资产周转率(次)	0.09	0.9	1.89

由表 10-1 可知,MDDQ 公司流动资产周转率 2008 年仅为 0.09,到 2010 年流动资产周转率上升至 1.89,说明公司利用流动资产进行经营的效率有所提高,流动资产管理能力逐步提高。为了进一步综合评价 MDDQ 公司的流动资产周转速度,还应该与同行业公司水平进行对比分析。

表 10-2　MDDQ 与同行业 GL 公司数据比较

流动资产周转率(次)	2008 年	2009 年	2010 年
MDDQ	0.09	0.9	1.89
GL	2.16	1.52	1.50

根据表 10-2 制作图 10-1，用于描述流动资产周转率变化趋势。

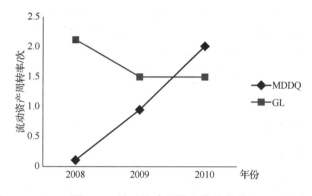

图 10-1　流动资产周转率变化趋势

从表 10-2 和图 10-1 可以看出，MDDQ 公司的流动资产周转率一直呈现稳步上升趋势，由原来 2008 年与同行业的 GL 公司的流动资产周转率水平有较大差距，到 2010 年逐渐接近于同行业 GL 公司水平。当然，还需要深入分析，从而找出 MDDQ 公司的流动资产周转率上升的具体原因以及与同行业的 GL 公司的流动资产周转率水平有较大差距的原因。此外，分析流动资产周转速度快慢时，仅凭流动资产周转率指标还不能找出存在问题的原因，还应结合应收账款、存货等主要流动项目的周转率状况进一步分析。

第三节　固定资产周转情况分析

固定资产是企业重要的生产用资产，是供企业经营中长期使用的物质基础，在企业的持续发展过程中起着重要的作用。而且随着科技的进步、竞争的加剧，设备的更新居于越来越重要的地位，固定资产在企业资产当中的比重也随之提高。当然不同行业的固定资产比例不同，通常情况下，工业企业的固定资产比例较大，商业企业的固定资产比例较小。为了使企业能长期稳定经营，固定资产一般由企业的长期资金形成，特别是股东权益部分。否则，如果某一企业的固定资产由偿还期限短的资本购入，该企业将面临较大的潜在财务风险。对于某些行业，其购买的固定资产价值较大，仅靠筹措权益资本难以满足资金的需要，这时往往需要借助长期负债，但是只要长期负债的偿还期限足够长，企业就不一定面临风险。

企业固定资产主要包括固定资产原值、累计折旧、固定资产净值、固定资产减值准备、固定资产净额、在建工程及固定资产清理等项目。在理想情况下，固定资产在资产负债表上显示的净值应该是该固定资产可以给企业带来的现金流入的折现值。若某固定资产给企业带来的现金流入的折现值大于该固定资产在资产负债表上显示的净值，则其属于具有增值贡献能力的固定资产；反之，若某固定资产给企业带来的现金流入的折现值小于该固定资产在资产负债表上显示的净值,则其属于实际贡献能力较低的固定资产。固定资产原值的增加或减少,固定资产折旧额的增加或减少,能够引起固定资产的增减变动。在实务中,影响固定资产净值的项目是固定资产原值和累计折旧。

固定资产中的生产性固定资产,在全部固定资产中占较大的比重,是影响企业生产能力的直接因素;固定资产中的管理性固定资产,其增长通常情况下不应超过生产用固定资产的增长,是影响企业管理能力和发展的直接因素。所以固定资产的周转情况直接影响企业的生产经营状况,每个企业都应该重视企业的固定资产周转状况,以求生产规模的不断扩大,生产成本的不断降低,最终实现规模经济。固定资产的周转相对来说是缓慢的,每年只能收回其价值的一部分。固定资产周转情况分析,就是对企业固定资产的营运效率进行分析,评价企业对固定资产的管理能力。进行固定资产营运能力分析常用的指标包括:固定资产周转率和固定资产周转天数。

(一)固定资产周转率

1. 固定资产周转率的概念

固定资产周转率,是企业一定时期内营业收入与平均固定资产净值的比率,用以分析一定时期内厂房、设备等固定资产的周转次数,反映企业经营过程中固定资产从投入到产出的周转速度,用以评价固定资产的运用效率,也被称为固定资产利用率。其计算公式为:

$$固定资产周转率(次)=营业收入\div 平均固定资产净值$$

其中,平均固定资产净值=(固定资产净值期初数+固定资产净值期末数)÷2

公式中采用固定资产净值,能够准确地反映一定时期内企业实际占用的固定资金。

2. 固定资产周转率的分析

固定资产周转率反映企业固定资产周转情况,从而衡量固定资产利用效率的一个指标。一般认为,固定资产周转率越高、周转次数越多,表明企业固定资产结构合理,投资恰当,利用效率较高,固定资产的管理水平也较高,企业营运能力较强,盈利能力也会随之增强;反之,表明固定资产在一定时期内实现的营业收入较少,即固定资产的运用效率不高。

考察固定资产周转率的动态趋势,对其进行动态比率分析;要结合行业的特点对企业的固定资产周转率进行评价,该比率会因行业的不同呈现很大的差异。当企业固定资产净值率过低,如过度计提折旧等情况,或者当企业属于劳动密集型企业时,该比率分析意义不大。应该注意的是,在营业性质与规模大体相同的前提下进行比较,分析结果较为准确。如果固定资产周转率与同行业平均水平或竞争对手相比偏低,则体现出企业的生产效率较低,可能会对企业的盈利能力产生影响,应该找出原因,采取相应的调整措施。

该指标的分母采用固定资产净值,因此指标的比较受到折旧方法和折旧年限的影响,应注意其可比性问题。在固定资产规模相同的情况下,不同的折旧方法和折旧年限会导致固定资产的账面价值不同,从而影响该指标的客观性。所以在实务中,该指标的分母可以用固定资产原值代替,以便于企业不同时期或不同企业进行比较。另外,需要关注的是,固定资产通常采用历史成本计量,在企业固定资产和销售并未发生变化时,也许会由于通货膨胀等导致物价上涨的因素而使销售收入虚增,导致固定资产周转率较高,与实际情况不符。为了全面地分析固定资产,在分析固定资产周转速度时,还应与流动资产投资规模等因素相配合。

(二)固定资产周转天数

1. 固定资产周转天数的概念

固定资产周转天数,就是固定资产周转一次需要的时间,也是固定资产转换成现金平均需要的时间,可用于衡量企业运用固定资产赚取收入的能力。其计算公式为

$$固定资产周转天数 = 365 \div 固定资产周转率$$

2. 固定资产周转天数的分析

与固定资产周转率类似,固定资产周转天数也没有绝对的判断标准,一般多以企业原来的周转水平为基础进行比较判断。通常情况下,固定资产周转天数越短,表明企业固定资产周转速度越快,固定资产利用越充分,企业的经营活动效率越高,企业的营运能力较好;反之,表明企业利用固定资产进行经营的效率较差,闲置的固定资产较多,企业的营运能力较差。当然,为了使该指标更有说服力,还需进行趋势分析和对比分析。

此外,与固定资产周转率类似,在实际分析固定资产周转天数指标时,因为不同行业的生产经营特点不同,因此,不同行业的固定资产周转天数有显著差异,实际运用时要注意可比性问题。

例如,根据 MDDQ 公司与同行业 GL 公司的财务报表,计算 MDDQ 公司与同行业 GL 公司 2008—2010 年的固定资产周转率指标,如表 10-3、表 10-4 所示。

表 10-3　MDDQ 固定资产周转率计算　　　　　　　　　　　　　　单位:千万元

项　目	2008 年	2009 年	2010 年
营业收入	32.37	272.02	1076.59
固定资产余额期初数	11.30	10.31	9.11
固定资产余额期末数	10.31	9.11	74.24
平均固定资产余额	10.81	9.71	41.68
固定资产周转率(次)	2.99	28.01	25.83

由表 10-3 可知,MDDQ 公司的固定资产周转率从 2008 年的 2.99 次上升为 2009 年的 28.01 次,而到 2010 年又降为 25.83 次,有所下降,表明 2010 年 MDDQ 公司的固定资产周转速度变慢,固定资产总体的使用效率、结构分布还不是特别合理,即固定资产的经营利用效果有待于进一步提高。为了更加客观、充分地对固定资产周转率指标进行判断,还应结合 MDDQ 公司自身政策分析,看是否是由于公司正处于扩张规模的过程当中而需大量购建固定资产等原因造成的;还应该与同行业特定企业进行比较分析。

表 10-4　MDDQ 与同行业 GL 公司数据比较

固定资产周转率/次	2008 年	2009 年	2010 年
MDDQ	2.99	28.01	25.83
GL	15.62	13.37	19.16

根据表 10-4 制作图 10-2,描述固定资产周转率变化趋势。

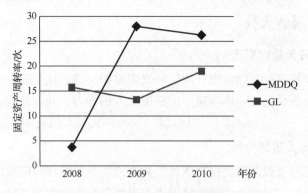

图 10-2　固定资产周转率变化趋势

图 10-2 描述了 MDDQ 公司与同行业 GL 公司的固定资产周转率在 2008—2010 年的变化趋势。MDDQ 公司的固定资产周转率变化幅度较大。从 2008 年低于同行业 GL 公司水平到 2009 年超过同行业 GL 公司水平；至 2010 年又低于同行业 GL 公司水平，固定资产利用充分度降低，固定资产的运用效率未得到充分发挥，MDDQ 公司的固定资产管理效率有待于进一步提高。应该注意到，在实务中，当营业收入和固定资产原值不变时，计提折旧的方法会对固定资产的净值产生影响。有时候企业的固定资产周转率降低，可能是因为折旧计提较少引起的，所以，在对固定资产周转率进行判断时，还应该考虑此方面的影响因素。

企业要想提高固定资产周转率，就应加强对固定资产的管理，做到固定资产投资规模得当、结构合理。固定资产投资规模过大，会造成设备闲置，形成资产浪费，导致固定资产使用效率下降；反之，固定资产投资规模过小，生产能力小，无法形成规模效益。固定资产结构应合理，指企业生产用和非生产用固定资产应保持一个恰当的比例，即生产用固定资产应全部投入使用，能满负荷运行，并能完全满足生产经营的需要，非生产用固定资产应能确实担当起服务的职责。

第四节　总资产周转情况分析

在前面几节当中，我们已经探讨了流动资产周转情况分析和固定资产周转情况分析的基本原理与方法，但是要更加全面地对企业的营运能力进行分析，还需要进行总资产周转情况分析。

一、资产的配置分析

总资产是企业所拥有或控制的能有货币计量的经济资源，根据资产变现性的特征，一个企业的资产总体上可以分为流动资产和非流动资产。在此分类基础上，按照企业主体中流动资产和非流动资产不同的比例关系，可以把资产的配置(资产结构)大致划分为三种类型，即保守型结构、中庸型结构和风险型结构。

(一)保守型结构

这种结构是流动资产所占比例大于非流动资产所占比例的结构。在这种情况下，资产总额中 50% 以上为流动资产，企业保持较高比例的流动资产，注重营运资金的持有，此时，流动资产既要保证比较稳健的经营，又要有足够的偿债能力。采用这种政策的企业，资产报酬率因为筹资成本和利息费用的增加而降低，风险也降低，经营比较稳健，资本扩张速度较慢。

(二)中庸型结构

这种结构的流动资产所占比例近似等于非流动资产所占比例。企业的资产总额中有50%的资产具有在一年内或长于一年的一个营业周期内变现的能力。这是一种均衡结构，企业的全部资产一半配置在流动资产上，另一半则配置在非流动资产上。流动资产只需保证正常经营状况下的正常需要量和正常的保险储备量。一般认为，这种结构稳定性最好。因为一个企业的经营活动，既需要一定的物质资源作为生产经营的基础，如场地、房屋、建筑物等有形固定资产及某些特定的长期权利，又需要一定的流动性资源，如现金、债权、存货等，以满足其正常的周转需要和其他临时性需求。如果企业把总资产相对均衡地配置在流动资产和非流动资产上，即资产结构维持在平均水平上，表明企业同时兼顾了效益与风险关系，企业的经营状况以及财务状况处于比较稳定的状态。

(三)风险型结构

这是流动资产所占比例小于非流动资产所占比例的结构。在风险型结构下，非流动资产占资产总额的比重较大，流动资产仅保留了正常需要量，忽视了保险储备或其他储备，此时，资金占有量的减少会使企业的收益较高。此外，企业把大量资产配置于固定资产、长期投资及无形资产等变现性较慢的资产上，追求长期经济利益，忽视了资产的流动性和偿债能力的保有；而且由于投资额大，投资回收期长，投资风险相对也大。虽然风险型结构并不意味着企业一定发生财务危机，但如果出现投资项目预期效益差甚至不能按期收回投资等意外事件，企业就会出现财务危机，风险较高。

二、总资产周转情况分析

总资产是企业可以运用资产的最大限度，是企业所拥有或控制的、能以货币计量的全部经济资源。所谓总资产周转分析，就是对企业全部资产的营运效率进行分析。反映总资产营运能力的主要指标包括总资产周转率和总资产周转天数。

(一)总资产周转率

1. 总资产周转率的概念

总资产周转率，是企业一定时期内营业收入与平均总资产余额的比率，也称为固定资产利用率，用以分析企业全部资产的使用效率，衡量资产规模与销售水平之间的配比情况，反映企业总资产在一定时期内创造了多少营业收入，是评价企业总资产周转速度的主要指标之一。其计算公式为

$$总资产周转率(次)=营业收入÷平均总资产余额$$

其中，平均总资产余额=(总资产余额期初数+总资产余额期末数)÷2

2. 总资产周转率的分析

总资产周转率是反映企业总资产周转情况的指标。通过该比率可以反映企业总资产对销

售收入所做的贡献，反映企业单位资产创造的销售收入净额，体现企业在一定期间全部资产从投入到产出周而复始的流转速度，全面反映企业全部资产的管理质量和利用效率，从而进一步确定企业对全部资产的管理能力。

总资产周转率是测验企业资产运营效率的一项重要指标，一般而言，总资产周转率越高，总资产周转速度越快，表明企业资产经营管理得越好，取得的销售收入就越多，资产的利用效率就越高，总资产较充分地发挥其整体效能，企业的获利能力与偿债能力也较高；反之，则表明企业利用全部资产进行经营活动的效率较差，获利能力较弱，资产创造的销售收入与现金收入量较少，经营风险水平相对较高，管理者应采取缩减投资规模等调整措施。

总资产周转率的高低主要受两方面因素的影响：一方面是流动资产的周转率，另一方面是流动资产占总资产的比例，即流动资产和非流动资产的结构比率关系。这是因为在总资产中流动资产的周转速度最快，因此，总资产周转速度受流动资产周转速度的影响较大。我们可以用公式表示出两者之间的关系：

总资产周转率=(营业收入÷平均流动资产余额)×(平均流动资产余额÷平均总资产余额)
　　　　　=流动资产周转率×流动资产占总资产比重

因此，提高总资产周转率有两个途径：一方面，加强流动资产管理，提高流动资产的周转率，从而提高总资产周转率，这是因为流动资产的周转速度往往高于其他类资产的周转速度，加速流动资产周转，就会使总资产周转速度加快；另一方面，可以增加总资产中流动资产的比例，企业流动资产所占比例越大，总资产周转速度越快。

为了更加深入地分析影响总资产的周转速度快慢的因素，应该在计算总资产周转率指标的基础上，进一步对总资产各个组成项目的周转速度进行分析，其中最主要的是对流动资产和固定资产两个主要项目的周转情况进行分析，以便找出总资产周转率变化的原因以及各组成项目对总资产周转率的不同作用。

为了更合理地进行评价，还应考察此指标的动态变化趋势，与以前年度总资产的运营效率相比，进行趋势比率分析，找出企业总资产运营效率的变化趋势；不同行业的标准不尽相同，一个餐饮连锁店的资产周转率一定会比钢铁公司的周转率快，因此，还应与同行业平均水平进行比较分析，找出与同类企业在资产管理效率上的差别，促进企业产品市场占有率和资金利用效率的提高。此外，对总资产周转率进行分析评价时，还应该配合企业的行业特征以及企业的经营战略等因素进行考虑，使分析更加客观、有说服力。如一般固定资产的变化不是渐进的而是陡然的，会导致固定资产周转率的变化。所以，有时总资产周转率突然上升，而企业的营业收入变化不大，也许是企业本期处置了大量固定资产所致，而不是企业总资产的周转速度加快。因此，财报分析者不能仅凭指标数字，还要配合隐藏因素合理判断。

总资产周转率也有不足之处，公式中的分子、分母口径不一致，会使这一指标前后各期及不同企业之间由于资产结构的差异失去可比性。公式中的分子、分母不一致体现在多方面，如总资产中的对外投资(如可供出售金融资产、长期股权投资等)，给企业带来的是投资收益而不是营业收入，但分母中包括这些对外投资。

(二)总资产周转天数

1. 总资产周转天数的概念

总资产周转天数，是总资产周转一次需要的时间，是反映总资产周转速度的另一个指标。

其计算公式为

$$总资产周转天数 = 365 \div 总资产周转率$$

2. 总资产周转天数的分析

总资产周转天数反映总资产的周转速度。一般而言，总资产周转天数越少，企业总资产周转速度越快，表明企业用于经营的全部资产利用的效果越好，企业的经营效率越高，进而增强企业的偿债能力和经营能力。反之，则表明企业运用总资产产生销售收入的能力差。

例如，根据 MDDQ 公司与同行业 GL 公司的财务报表，计算 MDDQ 公司与同行业 GL 公司 2008—2010 年的总资产周转率有关指标，如表 10-5 和表 10-6 所示。

表 10-5 MDDQ 总资产周转率计算   单位：千万元

项　目	2008 年	2009 年	2010 年
营业收入	32.37	272.02	1076.59
总资产余额期初数	642.58	853.04	1024.67
总资产余额期末数	853.04	1024.67	1754.20
平均总资产余额	747.81	938.86	1389.44
总资产周转率	0.04	0.29	0.77

由表 10-5 可知，MDDQ 公司总资产周转率 2008 年仅为 0.04，说明公司利用全部资产进行经营的效率较低，利用全部资产赚取的收入较少；至 2010 年总资产周转率上升为至 0.77，说明公司利用全部资产进行经营的效率有所提高，总资产管理能力逐步提高。为了更加充分地对总资产周转率指标进行判断，还应与行业特定企业进行横向比较分析。

表 10-6 MDDQ 与同行业 GL 公司数据比较   单位：%

总资产周转率	2008 年	2009 年	2010 年
MDDQ	0.04	0.29	0.77
GL	1.66	1.20	1.25

根据表 10-6 制作图 10-3，反映 MDDQ 公司与 GL 公司的总资产周转率变化趋势。

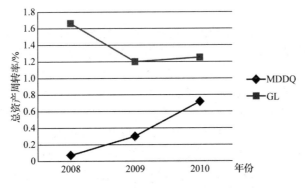

图 10-3 总资产周转率变化趋势

从表 10-6 和图 10-3 可以看出，MDDQ 公司的总资产周转率一直呈现稳步上升趋势，与同行业的 GL 公司的流动资产周转率水平之间的差距逐渐缩小。虽然如此，但是 MDDQ 公司的总资产周转率一直明显低于 GL 公司水平，说明 MDDQ 公司的总资产运营能力有待加强。综合前面对流动资产周转率和固定资产周转率的分析可以看出，总资产周转率水平较低的主要原因在于流动资产周转率较低。具体原因应该结合流动资产周转情况展开，分析是因为存货销售不畅还是公司战略的改变；另外也要结合固定资产周转情况展开，看是否是因为固定资产周转速度较慢导致。

(三)不良资产比率

不良资产比率是年末不良资产总额占年末资产总额的比率，用以对企业资产的营运状况进行补充修正。

其计算公式为

$$不良资产比率=(年末不良资产总额÷年末资产总额)×100\%$$

式中，年末不良资产总额是指企业资产中存在问题、难以参加正常生产经营运转的部分，主要包括三年以上应收账款、其他应收款及预付账款，积压的存货、闲置的固定资产和不良投资等的账面余额，待处理流动资产及固定资产净损失，以及潜亏挂账和经营亏损挂账等，其数据可以从"基本情况表"获取。年末资产总额指企业资产总额的年末数。数据可以从"资产负债表"获得。

该指标从不能参与企业正常资金周转的资产角度，反映了企业资产的质量以及企业在资产管理上存在的问题，有利于企业发现自身不足，采取相应的调整措施加以改善。通常情况下，不良资产比率越高，表明企业沉积下来的资金越多，资金利用效率越低；反之，该指标越小，则表明不能参与企业正常资金周转的资产越少，资金利用率越好。

除了应收账款周转率、存货周转率、流动资产周转率、固定资产周转率、总资产周转率外，资本保值增值率也是营运能力评价指标之一，资本保值增值率是反映投资者投入企业的资本完整性和保全性的一次指标，其计算公式为：资本保值增值率=期末所有者权益总额÷期间所有者权益总额。一般认为，资本保值增值率等于 1，为资本保值；资本保值增值率大于 1，为资本增值。

本 章 小 结

在本章的学习当中，我们对企业流动资产、固定资产、总资产营运能力分析的基本原理与方法进行了探讨。企业营运能力又称为资产周转能力，具体表现为营运资产的效率和效益，反映了一个企业的资产管理水平和资金周转状况。狭义的营运能力，又称资产管理效率，是企业的经营业务收入净值对各项营运资产的比例关系，用于洞悉营业收入与各项营运资产是否保持合理的关系。当销售利润率一定时，资产周转率高低直接决定着资产报酬率的情况，因此，我们需要认识清楚影响营运能力的因素，从而根据这些因素有针对性地改进营运能力，提高资产的管理效率，进而增强企业的偿债能力和盈利能力。资产结构是影响企业营运能力的主要因素，是指组成资产的各个类别在资产中所占的比重，反映了资产的组成情况。企业营运能力分析是企业财务分析的重要组成部分，是债权人、投资者和管理者都十分关心的话题，有助于他们了解企业资产的使用效率和效益，从而做出正确的决策。营运能力的各项指标反映了各项资产的运用效率，同时又会对资产报酬率产生重要的影响。

营运能力分析实质上是对企业的总资产及其各个组成要素的营运能力进行分析。营运能力分析的内容主要包括：流动资产周转情况分析、固定资产周转情况分析和总资产周转情况分析。其中，流动资产周转状况分析和固定资产周转状况分析是对总资产周转状况的进一步分析；应收账款周转状况分析与存货周转状况分析又是对流动资产周转状况的进一步分析。

评价企业的营运能力时，关键是评价资产的周转速度，多采用各项营运资产的周转率或周转天数等指标，来反映营运资产的周转率或周转期。营运能力指标包括人力资源营运能力指标和生产资料营运能力指标。其中，人力资源营运能力指标多采用劳动效率指标。生产资料营运能力的指标主要包括应收账款周转率、存货周转率、流动资产周转率、固定资产周转率、总资产周转率、不良资产比率等一系列指标，在本章中对这些重要指标分别进行了较为详细的介绍。这些指标可以用于衡量企业利用各项资产进行生产经营的效率，衡量企业运用各项资产产生收入的能力。

复习思考题

一、简答题

1. 什么是总资产周转率？它能提供哪些信息？
2. 什么是企业的营运能力？运用哪些指标进行评价？
3. 影响总资产周转率的因素有哪些？试简述。
4. 存货周转率越高，企业的财务状况就越好吗？
5. 营业周期的含义是什么？如何计算？
6. 在应用企业的各种营运能力分析方法时，应注意哪些问题？

二、计算分析题

1. 企业部分财务报表资料为：主营业务收入为 1200 万元，主营业务成本为 500 万元，期初、期末应收账款分别为 275 万元、325 万元，期初、期末存货分别为 240 万元、260 万元。假设一年为 360 天，试计算企业的营业周期。

提示：营业周期=应收账款的周转天数+存货的周转天数

2. 某公司本期期末的部分资产负债表资料如下所示。

单位：万元

资　产	期末数	负债及所有者权益	期末数
货币资金	50 000	应付账款	
应收账款		应付股利	45 000
存货		长期负债	
固定资产	590 000	股本	600 000
		未分配利润	
总计	866 000	总计	

另外，关于该公司本期的其他资料为：期末流动比率=2；期末资产负债率为 50%；本期存货周转率为 5.5 次；本期营业成本为 770 000 元；期初存货=期末存货。

要求：将该表补充完整。

三、案例分析题

FJKJ 的营运能力分析

FJKJ 集团股份有限公司成立于 1998 年 5 月，经过十多年的发展，已经成为国内最有影响力的高科技上市企业之一。在坚持 PC 为主营业务的基础之上，FJKJ 积极拓展相关业务领域：拥有多项自主知识产权技术的打印机产品国内市场占有率排名前五位；服务咨询和解决方案业务也为方正科技的长远发展提供了新的活力。此外，FJKJ 于 2003 年收购珠海多层电路板有限公司，正式进入快速发展 PCB(印刷电路板)行业，并以此作为重要的利润增长点。2010 年 5 月 27 日，FJKJ 与宏基宣布达成战略合作，此合作将涉及 PC 和电子书，未来有望成为国内 PC 第三大品牌。该上市公司拥有 "fj" 这一中国驰名商标，2010 年度公司实现净利润 1.65 亿元，比去年同期增长 16.88%。

2010 年对于 PCB 行业来讲是整体发展较快的一年，平板电脑和智能手机等电子终端的迅速发展强有力地推动了 PCB 的发展。作为全球 PCB 的制造中心，中国 PCB 行业仍然是推动全球 PCB 行业发展的主要增长动力。根据 Prismark 2010 年 Q4 的报告显示，2010 年中国 PCB 的产值预计为 184.73 亿美元，较 2009 年增长 29.6%。随着公司重庆 PCB 产业园的逐步投产，由于新生产线的投入和利润率较高的系统板背板产品产量的增加，公司 PCB 业务已成为公司最主要利润来源之一。

展望 2011 年，面对人民币升值的影响、公司 PCB 业务主要原材料价格及人工成本上涨的压力，公司通过增加研发投入，开展行业内技术合作来促进产品附加值的提升和技术的升级，通过开发新产品，提升高阶产品的比重，深化改革公司管理体系，强化内部管理，提升合格率等措施积极应对。

FJKJ 集团的资产运用效率能否支持公司长期的发展？其资产运用效率状况会对该公司的偿债能力、盈利能力产生何种影响？基于此，我们将展开对公司的资产运营能力分析。

FJKJ 集团 2007—2010 年财务报表的主要资料   单位：万元

项目	2007 年	2008 年	2009 年	2010 年
应收票据	186,37.439	21450.97	27597.75	27867.46
应收账款	619,49.86	50482.47	74931.24	85535.32.
流动资产合计	3,392,41.22	260245.14	297139.73	424464.92
固定资产	1,441,18.16	163083.96	210576.6,0	216669.83
资产合计	5,328,32.60	504908.46	562290.49	699583.14
营业收入	8,418,35.10	727526.87	778956.27	816779.28
营业成本	7,766,90.29	661265.07	716530.93	754821.79

讨论：(一年按 365 天计算)

1. 计算 2007 年、2008 年、2009 年、2010 年的应收账款周转率(天数)、存货周转率(天数)、流动资产周转率(天数)、固定资产周转率(天数)和总资产周转率(天数)。
2. 结合计算结果，对该公司连续四年的各项资产运用效率指标进行趋势分析。
3. 结合趋势分析结果，分析造成其变动的可能原因。
4. 结合所给的资料，根据报表分析指标，讨论该公司的资产运用效率状况以及其对公司未来发展可能带来的影响。

第四篇　财务综合评价与预测

第十一章　综合财务分析

【学习目标】
1. 了解企业综合财务分析的含义、特点及意义。
2. 掌握综合财务分析的基本分析方法。
3. 掌握财务预警的相关概念以及判别模型。

美国安然能源公司(Enron Corp.ENE)，曾名列世界 500 强第 16 位，并连续 4 年荣获"美国最具创新精神的公司"称号，2001 年被美国《财富》杂志评为全球最受称赞的公司。2001 年 9 月 30 日，其资产负债表上显示的总资产达 618 亿美元；2000 年 8 月，其股价曾超过 90 美元，其业绩甚至超过 IBM 和 AT&T 这些市场上表现优异的公司。但即使是这样曾经"业绩优良"的巨型公司，在涉嫌做假账受到美国证券交易委员会调查的消息公布后，该公司股价大幅下跌，标准普尔等评级机构将其债券评级下调为垃圾级，不得不递交了破产保护申请，成为有史以来最大的公司破产案。该公司的破产在全球证券及银行业中引起了较大震动，也使其股东、债权人以及其他利益相关者的利益受到很大的损害。因此，正确评估上市公司的经营业绩，进行财务分析尤其是综合财务分析是极其重要的。安然公司，截至 2001 年 10 月末，负债高达 312 亿美元，而资产为 498 亿美元，资产负债率为 62.7%。安然公司起初主要是经营发电厂等能源资产，后经过所谓"革命性的转型"，将其业务从传统经营转向能源买卖。安然公司在从电力这样的公共事业产品，到像"天气衍生金融产品"这种新奇的金融工具方面，成为一个大胆的交易商。所有这些，起初给安然带来了巨大成功，但也为后来财务危机的爆发留下了隐患。如果安然公司能够及时进行预警分析，可能不会出现今天的局面。

第一节　综合财务分析概述

对于企业而言，保持较高的盈利水平，展现良好的经营业绩成果，显示强劲的发展潜力，是至关重要的，因为这有助于增加股东投资信心、提升企业信用等级、降低融资成本；反之，则不同。所以，一些上市公司在经营业绩较差时，通过粉饰财务报表等手段，向社会提供虚假信息，误导信息需求者，使其对公司经营状况做出错误评估，以致自身利益受损。因此，如何正确评价上市公司经营业绩就显得尤为重要。正确评估上市公司的经营业绩，财务分析是极其重要的。财务分析有两种：一种是对企业某一方面财务状况的分析，称为财务单项分析；另一种是对企业财务状况的全面分析，称为财务综合分析。财务分析的最终目的在于全方位地了解企业的财务状况，并据此对企业经营业绩的优劣做出系统的、合理的评价。单独分析任何一项或一方面的财务指标，都难以全面评价企业的财务状况和经营成果。要达到这个目的，就必须建立一个相互联系的系统，采用适当的标准进行综合性的评价。因此，企业财务综合分析成为一种必然趋势。

一、综合财务分析的含义

所谓综合财务分析，就是依据财务报表及相关的资料，运用专门的技术和方法，将企业偿债能力、营运能力、盈利能力及发展能力等各方面的分析指标，按其内在联系有机地结合起来，作为一套完整的体系，认真分析其相互关系，对企业的财务状况和经营状况进行准确全方位地揭示与披露，从而使报表使用者对企业的经济绩效做出全面、系统的综合评价，对影响企业价值的因素有更加深入的了解。综合财务分析的功能有其特定性，一方面受到作为整体的财务分析功能演进影响，另一方面与综合财务分析的特点相关。

单独分析任何一方面的财务指标、任何一张报表，都不足以客观、全面地分析企业的财务状况与经营成果，因为一个正常企业的各项财务活动是紧密相连的，企业的经济活动是一个有机的整体，企业的偿债能力、营运能力、盈利能力和发展能力是不可分割的。要达到准确揭示企业的财务状况与经营成果的目的，仅仅利用我们前面学习过的衡量企业的偿债能力、盈利能力、营运能力和发展能力的有关指标，进行孤立地分析与评价是远远不够的。因此，只有对企业进行综合财务分析，才能客观地评价企业的财务状况，才能达到财务分析的最终目的，即全面了解企业财务状况、经营成果和现金流量情况，并对企业经济效益的优劣做出合理的评价。此外，通过综合财务分析，有助于企业管理当局更加深入地找出企业经营和发展过程中存在的问题，并采取相应的改进措施。

二、综合财务分析的特点

综合财务分析与单独财务分析的不同主要体现在其对指标体系的要求上。一套完整的综合财务分析体系应该具有以下三个要素。

1. 财务分析指标要全面

为了能够更好地进行财务分析，一个健全的综合财务分析体系应该涵盖偿债能力、营运能力、盈利能力及发展能力等各方面总体分析考核的要求，不能以偏概全。这是因为综合分析的目的是全面评价企业的财务状况和经营成果，在分析的过程中要关注到企业偿债能力、营运能力、盈利能力和发展能力等各个层面的内容，与单项财务能力分析是不同的。

2. 主辅分析指标要匹配

综合财务分析具有综合性，因此在设置综合财务分析体系时，应该明确区分用于评价偿债能力、营运能力、盈利能力及发展能力的主要指标和辅助指标，进而根据其影响程度确定每项指标具体的比重，不能将主要指标和辅助指标混为一谈，只有抓住主要指标，才能抓住影响企业财务状况和经营成果的主要矛盾；此外，也要把两者统一起来，在抓住主要指标分析企业主要问题的同时，分析辅助指标，从而更加全面地了解相关因素。

3. **综合分析提供信息要全面**

企业的利益相关者主要包括投资人、债权人、企业管理者、客户、供应商以及政府部门等，一个有效的综合财务分析体系应能够满足多方面对信息的要求，能够提供多层次、多角度的信息资料，也就是说，综合财务分析体系提供的信息资料应既能够满足企业内部管理当局实施决策的需要，又能够满足财务报表外部使用者的需要。

三、综合财务分析的意义

综合财务分析有利于全面准确地评价企业经营的优劣，是财务报表使用者进行财务决策的依据。通过综合财务分析可以明确企业财务活动与经营活动的相互关系，找出制约企业发展的"瓶颈"所在，进而加以改善。企业的发展是由诸多影响因素共同推动的，只有全面考虑这些影响因素以及它们之间的关系才能促进企业的发展。综合财务分析对企业进行了较全面的考察并能通过主要指标发掘主要问题，适当考虑了各因素之间存在的关系，满足了内部经营者对企业经营管理的要求。该作用是单项分析所不能达到的。此外，有助于企业财务报表外部使用者全面了解与评估企业综合财务状况，为其决策提供有用信息。总之，通过综合财务分析可以为投资者、债权人、管理者等利益相关者提供全面的、系统的财务分析资料，有助于他们深入了解企业的财务状况、经营成果和现金流量情况，进而做出相应的决策。

综合财务分析，可以对企业进行较全面的价值分析，能够更好地从经营管理上推动企业价值创造。衡量企业价值时，需要用到相关的财务数据和资料，进行综合财务分析时，通常是建立在对财务数据、资料的分析上。因此，对价值创造的分析和综合财务分析是相统一的，企业价值创造的分析过程本身就是财务分析的过程。

综合财务分析，为企业绩效考核与奖励奠定了基础数据。通过综合财务分析，可以检查企业内部各职能部门和单位完成财务计划指标的情况，考核各部门和单位的工作业绩，可以为明确经营者的业绩水平和明确职工的业绩水平提供基础。此外，还可以揭示管理过程中存在的问题，促使企业采取相应的措施加以改善，进而提高管理水平。由于整体的财务分析功能已经演进到以扩大和深化的内部分析为重心，相应地，综合财务分析的功能也应以给企业内部经营管理服务为重心。但这绝不意味着综合财务分析只能运用于企业内部分析，而投资者、债权人、政府等企业的其他利益关系人不能够运用综合财务分析更全面地了解企业的财务状况和经营成果。综合财务分析的功能也包括进行外部分析，只不过侧重点在内部分析上。

综合财务分析，为企业其他利益相关者获得其需要的信息提供了较为全面的依据。外部的信息需求者，不可能获得与企业经营者一样的非常全面、详细的资料，只能依据企业提供的对外财务报告，了解企业的行业特点，企业本身的经营情况。不过通过综合财务分析可以对企业进行全局把握，然后重点关注某一方面或某几方面，例如企业的债权人重点关注企业的偿债能力，以判断企业的支付能力；企业的外部投资者通过财务状况综合评价可以估计企业价值高低判断其是否具有投资的价值以便于做出新的投资决策等。

四、综合财务分析的内容

在对企业的财务活动进行全面评价时,应从四个方面反映财务综合分析内容:偿债能力分析、营运能力分析、盈利能力分析、发展能力分析。

1. 偿债能力分析

偿债能力分析是综合财务分析的基础。一个企业偿债能力的强弱是衡量其经营业绩好坏的重要依据。偿债能力分析包括考察企业的支付能力,企业能否支付到期本金和利息,即企业是否有足够的现金偿还债务。银行贷款给企业之前,会对企业的支付能力与信用状况做调查分析。银行在对企业偿债能力的强弱作了全面评价之后,采取相应的决策,决定是否给予企业贷款。

2. 营运能力分析

企业所拥有的资产是否得到合理的利用是企业价值创造的源泉。通过对企业各项资产的周转状况、规模变化、结构变化等进行分析,可以发现并改进企业经营过程中对各项资产的利用过程中存在的问题,从而采取相应的调整措施,为提高企业盈利能力的核心竞争力打下良好基础。

3. 盈利能力分析

利润是企业生存和发展的前提,企业盈利能力分析是财务综合分析的中心环节。企业是一个以营利为目的的经济组织,因此,企业的财务管理目标是尽可能获得最多的利润,企业总是想方设法以低成本获得高产出,以市场为导向生产产品,不断提高市场占有率,提高企业的经济效益。在企业的综合财务评价指标体系中,利润指标居于中心地位。

4. 发展能力分析

企业是否具有持续稳定发展的能力也是利益相关者所关心的。如果企业当前盈利状况不错,但未来不能够获得足够的利润,说明企业的成长性较差,会影响利益相关者的决策。所以,对企业发展能力进行分析也是综合财务分析中不可缺少的组成部分。

5. 偿债能力、营运能力、盈利能力、发展能力的综合分析

企业的经营与财务状况存在着密切的关系,因此,应将企业的营运能力、盈利能力、偿债能力、发展能力进行综合分析,从而更全面、准确地揭示企业的财务状况、各项能力的强弱,更好地找出存在的问题,采取相应的调整措施。

财务综合分析方法有很多,其中主要有杜邦财务分析体系、沃尔评分法、财务预警分析法等。研究财务综合分析方法,能使财务综合分析更全面地利用有关财务数据,能使财务综合分析更全面、直观地揭示企业的财务状况及经营成果。

五、引入西方财务综合分析方法的必要性

1. 引入西方财务综合分析方法能完善我国的财务分析理论

在理论研究上,目前我国对财务分析的理论定位仍不够明确,理论框架还不够完整,财

务分析方法体系也不够完善，缺乏一套切实可行的财务分析原则来指导和约束财务分析工作。引入西方财务分析理论与方法以促进我国财务分析理论的发展十分必要。

2. 引入西方财务综合分析方法是我国财务分析实际工作的需要

在财务分析实际运作中也存在诸多亟待解决的问题，如财务分析主要是单项分析、分析缺乏系统性的问题、分析滞后的问题等。而西方财务综合分析理论有其优点，并得到了广泛的应用，将西方财务综合分析方法引入我国，能满足财务分析实际工作的需要。最后，它是我国会计改革与国际惯例接轨的要求。近几年，我国会计改革力度较大，一个重要的原因便是会计与国际惯例接轨，特别是我国在2001年加入WTO后这种改革的紧迫性更明显。相应地，我国财务分析也需借鉴西方国家的经验，引入西方财务分析的理论与方法。

3. 我国已具备引入西方财务综合分析方法的条件

我国目前已具备引入西方财务综合分析方法的内外部条件，为进一步引入和应用西方财务综合分析理论和方法提供了有力保障。

(1) 在外部条件方面，市场经济体制的初步确立为财务分析工作的发展提供了大环境基础；企业制度的创新，现代企业制度的初步形成及其配套改革的不断推进，为财务分析工作提供了良好的工作空间；而财务管理理论的发展和工作水平的不断提高，直接促进了财务分析理论和实践的发展，同时也对财务分析工作提出了更高的要求。

(2) 在内部条件方面，财务分析的理论研究不断取得进展，对财务分析外延的界定和内涵的理解不断深入；财务分析体系日趋完善，综合分析、专项分析及其他各种分析都不断发展；财务分析方法如比较分析法和比率分析法，其运用已基本成熟。另外，在引入西方财务分析理论与方法上已不断取得成果也实证地表明我国在应用并消化西方财务分析理论和方法方面已具备相当的能力。由此可见，有必要和可能在我国引入西方财务综合分析方法，为有关决策人员服务。但在引进和应用过程中，应不断充实和发展西方财务综合分析方法，以满足财务分析工作的要求。

第二节　杜邦财务分析

一、杜邦财务分析概念

杜邦财务分析(The Du Pont System)，又称为杜邦分析法，是美国杜邦公司的财务管理人员在实践中摸索和建立起来的对净资产收益率进行要素分析的方法。这种方法是财务综合分析方法比较常用的一种，由美国杜邦公司的经理在20世纪30年代创立并最先使用，故称为杜邦财务分析体系。这种方法在美国杜邦公司成功运用后，得到业界的广泛认可，是企业业绩评价体系中最为有效的工具之一，目前在我国上市公司也得到了较为广泛的应用。

为了全面地了解和评价企业的财务状况和经营成果，需要利用若干相互联系的财务指标对企业的盈利能力、资产运营能力及偿债能力等进行综合分析和评价。杜邦财务分析正是利用各种主要财务比率间的内在联系，建立财务比率分析的综合模型，是对企业财务状况和经营业绩进行综合的评价和分析的方法。

杜邦财务分析体系是一种很实用的财务分析方法，它认为企业的财务状况主要取决于企业的盈利能力、营运能力和偿债能力，并从这三个方面进行了具体分析。它以净资产收益率为核心指标，进行层层分解，最后分解至一些最基本的指标要素，可使财务比率分析的层次更清晰、条理更突出。通过分析各分解指标的变动对净资产收益率的影响来揭示企业盈利能力及其变动的原因，能够有效、直观地反映企业盈利能力的各指标间的相互联系，对营运能力、偿债能力及盈利能力等进行综合性的分析和评价。

杜邦财务分析体系为改善企业内部经营管理提供了有益的分析框架。杜邦分析法实际上从两个角度来分析财务，一是进行内部管理因素分析，二是进行资本结构和风险分析。

这使企业管理者能够清晰地看到净资产收益率的决定因素，为进一步采取具体措施指明了方向，为经营者优化经营结构和理财结构，提高企业偿债能力和经营效益提供了基本思路，即要提高净资产收益率的根本途径在于扩大销售、改善经营结构、节约成本费用开支、合理资源配置、加速资金周转、优化资本结构等。此外，使投资人、债权人及政府能够仔细了解到企业资产管理效率和是否能够使股东投资回报最大化。

二、杜邦财务分析体系的内容

(一)杜邦财务分析体系的分解

杜邦财务分析体系以净资产收益率为核心指标，可作如下分解。

(1) 净资产收益率=净利润÷净资产

=(净利润÷总资产)×(总资产÷净资产)

=总资产净利率×权益乘数

(2) 由此，我们可以看出净资产收益率主要受企业资产的使用效率和债务利用程度的影响。其中资产的使用效率取决于销售盈利能力和资产运行速度，所以我们可以再对总资产净利率作进一步的分解，分解成销售净利润率和总资产周转率。

① 总资产净利率=净利润÷总资产

=(净利润÷营业收入)×(营业收入÷总资产)

=销售净利润率×总资产周转率

② 权益乘数=总资产÷(总资产－负债)

=1÷(1－资产负债率)

此时，我们便得到了杜邦财务分析等式：

净资产收益率=销售净利润率×总资产周转率×权益乘数

也就是说，影响净资产收益率的因素主要有三个：销售净利率、资产周转率和权益乘数。这样分析以后，净资产收益率这一综合性指标发生升、降变化的原因被具体化了，定量地说明企业经营管理中存在的问题，比一项指标能提供更明确的、更有价值的信息。杜邦财务分析体系的作用是解释指标变动的原因和变动趋势，为采取措施指明方向。

(3) 当然，为了进行深入的分析，我们可以作进一步分解。

① 销售净利率的进一步分解如下。

销售净利润率=净利润÷营业收入

综合财务分析 第十一章

$$=(总销售收入-总成本费用)\div营业收入$$

其中：总成本费用=营业成本+税金及附加+期间费用+资产减值损失+营业外支出
　　　　+所得税费用

② 总资产周转率的进一步分解如下。

总资产周转率=营业收入÷总资产
　　　　　　=营业收入÷(流动资产+非流动资产)

其中：流动资产=货币资金+有价证券+应收及预付账款+存货+其他流动资产
　　　(一年内到期的长期债券投资等)
　　　长期资产=长期投资+固定资产+无形资产+长期待摊费用+其他长期资产

通过以上对杜邦财务分析体系的核心指标体系净资产收益率的分解，以及由此形成的指标体系可以得出：净资产收益率与企业的销售规模、盈利能力、成本水平、营运能力、资产利用率以及资本结构等诸多因素存在密切联系，构成一个相互依存的系统。因此，只有安排协调好这个系统内各因素关系，才能使净资产收益率达到最大，实现价值最大化。

杜邦财务分析体系的内容可用杜邦分析图来表示。杜邦分析体系结构图，以净资产收益率为核心指标，将有关分析指标按其内在联系进行排列，可较直观地反映出企业财务状况和经营业绩的总体面貌。把企业的资产负债表和利润表有机地结合起来，系统地展示出企业盈利能力与营运能力之间的内在联系，展示出企业的资本结构。

【例 11-1】 MDDQ 公司 2010 年的部分财务指标分别为：净资产收益率 14.32%、总资产净利率 7.21%、权益乘数 1.99、销售净利润率 9.31%、总资产周转率 0.77。利用杜邦财务分析法，对 MDDQ 公司进行综合分析时，可以绘制其 2010 年度杜邦财务分析体系结构(见图 11-1)。

注：由于四舍五入，个别数据有误差。

需要指出的是，由于净资产收益率、总资产净利率、销售净利润率和总资产周转率都是时期指标，而权益乘数和资产负债率是时点指标。为了使这些指标具有可比性，杜邦财务分析体系中的权益乘数和资产负债率采用的是年度年初与年末的平均数。

用连环替代法对 MDDQ 公司 2010 年度的净资产收益率进行分析。

净资产收益率=销售净利润率×总资产周转率×权益乘数

2009 年度净资产收益率分解如下：

$\qquad$ 23.89%×0.29×1.91 ≈ 13.23%　　　①
第一次替代：9.31%×0.29×1.91 ≈ 5.16%　　　②
第二次替代：9.31%×0.77×1.91 ≈ 13.69%　　　③
第三次替代：9.31%×0.77×1.99 ≈ 14.27%　　　④

由②－①=-8.09%可知，差额为负是受销售净利润率下降的影响。
由③－②=8.53%可知，差额为正是受总资产周转率上升的影响。
由④－③=0.58%可知，差额为正是受权益乘数上升的影响。

从总体来看，MDDQ 公司 2010 年度的净资产收益率是上升的。

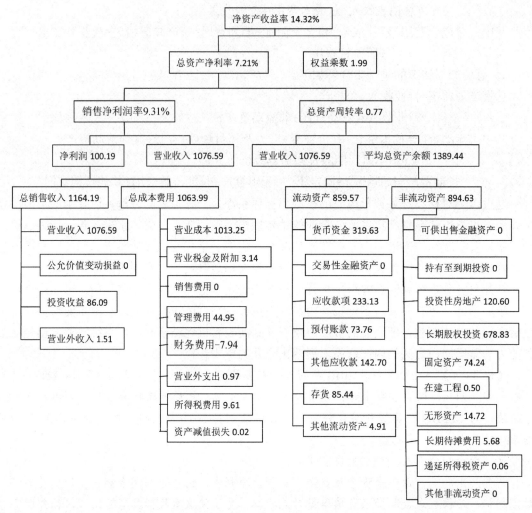

图11-1 杜邦财务分析体系结构

(二)杜邦财务分析体系反映的关系

杜邦财务分析体系的作用是解释指标变动的原因和变动趋势,为采取措施指明方向。从杜邦财务分析体系结构图上,我们可以直观地看出企业总体的财务状况和经营成果,得到以下的有关财务信息。

(1) 净资产收益率是杜邦分析中的核心内容,是一个综合性最强、最有代表性的财务分析指标。它反映了企业所有者投入资金的获利能力,净资产收益率越高,说明企业所有者投入资金的获利能力越强。同时,它也反映了企业筹资、投资、资产运营等各项财务及其管理活动的效率。因为净资产收益率的高低主要取决于资产净利率和权益乘数,资产净利率反映了企业各项生产经营活动的效率,权益乘数反映了企业的筹资情况,即企业的资金来源结构。通过本层次的分解,我们可以看出,提高权益净利率有两个基本途径:提高资产净利率和提高权益乘数。

(2) 根据公式可以得出,资产净利率是销售净利率与资产周转率的综合体现。因此,净资产收益率主要受三个因素的影响。

① 销售净利润率，反映企业所获取的净利润和销售收入的关系，用来考核企业经营的获利能力，直接影响着资产净利率，是最为基础的财务指标之一。在买方市场条件下，企业经营业绩好坏更大程度地取决于净利润，而销售净利率正是对销售业绩最有效的衡量指标。

② 总资产周转率，是营业收入与平均资产总额之比，是反映总资产营运状况的指标，资产周转率越大，表明企业资产在某一期间的周转次数越多，周转天数越少，资产利用率越高，用于揭示企业资产实现销售收入的综合能力。影响总资产周转率的一个重要因素是资产总额，其中，资产结构是否合理将直接影响总资产的周转速度。因此，需要对资产的各构成部分从占用量上是否合理进行分析。一般而言，流动资产直接体现企业的偿债能力和变现能力，而非流动资产则表现为企业经营规模与发展潜力，两者之间应该有一个合理的结构比率。例如，流动资产中货币资金所占的比重过大，就应该考虑企业是否存在现金闲置的现象，及其现金持有量是否合理等。此外，还要进一步分析各项资产的使用效率，找出问题所在。对流动资产，要侧重于分析货币资金是否闲置、存货是否积压、应收账款中分析客户的支付能力及坏账的可能性；对非流动资产，要侧重于分析企业固定资产是否得到充分的利用。

③ 权益乘数，也被称为杠杆率，是一个反映资本结构的指标，反映了总资产与所有者权益的对比关系，反映了企业利用财务杠杆进行经营活动的程度。它主要受资产负债比率的影响，资产负债比率越大，权益乘数就越高。权益乘数越大，财务杠杆系数也就越大，这说明企业负债程度高，会有较多的杠杆利益，因为企业的利息费用有抵税作用，但也会导致较高的财务风险；反之，负债比率低，权益乘数就小，这说明企业负债程度低，会有较少的杠杆利益，但相应所承担的风险也低。

(3) 通过以上分析，将各因素加以综合考虑，我们可以看到，提高净资产收益率的途径有以下三种。

① 提高销售净利率，提升业务获利水平。影响销售净利率的主要因素是销售收入与成本费用，这就要求企业一方面要提高产能，扩大销售量，增加销售收入；另一方面要降低成本费用，合理安排成本结构。扩大销售收入，降低成本是提高销售利润率的基本途径。在企业的销售收入一定的情况下，降低成本费用就成为获利的至关重要的因素。降低各项成本费用也是企业财务管理的重要对象之一，通过分析企业成本费用的基本结构，确定其是否合理，有利于加强成本控制。若企业财务费用支出过高，就要进一步分析其负债比率是否过高；若是管理费用过高，就要进一步分析其资产周转情况等。在一定范围和一定时间内，在固定成本不变的情况下，销售收入的增长通常会带来利润净额的更大增长；如果企业的销售毛利率及税率相对稳定，而分析期的销售净利润率却有所下降，就需要考虑成本费用相对提高的可能性。利用杜邦分析，可以分析企业成本费用结果是否合理。通过分析企业盈利水平，可以发现企业收入和费用积极或消极变化的原因，寻找有效对策，从而提高企业利润水平。

② 提高总资产周转率，必须一方面扩大销售收入，另一方面加速企业经营性资产的流动性，减少闲置资金占用。这就要求企业合理安排资产结构，降低资产存量，特别是找出长期闲置和利用程度较低的资产项目，通过加强企业管理调整产品结构，降低存货存量，加快应收账款的收现，加快资产周转速度，降低资金的占用。

③ 提高权益乘数。按杜邦分析法，如果企业总资产的需要量不变，适度开展负债经营，相对减少股东权益所占份额，可使权益乘数提高，从而提高净资产收益率。因此，企业既要

合理使用全部资产，又要妥善安排资本结构，这样才能有效提高净资产收益率。较高的权益乘数固然可以较好地发挥财务杠杆作用，但也会导致较大的财务风险。可见，财务杠杆对股东投资回报起着"双刃剑"的作用。因此，这就要求企业将负债控制在一个合理的水平上，不能太高也不能太低。

(三)杜邦财务分析体系的优缺点

1. 杜邦财务分析体系的优点

杜邦财务分析体系提供的上述财务信息，较好地揭示了指标变动的原因和趋势，为进一步采取具体措施指明了方向，还为决策者优化经营结构和理财结构，提高企业偿债能力和经营效益提供了基本思路。企业可以根据自身原因，采用相应的调整措施加以改善。此外，财务报表使用者在运用杜邦财务分析体系分析企业财务状况和盈利能力时，也可以根据特定的目的，与其他所需的因素相配合作进一步深入的分析。杜邦财务分析体系的优点主要体现在以下三个方面。

1) 强调企业经营管理活动的整体性

企业经营管理活动以系统方式存在，是一个整体，其中每一个环节的变动均会对经营活动这个整体产生影响。杜邦财务分析体系利用了能反映经营管理各方面状况的各种财务指标之间的有机联系，来对企业的财务状况和经营成果进行综合分析：一方面使报表分析者全面地掌握企业的状况，从整体来综合评价企业的经营管理状况；另一方面也使报表分析者对单个指标的分析更加准确。如在评价企业权益乘数的好坏时，注意分析权益乘数的变动对企业整体的影响，并结合负债总额及构成、资产总额及构成等因素来进一步分析，主要通过净资产收益率指标来体现。

2) 强调企业经营管理活动的协调性

杜邦财务分析体系在综合分析企业财务状况和经营成果时，突出了对各项财务指标之间协调性的分析。首先是分析各种单项财务指标之间的静态协调状况。如通过净资产收益率考察总资产净利率与权益乘数之间的协调，再通过总资产净利率考察销售净利率与总资产周转率的协调等。其次是在静态分析基础上，结合比较分析法来分析单个财务指标间的优化状况。如将总资产负债率、总资产净利率及净资产收益率作前后期对比，可发现权益乘数与总资产净利率协调状况的变动，通过净资产收益率的前后期差异可发现这种变动的效果。

3) 分析层次性鲜明

杜邦财务分析体系作为一个以单个财务指标为因素组合而成的财务分析系统，具有鲜明的层次性，在分析时具有以下两种逻辑顺序：其一，自下而上，从局部到整体的评价，这一过程实际上是指标的计算、归纳过程。从杜邦图的最底层，即以报表数据为基础的绝对数指标层，往上经中间比率指标层的计算、分析，最终到达综合评价指标层(净资产收益率指标)。这个过程的计算和分析，直观地体现了财务比率分析的过程，使分析者对指标之间的逻辑关系一目了然，加深了其对指标间关系的理解，同时也提高了财务综合分析的科学性。其二，自上而下，从整体到局部的分析。这是指标计算、归纳的逆过程，通过对净资产收益率指标的层层分解，来考察企业整体表现及其变化的深层次原因。通过自上而下的层层分析，寻找指标体系中的异常点，从而发现经营管理活动中存在问题的地方，而这些地方又往往是具体专项分析的重点；自上而下的层层分析也能使各种专题分析与综合分析更好地衔接起来，如债权人在作分析时，对杜邦图自上而下进行层层剖析，重点对反映企业偿债能力的部分进行层层分析；同时全面分析企业的偿债能力。可见，通过杜邦分析体系自上而下的分析结合重点分析，可使财务分析深入企业经营管理的细节，从而使分析更具深度。通过自下而上和自上而下两种顺序的分析，财务分析的逻辑过程更加完整，从而也使财务分析结果更具有说服力。

2. 杜邦财务分析体系的缺点

杜邦财务分析法还存在一定的局限性，主要表现如下：

(1) 对短期财务结果过分重视，有可能助长公司管理层的短期行为，忽略企业长期的价值创造。

(2) 财务指标反映的是企业过去的经营业绩，在当前的信息时代，顾客、供应商、雇员、技术创新等因素对企业经营业绩的影响越来越大，而杜邦财务分析法在这些方面是无能为力的。

(3) 在当前的市场环境中，企业的无形资产对提高企业长期竞争力至关重要，杜邦财务分析法却不能解决无形资产的估值问题。

(4) 没有反映企业的现金流量，利润指标在财务分析体系中起到了承上启下的连接作用，但是利润指标提供的财务信息远远比不上现金流量指标，财务报表使用者更加关注企业是否有充足的现金流量。没有反映企业的经营风险及财务风险，净资产收益率体现的是公司所有者权益的回报水平。没有体现公司市场价值，对于公司为获得收益所承担的风险反映不足，不能反映每股收益、每股净资产、每股现金流量等有关上市公司信息。

(5) 在运用杜邦财务分析体系进行分析时，更侧重于考虑企业股东的利益。从杜邦分析图上可以看出，在其他因素不变的条件下，资产负债率越高，净资产收益率越高。但是，没有考虑财务风险因素，负债越多，财务风险越大，偿债压力越大。因此，还要结合其他指标综合分析。

杜邦分析法与其他分析方法结合，不仅可以弥补自身的缺陷和不足，而且也弥补了其他方法的缺点，使分析结果更完整、更科学。

第三节　沃尔比重评分法分析

一、沃尔比重评分法概述

(一) 沃尔比重评分法

对财务综合分析的研究，早在 20 世纪初便出现了。沃尔比重评分法是对上市公司财务报告进行分析时常用的方法之一，是财务状况综合评价的先驱者美国财务学家亚历山大·沃尔提出的。1928 年，在他的《信用晴雨表研究》和《财务报表比率分析》中首次提出了信用能力指数的概念，把若干个财务比率用线性关系结合起来，以此评价企业的信用水平。沃尔评分法主要是对反映上市公司财务状况的有代表性的若干比率进行权重评定，并将实际比率与标准比率相比较，评出每项指标的得分从而得出财务状况的总评分。沃尔评分法是对上市公司财务报告进行分析的常用方法，在实践中广为应用。在进行财务分析时，人们遇到的一个主要困难是计算出财务比率之后,无法判断它偏高还是偏低,难以评价其在市场中的优劣地位,沃尔比重评分法弥补了这一缺陷。

沃尔选用流动比率、净资产/负债、资产/固定资产、销售成本/存货、销售额/应收账款、销售额/固定资产、销售额/净资产7个比率指标,并分别给以权重25%、25%、15%、10%、10%、10%和5%,按确定指标标准比率和实际比率计算相对比率,相对比率=实际比率/标准比率,如果实际值/标准值<1,相对比率=实际值/标准值。如果实际值/标准值>1,相对比率=1。再用相对比率乘以各指标比重求得各项比率指标的综合指数及全部比率指数合计值,企业综合评分就是综合系数乘以100。沃尔评分法的主要贡献在于:将互不关联的财务指标赋以不同的比重,使得计算企业财务状况的综合评分成为可能。

通过分析发现,传统的评分法存在以下不足:①评分计算方法不合理。从技术上讲,若某一个财务指标出现异常,会对总评分产生不合逻辑的重大影响。如某项财务比率指标实际值提高一倍,该指标最后评分则增长100%;而财务比率指标实际值缩小一半,其评分只减少50%,这显然不合理。这个问题其实就是由指标评分等于指标相对比率与比重相"乘"引起的。②指标选取的理论证明不充分。从理论上讲,沃尔评分法未能证明为什么要选择这7个指标,而不是更多或更少些财务指标,或者选择别的财务指标,另外每个指标比重的合理性也未能从理论上加以证明。③指标选择不够全面。沃尔评分法所选用的7个指标,实际上只反映了企业的偿债能力和资产营运能力两方面,没有包括盈利能力指标,显然这已远远不能适应评价现代企业财务状况的需要了。

(二)沃尔评分法的基本步骤

(1) 选定评价企业财务状况的财务比率指标。通常应在每类指标中,选择有代表性的重要比率指标。

(2) 根据各项比率的重要程度,确定其权重。各项比率指标的权重之和为100或1。权重的确定可采用专家打分的方法,权重的大小直接影响最后综合评分值。

(3) 确定各项财务比率的标准值。采用沃尔评分法时,必须选定财务比率标准值作为比较的标准。财务比率标准值可选特定的国家标准或行业平均值。标准值的确定对综合评分也有着重大的影响。

(4) 计算企业财务比率的实际值。为了进行比较评分,需要根据财务报表,分项计算各项指标的实际值。

(5) 计算相对比率。求出各指标的实际值与标准值的比率,称为相对比率或关系比率。其计算公式为

$$相对比率=实际值÷标准值$$

(6) 计算各项比率指标的评分。比率的评分就是相对比率与各比率权重的乘积,其计算公式为

$$各项指标的评分=相对比率×各项指标的权重$$

(7) 计算综合评分。综合评分就是各项比率指标评分合计,综合评分可作为评价企业财务状况的依据。其计算公式为

$$综合评分=\sum 各项指标的评分$$

一般而言,综合评分如果为100或接近100,表明其财务状况基本上符合标准要求;如

果与100有较大差距，则表明企业财务状况偏离标准要求。

运用沃尔比重评分法，对 MDDQ 公司 2009 年财务信用能力进行综合评分，如表 11-1 所示，表中的标准值仅是为举例目的而假设的。

表 11-1　MDDQ 公司各项财务比率

选择的指标	权重①	标准值②	实际值③	评分④=①×③÷②
一、偿债能力指标	20			
1.资产负债率	12	50%	35.65%	8.56
2.已获利息倍数	8	30	58.29	15.54
二、获利能力指标	38			
1.净资产收益率	25	12%	13.25%	27.60
2.总资产报酬率	13	6%	7.00%	15.17
三、运营能力指标	18			
1.总资产周转率	9	0.8	0.29	3.26
2.流动资产周转率	9	1.5	0.9	5.4
四、发展能力指标	24			
1.营业增长率	12	680%	740.35%	13.07
2.资本积累率	12	100.4%	104.83%	12.53
综合得分	100			101.13

沃尔综合评分法的关键技术是各项财务指标比重的设定和财务指标标准比率值的建立。为此，必须结合我国国情、市场环境、企业状况等，进行长期实践，不断修正，才能取得较好的财务分析效果。一般标准比率选行业平均数，但以行业平均数为标准，超过了就取满分，很难判断平均水平以上的企业中的优秀企业。另外，当某一个指标发生严重异常时会对整个指标产生不合逻辑的重大影响。这主要是由于得分是由相对比率与权重相乘造成的。财务比率提高一倍，其评分增长 100%；而缩小一半，其评分却只减少 50%。

沃尔比重评分法较适合于小规模企业使用，因为它操作较简单，便于使用。与杜邦财务分析方法相比，沃尔评分法没有很好地将各项财务指标组成一个有机整体，没有对企业的营运能力、盈利能力、偿债能力等进行综合分析，以便从整体上发现问题，找出协调解决的办法。而杜邦财务分析方法恰恰能够弥补这些缺陷。因为杜邦财务分析法将财务比率之间的关系，以目标管理的方法加以连接，即财务比率之间有层次关系，上一层的财务比率成为下一层财务比率的管理目标，下一层次的财务比率则是上一层次财务比率实现的手段。

二、沃尔比重评分法在我国的应用

沃尔比重评分法在实践中应用广泛。在国内，主要有各部委颁布的一系列的综合评价体系。企业绩效评价体系是我国财政部 1999 年颁布的《国有资本金绩效评价规则》具体内容，并于 2002 年进行了修订。这一指标体系由绩效评价制度、绩效评价指标、绩效评价标准和绩效评价组织 4 个子系统组成。其中，绩效评价指标包括企业资本效益状况、资产运营状况、偿债能力状况和发展能力状况4个子系统,每个子系统由若干个指标构成,总共32项指标,其中8项为非财务指标,初步形成了财务指标与非财务指标结合的绩效评价体系。企业绩效评价体系吸收了平衡记分卡思想,在企业绩效评价体系中引入了非财务指标,是一个融财务指标与非财务指标为一体的综合评价体系。但评价体系未能将各指标很好地结合起来,即各指标缺乏有机联系。并且,该方法各指标的权重具有主观性,人为色彩较重,这样就容易使经营业绩的评价出现偏差,以致利益相关主体做出错误的投资决策。

2006年,国务院国有资产监督管理委员会发布的《中央企业综合绩效评价实施细则》对综合评分法的程序、方法及其应用做出了详细阐述和规定。综合评分法的基本思路是将所要考核的各项指标分别对照不同类别的对应标准值,转化为可以度量的评价分数,据此对被评价企业进行总体评价。细则规定的企业绩效评价指标由反映企业22个财务绩效定量评价指标和8个管理绩效定性评价指标组成。

中央企业综合绩效评价指标体系如表11-2所示。

表11-2 中央企业综合绩效评价指标体系

评价内容与权重		财务指标(70%)				管理指标(30%)	
		基本指标	权数	修正指标	权数	评议指标	权数
盈利能力状况	34	净资产收益率 总资产报酬率	20 14	销售(营业)利润率 盈余现金保障倍数 成本费用利润率 资本收益率	10 9 8 7	战略管理 发展创新 经营决策 风险控制 基础管理 人力资源 行业影响 社会贡献	18 15 16 13 14 8 8 8
资产质量状况	22	总资产周转率 应收账款周转率	10 12	不良资产比率 流动资产周转率 资产现金回收率	9 7 6		
债务风险状况	22	资产负债率 已获利息倍数	12 10	速动比率 现金流动负债比率 带息负债比率 或有负债比率	6 6 5 5		
经营增长状况	22	销售(营业)增长率 资本保值增值率	12 10	销售(营业)利润增长率 总资产增长率 技术投入比率	10 7 5		
小计	100		100		100		100

(一)评分标准

在实际评价过程中,财务绩效定量评价指标和管理绩效定性评价指标的权数均按百分制设定,分别计算分项指标的分值,然后按70∶30折算。

1. 财务绩效定量评价标准

财务绩效定量评价标准划分为优秀(A)、良好(B)、平均(C)、较低(D)、较差(E)五个档次,与五档评价标准相对应的标准系数分别为1.0、0.8、0.6、0.4、0.2,较差(E)以下为0。

财务业绩定量评价标准示例如表 11-3 所示。

表 11-3 财务业绩定量评价标准示例
(2006 年工业/中型企业业绩评价标准值)

档次(标准系数) 项目	优秀(A) 1	良好(B) 0.8	平均(C) 0.6	较低(D) 0.4	较差(E) 0.2
一、获利能力状况					
净资产收益率	16.1	10.7	5.6	-1.1	-8.7
总资产报酬率	10.4	7.2	3.2	-0.1	-4.4
营业利润率	30.4	23.2	14.0	6.9	-1.2
盈余现金保障倍数	10.4	5.0	1.2	0.5	-1.1
成本费用利润率	15.3	10.3	4.0	-0.9	-11.3
资本收益率	21.2	13.2	3.0	-4.3	-12.8
二、资产质量状况					
总资产周转率	1.6	1.2	0.6	0.4	0.2
应收账款周转率	24.1	14.6	6.2	2.8	1.3
不良资产比率	1.1	2.5	4.0	8.8	20.7
流动资产周转率	4.0	2.5	1.3	0.6	0.2
资产现金回收率	15.7	11.8	4.5	-2.1	-5.8
三、债务风险状况					
资产负债率	44.6	57.3	66.3	82.2	97.2
已获利息倍数	6.2	4.5	2.2	1.0	-0.6
速动比率	142.7	112.9	71.8	47.9	30.1
现金流动负债比率	26.9	19.4	5.4	-7.1	-12.4
带息负债比率	25.3	37.6	48.9	72.0	85.4
或有负债比率	0.4	1.3	6.1	14.7	23.8
四、经营增长状况					
营业增长率	37.8	26.4	10.6	-11.6	-30.7
资本保值增值率	113.2	108.8	104.1	100.3	95.8
营业利润增长率	31.7	21.7	6.3	-14.1	-37.0
总资产增长率	20.4	14.9	7.1	0.5	-9.5
技术投入比率	0.9	0.7	0.5	0.3	0.1

2. 管理绩效定性评价标准

管理绩效定性评价标准根据评价内容，结合企业经营管理的实际水平和出资人监督要求等统一测算，分为优(A)、良(B)、中(C)、低(D)、差(E)五个档次。与五档评价标准相对应的标准系数分别为 1.0、0.8、0.6、0.4、0.2，差(E)以下为 0。标准系数是评价标准的水平参数，反映了评价指标对应评价标准所达到的水平档次。

(二)评价计分

企业综合绩效评价计分方法采取功效系数法和综合分析判断法,其中,功效系数法用于财务绩效定量评价指标的计分,综合分析判断法用于管理绩效定性评价指标的计分。

1. 财务业绩评价计分

财务绩效定量评价基本指标计分是按照功效系数法计分原理,将评价指标实际值对照行业评价标准值,按照规定的计分公式计算各项基本指标得分。其计算公式为

基本指标总得分=$\sum$单项基本指标得分

单项基本指标得分=本档基础分+调整分

本档基础分=指标权数×本档标准系数

调整分=功效系数×(上档基础分-本档基础分)

上档基础分=指标权数×上档标准系数

功效系数=(实际值-本档标准值)/(上档标准值-本档标准值)

本档标准值是指上下两档标准值居于较低等级一档。

财务绩效定量评价修正指标的计分是在基本指标计分结果的基础上,运用功效系数法原理,分别计算盈利能力、资产质量、债务风险和经营增长四个部分的综合修正系数,再据此计算出修正后的分数。其计算公式为

修正后总得分=$\sum$各部分修正后得分

各部分修正后得分=各部分基本指标分数×该部分综合修正系数

某部分综合修正系数=$\sum$该部分各修正指标加权修正系数

某指标加权修正系数=修正指标权数÷该部分权数×该指标单项修正系数

某指标单项修正系数=1.0+(本档标准系数+功效系数×0.2-该部分基本指标分析系数),单项修正系数控制修正幅度为0.7~1.3。

某部分基本指标分析系数=该部分基本指标得分÷该部分权数

需要指出的是,在计算修正指标单项修正系数过程中,对于一些特殊情况需进行调整。

(1) 如果修正指标实际值达到优秀值以上,其单项修正系数的计算公式如下:

单项修正系数=1.2+本档标准系数-该部分基本指标分析系数

(2) 如果修正指标实际值处于较差值以下,其单项修正系数的计算公式如下:

单项修正系数=1.0-该部分基本指标分析系数

(3) 如果资产负债率≥100%,指标得0分;其他情况按照规定的公式计分。

(4) 如果盈余现金保障倍数分子为正数,分母为负数,单项修正系数确定为1.1;如果分子为负数,分母为正数,单项修正系数确定为0.9;如果分子分母同为负数,单项修正系数确定为0.8。

(5) 如果不良资产比率≥100%或分母为负数,单项修正系数确定为0.8。

(6) 对于销售(营业)利润增长率指标,如果上年主营业务利润为负数,本年为正数,单项修正系数为1.1;如果上年主营业务利润为零本年为正数,或者上年为负数本年为零,单项修正系数确定为1.0。

(7) 如果个别指标难以确定行业标准,该指标单项修正系数确定为1.0。

2. 管理业绩评价计分

管理绩效定性评价指标的计分一般通过专家评议打分形式完成，聘请的专家应不少于 7 名；评议专家应当在充分了解企业管理绩效状况的基础上，对照评价参考标准，采取综合分析判断法，对企业管理绩效指标做出分析评议，评判各项指标所处的水平档次，并直接给出评价分数。其计算公式为

管理绩效定性评价指标分数=$\sum$单项指标分数

单项指标分数=($\sum$每位专家给定的单项指标分数)÷专家人数

在得出财务绩效定量评价分数和管理绩效定性评价分数后，应当按照规定的权重，耦合形成综合绩效评价分数。其计算公式为

企业综合绩效评价分数=财务绩效定量评价分数×70%+管理绩效定性评价分数×30%

在得出评价分数以后，应当计算年度之间的绩效改进度，以反映企业年度之间经营绩效的变化状况。计算公式为

绩效改进度=本期绩效评价分数÷基期绩效评价分数

绩效改进度大于1，说明经营绩效上升；绩效改进度小于1，说明经营绩效下滑。

(三)评价结果

企业综合绩效评价结果以评价得分、评价类型和评价级别表示。评价类型是根据评价分数对企业综合绩效所划分的水平档次，用文字和字母表示，分为优(A)、良(B)、中(C)、低(D)、差(E)五种类型。评价级别是对每种类型再划分级次，以体现同一评价类型的不同差异，采用在字母后标注"+、-"的方式表示。企业综合绩效评价结果以 85、70、50、40 分作为类型判定的分数线。评价得分达到 85 分以上(含 85 分)的评价类型为优(A)，在此基础上划分为三个级别，分别为：A++≥95 分；95 分＞A+≥90 分；90 分＞A≥85 分；评价得分达到 70 分以上(含 70 分)不足 85 分的评价类型为良(B)，在此基础上划分为三个级别，分别为：85 分＞B+≥80 分；80 分＞B≥75 分；75 分＞B-≥85 分；评价得分达到 50 分以上(含 50 分)不足 70 分的评价类型为中(C)，在此基础上划分为两个级别，分别为：70 分＞C≥60 分；60 分＞C-≥50 分；评价得分在 40 分以上(含 40 分)不足 50 分的评价类型为低(D)；评价得分在 40 分以下的评价类型为差(E)。

(四)评价报告

企业综合绩效评价报告是根据评价结果编制、反映被评价企业综合绩效状况的文本文件，由报告正文和附件构成。企业综合绩效评价报告正文，应当包括评价目的、评价依据与评价方法、评价过程、评价结果及评价结论、重要事项说明等内容。企业综合绩效评价报告的正文应当文字简洁、重点突出、层次清晰、易于理解。

企业综合绩效评价报告附件，应当包括企业经营绩效分析报告、评价结果计分表、问卷调查结果分析、专家咨询报告、评价基础数据及调整情况。其中，企业经营绩效分析报告是根据综合绩效评价结果对企业经营绩效状况进行深入分析的文件，应当包括评价对象概述、评价结果与主要绩效、存在的问题与不足、有关管理建议等。

第四节　财务预警分析

一、财务预警分析的意义

财务危机是企业发生严重亏损或持续亏损，无力支付到期债务和费用直至破产，以及它们之间各种困难处境的总称。其基本含义也可概括为以下三个方面：企业盈利能力实质性削弱，持续性经营受阻；企业偿债能力严重削弱，资金周转困难；企业破产或接近破产。在我国，随着市场经济的不断发展，企业运行的内外部环境充满变数，财务危机时有发生。任何财务危机都有一个逐步恶化的过程，但及时发现企业财务管理中存在的问题，及早察觉财务危机(Financial Distress)的信号，观测企业的财务危机，使经营者能够在财务危机出现的萌芽状态采取有效措施、改善管理、预防失败是非常重要的。财务危机已成为现代企业管理的一个重要课题，企业的管理者、股东和债权人等必须时刻警惕企业的财务危机问题。

财务预警分析，就是通过对企业财务报表及相关经营资料的分析，将企业已面临的危险情况预先告知企业经营者及其他利益关系人，并分析发生财务危机的可能原因，以提前做好防范措施的财务分析系统。其目的是督促企业管理者及早地识别财务危机、预测财务失败与经营失败，采取有效措施来避免潜在的风险，防止企业财务危机的出现，在危机发生之前向企业经营者发出警告，能够起到未雨绸缪的作用。投资者可以利用这种预测结果帮助做出投资决策，以便减少更大损失。银行等金融机构可以利用这种预测帮助作出贷款决策并进行贷款控制；相关企业可以在这种信号的帮助下做出信用决策并对应收账款进行管理。因此，财务预警分析有着重要的实用价值。

二、财务预警分析方法

(一)单变量预警判别模型

单变量预警判别模型就是通过单个财务比率指标的走势变化来预测企业的财务危机。当模型中所涉及的单个财务比率趋势恶化时，通常是企业发生财务危机的先兆。20世纪60年代国外的一些学者在研究企业破产问题时，结合统计上的多元判别分析技术，采用与企业有重大关系的五种财务比率为变量，开发出了破产预测模型。这种模型通过对企业财务状况进行综合评分，来判断企业是否处于破产的边缘其中。

1966年，威廉·比弗(William Beaver)提出了单变量预警模型。他选取美国1954—1964年的79家失败企业和相对应(同行业、等规模)的79家成功企业作为样本进行比较研究，通过对30多个财务比率逐个进行检验，首次提出可以运用财务比率来预测企业财务危机的单变量分析法。研究结果认为，最好的判别变量是现金流量与负债比率(在公司破产的前一年成功地判别了90%的破产公司)；其次是资产净利率(在同一阶段的判别成功率是88%)。他还发现越临近破产日，误判率越低，预见性越强。同时还指出，失败的企业有较少的现金、存货而有较多的应收账款。因此，在预测企业的财务危机时，应特别注意现金、应收账款和存货，对于现金及存货较少而应收账款较多的企业，分析时应特别警觉。由于模型全部采用企业的财务指标作为变量加上模型来源于实证故具有很高的说服力。模型一经提出立即被人们用于财务状况的综合评价。

单变量模型比较简单，揭示了现金流量在财务安全中的重要性。但也有一定的局限性：由于单变量模型只是利用个别财务比率来预测企业财务危机，因此其有效性受到一定的限制。一般来说，企业的生产经营活动受到许多因素的影响，单个比率反映的内容往往是有限的，无法全面揭示企业的财务状况。因此，这种方法经常会出现对于同一家公司，不同的财务预测指标可能得出不同结论的现象。所以企业在选择具体财务预测指标时，应主要选用能反映自身运行核心要素特征的财务比率作为预测变量。

(二)多变量预警判别模型

多变量分析方法，即将多个变量通过某种方式组合成一组指标来预测企业破产的方法。多变量预警判别模型通过多个财务指标的线性组合，来综合描述上市公司的财务状况。和单变量模型相比，采用多个财务指标能够更全面地反映出企业的财务状况，从而建立更有效、更准确的预警模型。其包括多种判别模型。

1. Z 分数模型

美国学者爱德华·阿尔特曼(Edward Altman)于 1968 年首先使用了线性判别模型来研究公司的破产问题，他根据行业和资产规模用 33 家非破产企业对 33 家破产企业进行了配比。

选择 22 个变量作为破产前 1~5 年的预测变量，根据误判率最小的原则，最终选定了 5 个变量作为判别变量。建立了 Z 分数(Z-Score)模型及其判别函数，其计算公式为

$$Z=0.012X_1+0.014X_2+0.033X_3+0.006X_4+0.010X_5$$

其中，Z 为总判别分。X_1=营运资金÷资产总额，用于衡量企业流动资产净额相对于资产总额的比例，它反映了企业资产变现能力，一个持续亏损的企业必定表现出 X_1 的不断减少。X_2=留存收益/资产总额，用于衡量企业的累积获利能力，该比率越大，说明企业抗风险的能力越强。X_3=息税前收益/资产总额，用于衡量企业资产的盈利能力水平，是衡量企业财务危机的最有力依据之一。X_4=股东的权益的市场价值÷负债总额，它衡量企业的资本结构，反映了企业的价值和承担的债务之间的关系。X_5=销售总额÷资产总额，即总资产周转率，反映了企业的资产利用效率，并可推定其在竞争条件下的有效经营能力。

Z 值越低，企业发生财务危机的可能性就越大。在此基础上，阿尔特曼提出了判断企业财务危机或破产的临界值，美国企业的临界 Z 值为 1.8，具体判断标准如下所示：Z≥3.0 财务危机的可能性很小；2.8≤Z≤2.9 有财务危机可能；1.8≤Z≤2.7 财务危机的可能性很大；Z≤1.8 财务危机的可能性非常大。

对 Z 分数模型的财务指标进行分析可看出，Z 值是企业营运能力、盈利能力及偿债能力等方面的综合反映。因此，Z 分数模型不仅可用于计量企业发生财务危机的可能性，而且也可作为对企业财务综合分析的一种简便方法。Z 分数模型虽然产生于美国，但在世界上的许多国家都在应用该模型进行财务危机的预测由于 Z 分数模型克服了单变量预警模型的缺点，运用起来比较方便，因而得到了广泛的应用。

当然，它也存在一定的局限性：没有考虑到现金流量方面的情况，而现金流量比率是预测财务危机的一个重要变量，因而具有一定的局限性；在计算 Z 分数时，需计算股东权益的市场价值，对于非上市公司，股东权益的市场价值的确定比较困难。因而其在实际应用时受到一定的限制。

2. 对 Z 分数模型的改进——F 分数模型

由于 Z 分数模型在建立时没有充分考虑到现金流量变动方面的情况，因而具有局限性。我国学者周首华、杨济华和王平在 Z 分数模型的基础上，并考虑现金流量对企业发生财务危机的影响，建立了 F 分数模型，其计算公式为

$$F=-0.1774+1.1091X_1+0.1074X_2+1.9271X_3+0.0302X_4+0.4961X_5$$

其中，X_1=(期末流动资产-期末流动负债)÷期末总资产；X_2=期末留存收益÷期末总资产；X_3=(净利润+折旧)÷平均总负债；该指标为一现金流量变量，是衡量企业所产生的全部现金流量可用于偿还企业债务能力的重要指标；X_4=期末股东权益的市场价值/期末总负债；X_5=(净利润+折旧+利息)÷平均总资产；该指标能测定企业总资产在创造现金流量方面的能力，相对于 Z 分数模型，它可更准确地预测出企业是否存在财务危机。

F 分数模型以 0.0274 为临界点，若某企业的 F 值低于 0.0274，则将被预测为会发生财务危机的公司；反之，若分数高于 0.0274，则公司将被预测为可以继续生存的公司。

三、使用财务危机预警分析模型时的注意事项

(1) 定量分析与定性分析相结合，从而提高预警分析的效用。财务预警分析中定量分析的确十分必要，但是也不能过分强调定量模型的重要性。任何财务危机预警模型都只能为分析人员提供关于企业财务危机发生的可能性，而不能确切地告知是否会发生财务危机。特别是当判别值在可能发生财务危机区域时，具有不确定性。这时需结合非量化的因素作定性分析。因此，在财务危机预警分析时，应综合运用定量分析和定性分析方法，充分发挥分析人员的丰富经验与定量分析的精密计算两个方面的作用。

(2) 财务预警模型的统一模式不能因企业而异。这样，那些精密设计的以不变应万变的财务危机预警模型，有时便显得不够准确有效了。但对于同一企业，若将财务预警进行趋势分析时，能比较准确地揭示企业的财务状况。虽然财务综合分析产生于西方国家，但仍有必要和可能引入我国。其实，在实际工作中，沃尔评分法已经引入了我国，1995 年财政部颁布的企业经济效益评价指标体系就是根据我国实际改进的沃尔评分法。

其他财务危机预警模型：除了上述统计模型外，国内外的研究人员还采用了其他模型进行财务预警，如自组织映射模型、基于混沌理论的模型、神经网络预警模型、实验法、基于灾害理论的预测方法、基于期权理论的模型等。这些方法大大丰富了财务危机预警的研究成果，为预警研究开拓了新的思路。

本 章 小 结

所谓综合财务分析，就是依据财务报表及相关的资料，运用专门的技术和方法，将企业偿债能力、营运能力、盈利能力及发展能力等各方面的分析指标，按其内在联系有机地结合起来，作为一套完整的体系，认真分析其相互关系，对企业的财务状况和经营状况进行准确全方位地揭示与披露，从而使报表使用者对企业的经济绩效做出全面的、系统的综合评价，对影响企业价值的因素有更加深入的了解。

杜邦财务分析(The Du Pont System)，又称为杜邦分析法，是美国杜邦公司的财务管理人

员在实践中摸索和建立起来的对净资产收益率进行要素分析的方法。它以净资产收益率为核心指标，进行层层分解，最后分解至一些最基本的指标要素，可使财务比率分析的层次更清晰、条理更突出。

沃尔评分法主要是对反映上市公司财务状况的有代表性的若干比率进行权重评定，并将实际比率与标准比率相比较，评出每项指标的得分从而得出财务状况的总评分。

沃尔评分法，即综合评分法，在我国的应用程序主要是按照《中央企业综合绩效评价实施细则》进行。2006年，国务院国有资产监督管理委员会发布的《中央企业综合绩效评价实施细则》对综合评分法的程序、方法及其应用做出了详细阐述和规定。

财务预警分析，就是通过对企业财务报表及相关经营资料的分析，将企业已面临的危险情况预先告知企业经营者及其他利益关系人，并分析发生财务危机的可能原因，以提前做好防范措施的财务分析系统。财务预警分析方法主要包括单变量预警判别模型和多变量预警判别模型。

复习思考题

一、简答题

1. 观察杜邦财务分析体系结构图，阐述比率之间的关系；阐述如何利用其对公司进行综合分析。
2. 简述沃尔比重法的缺陷。
3. 简述综合评分法的具体步骤。
4. 财务预警分析有哪些方法？

二、案例分析题

HX集团是特大型电子信息产业集团公司，成立于1969年。HX集团坚持"技术立企、稳健经营"的发展战略，以优化产业结构为基础、技术创新为动力、资本运营为杠杆，持续健康发展。进入21世纪，HX集团以强大的研发实力为后盾，以优秀的国际化经营管理团队为支撑，加快了产业扩张的速度，形成了多媒体、家电、通信、IT智能系统、现代家居和服务等产业板块。

2008年7月，成功推出自主研发的LED液晶电视，成为中国唯一、全球仅三个批量上市此类产品的企业之一；同年，推出10G PON光收发一体模块，全球独家领先；经国家标准委批准，中国家用变频控制器技术标准分委员会在HX成立。2010年7月，HX集团将绿色发展融入企业愿望及战略规划，以绿色科技为支撑，着力现有产业的绿色发展。在海外市场的开拓上，HX在南非、阿尔及利亚和埃及等设有生产制造基地，在美国、欧洲设有研发中心，在中国香港、美国、澳洲、欧洲、南非设有子公司，在俄罗斯、印度、英国、沙特、埃及、北非、吉尔吉斯斯坦设有海外办事机构，HX的产品正在融入全球130多个国家和地区的大众生活中。

HX集团历来重视研发投入，每年投入的研究与发展经费占产品销售收入的5%以上。自主创新是HX始终保持比市场快半步的关键，更是未来保持持续竞争力的关键。一直以来HX以强大的自主创新能力，抓住每一次平板电视升级换代的机会，领先于市场。2010年3月底，

HX 蓝擎 LED 液晶电视正式亮相，蓝擎 LED 电视使得电视可以像电脑一样自由下载并添加应用程序、通过电视可以与远在外地的亲友聊天、不必去影院就能享受到 3D 电影的震撼效果等。2010 年 HX 集团以 5598526 万元营业收入位列 2010 中国企业 500 强第 102 位。

HX 准确把握了彩电业的发展趋势，不断加大在数字多媒体领域的研发投入，不仅确立了在平板上游产业链上的研发、制造优势，占据智能电视的技术制高点，在产品品质方面上升到新的高度。

资料：HX 集团有关财务比率。

财务比率	2009 年	2010 年
应收账款周转率/次	32.0245	29.215
存货周转率/次	8.3061	7.1161
销售毛利率/%	19.0258	17.342
销售净利润率/%	2.7266	3.9475
总资产周转率/%	2.2645	1.8622
资产负债率/%	51.3577	53.5586
利息保障倍数	1899.9871	1991.7418

讨论：

运用杜邦分析法，比较该公司 2009 年与 2010 年的净资产收益率，并对其中的原因用连环替代法进行分析。

(扫一扫，获取"财务比率分析——偿债能力分析(1).mp4"微课视频)

第十二章 财务分析报告撰写

【学习目标】
1. 了解财务分析报告的定义与分类。
2. 掌握财务分析报告的撰写方法。

在学习完整本书之后,您应该已经初步掌握了针对某一个企业或其他经济组织的全部或部分财务信息进行有目的地分析与评价,但是如何将分析评价所得到的结果以及所运用的知识、技术展现出来,则需要一个重要的媒介——财务分析报告。本章将对财务分析报告的定义、分类、结构以及撰写方法和要求进行全面的讲述,并辅以实例,以方便读者参考。

第一节 财务分析报告概述

一、财务分析报告的定义

财务分析报告是企业依据会计报表、财务分析表及经营活动和财务活动所提供的丰富、重要的信息及其内在联系,运用一定的科学分析方法,对企业的经营特征,利润实现及其分配情况,资金增减变动和周转利用情况,税金缴纳情况,存货、固定资产等主要财产物资的盘盈、盘亏、毁损等变动情况及对本期或下期财务状况将发生重大影响的事项做出客观、全面、系统的分析和评价,并进行必要的科学预测而形成的书面报告。

财务分析报告是对企业经营成果、财务状况、资金流量等情况的综合概括和高度反映。它是大型企业制定战略规划的基本材料,是企业管理层进行经营决策的根本依据,是企业业务拓展的有效参照。

财务分析报告是企业财务管理人员专业知识与写作技能相结合形成的财务管理文书之一。

二、财务分析报告的分类

(一)财务分析报告按其内容、范围不同,可分为综合财务分析报告、专题财务分析报告和简要财务分析报告

1. 综合财务分析报告

综合财务分析报告又称全面分析报告,是企业依据会计报表、财务分析表及经营活动和财务活动所提供的丰富、重要的信息及其内在联系,运用一定的科学分析方法,对企业的经营特征,利润实现及其分配情况,资金增减变动和周转利用情况,税金缴纳情况,存货、固定资产等主要财产物资的盘盈、盘亏、毁损等变动情况及对本期或下期财务状况将发生重大影响的事项做出客观、全面、系统的分析和评价,并进行必要的科学预测而形成的书面报告。它具有内容丰富、涉及面广,对财务报告使用者做出各项决策有深远影响的特点。它还具有以下两个方面的作用。

(1) 为企业的重大财务决策提供科学依据。由于综合分析报告几乎涵盖了对企业财务计划各项指标的对比分析和评价,能使企业经营活动的成果和财务状况一目了然,及时反映出存在的问题,这就给企业的经营管理者做出当前和今后的财务决策提供了科学依据。

(2) 全面、系统的综合分析报告,可以作为今后企业财务管理进行动态分析的重要历史参考资料。

综合分析报告主要用于半年度、年度进行财务分析时撰写。撰写时必须对分析的各项具体内容的轻重缓急做出合理安排,既要全面,又要抓住重点。

2. 专题财务分析报告

专题财务分析报告又称单项分析报告,是指针对某一时期企业经营管理中的某些关键问题、重大经济措施或薄弱环节等进行专门分析后形成的书面报告。它具有不受时间限制、一事一议、易被经营管理者接受、收效快的特点。因此,专题分析报告能总结经验,引起领导和业务部门重视所分析的问题,从而提高管理水平。

专题分析的内容很多,比如关于企业清理积压库存,处理逾期应收账款的经验,对资金、成本、费用、利润等方面的预测分析,处理母子公司各方面的关系等问题均可进行专题分析,从而为各级领导做出决策提供现实的依据。

3. 简要财务分析报告

简要财务分析报告是对主要经济指标在一定时期内,存在的问题或比较突出的问题,进行概要的分析而形成的书面报告。

简要财务分析报告具有简明扼要、切中要害的特点。通过分析,能反映和说明企业在分析期内业务经营的基本情况,企业累计完成各项经济指标的情况并预测今后发展趋势。主要适用于定期分析,可按月、按季进行编制。

(二)财务分析报告按其分析的时间,可分为定期财务分析报告与不定期财务分析报告

1. 定期财务分析报告

定期财务分析报告一般是由上级主管部门或企业内部规定的每隔一段相等的时间应予

编制和上报的财务分析报告。如每半年、年末编制的综合财务分析报告就属定期分析报告。

2. 不定期财务分析报告

不定期财务分析报告，是从企业财务管理和业务经营的实际需要出发，不做时间规定而编制的财务分析报告。如上述的专题分析报告就属于不定期财务分析报告。

第二节 财务分析报告撰写方法

一、财务分析报告常用格式

财务分析报告属于企业内部非标准性文件，其格式并没有严格限制规定，就普通财务分析报告来说，常用的格式一般包括以下五部分。

(一)提要段

提要段即概括公司综合情况，让财务报告接受者对财务分析说明有一个总括的认识。

(二)说明段

说明段是对公司运营及财务现状的介绍。该部分要求文字表述恰当、数据引用准确。对经济指标进行说明时可适当运用绝对数、比较数及复合指标数。特别要关注公司当前运作上的重心，对重要事项要单独反映。公司在不同阶段、不同月份的工作重点有所不同，所需要的财务分析重点也不同。如公司正进行新产品的投产、市场开发，则公司各阶层需要对新产品的成本、回款、利润数据进行分析的财务分析报告。

(三)分析段

分析段是对公司的经营情况进行分析研究。在说明问题的同时还要分析问题，寻找问题的原因和症结，以达到解决问题的目的。财务分析一定要有理有据，要细化分解各项指标，因为有些报表的数据是比较含糊和笼统的，要善于运用表格、图示，突出表达分析的内容。分析问题一定要善于抓住当前要点，多反映公司经营焦点和易于忽视的问题。

(四)评价段

评价段做出财务说明和分析后，对于经营情况、财务状况、盈利业绩，应该从财务角度给予公正、客观的评价和预测。财务评价不能运用似是而非，可进可退，左右摇摆等不负责任的语言，评价要从正面和负面两方面进行，评价既可以单独分段进行，也可以将评价内容穿插在说明部分和分析部分。

(五)建议段

建议段即财务人员在对经营运作、投资决策进行分析后形成的意见和看法，特别是对运作过程中存在的问题所提出的改进建议。值得注意的是，财务分析报告中提出的建议不能太抽象，而要具体化，最好有一套切实可行的方案。

二、财务分析报告的数据获取

首先，明确数据来源，多方验证，确保数据真实有效。财务分析主要从收入、销量、客户、产品等多方面综合信息中找出规律，分析原因并提出建议。确保基础数据的真实、可靠和相关是进行分析工作的基本前提。在财务管理信息系统建立并逐渐完善的过程中，分析人员常常会从不同渠道取得大量数据，基于不同用途、不同口径的数据大量充斥，加之信息传递衰减的客观规律，在确保数据来源可靠的同时，综合运用手头多方资料验证数据的真实性和相关性不仅应当而且必要。

其次，专题分析除强调分析专项性外，需结合业务运营环境，用联系的观点来看问题，避免以偏概全。如果脱离业务客观运营环境，简单就事论事，并据此得出结论，难免会顾此失彼，并导致建议缺乏实际可应用性。

再次，根据支撑论点，举例切合主题。在实际过程中，由于分析时深入程度等原因导致论据无法有效为论点服务。分析报告的结论以偏概全，忽略了主次矛盾的区别，同时还犯了论据无法有力支撑论点的"大忌"。

最后，充分利用图、表等表达形式，突出短时间、集中呈现多项信息。比较而言，多媒体有信息容量大、同一时间、同一平面展现大量综合信息的优势，具有浅、广的特点，文字的优点在于逻辑性和深刻性。顺应视觉文化潮流，一种以图为主，用文字阐释图片的图文本书籍应运而生。以图为主，读者可以在最短的时间内掌握尽可能多的信息；文字阐释，利用文字逻辑性、深刻性的优点，可以对展示的图表信息起到"点睛"的妙用，二者互为补充、相得益彰。据调查该类书籍在市场上销量还不错。分析人员也可以顺应时代需求，适应领导或者客户的阅读习惯，在运营分析中多采用图文本概念，图文并茂的表达分析内容，实现更高信息传递效率和更好的传递效果。

三、财务分析报告的重点披露内容

(一)企业全面收益的信息

现行财务报告中的收益是建立在币值不变假定基础之上的，这在经济活动相对简单，币值变化不大的情况下，该收益与全面收益差异不大，财务报告的使用者，用这种收益也可做出较为正确的决策。但随着经济活动的复杂化，市值变化频繁，这种传统会计收益与企业真实的全面收益差异日益扩大。这样，如用传统的会计收益作为基础进行决策，就有可能做出错误的决策。全面收益除了包括在现行损益表中已实现并确认的损益之外，还包括未实现的利得或损失，如未实现的财产重估价盈余，未实现商业投资利得/损失，净投资上外币折算差异。

在我国，企业披露全面收益，有着重要的现实意义。第一，我国市值变化大，一些企业，特别是老企业，持有资产的现实价值与会计账面资产价值相差甚为悬殊，这种差异必然是一种预期损益，将它揭示出来可以更全面真实地反映企业的收益状况，有利于投资者和信贷人的决策。第二，可以有效遏制企业操纵利润或粉饰业绩。将未确认的利得或损失通过诸如资产置换等方法转变为本期损益是最常见的操纵利润的方法，如果采用全面收益报告，就从根本上杜绝了用这种方法操纵利润的可能性，从而使会计信息更真实。

(二)股东权益稀释方面的信息

随着股份公司成为企业组织形式的主流和证券市场的发展,特别是由金融创新所引起的权益交换性证券品种的增多及其普及化,使股东经济利益的来源并不局限于公司利润,而更多地来自股份的市价差异。这就使股东十分关心股份的市场价值。由于公司股票的账面值往往与股票的市场价值存在着较大差异,且多是股票市价高于股票账面值(这种情况在我国的A股市场上特别明显),这就给公司经营者提供了通过权益交换方式来增加利润的机会。比如公司发行可转换债券,可以通过降低转换价格的方式来降低债券利息,因利息率降低而减少的利息费用就转化为企业利润。

(三)衍生金融工具所产生的收益和风险信息

随着金融创新,诸如期货、期权之类没有实际交易而仅仅是未来经济利益的权利或义务的衍生金融工具种类日益繁杂,这类衍生金融工具可能会引起企业未来财务状况、盈利能力的剧变。如不对这类衍生金融工具的风险加以披露,极有可能导致财务报告使用者在投资和信贷方面的决策失误。

(四)对公司未来价值的预测信息

按一般观念,财务报告的相关性具有重要意义。传统财务报告本身的设计也试图做到这一点。在经济环境变化不显著的情况下,人们可以简单地用反映企业过去经营结果以及行为的因果联系的财务报告去推论企业的未来,但在经济环境剧烈变化的条件下,人们已不可能直接用过去的财务报告去推论企业未来。这就导致财务报告的相关性降低。解决这一问题的思路是向财务报告的使用者提供企业未来价值趋势的预测信息。

如何披露预测信息,目前有不同的认识和做法。从理论上讲,最佳的披露形式是完整的预测财务报告,但从实际来看要编制准确完整的预测财务报告难度很大,可行性差。从实践来看,世界上许多国家仅要求上市公司提供每股收益的预测数据。笔者认为,编制完整的预测财务报告不但从技术上存在困难,更重要的是没有使用价值。因为,不同人从自身利益角度去考察一家公司,必然会因其对收益和风险的态度不同而得出不同的价值。既然如此,企业也就没必要编制全面的预测财务报告。披露企业未来价值趋势信息,应是在报表外尽可能详细地披露与预测企业未来价值相关的一些信息,诸如企业投资、产品市场占有率、材料成本升降、新产品开发等方面的企业内部条件和外部环境的信息,为财务报告使用者预测企业未来价值趋势提供有用的信息服务。

(五)企业对社会贡献的信息

现行企业财务报告的服务主体主要是投资者和债权人,所披露的内容主要是与投资者和债权人的投资和信贷决策相关的盈利能力与财务状况,在这些报表中不能反映企业对社会的真实贡献额,即企业所提供的增值额或增加值,更不能反映贡献额的分配状况。在政治经济日趋民主化的今天,传统财务报告在这方面的不足之处,日益凸显。第一,货币资本的支配力逐渐减弱,人力、知识资本的贡献比例却日趋增长,这就要求财务报告要为这些信息使用者服务;第二,政治经济民主化的趋势要求货币资本的支配者公布企业对社会的贡献额以及贡献额的分配,以利于社会对企业的监督;第三,公布企业对社会的真实贡献额及其分配状况,有利于协调劳资双方、各种资本供应者,以及企业与社会、国家政府的关系,从而在化解利益分配中的矛盾,增加利益创造中的合力等方面起到积极的作用;第四,国家了解企业对社会的真实贡献,有利于国家科学地制定宏观调控措施,促进经济的发展。

(六)人力资源信息

随着知识经济时代的逐步来临,把信息披露重点放在存货、机器设备等实物资产上的现行财务报告的局限性已日益显示出来,这主要表现在实物性资产价值量的大小与企业创造未来现金流量的能力之间的相关性减弱,甚至与企业现行市场价值之间的相关性也减少。在现行会计体制下,投资于人力方面的支出,不管金额多大,一律作为当期费用,这就使人力资产被大大低估,而费用则大幅度提高。这也是现行财务分析报告受到越来越多批评的主要原因之一。

(七)企业对环境影响的信息

企业既是社会财富的创造者,又是环境的主要污染者,它与环境存在着密切的关系。环境对企业生存和发展的影响可从以下两个方面来考察:一是环境本身对企业生存和发展的影响;二是因环境而引起的社会原因对企业生存和发展的影响。了解环境对企业生存和发展影响状况的信息对投资者、债权人、管理者和其他与企业相关的利益集团来讲均有着重要意义。首先,生存这是关系到一个企业能否持续经营的问题,如一个企业不能持续经营,那么,基于持续经营基础上的会计信息就毫无意义;其次,了解因环境因素而产生的或有负债、治理污染的成本、资产价值的贬值和其他环境风险损失等影响企业发展方面的信息,有利于投资者、债权人、管理者等做出正确的决策。现行财务会计忽视了对这方面信息的披露,已不适应环保要求日益提高,措施日益严格的社会经济形势的要求。因此,披露企业环境影响方面的信息应作为改进财务分析报告的内容。

四、财务分析报告的撰写注意事项

(一)要清楚明白地知道报告阅读的对象及报告分析的范围

报告阅读对象不同,报告的写作应因人而异。比如,提供给财务部领导可以专业化一些,而提供给其他部门领导尤其对本专业相当陌生的领导的报告则要力求通俗一些;同时提供给不同层次阅读对象的分析报告,则要求分析人员在写作时准确把握好报告的框架结构和分析层次,以满足不同阅读者的需要。再如,报告分析的范围若是某一部门或二级公司,分析的内容可以稍细化、具体一些;而分析的对象若是整个集团公司,则文字的分析要力求精练,不能对所有问题面面俱到,集中性地抓住几个重点问题进行分析即可。

(二)谋划好清晰的框架和分析思路

报告写作前,一定要认真谋划,力争达到框架清晰和思路准确。财务分析报告的框架具体如下。

(1) 企业总体经营情况概述。主要将企业本期经营成果及取得的主要经验重点描述出来,侧重点主要是针对本期报告在新增的内容或须加以重大关注的问题事先做出说明，旨在引起领导的高度重视；概述是对本期报告内容的高度浓缩，一定要言简意赅，点到为止。其目的是，让领导在最短的时间内获得对报告的整体性认识以及本期报告中将告知的重大事项。"问题重点综述及相应的改进措施"是对上期报告中问题执行情况的跟踪汇报，同时对本期报告"具体分析"部分中揭示出的重点问题进行集中阐述，旨在将零散的分析集中化，力争给领导留下深刻印象。

(2) 按当期和累计两大部分进行具体分析，是报告分析的核心内容。"具体分析"部分的写作如何，关键性地决定了本报告的分析质量和档次。要想使这一部分写得很精彩，首要的是要有一个好的分析思路。在每一部分里，按本月分析—本年累计分析展开；再往下按资金状况—盈利能力分析—销售情况分析—成本控制情况分析展开。如此层层分解、环环相扣，各部分间及每部分内部都存在着紧密的勾稽关系。最好能将主要财务指标本期、累计数据，以专门的一览的形式与上年同期和计划对比分析出来升降额度和幅度。

(3) 站在企业经营管理者的高度，财务管理角度提出存在的主要问题或漏洞。这部分不能空乏，要有理有据，以数据、事实说话。

(4) 提出具体改进措施和意见。就是针对分析研究的结果以及存在的问题，向领导指出企业下一步具体应该抓好什么、如何抓。

(三) 要与公司经营业务紧密结合，领会财务数据背后的业务背景，揭示业务过程中存在的问题

财务人员在做分析报告时，由于不了解业务，往往闭门造车，并由此陷入就数据论数据的被动局面，得出来的分析结论也就常常令人啼笑皆非。因此，有必要强调的一点是：各种财务数据并不仅仅是通常意义上数字的简单拼凑和加总。每一个财务数据背后都寓示着非常生动的增减、费用的发生、负债的偿还等。财务分析人员通过对业务的了解和明察，并具备对财务数据敏感性的职业判断，即可判断经济业务发生的合理性、合规性，由此写出来的分析报告也就能真正为业务部门提供有用的决策信息。

第三节　财务分析报告实例

一、财务分析报告的一个模板

xx 市 xx 企业年度财务分析报告

××公司董事会(公司管理当局)：

20××年度，我公司在全市经济持续稳步发展的形势下，坚持以提高效益为中心，以搞活经济强化管理为重点，深化企业内部改革，深入挖潜，调整经营结构，扩大经营规模，进一步完善了企业内部经营机制，努力开拓，奋力竞争。销售收入实现××万元，比去年增长××%，净利润实现××万元，比去年增长××%，并在取得良好经济效益的同时，取得了较好的社会效益。

(一) 主要经济指标完成情况

本年度商品销售收入为××万元，比上年增加××万元。其中，××项目销售实现××

万元，比上年增长××%，××项目销售××万元，比上年减少××%，其他项目营业收入实现××万元，比上年增长××%；

净资产收益率为××%，比上年的略有提高。

全年毛利率达到××%，比上年提高。

销售费用率本年实际为××%，比上年升高。

全年实现利润××万元，比上年增长××%。其中项目利润××万元，比上年增长××%，项目利润××万元，比上年下降××%。

营业利润本年为××万元，比上年下降××%。其中项目为××万元，比上年下降××%。

全部流动资金周转天数为××天，比上年的××天慢了(或快了)××天，其中，项目周转天数为××天，比上年的××天慢了××天。

固定资产投资完成××万元，比上年增长××%，其中：……

(注：以上可列表说明)

(二)财务情况分析

1. 销售收入情况

全年度销售收入总额比上年增加××万元，增长率为××%。其中北方销售公司销售收入比去年增加××万元，增长率为××%；南方销售公司比上年增加××万元，增长率为××%。

(销售收入可以按行业、或地区、或主要产品分类报告)

销售收入增加中，因为价格下降导致收入减少××万元，价格下降的原因主要为了扩大销售量，提高公司产品竞争力；因为销售提高导致收入增加××万元，其中产品主要产品本年度销售量比上年增加××万台，市场占有率达××%。

2. 销售成本情况

公司本年度销售成本总额比上年增长××万元，增长率为××%。因为销售增加而导致成本增加××万元；因为生产成品增加而导致销售成本增加××万元，其中：产品本年度单位生产成本为××元，较上年度的××元上升了××%。

主要产品生产成本上升的原因分析：

……

3. 管理费用(销售费用)水平情况

公司管理费用总额比上年增加××万元，费用水平上升××%。其中：

运杂费增加××万元

职工薪酬增加××万元

……

从变化因素来看，主要是由于公司政策因素影响：

(1) 调整了"三费""一金"比例，使费用绝对值增加了××万元；

……

扣除上述因素影响，本期费用绝对额为××万元，比上年相对减少××万元费用水，比上年下降××%。

4. 资金营运情况

××年×月×日，全部资金占用额为××万元，比上年增长××%。其中：

应收账款资金占用额××万元，占全部流动资金的××%，比上年上升××%。欠款额居前位的客户是：

存货资金占用额为××万元，占××%，比上年上升了××%，其中原材料和产成品比上年增加××万元。增加的主要原因是基于销售量的预期增加所致。

5. 利润完成情况

××年，企业利润比上年增加××万元，主要因素是：

(1) 利润增加因素

……

(2) 利润减少因素

……

以上两种因素相抵，本年度利润额多实现××万元。

(三) 财务情况总体评价

(1) 经营情况综合评价(略)。

(2) 盈利能力评价(略)。

(3) 财务风险评价偿债能力评价，现金流(略)。

(4) 资产管理能力评价(略)。

(5) 未来发展能力评价(略)。

(四) 存在的问题和建议

问题之一：资金占用增长过快，结算资金占用比重较大，比例失调。特别是其他应收款和应收账款，由于赊销政策的调整而大幅度上升，如不及时清理，对企业经济效益将产生很大影响。

建议：各级管理部门要引起重视，应抽出专人，成立清收小组，积极回收，也可将奖金、工资同回收货款挂钩，调动回收人员积极性，同时，要求各公司部门经理要严格控制赊销商品管理，严防新的三角债产生。……

问题之二：经营性亏损部门有增无减，亏损额不断增加。全公司未弥补亏损额高达××万元，比同期大幅度上升。主要原因是……

建议公司管理层要加强对亏损子公司的整顿、管理，做好扭亏转盈工作。

问题之三：产品生产成品控制不力，存在不同程度的生产浪费情况。……

建议：……

问题之四：各子公司不同程度地存在潜亏行为。公司待摊费用高达××万元，待处理流动资金损失为××万元。

建议：……

问题之五：内部控制执行不严格。……

建议：……

问题之六：部分经营者财务风险意识不强。……

建议：……

问题之×：……

××公司财务部

20××年×月×日

二、财务分析报告实例——某集团公司的财务分析季度报告

2009年一季度财务分析

一、利润分析

(一) 集团利润额增减变动分析

1. 利润额增减变动水平分析

(1) 净利润分析：一季度公司实现净利润105.36万元，比上年同期减少了55.16万元，减幅34%。净利润下降原因：一是由于实现利润总额比上年同期减少50.5万元；二是由于所得税税率增长，缴纳所得税同比增加4.65万元。其中利润总额减少是净利润下降的主要原因。

(2) 利润总额分析：利润总额140.48万元，同比上年同期190.98万元减少50.5万元，下降26%。影响利润总额的是营业利润同比减少67.24万元，补贴收入增加17万元。

(3) 营业利润分析：营业利润123.18万元，较上年190.42万元大幅减少，减幅35%。主要是产品销售利润和其他业务利润同比都大幅减少所致，分别减少46.53万元和20.71万元。

(4) 产品销售利润分析：产品销售利润82.95万元同比129.48万元，下降36%。影响产品销售利润的有利因素是销售毛利同比增加162.12万元，增长率为27%；不利因素是三项期间费用686.41万元，同比增加208.65万元，增长率为43.67%。期间费用增长是导致产品销售利润下降的主要原因。

由于今年一季度淡季不淡，销售收入同比增长53%，销售运费、工资、广告及相应的贷款利息、汇兑损失也比上年大幅增长。销售费用、管理费用、财务费用，同比增加额分别是108.31万元、8.32万元、92.19万元。其中销售费用和财务费用同比增长最快，分别增长98%和67%。

(5) 产品销售毛利分析：一季度销售毛利769.36万元，销售毛利较上年增加162.12万元，增长率为27%；销售毛利同比增加的原因是收入、成本两项相抵的结果。产品销售收入同比增加2600.20万元，增长53%；产品销售成本同比增加2438.07万元，增长57%。

2. 利润增减变动结构分析及评价

从2009年一季度各项财务成果的构成来看，产品销售利润占营业收入的比重为1.11%；比上年同期2.66%下降了1.55%；本期营业利润占收入结构比重1.65%，同比上年的3.91%下降了2.26%；利润总额构成1.88%，同比3.92%下降了2.04%；净利润构成为1.41%，比上年的3.30%下降1.89%。

从利润构成情况上看，盈利能力比上年同期都有下降，各项财务成果结构下降原因：

(1) 产品销售利润结构下降，主要是产品销售成本和三项期间费用结构增长所致。目前降低产品销售成本，控制销售费用、管理费用和财务费用的增长是提高产品销售利润的根本所在。

(2) 营业利润结构下降的原因除受产品销售利润影响以外，其他业务利润同比占结构比重下降也是不利因素之一。

(3) 本期因补贴收入为利润总额结构增长0.25%，是利润总额增加的有利因素，而营业外收入结构比重下降，营业外支出比重增加及所得税率结构上升都给利润总额结构增长带来不利影响。

(二) 各生产分部利润分析

1. 一季度生产本部(含 QY 分厂)利润增减变动分析

(1) 本部利润总额 129.91 万元，同比减少 48.94 万元，下降 27.36%。利润总额下降的主要原因是产品销售利润和其他业务利润同比减少 44.77 万元、20.89 万元，补贴收入增加 17 万元，及营业外收入同比减少 0.26 万元增减相抵所致。

(2) 本部产品销售利润 72.58 万元，较上年同期 117.35 万元减少 44.77 万元，减幅 38.15%。其减少的原因是一季度销售收入的同比增加幅度抵消不了销售成本和期间费用的增加幅度，造成产品销售毛利空间缩小。其销售收入同比增加 2 312.68 万元，增长 55.97%；而销售成本、费用增加 2 357.44 万元，成本、费用率增长达 58.72%。其中，产品销售成本增加 1603.44 万元，增长 70.52%；期间费用增加 214.46 万元，增长 47.61%。

2. 一季度 AY 分公司利润增减变动分析

(1) AY 分公司利润总额 10.56 万元，同比减少 1.56 万元，下降 12.91%。利润总额下降的主要原因是产品销售利润减少 1.75 万元、其他业务利润同比增加 0.19 万元两项增减相抵所致。

(2) 产品销售利润 10.38 万元，较上年同期 12.13 万元减少 1.75 万元，减幅 14.48%。其减少的原因是：由于主要原材料价格较上年同期上涨，因此产品销售毛利并未因业务量增大而增加。销售收入同比增加 287.52 万元，增长 38.95%；而销售成本增加 295.09 万元，增长 42.23%；产品销售毛利较上年减少 7.57 万元，减幅 19%；期间费用 21.53 万元，同比减少 5.81 万元，费用率下降 21.25%。

二、收入分析

(一) 销售收入结构分析

一季度集团完成销售收入 7470.4 万元。出口 NSB、国内销售 NSB 及 PEX 等收入与上年同期相比都有不同程度的增长，按销售区域划分。

(1) 出口贸易创汇收入 602.8 万美元，同比增加 258.8 万美元，增长 42.9%，折合人民币销售收入 4340 万元，完成年度计划的 31%。

(2) 国内销售收入(包括 QY 分厂)2104.7 万元，完成年度计划的 19.9%，同比增加 649.7 万元，增长 44.6%。

(3) AY 分公司 PEX 收入 1025.7 万元，与上期的 738.20 万元相比，增加 287.5 万元，增长了 38.95%。

(二) 销售收入的销售数量与销售价格分析

一季度集团销售收入中出口销售、国内销售、AY 分公司在收入结构所占比重分别是 58.1%、28.2%、13.7%。其中以本部出口业务量最大，其对销售总额、成本总额的影响也最大。

(1) 本部一季度因销售业务量增加影响，销售收入(人民币)较上年同期增加 2312.67 万元(含 QY 分厂)，增长 55.97%；

(2) 尽管 3 月始上调了部分出口产品售价，但汇率由 7.8 元/1 美元降到 7.2 元/1 美元，因汇率损失影响，一季度(人民币)销售价格比上年同期价格仍然减少，因价格降低影响同比销售收入减少 302.38 万元；

(3) 本部由于一季度出口销售业务扩大，因销售量的变动影响同比增加销售收入 1831.83

万元。

(三) 销售收入的赊销情况分析

2009年一季度应收账款期末余额3768.7万元；与上期的3337万元相比，增加了431.7万元，应收账款增长了12.9%。其中，应收账款账龄在3年以上的有253.7万元，占7.66%，1~2年的应收账款3058.3万元，占赊销总额的92.34%。说明销售收入中应收账款赊销比重在加大，其中值得注意的是：

(1) 各代表处赊销收入286.12万元，占发货累计的70.55%；超出可用资金限额644.44万元；

(2) 代理商及办事处等赊销收入2011.35万元，其不良及风险赊销款872.53万元，占其赊销收入的43%(不良应收款占28%，风险应收款占16%)。

三、成本费用分析

(一) 产品销售成本分析

1. 全部销售成本完成情况分析

集团全部产品销售成本6701.09万元，较上年同期2438.07万元增长57%。其中：

(1) 出口产品销售成本3877.22万元，占成本总额的57.9%，同比增加1603.44万元，增长71%，其成本增长率大大高于全部产品销售成本总体增长水平(14%=71%-57%)；

(2) 本部国内产品销售成本1830.05万元，占成本总额的27.3%，同比上年增加539.54万元，增长42%；说明国内产品销售成本增长率低于全部产品销售成本增长率(15%=42%-57%)；

(3) AY分公司产品销售成本993.81万元，同比698.72万元，增加295.08万元，增长42.23%，占成本总额的14.8%；其销售成本占收入结构的96.89%，同比上年增长0.22%。

2. 各销售区域产品销售成本对总成本的影响

(1) 出口产品销售成本对总成本的影响66%。

(2) 国内销售产品成本对总成本的影响22%。

(3) AY分公司销售产品成本对总成本的影响12%。

一季度由于成本增长影响，出口产品销售毛利率同比下降2%，这是销售毛利率下降的主要原因。国内产品销售收入同比增长1%，成本并没有同比例增加。

3. 单位产品材料利用率同比下降对成本的影响

(1) 0.5FC利用率只有78.62%成本，同比成本增加了16.4万元。其原因是PEX不合格70米，阿拉伯兰色KQ不良产生145.5870标准张降级。

(2) 0.40FC板利用率有83.78%，同比成本增加了12万元。主要是××不良、拉闸停电损失。

(3) 0.30FC利用率有92.28%比上年的94.21%低约2个百分点，成本增加6.2万元。主要原因是……

(4) 0.50FC比计划成本高4.5万元，因为2月有PEX材不合格220米，3月有X材不合格致使47.1468张BZB降级。

(二) 各项费用完成情况分析

三项期间费用共计686.4万元，总费用水平9.19%，比上年同期的9.81%下降了0.62%；其中销售费用、财务费用增加是费用总额增加的主要原因。

1. 销售费用分析

销售费用 218.5 万元，占费用总额的 32%；与上年同比增加 108.3 万元。销售费用变动的原因：一是运费、工资和其他项有较大增长，分别比上年同期增长 69.1 万元、21.5 万元、20.3 万元，增长幅度分别为 270.56%、110.75%、66.56%。由于公司销售业务量加大，其收入提成、运输费和包装材料等费用相应的增加，同时广告会务费、交际应酬费、差旅费等方面的开支也有一定的增加，但办公费比上年有所下降。

2. 管理费用分析

管理费用 239.3 万元，占费用总额的 35%；与上年同比增加 8.3 万元，增长 4%。管理费用变动的原因是工资同比增加 19.1 万元，增长 34.09%；水电费增加 7.9 万元，增长 62.98%，其他项增加 8.7 万元，同比增长 48.98%。办公费等同比减少的项目有：无形资产摊销费用比上年同期下降 41%；差旅费、修理费两项均下降 72%；办公费下降 36%；税金下降 27%；交际应酬费下降 16%。其中无形资产摊销减少 12.6 万元是与上年摊销期限不一致形成的。

3. 财务费用分析

一季度财务费用支出 228.6 万元，同比增加 92 万元，增长 67.35%。其中：手续费支出同比增加 3.1 万元，增长 40.79%；利息支出 152.7 万元，同比上年增加 55.1 万元，增长 55%；汇兑损失 65.2 万元，同比 31.4 万元增加 33.82 万元，增长 108%；其中利息支出和汇兑损失支出增加是财务费用总额同比增加的主要原因。

四、现金流量表分析

(一) 现金流量表增减变动分析

(1) 经营活动产生的现金流量净额 11.41 万元，同比增加 597.08 万元，增长 102%；

(2) 投资活动产生的现金流量净额 -304.1 万元，同比上年 -175.92 万元，净支出增加 128.1 万元；

(3) 筹资活动产生的现金流量净额 -157.38 万元，同比上年 621.6 万元，现金净支出增加 778.98 万元；

(4) 现金及现金等价物净增加额 -450.08 万元，同比上年减少 853.24 万元，净支出减少 403.16 万元，现金及现金等价物净增加额上升 47%。

经营活动产生的现金流量净额只有 11.41 万元，说明尚不足支付经营活动的存货支出，而投资活动未有回报，筹资活动现金流量是负数说明目前正处在偿付贷款时期。整个现金流量是负数说明公司的现金流量很不乐观。

(二) 现金流量数据分析

(1) 经营活动现金净流量表明经营的现金收入不能抵补有关支出。

(2) 现金购销比率 92%，接近于商品销售成本率 90%。这一比率表明生产销售运转正常，无积压库存。

(3) 销售收入回笼率 91%，表明销售产品的资金赊销比例太高，此比率一般不能低于 95%，低于 90% 则预示应收账款赊销现金收回风险偏大。

五、有关财务指标分析

(一) 获利能力分析

长期资产报酬率 2.1%，与上年同期比下降 20.3%；总资产报酬率 0.6%，降 55.5%；毛利率 10.3%，降 17.4%；销售净利润率 1.4%，降 57.2%；成本费用利润率 1.1%，降 72%；说明销售收入成倍增长，但获利能力呈下降趋势。

(二) 短期偿债能力分析

流动比率为 143.9%，与上年同期比增长 29.3%；速动比率为 105.2%，增长 79.1%；表明本期因贷款额的增加，用于流动的资金同比增长很快，企业短期偿债能力很强；现金比率为 42.1%，超出安全比率的 20%。表明偿还短期债务的安全性较好，但同时说明资金结构不太合理，流动资金未能充分用于生产经营。

(三) 长期偿债能力分析：与上年同期比总资产负债率为 53%，增长 7.4%，尚在安全范围内；产权比率为 31.1%，一般应在 50%为好，该比率过低，说明财务结构不尽合理，未能有效地利用贷款资金；利息保障倍数 192%，下降 35.1%；表明因利润减少利息支出增加，长期偿债能力较上年同期在下降。

六、存在问题及分析

(一) 产品销售成本的增长率与上年同比大于产品销售收入的增长率。具体表现在：成本增长率大于收入增长率；毛利及毛利率下降；集团公司一季度出口产品销售收入同比上年增长 34.15%，而其成本增长 37.61%；AY 分公司收入增长 5.9%，而成本增长 12.1%；只有国内产品销售呈良好发展态势收入增长大于成本增长。

(二) 负债增加，获利能力降低，偿债风险加大。

(1) 对外负债总额一年内增长 26.6%，其中以其他应收款、应付账款形式占用的外部资金有明显上升。其应收账款严重高于应付账款 1.9 倍，全部应收款也高于全部应付款的 1.4 倍，表明其对外融资(短期借款、应付票据、应付账款、其他应付款)获得的资金完全被外部资金(应收账款、其他应收款)占用。

(2) 赊销收入占全部收入的比重大，造成营运资金紧张，严重影响了现金净流量。3月末应收账款余额 2297.4 万元，其中，各代表处、发展部不良或风险应收账款为 872.53 万元，占其赊销收入总额的 43%；代理商及办事处赊销收入占发货总数的 70%。销售收回的现金流量少，不足以支付经营现金支出，加重了财务利息支出的负担。

(3) 由于外汇比率等宏观经济环境的变化、市场供求关系的不确定性使得公司产品盈利空间在缩小，同时由于负债增大，偿债风险也在增加，目前偿债能力日趋下降，极易产生财务危机。

七、意见和改进措施

(一) 成本费用利润率低是目前制约公司盈利能力的瓶颈。建议在扩大销售业务的同时狠抓产品成本节能降耗，分析产品原材料利用率增减变化原因，向管理、生产要利润。

(二) 应收账款赊销比重过大，为有效控制财务风险，建议在加紧应收款项的催收力度的同时，适度从紧控制赊销比例。对于出现不良或风险欠款的销售区域，应对赊销收入特别关注。

(三) 谨防因汇率的波动、银行放贷政策等外部不利影响而产生的财务风险。应合理利用资金，时刻重视现金流量，降低财务风险。

××集团公司财务部
××年×月×日

本 章 小 结

　　财务分析报告是对企业经营成果、财务状况、资金流量等情况的综合概括和高度反映。它是大型企业制定战略规划的基本材料，是企业管理层进行经营决策的根本依据，是企业业务拓展的有效参照。按其内容、范围不同，可分为综合财务分析报告、专题财务分析报告和简要财务分析报告；按其分析的时间，可分为定期财务分析报告与不定期财务分析报告。财务分析报告常用的格式一般包括提要段、说明段、分析段、评价段、建议段；财务分析报告的重点披露内容包括：企业全面收益的信息、股东权益稀释方面的信息、衍生金融工具所产生的收益和风险信息、企业全面收益的信息、股东权益稀释方面的信息、衍生金融工具所产生的收益和风险信息、对公司未来价值的预测信息、企业对社会贡献的信息、人力资源信息、企业对环境影响的信息等。在撰写财务分析报告时，应注意：要清楚明白地知道报告阅读的对象及报告分析的范围，要谋划好清晰的框架和分析思路，同时要与公司经营业务紧密结合，领会财务数据背后的业务背景，揭示业务过程中存在的问题。

复习思考题

1. 列举财务分析报告的分类，并阐述其各自不同侧重点。
2. 结合我国企业实际，列举财务分析报告的重点披露内容。
3. 撰写财务分析报告时，有哪些注意事项？
4. 选择某一上市公司，获取其年度或者季度财务信息，结合前面各章所学内容，撰写一份财务分析报告。

参 考 文 献

[1] W.钱·金，勒妮·莫博涅. 蓝海战略：超越产业竞争，开创全新市场[M]. 北京：商务印书馆，2005.
[2] Kim, W.C.,Mauborgne, R.Value Innovation: The Strategic Logic of High Growth[J]. Harvard Business Review. 1997,75,(1/2): 102-112.
[3] 格雷厄姆. 聪明投资者(第4版) [M]. 北京：人民邮电出版社，2010.
[4] 张先治，陈友邦，秦志敏. 财务分析习题与案例[M]. 大连：东北财经大学出版社，2007.
[5] 张先治. 财务分析教学案例[M]. 大连：东北财经大学出版社，2006.
[6] 崔刚. 上市公司财务报告解读与案例分析[M]. 北京：人民邮电出版社，2009.
[7] 张新民，王秀丽. 企业财务报表分析案例精选[M]. 大连：东北财经大学出版社，2006.
[8] 普华永道. 首席财务官)[M]. 北京：北京大学出版社，2002.
[9] 格雷厄姆. 证券分析(第6版)[M]. 北京：中国人民大学出版社，2013.
[10] 基斯沃德. 战略管理会计[M]. 北京：经济管理出版社，2018.
[11] 李茉. 作业成本法在应用中存在的问题及建议[D]. 东北财经大学会计学院，2015.
[12] 唐若尧. 基于作业成本法的项目成本管理改进研究[D]. 重庆大学，2018.
[13] 陶然. 产品生命周期各阶段的财务战略分析[J]. 湖南工业大学，2014(02)-0051-05.
[14] 吴群香，姚国莉. 关于行业竞争、经济周期与公允价值相关性的分析研究[J]. 财会学习，2016(6):19-21.